让我们 甲骨文 一起追寻

两次世界大战之间的日本陆军

〔日〕黑泽文贵 著

刘天羽 译

社会科学文献出版社
SOCIAL SCIENCES ACADEMIC PRESS (CHINA)

中文版序

——致中国读者朋友们

此次，我的第一本专著《两次世界大战之间的日本陆军》（『大戦間期の日本陸軍』）获得在中国出版的宝贵机会，我感到无上的荣幸与喜悦。出版于2000年的这本书以我20世纪80年代以来发表的一系列论文为基础，以第一次世界大战和大正民主带给日本陆军的巨大冲击以及陆军对其的应对方式为中心线索，对两次世界大战间日本的政治外交史与军事史进行了考察。在日本国内，本书被认为改变了学界对于20世纪20年代至30年代的日本陆军的以往理解与印象，以本书见解为基础的研究专著亦在其后多有出版。受上述学术评价的影响，本书应日本读者的需求于2011年起开始了按需印刷（POD）。

陆海军是近代日本对外侵略的主力。而在针对陆海军，尤其是陆军的研究中，比起明治时期（1868～1912

年）和昭和战前时期（1926～1945年），关于第一次世界大战后的日本陆军的研究十分薄弱。其背景之一在于，在日本近代史研究中，对于短暂的大正时期（1912～1926年），特别是对其后半期的研究相对不受重视。

明治时期是近代日本的形成时期，其间日本相继发动了日清战争和日俄战争；昭和时期的日本先是发动满洲事变开启侵略中国的战端，后又在此基础上与英、美等国为敌，卷入第二次世界大战。而以上两者之间的大正时期，是日本近代史上被称为“大正民主”的民主化倾向十分显著的时期。但是，这种“大正民主”风潮未能长久持续，而被昭和时期的“法西斯主义”取代。因此，学界长期存在低估“大正民主”历史意义的一种声音，即认为其终究未能结出重要果实。

在上述研究状况下，全面研究“大正民主时期”日本陆军的本书可以说具有较大的学术意义。简而言之，本书的一大特色便在于努力阐明以下问题，即第一次世界大战后，在“总体战这一战争新形态的出现带来的冲击”和“高涨的大正民主风潮带来的冲击”下严重动摇的日本陆军如何试图自我变革，其变革的意志又是如何与昭和时期陆军的政治动向相互关联的。

近年来，随着第一次世界大战爆发一百周年的到来，日本的历史学界对日本和东亚受其影响的问题日益关注。

就这种研究状况的变化而言，本书不仅关注日本陆军问题，更关注第一次世界大战本身对日本造成的冲击（“大正民主”在大正后半期的高涨亦是这种冲击的一个方面）。这种视角亦可以说具有先驱性意义。

也就是说，本书将第一次世界大战带给日本的巨大冲击作为“第二次开国”加以理解的视角是以往的研究所不具有的。在日本历史上，“开国”指强力的外部影响导致国内体制发生结构性重大转换的历史状况。特别是在日本近代史的脉络下，将 1853 年佩里来航后德川幕府崩溃与明治新政府成立的历史过程理解为由“锁国”向“开国”转换的视角广为人知。而本书所指的“第二次开国”是一种将第一次世界大战带给日本的巨大冲击与佩里来航的冲击相比拟的视角。

进一步而言，这是一种将第一次世界大战的巨大冲击与日本内外体制在其后的变动相互关联，而非仅将其视作针对陆军之物的历史理解方式；是一种对一战带给日本的巨大影响以及大正时期的重要性、独特性等近代日本政治史研究以往相对轻视的问题进行再次评价，并予以重视的视角。

我认为，日本近现代史上可称作“开国”的巨大变化至今共有四次。第一次“开国”是由佩里来航所象征的幕末维新时期至第一次世界大战为止；第二次“开国”

是从第一次世界大战的结束至日本在第二次世界大战中战败为止；第三次“开国”是第二次世界大战的结束以及其后的冷战时期；第四次“开国”是冷战结构崩溃后，国际秩序仍在受其影响而变动的今日。上述观点详见拙著《两次“开国”与日本》（『二つの「開国」と日本』，東京大学出版会，2013 年）。

本书认为，如果不对第一次世界大战带给日本的巨大冲击予以关注和恰当评价，则无法理解两次世界大战之间日本的历史。这种观点便是基于上述关于四次“开国”的历史理解而提出的。

综上所述，针对本书的两个重要视角（对“大正民主”时期的陆军的关注、对第一次世界大战带给日本的巨大冲击的关注），我在此分别对其背景以及研究意义进行了简要补充，希望能对各位中国读者朋友理解本书内容有所助益。

我于 2014 年 7 月首次造访中国，受邀参加在北京召开的、由中国社会科学院和中国人民解放军军事科学院主办的“一战和二战历史回顾：教训和启示”国际学术研讨会，并在会上进行了学术报告。会后，有幸得到在中国社会科学院世界史研究所进行报告的机会，与研究员们进行了交流讨论并获益良多；又有幸造访南开大学日本研究所，与各位老师加深了交流。2015 年 8 月，我再赴中国，参加在济南召开的第22届国际历史科学大会，并得到了报告的机会，会后还游览了青岛、威海及大连等地。

每次造访中国之际，我都受到各位老师的盛情款待，感受到了中国历史的博大精深，也因此体会到“百闻不如一见”的真正含义，深刻理解到两国友好的重要性。在这里，虽无法列出所有人的姓名，但谨向给予我关照的各位致以诚挚谢意。

值本书中文版付梓之际，谨向为本书提供宝贵出版机会的社会科学文献出版社致以深深谢意，并再次向原版出版方みすず书房致以谢意。最后，本书引用的史料极多，将其译为中文是一项困难繁杂的工作。笔者对译者刘天羽（神户大学在读博士）付出的努力致以深深的敬意与谢意。

东京女子大学教授、法学博士

黑泽文贵

2019年4月

目　录

序　章

一　课题与视角

本书以两次世界大战之间的日本陆军为焦点，力图探讨以下三个课题。第一，被普遍视作“保守”性存在的“大正民主时期”的陆军为何会“革新”化[①]，从而变质成为“昭和法西斯主义时期”的陆军？第二，陆军为何会成为20世纪30年代日本政治的主角，成为日本走上“通往太平洋战争的道路”的原动力？第三，对于所谓自

---

① 此处的“革新”与“保守”是对应关系。“保守”指陆军在大正民主时期能够支持并维护日本当时的内外体制，“革新”则指其在进入昭和法西斯主义时期后对日本内外体制加以“变革”的企图与行动。这种陆军的“革新”化导致了日本国内体制的法西斯化与对外侵略战争的加剧。这里的“革新”一词是日本学者在描述20世纪20~30年代（乃至战败前后）的日本国内状况时常用的表述方式，而本书中的陆军“革新”派与陆军的“革新”性则是有具体所指的研究概念，详细内容请参阅本书各章内容。——译者注

“大正民主”至“昭和法西斯主义”的转换，可将其作为怎样的历史事象加以理解？

截至目前，关于两次世界大战之间的日本陆军的研究主要立足于三个研究体系。其一是立足于现今仍有很强影响力的马克思主义历史观系谱的研究[1]。其二是基于非马克思主义的政策决定论的研究[2]。其三是从近年始受关注的军政关系视角出发的研究[3]。

在第一种体系的研究中，陆军被定位为绝对主义天皇制机构中最为核心的部分，其“绝对主义”性质多被强调。此外，也有一些观点从功能的角度出发，认为陆军以20世纪头10年或第一次世界大战为契机，转化为“帝国主义”性质，或认为陆军是日本法西斯主义最重要的推动力[4]。但总之，陆军（及军部这一总体）被定位为与“民主主义”价值相反的一极，最初便被先验地假定成批判性研究的对象。

但是，这种理解至少在以下两点上存在问题。第一，即便“民主主义”与“军事力量”“原本便难以兼顾”[5]，但若过度着眼于两者对立的一面，则将难以充分把握拥有多种侧面的真实的历史过程。

第二，这种观点将“明治时期”的陆军与“昭和法西斯主义时期”的陆军同样作为绝对主义天皇制机关直接进行关联，在连贯视角下对其进行理解，是一种将陆军

（军部）作为所谓“天皇的军队”来理解的方法。但是，这样一来陆军的实态在每个时期的变化，特别是“大正民主时期”的陆军所具有的独特意义将无法得以阐明。

因此，今后的研究中最为必要的事情便是排除这种确信的观点，从价值中立的实际情况出发进行分析，并着眼于各个时期内部实态的变化。

第二种体系包含了政治学方法论和历史学实证主义两种立场下的相关研究，其内涵不尽相同。如勉强归纳，则二者在非马克思主义立场与政策决定论两方面具有共通性。其特征在于都以政策与政治主体（包含派系）为焦点，并基于丰富的史料阐明二者间的关联性。

因此，相较于马克思主义式的研究旨在针对已被其“本质”定性的陆军展开分析，第二种体系能够解析包括历史事象细节部分在内的陆军的多个侧面，这大大提高了研究水平。但在这一体系下，“大正民主时期”的陆军相关内容同样未被发掘，留待今后的研究来探讨。

第三种体系即军政关系视角下的研究，把国别比较的方法纳入视野，意在明确近代日本军政关系的特质。其特点是不把陆军（军事）与政府（政治）先验地对立起来，这值得肯定。但是，以往的研究在以下两个方面存在不足。

第一，军部介入政治的现象在昭和时期格外显著，因此研究对象便相对集中在了昭和时期的军政关系上。

第二，即便在这一范围内，相对常见的也是与如何理解个别事象相关的视角，这包括“二二六事件”和东条英机政权的定位等相关问题，所以基于长远视角的研究较少[6]。

之所以会有上述不足，笔者认为原因恐怕在于历史连续性观点的相对缺失。军政关系视角下的研究者与政策决定论视角下的研究者一方面相对不受价值判断的束缚[7]，另一方面却又被昭和时期的事例过度吸引，因而优先关注解析单独事象和其在军政关系中的定位问题，却极少努力从历史连续性的观点去理解昭和时期的陆军。

但是，理解这些单独事象所需要的是阐明陆军引发这些事象的原因，即促使陆军如此行动的根本原因（结构性原因和内在动机形成过程）。为此，我们务必要阐明“大正民主时期”的陆军的实态，并结合这一点理解昭和时期的陆军。因为“昭和法西斯主义时期”的陆军突然“革新”化并介入政治并非没有原因的。

以上的说明同时兼顾了对研究史的回顾。综上所述，本书将主要聚焦于以往相对薄弱的“大正民主时期”陆军的实态研究[8]，揭开这个新的历史侧面的面纱，分析其结构性原因和内在动机的形成过程，并考察二者在“昭和法西斯主义时期”的具体进程。

为此，本书尝试着重从以下四个视角进行分析。

第一个视角是将两次世界大战间的历史理解为日本内外体制在第一次世界大战的冲击下出现流动化并发生重组的时期。这也必然意味着本书将重视一战冲击带来的意义，并将其定位为“第二次开国”。

以往，日本近代历史中有两个时期被普遍称为“开国”。第一个是幕末的佩里（Matthew Calbraith Perry）来航时期，第二个是太平洋战争战败及其后接受占领改革的时期。

确实，这两次巨大冲击都促使日本国内的旧体制发生了全面变革。但在笔者看来，另一次巨大的外部冲击却被以往的观点遗漏，这便是第一次世界大战的冲击。

以往在日本政治史领域中，第一次世界大战在日本近代史上的意义不太受到关注。虽然不是完全不受重视，但与日本经济史将其视为垄断资本主义形成的节点，或者世界史在时代划分中将其定位为“现代”的开端等观点相比，日本政治史尚未充分认识到这一事件的划时代意义。

这恐怕亦与历史认识问题，即怎样在易偏重“明治”和“昭和”的日本近现代史中理解“大正”时期的问题密切相关。但无论如何，这还是因为此前的研究者缺乏对于第一次世界大战的冲击所具有的意义进行整体性把握的研究态度。

但如若对第一次世界大战后的历史加以回顾，便会发现这种研究现状实在是不可思议。因为以第一次世界大战为界，日本的内外体制发生了巨大变化。比如在对外方面，战后形成了欧美的凡尔赛体系和亚洲的华盛顿体系所组成的国际新体系，“新外交”理念与民族自决原则也在新体系下登场。一战前日本外交的主轴——日英同盟和日俄协约也因一战的终结和俄国革命的爆发或消失或失去其有效性，取而代之的是大战后形成的东亚国际新秩序，即名为华盛顿体系的日、英、美协调体制。

而在国内，受英、美民主主义阵营胜利的刺激，日本出现了“大正民主”风潮，并促成了作为“宪政之常道”的政党政治的确立，以及《普通选举法》[①] 的制定实施。此外，多种多样的思想受世界民主主义风潮和俄国革命的影响而流入日本，这也是该时代的特征。它在思想方面具有堪比明治这一文明开化时期的重大意义。

实际上，《普通选举法》的制定实施另含有一层意义：它是一种将上述多种多样的思想灵活地纳入体制的尝试，即通过议会更广泛地吸收国民对体制的种种不满和意见，以图社会秩序的安定化。但是，以打倒天皇制为目标的“过激思想”不被政府容许，因此作为维护社会秩序安定的另一个安全阀，《治安维持法》与《普通选举法》

① 全称为《众议院议员选举法》。——译者注

以配套方式被制定实施。

但总之，新的国内体制在一战后得以形成，民主主义的两大原则，即国民参政和陈述异议的原则，与以往相比得到了相当大的保障。

如上文所述，一战后日本的内外体制被重组为与以往大为不同的新体制。因此，我们可以认为一战的巨大冲击力足以与“开国”相比拟。

然而，这种观点的问题在于，在一战后的“大正民主时期”形成的内外新体制未能长久持续，而是被所谓“昭和法西斯主义时期”的内外新体制取代。因此，如若将1940年形成的内外新体制，即由大政翼赞会、三国同盟和大东亚共荣圈构想为中心构成的新体制称作“1940年体制”（如后文所述），则可以认为该体制的出现才是一战的冲击所导致的最终结果。也就是说，如果从更长远的视野看待两次世界大战间的历史，我们便可将这段历史理解为一战带来堪比“开国”的冲击后内外新体制形成的时期。

另一方面，如后文所述，笔者将一战后的“大正民主时期”形成的内外新体制称为“1925年体制”[9]，并认为它未能长久持续的特点并不意味着体制本身脆弱。“1925年体制”在国内层面同样意味着最早自日俄战争以后，或最晚自辛亥革命及大正政变以来不断发展的“大正民主”最终形成。问题在于它在尚未确立之时就过早地遭到内外形势变化的影响。但正是由于“大正民主时期”的“1925年体制”具有相当大的稳固性，这一体制才会向所谓的“昭和法西斯主义”体制——笔者称其为“1940年体制”——转化。

综上所述，本书的第一个视角如下：重视作为“第二次开国”的一战冲击的意义，并由此出发，不根据此前的传统观点将两次世界大战间的历史过程理解为所谓“大正民主”至“昭和法西斯主义”的转变，而是将其视作“1925年体制”至“1940年体制”的体制变动。

本书第二个视角为，在一战带来的冲击中，尤其重视总体战冲击的意义。

众所周知，第一次世界大战是世界上的首次总体战。这场综合了长期战、消耗战、科学战、思想战的战争将国家的所有要素与战争的实施直接关联，是一场与字面意义相同的新形态战争。

对于一战带来的冲击之一的“总体战”问题，本书将会进行详细论述。其总体结论为，总体战的冲击之所以在两次世界大战间的历史过程中具有重要意义，主要基于下列原因。

第一，陆军是造成昭和时期激烈动荡的主因，而总体战问题则存在于陆军思想与行动的最深层[10]。陆军成为“昭和法西斯主义时期”日本政治中心的最大原因在于，陆军拥有为获取未来战争胜利而构筑总体战体制的冲动，也拥有成体系的总体战思想［第二章的分析对象《国家总动员相关意见》（『国家総動員に関する意見』）是其起点］作为保障。

第二，当时因总体战这一战争新形态的出现而受到巨大冲击的陆军军官群体正是在其后的满洲事变[①]、日中战争[②]和太平洋战争中直接担纲的一代人。虽然执笔《国家总动员相关意见》的是永田铁山少佐（1935 年任陆军省军务局局长时被视作统制派首领，后在其办公室遭暗杀），但他所属的陆军士官学校第 16 期生中的大多数人都没有日俄战争的实战经验。因此比起日俄战争，一战带来的战争冲击反而更为他们所重视。因此我们可将第 16 期生以后的新军官群体理解为“一战世代”，正是他们在“昭和法西斯主义时期”的陆军中担任中枢职务。

第三，总体战问题不仅关乎军事层面，更要求极为广泛的领域进行重组（内外体制重组）。这一点也为政党、官僚和财界等各方所理解。如本书第二章所述，由于总体战论可以被理解为一种近代化论，因此其不仅是军部自身的问题，而且是与整个日本政治相关的问题。

---

① 中国称“九一八事变”。为保证原始史料的真实性、如实展现日本学界的用语，本书保留日文中某些历史事件的原始表述。——译者注

② 即日本发动的侵华战争。——译者注

第四，因此，作为一战冲击的总体战问题是促使两次世界大战间日本的内外体制发生重组的主要原因。而尤为重要的一点在于，日中战争后，构筑总体战体制不再只是纸上谈兵，而成了日本政治的中心课题，并最终发展为“1940 年体制”。

综上所述，总体战的观点不仅有益于考察军事相关问题，对于考察两次世界大战间的整体历史过程也极为有益。这便是本书第二个视角。

本书第三个视角便是关注“大正民主”与陆军的关联性。以往的研究普遍将此两者视为对立的，但其实态并未被充分解析。然而，这二者的关系正是“昭和法西斯主义时期”陆军所展现的特征的一个决定性因素。当然，这并不是要否定两者对立的一面。本书的一个假设在于，在“大正民主”面前所表现出的灵活性反而是促使陆军发生质变的重要原因。

最后，第四个视角便是把陆军（军部）作为近代化过程中的国家军队加以理解。

明治维新后，在“万邦对峙”“殖产兴业”“富国强兵”等口号下，近代日本以国家资本为中心进行了“自上而下型的近代化”。在这一意义上，当时日本比西欧列强较晚开始近代化，是所谓的发展中国家。即便是一战后，日本亦仍停留在重化工产业尚未充分发展的阶段。

众所周知，在这种后发国家的近代化过程中，拥有高度的专业知识技术和牢固的组织凝聚力的军队通常处于重要地位。日本亦是如此，军队的建设较官僚组织、经济机构、教育制度等领域更早进行，军队虽不是唯一的精英集团，但确实扮演了重要的角色。

另一方面，为稳步进行近代化，最为必要的便是安定的国际环境和国内环境。军队本就拥有对外防卫和维持国内治安的两大使命[11]。换句话说，这便意味着军队组织对于维护安定的国际环境和国内秩序负有责任。因此，军队原本便是肩负内外“秩序维持”使命的组织。

在这一意义上，作为维护秩序的机关，军队的正统性通过与天皇的直接关联而得以维持。这种关联在宪法体制中被制度化，成为统帅权独立①的形式，这给予了军队在政治中的独有地位。也就是说，只有军队是对日本的内外局面负有明确使命，且与外交和内政均有联系的国家机关。

这一具有特异性的组织相对独立于内阁，即独立于代

① 统帅权是日本近现代史的研究用语，指军队的最高指挥权。统帅权独立则指军队的最高指挥权独立于政府而直属于天皇，是近代日本军政关系的根本性制度。《明治宪法》规定“天皇统帅陆海军”（第十一条）；“天皇决定陆海军之编制及常备兵额”（第十二条）。在具体的组织制度方面，军队的军令机关［陆军的参谋本部、海军的海军军令部（后改称军令部）］独立于政府，而军队的军政机关（陆军省和海军省）则属于政府机关。——译者注

表国家主持内外局面的唯一机关，并将维持日本的内外秩序作为目标。因此，陆军对于两次世界大战间的体制变动必然是敏感的。

因此，本书的第四个视角便是对陆军进行如下定位，即它是在后发国家的近代化过程中拥有相对独立的使命意识，并以维持日本的内外秩序为目标的组织。

综上所述，为解答上述课题，笔者将在两次世界大战间体制变动的大框架下，将总体战的冲击、面对“大正民主”时的灵活性，以及维护内外秩序的使命意识这三个视点相互关联，以此对该时期的陆军进行分析。这是本书的一大特色。通过上述分析而将在后文中显露的一点是，“大正民主时期”的陆军采取了极为灵活的现实主义立场。然而，需要注意的是，使其灵活性成为可能的上述三个重要原因，即总体战的冲击、面对“大正民主”时的灵活性，以及维护内外秩序的使命意识同时也是促使陆军发生质变的重要原因。

二　本书的结构

本书由三大部分十章构成，以下简单对其进行概述。

第Ⅰ部将以“大正民主时期”的陆军面对的各种问题为焦点，通过对其进行分析，明确该时期陆军在政策方面和认识方面的灵活性及其程度，并指出两次世界大战间陆军思想和行动的原型。

在第一章中，笔者将通过分析临时军事调查委员[1]的活动，解析陆军一战研究的实态。在第二章中，笔者将详细考察临时军事调查委员的报告书《国家总动员相关意见》，明确陆军总体战构想的整体特征及其意义。在第三章中，笔者将以该时期陆军的另一重大事项，即对“大正民主”的认识为焦点，分析陆军军人的著作中出现的政治话语，以阐述其认识中的灵活性，并且论及其与总体战问题的关联性。在第四章中，笔者将立足于前一章的内容，主要以陆军幼年学校改废问题为中心，探讨一战后的陆军是如何认识自身的军官培养制度，以及其现实政策是如何施行的这两个问题。在第五章中，笔者将着眼于“大正民主时期”陆军对美国的认识，阐述其与陆军对国内“大正民主”的认识之间的密切关联性。在第六章中，笔者将以该时期陆军的另一政策课题，即军队近代化的相关争论为焦点，阐明在这一方面同样存在思维灵活的军人群体的事实。

在第Ⅱ部与第Ⅲ部中，笔者将围绕以下问题展开考察，即第Ⅰ部中阐述的陆军灵活的政策和认识如何具体体现，又如何与满洲事变和太平洋战争相互关联等问题。

---

① 亦有学者称其为“临时军事调查委员会”。——译者注

作为一战后新的秩序维持框架，“1925年体制”的形成主要受到了军队与政党间“协调型”或“互相依存型”军政关系等要素的影响。而这种军政关系的存在则以陆军的灵活性为前提。满洲事变又恰恰爆发于陆军这种灵活度降低的背景下。在第七章与第八章中，笔者将基于上述认识，阐述“1925年体制”的形成过程，以及其与满洲事变爆发间的关联性。在第九章中，笔者将以陆军的总体战构想为中心，从“1925年体制”至“1940年体制”的变化这一视角出发，勾勒日本走向太平洋战争的过程。在第十章中，笔者将阐明日本型总体战构想的终点，即太平洋战争开战前的构想与20世纪20年代的构想间存在的巨大差异。

三　关于史料

进入正文前，笔者将就本书所使用的核心史料《偕行社记事》（『偕行社記事』）进行简要说明。

《偕行社记事》的发行方偕行社创立于1877年（明治十年）2月15日，是面向陆军军官和军官相当官[①]的亲

---

① 日语写作“将校同相当官”，包括战前日本陆军中的主计（即会计）、军医、药剂师、兽医等职，相当于军队文职人员（战前日本海军的“将校同相当官”则包括机械、造船、造兵、军医、药剂师、会计等职）。由于上述职务的各官阶与军官的各军阶对等，因此称为相当官（例如主记总监是与中将对等的官阶）。——译者注

睦、共济、学术研究团体。也就是说，其目的是“巩固帝国陆军将校及相当官之团结，醇厚其亲睦关系，培养军人精神，进行学术钻研，同时谋求社员之义助及军人军属之便利”[12]。社员除现役军官、军官相当官外，还由在乡军官①、在乡军官相当官及陆军高等文官中有此意向之人构成[13]。例如1922年（大正十一年）2月中旬进行的调查显示，东京偕行社社员构成明细中有现役军官及军官相当官2790名（驻国外者除外）、高等文官41名、在乡军官及军官相当官1629名，共计4460名[14]。

在月曜会等其他军事研究团体于1889年被陆军大臣命令解散后（月曜会呈现出对抗山县有朋等陆军主流派的政治结社特征），偕行社便成了陆军内部唯一的团体。1917年8月，统辖全国偕行社的偕行社本部设立；1924年7月，本部与东京偕行社合并，成为财团法人偕行社[15]。

总裁一职须由身为陆军武官的皇族担任，社长则由陆军大将担任。比如“大正民主时期”担任理事长[16]的就是陆军次官津野一辅等人[17]。

另外，从事《偕行社记事》编纂工作的编纂部部长一职亦由教育总监部本部长渡边寿等军人担任[18]。因此，

① 复员军官。——译者注

我们可把偕行社视为事实上的陆军半官方机关。

《偕行社记事》于 1888 年 7 月由时任编纂部部长的监军部参谋长（日后的教育总监部本部长）兼陆军大学校长儿玉源太郎创刊，其发行量由当时的不足 4000 份增长至 1922 年年初的 17000 余份[19]。由于经历过三次革新，杂志的内容因而稍有异同[20]。在“大正民主时期”，其内容由评论文章、杂录、问答（战术问题、问题总评及草案）、命题征文等部分组成［1923 年 3 月的 583 号至 1924 年 7 月的 598 号设有总结新闻报道内容的“时论抄录”（「時論抄録」）栏目；1925 年 2 月的 605 号之后则设有“各地通讯”（「各地通信」）、“社员之声”（「社員の声」）等栏目］。

刊登的文章以“尽可能多多提供研究资料，为各位社员的研学提供便利”为“着重点”[21]。刊登的文章大体可分为：（1）来自官署、学校、军队的研究报告书、演讲和译文；（2）受到官署、学校、军队举荐的军人的研究；（3）普通军人的投稿；（4）文民①所做的演讲等。

投稿由编纂部的理事（干事）和委员负责审查，且存在被拒绝刊登的情况[22]。但是杂志中亦会出现针对前任陆军大臣的批判言辞，因此刊登标准并不明确。虽说

① 指职业军人以外的文官及国民。——译者注

“其言论赞成与否由各位读者稳健判断”[23]，但从偕行社的高层职务均由身居要职的陆军军人担任的事实可以看出，被刊登的多是军队可容忍或希望进行的议论。

但是，或许由于军人不干政的原则，其中几乎没有关于具体事件的议论。因此，《偕行社记事》虽不是能够直接论证具体政治过程的史料，但在窥见军队政策决定和政策形成环境，即军队内部的气氛（陆军军官的关注点和思维方式）和思想背景等方面是恰好合适的史料。

附注　本书在史料引用方面，原则上将史料中的汉字改为现行规范汉字；至于其他表记问题，则保留了原文中在今日看来是笔误或不恰当①的部分，且部分地方未添加“原文如此”的小字说明。

注释

1. 相关研究为数众多，例如：藤原彰『日本軍事史』上巻，日本評論社，1987 年（本书是 1961 年出版的『軍事史』的修订版）；藤原彰『天皇制と軍隊』，青木書店，1978 年；今井清一「大正期における軍部の政治的地位（上）（下）」『思想』第 399、402 号，1957 年 9、12 月；木坂順一郎「軍部とデモクラ

① 包括“支那”“日支关系”“参谋本部支那课”“日支交涉”“支那事变”等不当称呼。——译者注

シー」『国際政治』第 38 号，1969 年 4 月；纐纈厚『総力戦体制研究』，三一書房，1981 年；吉田裕『天皇の軍隊と南京事件』，青木書店，1985 年。

2. 例如，秦郁彦『軍ファシズム運動史（増補版）』，河出書房新社，1962 年；佐々木隆「陸軍『革新派』の展開」，近代日本研究会編『昭和期の軍部』，山川出版社，1979 年；北岡伸一『陸軍派閥対立（一九三一——九三五）の再検討』，近代日本研究会編『昭和期の軍部』，山川出版社，1979 年；酒井哲哉「『大正デモクラシー体制』崩壊期の内政と外交（一）（二）」『国家学会雑誌』第 100 巻第 9・10 号、第 101 巻第 3・4 号，1987 年 9 月、1988 年 4 月，后收录于酒井哲哉『大正デモクラシー体制の崩壊　内政と外交』東京大学出版会，1992 年；波多野澄雄『「大東亜戦争」の時代』，朝日出版社，1988 年；波多野澄雄『幕僚たちの真珠湾』，朝日出版社，1991 年；戸部良一『ピース・フィーラー——支那事変平和工作の群像』，論創社，1991 年；森山優「『非決定』の構図」，軍事史学会編『第二次世界大戦（二）』，錦正社，1991 年，后收录于森山優『日米開戦の政治過程』，吉川弘文館，1998 年；加藤陽子『模索する一九三〇年代』，山川出版社，1993 年。

3. 在日本，慶應義塾大学地域研究グループ『変動期における軍部と軍隊』（慶應通信株式会社，1968 年。池井優「近代日本における軍部の政治的地位」作为对战前日本的研究而被此书收录）是先驱性研究。但是，日本的军政关系近年才开始受到格外关注。可主要参阅以下文献：三宅正樹「文民統制の確立は可能か—政軍関係の基礎理論」『中央公論』1980 年 9 月号；三宅正樹「政軍関係の視角から見た一九三〇年代の日本」，三輪公忠編『再考・太平洋戦争前夜』，創世記，1981 年；三宅正樹「日本の政軍関係の特質と病理」，三宅正樹編集代表『昭和史の軍部と政治 1 軍部支配の開幕』，第一法規出版株式会社，1983 年；筒井清忠「二・二六事件の政

治力学」，收录于三宅正樹編集代表『昭和史の軍部と政治 1 軍部支配の開幕』，第一法規出版株式会社，1983 年，后又收录于筒井清忠『昭和期日本の構造』，有斐閣，1984 年；五百旗頭真「陸軍による政治支配」，三宅正樹編集代表『昭和史の軍部と政治 2 大陸侵攻と戦時体制』，第一法規出版株式会社，1983 年；李炯喆『軍部の昭和史（上）（下）』，日本放送出版協会，1987 年；日本政治学会編『近代化過程における政軍関係』，岩波書店，1990 年；永井和『近代日本の軍部と政治』，思文閣出版，1995 年。

当然，这三个研究体系并不能涵盖所有有关两次世界大战间陆军的研究。比如在教育学方面的研究中还有遠藤芳信『近代日本軍隊教育史研究』（青木書店，1994 年）、広田照幸『陸軍将校の教育社会史』（世織書房，1997 年）等研究成果。

4. 藤原彰『天皇制と軍隊』（青木書店，1978 年）第 4、101、108 頁。
5. 大江志乃夫『統帥権』（日本評論社，1983 年）第ⅲ頁。
6. 因此，对昭和时期的军政关系进行通史性把握的研究非常少见。上述李炯喆『軍部の昭和史（上）（下）』这样的研究成果是为数不多的例外。
7. 在这个意义上，由于同样进行功能论分析，军政关系视角下的研究与政策决定论视角下的研究可以说是互补关系。
8. 浅野和生『大正デモクラシーと陸軍』（慶應通信株式会社，1994 年）是该时期为数不多的研究，但与笔者的视角有所不同。

　　此外，戸部良一『逆説の軍隊』（中央公論社，1998 年）、北岡伸一『政党から軍部へ一九二四—一九四一』（中央公論新社，1999 年）是本书完稿后出版的杰出研究成果，值得参阅。
9. “1925 年体制”这一用语参阅本书第七章与第九章。此概念是为整体理解一战后的“大正民主时期”形成的内外体制而构思出来的。以往关于这一点，学者们多用酒井哲哉提出的“大正民主体制”一词。酒井哲哉在其论文「『大正デモクラシー体制』崩壊期の内政と外交（一）」（见本章“注 2”）中将其定义为“对内拥护政党内阁制，对外拥护华盛顿体制的政治体制”（第 733 頁）。但笔者认为，使用原本表示国内民主倾向的“大正民主”概念时加入对外方面的含义是不妥当的。

10. 高桥正卫在其著作『昭和の軍閥』（中央公論社，1969 年）中指出，“第一次世界大战带来的武器革新和战争形态的巨变以及大正十一年（1922）山县有朋的死亡，导致名为军阀的权力主体发生了质的变化”（第ⅲ頁）。此观点十分重要，但其没有对总体战的冲击与陆军质变之间的关系做出充分而具体的阐述。
11. 内山正熊「現代における軍部・軍隊」，慶應義塾大学地域研究グループ『変動期における軍部と軍隊』，慶應通信株式会社，1968 年，第 8～11 頁。
12. 「財団法人偕行社寄付行為抜萃」『偕行社記事』（以下略称为『記事』）第 604 号，1925 年 1 月。
13. 同上。
14. 「偕行社創立ヨリ現在ニ至ル概況書」（以下略称为「概況書」），『記事』第 572 号，1922 年 4 月。
15. 上述「概況書」及「偕行社の起源及沿革の大要」（以下略称为「大要」），『記事』第 604 号。根据 1914 年 9 月 1 日修订的偕行社规则，开始设置总裁、社长之职务（「偕行社総裁奉戴式概況」『記事』第 492 号，1915 年 7 月）。
16. 理事长一职在偕行社本部和东京偕行社被称为干事长。上述规则修订后实施的时间为 1915 年 4 月。在其修订以前，干事长一职主要由陆军大臣担任。
17. 规则修订后的历代干事长，由参谋次长明石元二郎、陆军次官大岛健一、参谋次长田中义一、陆军次官尾野实信、参谋次长菊池慎之助等次官一级的官员担任。
18. 可参阅「社告」『記事』第 598 号附録，1924 年 7 月（且此文由包含「総裁、社長、役員、職員人名表」的「財団法人偕行社の設立及其の組織」、「財団法人偕行社規定」等文章组成）

以及前文所提「大要」。

此外，均担任过教育总监部本部长的儿岛惣次郎和宇垣一成，也都在其教育总监部本部长任内被任命为编纂委员。尚不确定二人是否曾担任编纂部部长（宇垣一成自 1922 年至 1923 年任编纂委员长）。「大正一〇年九月三〇日ヲ以テ任期满了ノ幹事」『記事』第 566 号，1921 年 10 月；『大正一一年九月三〇日ヲ以テ任期满了ノ幹事』『記事』第 578 号，1922 年 10 月；「大正一二年九月三〇日ヲ以テ任期满了ノ幹事」『記事』第 590 号，1923 年 11 月。

19. 上述「概况書」。该时期每月发行一次。此外，关于『記事』和『記事』附録的馆藏情况可参阅木下秀明「雑誌『偕行社記事』所在一覧」和木下秀明「雑誌『偕行社記事』別冊附録所在一覧」（分别出自『軍事史学』第 12 卷第 4 号、第 13 卷第 3 号，1977 年 3 月、12 月）。目前『記事』和『記事』附録也以微缩胶片的形式收录于ナダ書房出版的『近代日本軍隊関係雑誌集成』当中。另外关于其内容，可参阅吉田裕監修『「偕行社記事」目次総覧』，大空社，1990 年；以及『偕行（偕行社創立百周年記念号）』，偕行社，1977 年。

20. 1916 年第二次革新时规定“望于不危害军纪的范围内发表意见”［上述『偕行（偕行社創立百周年記念号）』第 72 頁］。

21. 刊登于评论部分之前的文章（刊载于自 1912 年 7 月的『記事』第 445 号至 1917 年 2 月的『記事』第 511 号之间）。而伴随着 1924 年 7 月财团法人偕行社的成立，『記事』刊登过以下介绍文字：“本杂志自去年，即大正十三年七月一日起成为财团法人偕行社的‘机关杂志’，因此需大力加以改善，以委员长为首的相关诸位付出之努力也非比寻常。……无需多言，本杂志的使命是‘巩固作为社员的帝国陆军将校及相当官之团结，醇厚其亲睦关系，培养军人精神，进行学术研究，并进行财团法人偕行社工作的相关通报’。因此事关本杂志的向上发展，我们迫切盼望社员诸位毫无保留地提供鞭策和指导。”（編輯室一

常務員「編輯室より」『記事』第611号，1925年8月，第66頁）。

22.「東京偕行社記事及図書発行規定」（1914年8月1日开始施行。此文曾刊载于1916年6月的『記事』第503号）。亦可参阅「偕行社編纂部規則抄録」（此文曾刊载于1922年4月的『記事』572号）。

此外，沼田德重『軍隊教育新論（上）』（琢磨社，1926年）当初便被拒绝刊登，因而进行了公开出版。其理由是“由于该记事自身的编纂情由以及编纂理事者与笔者在思考方面的差异，本书屡遭‘不刊载’之厄运”（第3頁）。

23. 与“注21”出处相同。关于编纂也可参阅『記事』第598号附录中的「偕行社業務細則」。

第Ⅰ部
第一次世界大战的冲击与日本陆军

第一章　日本陆军的一战研究

引　言

第一次世界大战与战前的预想相反，成了前所未有的大战。战场上飞机、坦克等新式武器的陆续出现，以及大量弹药与庞大兵力的投入，使第一次世界大战呈现出与以往战争完全不同的态势。日本政府为掌握其实情，在各主要权力机关内设置了临时调查局，其中陆海军对大战形势的变化最为关心。战争第二年即 1915 年（大正四年）秋，陆军设立了临时军事调查委员（下文略称为调查委员），海军设立了临时海军军事调查会[1]，二者对各自内部各机关以往所展开的调查研究进行了一体化整合。

一战在军备近代化以及战争形态向国家总体战的转变这两个方面震动了军部，而将这些情况成体系地进行汇报的则是上述两个调查机关。因此，要考察军部在一战期间及其后的施策问题，对这两个机关的分析是必不可少的。

但是以往的研究成果中几乎没有关于这一点，尤其是关于陆军方面的探讨[2]。因此，在本章中，笔者将以成文于 1922 年 3 月的《临时军事调查委员解散始末书》（『臨時軍事調査委員解散顛末書』）[3]（下文略称为《始末书》）为中心，阐明调查委员组织与活动的实态，并针对其与田中（陆军大臣田中义一）军政的关系进行若干考察。

一　调查委员的成立与组织

1915 年 9 月 11 日，依据军令“陆乙第 12 号”，陆军以临时军事调查为目的在其各官署和学校增派了定额人数之外的人手，调查委员就此成立。然而，因陆军省与参谋本部围绕其组织形态展开权限争斗，加之已确定出任委员长的菅野尚一少将因其长州阀①的身份招致反感[4]，调查委员的事务所直到约三个半月后的 12 月 27 日才于陆军省

① 明治维新后，在政界与军界拥有巨大政治影响力的地缘性政治集团被称为藩阀，其地缘性来源于明治维新前各藩（尤其是萨摩、长州、土佐、肥前四藩）旧有的向心力。狭义而言，藩阀亦指长期把控政界与军界要职的萨摩藩与长州藩人物。长州阀指的是长州藩出身的人物所组成的政治集团，其在日本陆军中尤其具有影响力。此处参阅了国史大辞典編集委員会编『国史大辞典』（吉川弘文館，1979～1997 年）的相关条目。——译者注

内开设，实际工作也才得以开展[5]。

12 月 28 日，关于工作实施细则的“陆训第 31 号”发布，将调查委员的设置目的定为调查研究一战事宜，“以资国军之改善”[6]。委员的任命也逐步进行，《关于临时军事调查委员处理事务的规定》（『臨時軍事調査委員処務規定』）[7] 也于 1916 年 1 月 4 日制定出台。依据该规定，调查委员于 2 月 7 日被分为三个课八个班，其编制与业务的划分明确化（参阅附录表 1－1[8]）。

根据《关于临时军事调查委员处理事务的规定》，第一班负责建制、编制及制定其他诸制度；第二班负责动员、人员补充、补给及教育；第三班负责金钱、被服、粮秣、建筑及其他战时财会工作等；第四班负责人马卫生；第五班负责外交及战略战术；第六班负责兵站、筑城、运输与交通；第七班负责除器材外的武器；第八班负责器材（飞机和车辆）。其范围之广涵盖了陆军整体。调查委员从此成为一战调查的中枢。

虽然详细的业务划分表起草于其后的 5 月[9]，已任命的委员人数也尚未达到委员定额（含委员长）27 名，但在 2 月调查委员的组织架构已然齐备。

在委员的分类与担任委员的军人所属部门方面，委员分为在事务所专职工作的专任委员和另有本职工作的兼任委员两种，附录表 1－2 是相关统计[10]。根据该表，委员长一职由菅野尚一、村冈长太郎、佐藤安之助三人先后担任；专任委员有75人，兼任委员包括7名原专任委员在内共48人（高屋三郎两度任职，按2人进行统计）。

定额外的专任委员中，供职于教育总监部的有14人，供职于技术本部（技术审查部）的有29人，供职于兵器本厂的有22人；而兼任委员所属部门的特征是供职于陆军省的人最多（20人），供职于参谋本部的人极少（1人）。参谋本部人员亦无一人被任命为专务委员。这或许是由于以用兵作战为主要任务的参谋总长与调查委员的关系未被明确记载[11]。但是，如后文所述，调查委员的报告书同样会分发至参谋本部，调查委员亦与负责战史编纂的参谋本部第四部结成合作关系[12]。因此，调查委员与参谋本部并没有互相疏远。

其次，在委员的兵种结构方面，我们能够发现专任委员中有步兵39人、炮兵12人、工兵9人、骑兵3人、辎重兵2人、军医2人、兽医2人、主计3人；历任委员长均为步兵出身。兼任委员中有步兵20人、炮兵9人、工兵6人、骑兵3人、辎重兵2人、军医2人、兽医1人、主计5人（高屋三郎按2人计算）。合计人数为步兵59人、炮兵21人、工兵15人、骑兵6人、辎重兵4人、军医4人、兽医3人、主计8人。

步兵通常在各兵种中占压倒性多数，因此步兵在调查委员中占多数也十分自然。但是与此相比，更值得注意的是炮兵与工兵在调查委员中占的比例较高[13]。这反映了如下现状，即伴随着军事装备的飞速发展，第一次世界大战变为科学战与消耗战，而炮兵和工兵，尤其是后者在战斗中的重要性也因此大为提高。在欧洲战场，没有火力支援的步兵已不可能向前推进。因此日本陆军对以增强火力为核心目的的军队机械化抱以极大关心。

另一方面，在各委员接受任命时的军阶方面，专任委员中以先后担任委员长的 3 名少将为首，有中尉 4 人、大尉 25 人、少佐 21 人、中佐 12 人及大佐 3 人；兼任委员中有中尉 6 人、大尉 9 人、少佐 10 人、中佐 13 人及大佐 2 人。两者共计有中尉 10 人、大尉 34 人、少佐 31 人、中佐 25 人及大佐 5 人。由此我们可知调查委员由大尉、少佐级别的军官为中心构成。

与附录表 1－2 相对应，各委员在陆军士官学校中所属的期数如附录表 1－3 所示。其特征有以下两点。其一，第 16 期生人数众多，尤其在专任委员中人数最多。其原因之一或许是他们正巧处于大尉至少佐级别，正是年富力强的年纪，但第 16 期的人数又远远多于前后两期的人数；其二，除第 16 期外，人数最多的是第 11 期及其前后两期。他们正巧是担任少佐和中佐的年纪，比如曾在寺内正毅内阁时期参与制定《军需工业动员法》的铃村吉一中佐便属于这一年龄段。

笔者认为，上述的陆军士官学校期数分布特征，对一战以后特别是“大正民主时期”至“昭和法西斯主义时期”陆军的发展态势有重大影响。其原因如下：第一，就人事方面而言，昭和初期既是日本内外局势开始激烈变动的时期，同时又是上述的一代军人（尤其是第 16 期生）开始出任陆军要职的时期；第二，他们曾担任的调查委员职务，使他们最能清醒认识到一战的最大教训，即认识到军队近代化与构筑国家总体战体制的必要性；第三，第 16 期生以后的军官几乎没有日俄战争的实战经验[14]，属于“一战世代”，因此对一战带来的冲击十分敏感；第四，由一夕会所代表的陆军“革新”派正是在“一战世代”的军官中形成的。因此，总体上看，以第 16 期生为主的一代军人在工作一线汲取了一战的教训，感受到了“革新”的必要性，最终在“大正民主”至“昭和法西斯主义”的转换期中担任了陆军内部的枢要之职。

在此我们可以发现，在陆军打倒推进国际协调主义和裁军政策的民政党内阁，并且为构筑总体战体制而强行发动“具有政变性质的满洲事变”[15]时，其中枢的许多人物都曾担任调查委员。

例如陆军次官杉山元、陆军省军事课课长永田铁山、陆军省补任课课长冈村宁次、陆军省军事课高级课员村上启作、参谋次长二宫治重、参谋本部欧美课课长渡久雄、朝鲜军司令官林铣十郎、朝鲜军参谋长儿玉友雄、朝鲜军参谋丰岛房太郎与哈尔滨特务机关长百武晴吉等人就是其中的一部分。

因此，立足于前文所述内容，我们可以说一战的冲击与满洲事变无疑是相关的，而曾担任委员的人则充当了两者之间的媒介。

此外，如果放眼满洲事变后陆军的发展态势，我们可以在委员当中发现日后所谓的皇道派与统制派军人。这或许是日后两派在认识总体战体制的必要性方面能达成原则性一致的一个因素[16]。

二　调查委员的活动

1. 资料的收集

调查委员的活动首先从一战相关资料的收集开始。事务所开设的第二日，即 12 月 28 日，陆军省军务局局长向驻各国负责人发出了题为《关于军事调查资料报告》(『軍事調査資料報告ニ関スル件』) 的电报，要求各负责人以至少两个月一次的频率进行汇报。为了同时从陆军外部获取资料，陆军省于 1916 年 1 月 27 日委托其余各省协助收集并送交一战相关的出版物。2 月 7 日，调查委员长再次向驻各国工作人员、观战武官及留学生提出送交资料的委托；陆军省副官亦书面通告陆军内部各官署，要求其将资料转送给调查委员。

同时，调查委员也独自展开收集工作，决定首先购买欧洲的新闻杂志。但是，欧洲的新闻杂志颇难得到，敌国德国和奥匈帝国的资料更是完全无法获得[17]。为此，通过与日俄战后设置的俘虏情报局进行商议，1916 年 3 月以后[18]委员被派往习志野、静冈、名古屋、大阪、福冈和久留米等地的俘虏收容所，没收俘虏收到的新闻杂志等。

调查委员随即着手收集资料。但由于远离欧洲主战场，再加上观战武官被禁止进行日语通信[19]，收集工作在最初极度困难。但是，之后随着时间的推移，来自驻各国军人（海外差遣员）的汇报逐渐增多；1916 年 8 月以后委员也开始出差海外（参阅附录表 1 – 4[20]）。收集工作的体制终于构建起来。

但是，海外差遣员在 1918 年 9 月收到详细的调查研究要求事项[21]，以及委员在一战结束后被立即派往德国等事例表明，一战中的资料收集工作，特别是在其内容方面并非完全符合调查委员的意图。

此外，需要注意的是，调查委员在开展上述工作的同时，同样开展了有关国内工业动员能力的实态调查。以委员上村良助 1916 年 5 月 28 日至 6 月 2 日对吴海军工厂进行的参观为始[22]，委员们被派往日本制钢所室蓝工厂、大阪炮兵工厂、枝光制铁所等地进行了资料收集工作[23]。第一次世界大战变为大消耗战的事实令陆军将关注点投向了国内工业能力的实际情况。

就这样，为实现“以资国军之改善”的目的，调查委员锐意展开了关于一战以及国内工业动员能力的资料收集工作。但如后文所述，一战呈现出的总体战态势令调查委员工作的涉及面越发宽广，超越了“国军之改善”的范畴。

2. 面向陆军内外的活动

如上文所述，调查委员以收集到的资料为基础展开了调查研究，并将其成果通过《临时军事调查委员月报》（『臨時軍事調査委員月報』）（下文略称为《月报》）、意见书、对各类质询的应答、讲话等方式在陆军内外传播。下文首先关注陆军内部的宣传工作。

陆军内部

为实现“以资国军之改善”的目的，调查委员的第一任务就是面向陆军内部积极展开宣传工作，而其中心便是发行《月报》[24]。《月报》分为普通号和特别号，普通号发行至第69号（1916年3月1日号~1922年1月30日号[25]）；特别号包括5期年报在内，发行至第66号（1916年10月1日号~1922年1月20日号）。分发对象虽因时期等因素而有所不同，但以陆军三长官①、次官级、元帅和军事参议官等陆军上层为首，中央三官署②的课长（有时包括课员）级以上干部，各师团的联队级和大队级③以上部队，驻留于朝鲜、中国大陆及台湾等地的在外部队，驻各主要国家大使馆的武官，陆军大学等各学校，千住制绒所、各炮兵工厂、粮秣本厂、被服本厂等工厂都是其分发对象。分发数量虽有多寡之别，但其范围全面涵盖了陆军内部的各机关[26]。而《月报》发行量也会根据分发对象的数量变化而增减。但就普通号来讲，其发行量约为600份至980份[27]，并且随时期推移而出现增加的倾向。

因此，具有调查委员正式报告书性质的《月报》使得一战的实情与教训被广泛介绍到陆军内部。但是，其效果并不理想。这既是由于各军官本职工作繁忙，难有闲暇熟读并研究其他内容；亦是由于《月报》以往“均按秘密图书进行管理，因此内部各军官难以广为传阅”[28]。

就此问题，应委员长村冈长太郎的要求，陆军省副官于1918年9月13日向陆军全体发布了《解除对于秘密文件秘密管理的决定》（『秘密書類ノ秘密取扱解除ニ関スル件』），该文件规定将《月报》“区分为需秘密管理之部

① 陆军大臣、参谋总长、教育总监。——译者注
② 陆军省、参谋本部、教育总监部。——译者注
③ 分别相当于团级和连级。——译者注

分及不需秘密管理之部分，尽量简化其管理，以图传阅之便宜，令其内容充分普及”。其努力普及的结果是第38号（1918年10月1日号）之后大部分的管理等级由“秘”降为“日本将校以外禁止阅览”[29]。

另一方面，为了对通过《月报》开展的宣传工作进行补充，陆军内部积极开展了演讲工作（参阅附录表1－5[30]）。陆军省内大致每周开展一次；至于其他官署则随时派遣委员前往，大力普及与一战实况和教训相关的知识。

而面向陆军省以外的军人的演讲始自1916年1月17日，至1922年2月3日为止共举办98次（算上陆军之外的演讲共有225次）。具体为1916年13次、1917年36次、1918年28次、1919年3次、1920年2次、1921年12次、1922年4次；占其大半的77次都在1918年一战结束前举办。因此，演讲工作在相当大的程度上弥补了通过《月报》开展的传播工作的不足。而1919年以后次数减少的原因则如后文所述，即调查委员工作重心的变化以及新闻班的设置。

参与演讲的专任委员有41人（1人不明），其中演讲次数较多的有安藤利吉（第16期，26次）、永田铁山（第16期，19次）、西田恒夫（第11期，15次）、二宫治重（第12期，14次）、金子直（第10期，11次）、藤冈万藏（第16期，11次）、栗原幸卫（第10期，11

次）、上村良助（第 10 期，10 次）、梅崎延太郎（第 12 期，9 次）、渡边良三（第 12 期，9 次）、河村恭辅（第 15 期，8 次）、服部英男（第 11 期，8 次）、桑原四郎（第 19 期，7 次）、秦真次（第 12 期，7 次）等（参阅附录表 1－5）。其中安藤利吉、永田铁山两名陆军士官学校（以下略称“陆士”）第 16 期生，以及西田恒夫和二宫治重成了演讲工作的中心，安藤利吉和永田铁山的表现尤其值得关注。另外，二宫恒夫与秦真次的参与也因二人之后的工作经历而值得关注。

于是，通过《月报》与演讲进行宣传的尝试在陆军内部得到大力推行。其结果是，陆军大学在一战结束后便开始正式引入调查委员的成果。通过了解实际的调查研究以及日本军人驻留欧洲的经历，以陆士第 16 期生为主的年轻军官们感受到了一战带来的巨大冲击；他们通过担任教官的方式投身于新战略、新战术以及总体战认识的普及工作[31]。1919 年的毕业典礼上，作为上述教育工作的一环，毕业生代表铃木宗作中尉（陆士第 24 期生）进行了关于国家总动员准备的必要性的御前演讲[32]。顺带一提，日本陆军使用“国家总动员”一词来理解一战始自 1917 年下半年[33]。

然而，上述宣传工作虽然在陆军内部起到了整体启蒙的作用，但专任委员毕竟没有直接参与政策立案部门的工作，因此调查结果难以立刻反映在陆军的政策中。因此，为反映调查研究的成果，以下三项措施被付诸实施。第一，从1917年1月15日起，主要向陆相（陆军大臣）和教育总监呈递意见[34]；第二，从同年1月20日开始回答陆军内部各官署的质询[35]；第三，调查委员参加各特定范围内设立的各类委员会。其中意见呈递进行了37次，质询回答进行了65次，而1919年以后进行的次数分别是32次与52次。这主要说明上述两项措施的重心均被放在了一战结束后的时期。关于第三项措施，笔者认为其开端是调查委员长在1918年1月参加陆相的咨询机关，即临时陆军军需调查委员会[36]。

上述工作立足于各个时期陆军需要解决的课题，并对现实中的政策立案工作带来了一些影响。这尤其体现在调查委员长参加临时陆军军需调查委员会一事上。该委员会的设立目的是“伴随科学工艺之发达，尤鉴欧洲战役之实践，谋求兵器、材料及其他陆军军需之改良进步，并研究其供给能力等问题”，而调查委员长的加入，成了促使该委员会将目标朝向当时陆军最大的未决事项，即《军需工业动员法》的制定问题的一个动力。因此可以说，调查委员在这一法律的制定过程中发挥了影响力。

综上所述，调查委员的工作目的是将一战的实际状况及其带来的教训在陆军内部进行宣传，而其影响主要体现在陆军内部的整体启蒙和政策立案过程两方面。就“国军之改善”的观点而言，此二者有紧密的关系。但如上文所述，相对而言，战时的工作重点主要在于启蒙方面；而在一战终结，调查研究进入整理汇总阶段后，调查委员的工作才真正在陆军内部的政策立案过程中得到反映。

陆军外部

上文提到，调查委员工作的主要目标原本在于“国军之改善”，然而一战的总体战态势促使陆军扩大了其关注面，进而使得调查委员积极开展面向陆军外部的宣传活动。特别是一战后“各交战国之国民思想”的变化与日本国内政党、民众势力的兴起相叠加，促使陆军认识到面向政党和民众的宣传工作，乃至舆论指导工作的必要性。例如，陆军长老级人物朝鲜总督寺内正毅和少将田中义一早在 1915 年 1 月就已进行了关于这一问题的书信往来[38]。

而面向陆军外部的宣传工作同样通过《月报》等书刊和演讲进行。首先，在《月报》的分发对象方面，虽然具体对象会出现少许变动，但整体情况如下。除分发给皇族、内阁（一般是首相和内阁书记官长）、各省（一般是大臣和次官）外[39]，自第 13 号（1917 年 1 月）起开始向议会内出身于陆军的约 17 名贵族院议员分发[40]（参阅附录表 1－6），从原敬内阁成立后发行的第 39 号（1918 年 11 月）起开始向贵族院与众议院分发，每期两院各分发 10 份[41]。由于协约国阵营在保密方面的需要，《月报》

在战时的管理十分严格。尽管如此，《月报》还是实现了在陆军外部的分发。

尤其值得关注的是，具有各时期研究成果总结性质，且发行至第5版的《月报》特别号《参战诸国之陆军》［初版名为《欧洲交战诸国之陆军》（『欧州交戦諸国ノ陸軍ニ就テ』），发行于1917年1月］的编纂主要面向的是贵族院议员与众议院议员，并实际分发至各议员手中。此外，这份特别号亦被分发至各地方长官及帝国大学（总长及各科大学校长、学院院长）等处（经笔者确认，该情况出现于第3版以后），其第5版还被分发至59家新闻社和通讯社[42]。

接下来，在演讲方面（参阅附录表1-5），演讲共进行127次，具体为1916年29次，1917年24次，1918年43次，1919年17次，1920年9次，1921年5次。与陆军内部的演讲相同，其重点同样在1918年之前。演讲所面向的人群也多种多样，但多为在乡军人、教员、学生、青年团、新闻记者等；面向政党和议会的讲话共进行了8次。

另外，主要以振兴青年教育为目的编纂的《欧洲战争与列强之青年》（『欧州戦と列強の青年』）被分发至中学以上的各学校及教育相关人士，且于1916年11月起进行了公开发售。由此我们可知陆军在一战期间极为关注国民思想，特别是青年群体的思想。此外，陆军广泛开展了面向新闻杂志的资料提供工作和写作工作[43]；《欧洲战况图》（『欧州戦々況図』）与《统计图》（『統計図』）亦在 1917 年 11 月的文部省展览会上进行了展出[44]。

于是，随着国民在战争中的重要性显著提高，陆军清楚认识到为实现自身的政策，必须对政党和民众展开宣传工作。同时，大正政变以来政党、民众势力崛起的现实更使陆军的这种认识得到了强化。因此，一战成为陆军与政党、国民的关系发生变化的一个节点。陆相田中义一以指导舆论为目的设立新闻班的举措正是此种变化的象征。

三　调查委员与田中军政

1918 年 11 月，持续四年有余的第一次世界大战落下帷幕。在一战结束的两个月前，继寺内正毅内阁之后，原敬政友会内阁宣告成立，其新任陆相由参谋次长田中义一担任。田中义一是一名对军队近代化与总体战体制的必要性拥有正确认识的军人，他认为“今后之战争异于以往，将不再只是军队与军队、军舰与军舰的对抗，而是国民全体之战争”[45]。而出于辅佐田中义一的目的，陆军省军务局局长这一陆军军政要职由熟知一战教训的首任调查委员长菅野尚一担任。于是，在陆相田中义一的强力指导下，基于一战的教训，战后的陆军着手军队的改善工作。而一战调查研究的整理汇总工作便成了极为重要之举。

1918 年 12 月，调查委员决定并通过了《调查委员总结纲要》（『調査委員総結論綱要』，下文略称《总结纲要》）[46]。其中写道：

> 一、调查所得之结论及需紧急实施之事项照如下各项逐次归纳。
>
> 1. 制度　2. 编制、装备　3. 教育　4. 典范令①　5. 各类动员及复员事宜　6. 补充、补给　7. 筑城、运输、交通、航空　8. 武器、器材　9. 兵站　10. 会计　11. 人马卫生　12. 外交与军事之关系
>
> 二、基于本次战争之实践，依照人口比例拟定帝国可动员之兵力，并以此为目标，对诸战争资源之充实方法开展调查并得出结论。
>
> 三、拟定十年后帝国可用战争资源之安排运用之根本方针，并基于此方针估算帝国可装备之兵力，调查最大限度发挥交战能力之必要事项并得出结论。
>
> 四、逐一呈报前三项之结论。

上述决定通过后，《关于调查事项的相关意见的完成

① 陆军规章制度的总称。——译者注

日期计划表》（『調査事項ニ関スル意見完成期日予定表』）[47]于一个月后的1919年1月被制定出台，调查委员的人数也增加至此前的两倍至三倍。特别是新的兼任委员人数众多，17人于1919年1月24日被任命（包括专任委员在内此时共有41人在任），11人于4月18日被任命（包括专任委员在内共有55人在任）。同时，依据8月16日发布的军令“陆乙第20号”，调查委员长以外的专任委员定额也由26人增至31人[48]。

就这样，一战结束后，在针对战后新情况开展后续调查的同时，调查委员也开始了总体意见的拟写工作。上述的呈递意见、回答质询、参加各类委员会等工作就是在这种情况下积极展开的。

在田中军政方面，陆相田中义一一边继续出兵西伯利亚的军事行动，一边吸取一战的教训，开始进行军队近代化的相关工作。首先，他从陆军省的组织近代化的观点出发，于1919年2月修改了陆军省事务处理规定，简化了事务处理流程[49]。4月又于军务局内设立了航空课，接着又新设了航空学校、陆军技术本部、陆军科学研究所和陆军技术会议，同时着手《军队内务书》《步兵操典》等各种操典的修改工作[50]。针对这些举措，调查委员积极开展了呈递相关意见及回答相关质询的工作[51]。

其次，为审议陆军各种制度框架，各类委员会被相继设立。1919年2月，出于“鉴察内外情势，彻底研究陆军之教育制度并促其改善，以图军备之充实”的需要，以调查研究将校生徒①的补充、教育及各相关制度为主要目的的教育制度调查委员会成立。该委员会处于教育总监的监管下，主要人员由中央三官署局长级和课长级人员及各学校校长等组成，其中委员长由教育总监部本部长②担任，干事长兼委员由临时军事调查委员长担任，干事由临时军事调查委员担任[52]。

同年3月，由陆相监管的制度调查委员会成立，其委员长由陆军次官担任，负责调查陆军诸制度。该委员会同样由以陆军省为中心的三官署局长级人员组成，由临时军事调查委员长任委员，临时军事调查委员任干事[53]。

1920年9月，陆军内部设立了由陆相监管、次官任议长、军务局局长任副议长的作战资材整备会议[54]，临时军事调查委员亦被命令担任议员。该机关负责审议事关陆军存亡的作战资材配备与补给等事宜。众所周知，该机关就是日后负责总动员工作的陆军省整备局的前身。

另外，同年10月设立的陆军航空制度研究委员和要塞整理实行委员中，同样有调查委员被委以职务[55]，其目

① 战前日本的陆军学生成为士官候补生前的身份。——译者注

② 教育总监部的最高职务是教育总监，本部长则相当于次官。——译者注

的在于令一战研究成果得以反映。

综上所述，受一战结束的影响而展开的田中军政体现在基于一战的教训锐意进行陆军改善的工作上。但整体上看，其工作尚处于摸索阶段，即处在一战之后陆军框架的形成期。调查委员作为专门负责一战研究的机关，通过呈递意见、回答质询、参加各类由负责政策立案的军人组成的委员会等形式，与田中军政密切关联。在这一意义上，几年后转而进入政界的田中义一将曾任临时军事调查委员长的佐藤安之助当作智囊予以重用，是颇为有趣的史实。

就这样，调查委员在承担田中军政部分工作的同时，也基于《总结纲要》逐步展开了调查研究的整理归纳工作。特别是在1920年，《总结纲要》第二项和第三项的报告完成，也就是先后呈递给陆相的《关于十年后帝国可配备最大兵力概算的意见》(『十年後ニ於テ帝国ノ整備シ得ヘキ最大兵力概定ニ関スル意見』，3月)、《关于充实物质类国防要素的意见》(『物質的国防要素充実ニ関スル意見』，4月)、《国家总动员相关意见》(5月)[56]。后两份意见还以《月报》特别号的形式在陆军内外分发。

此外，田中军政还有一个重要方面与调查委员有所关联，即政党、民众的应对工作。上文提到，尽管这并不属于原本的任务，但调查委员积极面向陆军外部展开了宣传活动。而陆相田中义一更是立足于“良兵即良民”的观点，亲自积极进行演讲和写作。由于他的登台，调查委员在此方面的工作被重新制度化。

1919 年 1 月 6 日，出于“在时势之进运与西伯利亚局势之变化下，不可轻视舆论，且有应加以指导之必要”的考虑，调查委员秦真次中佐被任命为大臣官房御用挂①，并入职陆军省新闻系。新闻系以往便负责陆军内部的一切新闻相关工作，同时负责面向社会大众进行“积极普传”（普及宣传）工作。而在同年 5 月，其规模扩大，成立了由临时军事调查委员长监管的新闻班。班员由临时军事调查委员兼任[57]，因此新闻班的历史定位在于它成立于调查委员以往工作的延长线上。

就这样，在对舆论工作具有深入理解的陆相田中义一的积极指导下[58]，陆军内部成立了将宣传与“舆论指导”作为明确目的的机关。鉴于陆军以往并无此类机关[59]，这可谓陆军在民众应对工作方面的一个历史性事件。另一方面，这也显示出受到一战的冲击，“大正民主时期”的陆军已不能完全“超然”于民众而存在。在这一方面，调查委员与田中军政亦大有关联。

---

① 意为大臣的综合事务专员。——译者注

结　语

1922 年 1 月 19 日，军务局局长菅野尚一向临时军事调查委员长佐藤安之助进行了《废止临时军事调查委员的有关决定》(『臨時軍事調査委員廃止ニ関スル件』)[60]的书面通告。存在了六年有余的调查委员终于在同年 3 月 31 日废止。除战略战术及教育相关事项以外，其负责的工作自 4 月 1 日起被全部转交作战资材整备会议，“以资国军之改善”[61]。就这样，从事一战研究且积极在陆军内外展开工作的调查委员，在战后远东新秩序——华盛顿体系成立之前正式谢幕。

注释

1. 临时海军军事调查会的事务所设立于同年 10 月 11 日。关于该会，可参阅斎藤聖二「海軍における第一次大戦研究とその波動」『歴史学研究』第 530 号，1984 年 7 月。
2. 以往关于调查委员的研究，可参阅山口利昭「国家総動員研究序説」『国家学会雑誌』第 92 巻第 3・4 号，1979 年 4 月；纐纈厚「臨時軍事調査委員会の業務内容」『政治経済史学』第 174 号，1980 年 11 月。临时军事调查委员是采用委员会制的组织，因此以往的研究习惯性地将其称为“临时军事调查委员会”。但是，正式法令中的名称为“临时军事调查委员”，并且在当时的文书中被写作“委员会”的也只有一两处而已。因此，本书将使用“临时军事调查委员”这一名称，而不使用“临时军事调查委员会”。

3. 标注日期为同年3月31日（收录于『欧受大日記』大正一三年三冊之内其三、防衛庁防衛研究所図書館所蔵）。（日本防卫厅已于2007年升格为日本防卫省。防卫厅防卫研究所图书馆随后被重组为防卫省防卫研究所战史研究中心史料室。——译者注）其目录为：第一章　任务、第二章　编成、第三章　职员、第四章　业务（第一节　一般、第二节　资料的收集、第三节　委员海外出差事宜、第四节　调查结果的报告及公布、第五节　意见的呈递、第六节　书籍的刊行、第七节　讲话及面向民间的军事宣传、第八节　对质询的应答、第九节　常规业务外的临时业务）、第五章　会计、第六章　论功行赏、第七章　解散时的相关业务。以往的研究中，提及《始末书》的只有遠藤芳信「大正デモクラシー下の日本軍隊の思想動向」（『歴史学研究』第497号，1981年10月，后收录于遠藤芳信『近代日本軍隊教育史研究』，青木書店，1994年）、黒野耐「第一次大戦と国防方針の第一次改定」（『史学雑誌』第106卷第3号，1997年3月）。

4. 见于1915年11月17日的『東京日々新聞』。关于委员的活动迟迟不见进展的其他原因，该报纸写道：“有反对者言道，关于一战的调查，在战略战术方面由参谋本部第四部负责，军事教育事项由教育总监部负责，军政之调查正于陆军省开展，故设立军事调查局已无必要。”另外，有关临时军事调查委员的其他新闻报道可参阅1915年8月11日和16日的『東京日々新聞』，同年8月16日的『時事新報』，以及同年8月13日、14日和16日的『国民新聞』。此外，多份新闻报道显示，陆军省与参谋本部的分歧在于调查委员的组织形式，即将其设为陆军省内的一个局还是一个委员会制的组织（参阅1915年8月25日和30日的『時事新報』以及同年8月25日的『東京日々新聞』)。
5. 纐纈厚『臨時軍事調査委員会の業務内容』第45頁。
6. 『臨時軍事調査委員解散顛末書』第1章。
7. 参见纐纈厚『臨時軍事調査委員会の業務内容』。
8. 『臨時軍事調査委員解散顛末書』。
9. 『欧受大日記』大正五年五月(防衛庁防衛研究所。亦收录于『臨時軍事調査委員解散顛末書』)。
10. 收录于『臨時軍事調査委員解散顛末書』。
11. “陆训第31号”规定调查委员在教育相关事项上接受教育总监的指示,调查研究事项则需迅速向陆相汇报(『臨時軍事調査委員解散顛末書』第1章)。
12. 『臨時軍事調査委員解散顛末書』第7章。
13. 纐纈厚『総力戦体制研究』,三一書房,1981年,第26頁。
14. 大江志乃夫『天皇の軍隊』,小学館,1982年,第109~110頁。
15. 藤村道生「国家総力戦体制とクーデター計画」,三輪公忠編『再考・太平洋戦争前夜』,創世記,1981年,第97頁。
16. 木坂順一郎「軍部とデモクラシー」『国際政治』第38号,1969年4月,第38頁。
17. 『臨時軍事調査委員解散顛末書』第四章第二节。
18. 「臨時軍事調査委員業務実施ノ景況」『欧受大日記』大正六年五月,防衛庁防衛研究所図書館所蔵。关于没收的资料,参见俘虜情報局「七月中ニ於ケル旬報其ノ他ノ通報等ヨリ得タル事項」(收录于『欧受大日記』大正七年九月,防衛庁防衛研究所図書館所蔵)等资料。
19. 『臨時軍事調査委員解散顛末書』。
20. 『臨時軍事調査委員解散顛末書』。
21. 『臨時軍事調査委員解散顛末書』。
22. 『欧受大日記』大正五年五月。
23. 纐纈厚『臨時軍事調査委員会の業務内容』第56頁。此外,调查委员岸本绫夫亦于1917年1月10日至13日参观了枝光制铁所（『欧受大日記』大正六年一月，防衛庁防衛研究所図書館所蔵）。

24. 纐纈厚的《临时军事调查委员会的业务内容》已经对其内容进行了介绍，故本章不再赘述。此外亦可参阅『臨時軍事調査委員月報其他総目録』，陸軍省，1922年2月25日。
25. 关于第69号的发行日期，纐纈厚的《临时军事调查委员会的业务内容》（第48頁）认为是在1922年12月3日，而《始末书》中则记载为1922年1月20日。笔者经过查阅史料原件，确认其日期为1922年1月30日。纐纈厚的《临时军事调查委员会的业务内容》中提及的《月报》发行日期与《始末书》中的记载有所不同；笔者查阅《欧受大日记》等史料后确认的日期亦与纐纈厚的《临时军事调查委员会的业务内容》中的内容多有不同。
26. 见于《欧受大日记》中收录的《月报分发表》（「月報配布表」）。驻各国大使馆的武官中，最初只有驻英国、俄国、法国三国的武官是分发对象，后又包括了驻中国、意大利、荷兰、美国、瑞士等国的武官。
27. 同上。
28. 『臨時軍事調査委員解散顛末書』第四章第四节。
29. 『欧受大日記』大正七年九月，一一月，防衛庁防衛研究所図書館所蔵。
30. 收录于『臨時軍事調査委員解散顛末書』。
31. 上法快男編『陸軍大学校』，芙蓉書房，1973年，第269～270頁。中村菊男編『昭和陸軍秘史』，番町書房，1968年，第123頁。
32. 「世界大戦ノ軍事的観察」『偕行社記事』第545号附録，1920年1月。
33. 调查委员使用“国家总动员”一词的例子始见于1917年11月4日的演讲（参见附录表1－5）。此外，同一时期的事例还有

11 月 2 日铃村吉一少佐在男爵协同会上的演讲（「工業動員」『偕行社記事』第 524 号附録，1918 年 3 月）、参谋本部铁道船舶课课长岸本鹿太郎大佐与该课课员角田政之助少佐自英国归国后于 11 月 10 日所做汇报「英国海上輸送ニ関スル報告」（收录于『欧受大日記』大正一一年三月其三，防衛庁防衛研究所図書館所蔵）等。

34.『臨時軍事調査委員解散顛末書』收录了其一览表。

35. 同上。

36.『欧受大日記』大正七年九月，防衛庁防衛研究所図書館所蔵。委员由中央三官署的次长级、局长级人员，以及兵器本厂厂长、技术审查部部长、近卫师团和第一师团的各旅团长等 25 人担任。

37.『臨時軍事調査委員解散顛末書』第四章第四节。

38. 斎藤聖二「第二次大隈内閣と元老」『紀尾井史学』第 1 号，1981 年 12 月，第 22 頁。

39. 此外，《月报》亦逐步分发至海军军令部、临时海军军事调查会、拓殖局、法制局、军需局、国势院、大藏省和农商务省的临时调查局和西伯利亚经济援助委员会等处。

40. 但偶有未分发的情况。附录表 1－6 依据《月报分发表》制作。除小野田元熙之外，所有人均为陆军出身。

41.『欧受大日記』大正七年一月。另外，关于大岛健一担任陆相时期的《月报》分发状况，可参阅第 39 议会众议院预算委员第四分科会上大岛与望月小太郎的问答往来（1917 年 7 月 2 日）。

另外，有关《月报》在议会方面的分发情况，《众议院图书馆图书目录》上下（1942 年、1943 年）中除载有《月报》第 43 号至第 69 号外，还包括了《临时军事调查委员月报其他总目录》（『臨時軍事調査委員月報其他総目録』）、《国家总动员相关意见》、《欧洲交战诸国之陆军》（初版）等书。据《国立国会图书馆三十年史》（『国立国会図書館三〇年史』，1979

年，第 328 頁）记载，这些图书目前藏于日本国立国会图书馆国会分馆，但尚未公开。但笔者得到该馆相关工作人员的热心协助，有幸确认其存在并且阅览了其中一部分，特此表示谢意。

42. 『欧受大日記』大正六年三月、七年四月、九年一月和二月部分中收录了这几个时期的《书籍分发情况》（「書籍配布ノ件」）和《分发表》(「配布表」)（防衛庁防衛研究所図書館所藏)。临时外交调查委员会也在分发对象之列。众议院、贵族院各分发 400 份（第 5 版于贵族院内分发 420 份)。第 5 版共 1190 份分两次分发。此外，各版的标题与发行日期分别为:《欧洲交战诸国之陆军》(『欧州交戦諸国ノ陸軍ニ就テ』，初版与增补再版，1917 年 1 月、6 月);《交战诸国之陆军》(『交戦諸国ノ陸軍ニ就テ』，第 3 版与第 4 版，1918 年 1 月、12 月);《参战诸国之陆军》（『参戦諸国の陸軍に就て』，第 5 版，1919 年 12 月)。其中第 3 版因笔者未发现其实物，故未进行确认。

43. 调查委员写作的事例有许多。例如《欧洲战争实记》（「欧州戦争実記」）的写作，可参阅戸部良一「第一次大戦と日本における総力戦論の受容」『新防衛論集』第 7 巻第 4 号，1980 年 3 月，第 5 頁。

44. 『臨時軍事調査委員解散顛末書』第四章第四节。针对陆军外部的其他活动参见『臨時軍事調査委員解散顛末書』第四章第七节、第九节。

45. 田中義一『欧州大戦の教訓と青年指導』，新月社，1918 年 5 月，第 70 頁。

46. 『臨時軍事調査委員解散顛末書』第四章第五节。

47. 收录于『臨時軍事調査委員解散顛末書』及『欧受大日記』大正八年二月部分（防衛庁防衛研究所図書館所蔵)。

48. 『臨時軍事調査委員解散顛末書』第二章。

49. 『永存書類　大正八年甲輯第一類』，防衛庁防衛研究所図書館所蔵。

50. 陸軍省編『自明治三七年至大正一五年　陸軍省沿革史』下，巌南堂書店，1929 年，第 127 ~ 211 頁、第 1140 ~ 1148 頁。此外，关于陆军技术本部、陆军科学研究所、陆军技术会议的设立亦可参阅『永存書類　大正八年甲輯第一類』。
51. 参见『臨時軍事調査委員解散顛末書』中收录的一览表。
52. 『永存書類　大正一〇年甲輯第一類』，防衛庁防衛研究所図書館所蔵。参见本书第四章。
53. 同上。
54. 『密大日記』大正一〇年六册中第一册，防衛庁防衛研究所図書館所蔵。
55. 『臨時軍事調査委員解散顛末書』第四章第九节。关于陆军航空制度研究委员亦可参阅『永存書類　大正一一年甲輯第一類』，防衛庁防衛研究所図書館所蔵。
56. 『欧受大日記』大正九年五月、六月部分中收录的《分发表》显示，意见书共印刷 920 份，其中的 910 份被分发（防衛庁防衛研究所図書館所蔵）。该意见书相关内容参见本书第二章。
57. 『臨時軍事調査委員解散顛末書』第四章第七节。参见遠藤芳信「大正デモクラシー下の日本軍隊の思想動向」第 19 ~ 20 頁。
58. 见于樱井忠温谈话（高倉徹一編『田中義一伝記』下，田中義一伝記刊行会，1960 年，第 219 ~ 220 頁）。
59. 『臨時軍事調査委員解散顛末書』第四章第七节。
60. 同上，第七章。
61. 『永存書類　大正一二年甲輯第一類』，防衛庁防衛研究所図書館所蔵。

第二章　日本陆军的总体战构想

引　言

军部，特别是意欲构筑总体战体制的陆军，是“昭和法西斯主义时期”日本局势变动的中心。虽然陆军内部在20世纪30年代前期刮起派系斗争风暴，但所谓皇道派与统制派在总体战体制的必要性问题上立场是一致的[1]。因此，我们也可将“昭和法西斯主义时期”理解为陆军主导的总体战体制的构筑过程。

但是，总体战问题原本因第一次世界大战而产生，所以绝不能将这一问题的范围限定在20世纪30年代之后。一战结束后政党内阁设立国势院和资源局的举措表明，总体战问题同时也是“大正民主时期”的问题。换句话说，我们可将总体战问题理解为存在于“大正民主时期”和“昭和法西斯主义时期”深层的一贯性问题。

所以，总体战是研究这两个时期不可或缺的视角。尤其是为解析政党政治与陆军的关系，以及20世纪30年代陆军的思想和行动，有必要从总体战的视角出发再次对20年代的陆军进行探讨[2]。

因此，首要问题便是阐明受一战冲击的陆军所持有的总体战构想的内容。因为正是这一构想集中反映了陆军应对冲击的方式。

但是，以往关于这一点的探讨甚是不足。特别是首次成体系地提出陆军构想的《国家总动员相关意见》（临时军事调查委员，1920年5月，下文简称为《意见》）尚处于未被考察的状态。因此本章将以这份被视作由永田铁山少佐起草的[3]《意见》为中心，主要从理论层面对“大正民主时期”陆军的总体战构想进行探讨。

确立总体战体制需要面对如下五个课题[4]。第一，军队编制、装备的合理化；第二，经济力量，特别是军需物资生产力的培育；第三，国民的精神、心理凝聚力；第四，军队的一元化统制；第五，国务与统帅的一元化。其中第一条与第四条是军队的固有问题，因此笔者将在之后的章节另行展开探讨。本章将立足于其余的三个课题展开探讨。

一　经济力量的培育

1. 三个课题

总体战首先引起了陆军对经济与军备间关系的认识变化。军备以往被视作对经济发展起先导性作用的要素，而这一认识也成了扩军时期使扩军正当化的逻辑之一。总体战则带来一种新认识，即产业能力是“维持、培育、增强”军备必不可少的一环，经济力量反而是扩充军备的前提[5]。这无疑是因为一战的长期化和消耗战化带来了庞大的军需和民需要求，从而使生产力的扩大成了最重要的课题。

这一课题使陆军空前地意识到资源作为一种前提的重要性，进而提出了自给自足圈的问题。关于此间的情由，负责制定《军需工业动员法》的吉田丰彦少将讲述道，“勇敢将士的后方若无强大的工业能力和丰富的资源，则不可盼望最终之胜利，甚至战争的继续亦不可能。从国防角度看，军需物资悉数自给自足才是理想状态”[6]。

另一方面，总体战原本是与资本主义高度发展阶段相对应的战争形态，因此经济力量的课题，即（1）扩大生产力，（2）填补资源不足，（3）形成自给自足圈这三个问题最终归结为如何使日本实现高度资本主义化的问题。

在这一意义上，对于日本这一许多重要资源都依赖国外进口，军需产业的中心即重化工产业发展滞后的后发国家来说，总体战带来的问题极为深刻[7]。

2. 生产力的扩大

扩大生产力的构想由以下两方面观点构成：一方面是关于改善产业组织、统一度量衡、设立职业介绍机构等制度和组织方面的观点；另一方面是关于解决劳动问题、进行“国家总动员预演”等运营和人力方面的观点[8]。同时，这两方面观点又与提高生产力的前提，即提升技术水平的必要性[9]相结合，体现了该构想对于国家的整体效率化的追求。

另外，从经济政策的观点看，在进行国家总动员时，统制经济与自由经济的平衡能否得到调节，是实现高效率的产业动员的关键。为此，陆军确定了产业组织的改善政策，即和平时期促进和鼓励“产业的联盟组织、企业合并、大规模企业”等“产业的大组织化”行动[10]。统制经济和自由经济同为陆军所需要，但又是性质相反的两种经济形式，因此为调节二者平衡，陆军决定采用与资本家合作的方式，即进行产业的大组织化，进而实现与大资本间的“意见相通”[11]。

于是，为扩大生产力，陆军出台了注重统制经济与自由经济平衡的国内体制高效化构想。但就生产方面而言，这并不仅是军需工业部门的课题。因为总体战同时也令维持战争所需的国民生活保障问题，即粮食（农业部门）的重要性显著提高。为此，陆军在构想中呼吁工业化“不可阻碍粮食产业等农业部门的发展”[12]，强调农业和工业并存的必要性。农业和工业同时成为对陆军而言必不可少的产业。然而，对于日本这一后发国家而言，同时谋求这两个产业的发展是非常困难的。尤其是这一问题或将令陆军陷入窘境，即“农本主义的陆军”却要推进重化工产业的发展[13]。

3. 自给自足与自由贸易

关于扩大生产力所需的短缺资源的进口地，当时日本所预想的范围是西伯利亚地区、中国（包括满蒙地区）、印度、南洋诸岛、大洋洲等地。但在一战的冲击下，日本再次认识到了中国的重要性[14]。然而，即便将中国资源的进口视作必不可少的一环，想要利用中国的资源也并不容易。这是因为日本经济高度依赖英美两国，而中国是列强利益错综之地。这两个现实状况令日本难以在中国自由行动。

换句话说，正如《意见》中“此际需重点考量之问题在于，对于财富增长不可欠缺的国际分工与流通的经济策略，以及立足于国防充实视角的自给自足经济策略之间的调节方式与调节力度”[15]的观点所指出的，建设以日中经济圈为中心的自给自足圈的方向，以及维持和发展同欧美的自由贸易的方向之间的协调成了最大的问题[16]。

这一问题的解决方案必然引起外交政策方面的联动，因此是需要兼顾政治问题与经济问题的微妙课题。围绕此问题，当时大致存在以下两种立场。

第一种立场较为强调自给自足圈的观点。例如参谋本部的田中久一中尉陈述道[17]：

“帝国人口年增长六十万，国内物资匮乏，国民正常生活已陷入不安状态。而有事之际如遇海上封锁，倘若不能确实地联系大陆从而保证物资供给，则自给自足绝无可能。换言之，帝国于大陆图谋发展，得到可获得资源之利权乃国家自立之必然要求。”因国际分工的危险性已于一战中得到证实，故应当谋求日中联合，“互补其短，避免白人之侵略，确立黄人百年之大计”。因此作为“远东之盟主”，“帝国之政策与英美之政策间的冲突不可避免。帝国如能以强大之力量将彼等逐出远东，遂可保全远东和平”。

这种立场在思想上是以往的东亚盟主论和亚细亚主义的延续，但其深层又存在对于国际环境的以下认识，即“战后之和平依然是武装下之和平，有实力者即得繁荣之弱肉强食原则分毫未变”[18]。然而，此种立场并非全然不顾国际协调[19]。因此笔者暂且将其命名为“自给圈强调论”。

与此同时，当时也存在主张兼顾自由贸易与自给自足的观点。例如参谋本部的小矶国昭少佐所著的《帝国国防资源》（『帝国国防資源』）便是其代表之一[20]。小矶国昭认为以往有关这两者的讨论“只着眼于和平与战争中的一方面，而不知其另一方面”，提倡经济政策应该贯穿平时与战时。据他所述，“长期战争之最终胜利……显然将归于善加经营战时自给经济的一方”，为此需要从平时即开始预备“战时经济之独立”，“设计平时战时经济政策转变之方法”。但是，自给自足终归是战时经济政策，而非“平时最良之经济政策”。“平时经济之要诀在于国际分工与互通有无”。因为“终不可能人为抑制平时之流通经济，倘若帝国一味悖逆这一自然之理，则无异于平时便丢失战时独立经济经营之资源，即丢失支那之原料”。因此，“平时增加国家财富之最良策，便是基于国际分工经济之要则，依靠国产商品之大规模输出带来之利益，谋求不足原料之输入”，准备战时自给体制的同时“大力参与国际分工经济领域，赢得胜者之地位”。

小矶国昭的此番主张可以分为“以流通经济为主之平时”和“应以自足经济为方针之战时”两部分。但他同样把缺乏自给观点的极端自由贸易政策视作一战的教训并保持警惕，因此他总结道，“战后帝国应确立之经济方略，应常留有能翻然转为自给经济之自由，同时又极力从国际分工经济中获得利益”，即主张一种留有选择余地的政策形态。

可见，其主张极为灵活且带有现实主义色彩，然而此种立场在当时究竟得到何种程度的支持尚不明确。但是，笔者认为此种立场在从事总体战研究的人们之中获得了相当大的支持。例如《交战诸国之陆军》亦指出“为在平时实现国家财富之增加，互通有无之国际分工经济断不可弃。谋求以上两者之和谐属于国家大事”[21]，主张兼顾自给自足与自由贸易。

在此番议论的深层，除了上述提到的认为流通经济是“自然”之理，“终不可能人为抑制……”的认识之外，还存在以下认识。第一，一战中德国“过于梦想成为自给自足之国家”；第二，“列强互相依靠国际分工实现互通有无是今后之大势”；第三，“难以指望实现绝对安全之自给自足”；第四，因此“对于一味耽于豪言壮语之姿态不可不慎”[22]。上述认识具有现实主义色彩，其目的在于应对一战之后始见缓和的国际局势。可见，陆军内部亦存在主张对自由贸易问题进行认真探讨的军人。

就这样，围绕资源与自给自足圈的问题，陆军内部出现了两种动向，即大力强调自给圈的“自给圈强调论”，以及强调兼顾自由贸易的理论，笔者暂且称后者为“自由·自给圈论”[23]。具体而言，“自给圈强调论”的倡导者非常注重战时，强调军事观点，并且为了确保资源而将自给自足圈视为绝对必要之物；与此相比，“自由·自给圈论”的倡导者注重平时与战时兼顾，因此同样关注军事以外的领域，而将自给圈视为相对之物。

但是正如上文所述，这个问题本身非常微妙，两种立场又有互相重合的部分。而且“自由·自给圈论”中的自由与自给两方面又存在意图方面的细微差别[24]，属于着重点不同的问题[25]。但我们可大致理解为，《意见》所代表的立场主张完全不对解决问题的方式进行限制，而以灵活多样的方式进行思考[26]。

二　军政关系

根本而言，国务与统帅的一元化是集中体现在战争指导中的军政关系问题，特别是其中的领导权问题。这一问题与承认统帅权独立的《明治宪法》自身的构造密切相关，因此可以说是贯穿日本近代的固有主题。但当日本迎来总体战时代，即在全部资源被动员，并且政治与军事互相渗透的新情况下，这一问题再次被提起，成为新的主题。

那么，作为制度方面有关军政关系的措施，国家总动员机关的设立、人员的构成是基于何种方针构想制定的呢？就结论而言，这种方针以文官、武官和国民间的融合协调、相互理解为基本态度[27]。国家总动员“近乎与全部内外政事有所关联，与经济事项、社会事项有密不可分之干系”[28]，故需要各类知识。因此军部自身无法单独负责总动员事宜。

因此，军队内外教育的改善作为切实问题被提了出来。其构想是军人必须比以往更加“具有法政经济方面的智慧，对产业状态、社会情况应有相当之理解”，文民也被要求“不可安于以往浅薄的军事知识”[29]，而应对军事知识具有更深的理解，不可当总体战问题的门外汉。如上所述，总体战问题横跨政治、军事、经济、文化、思想等多个领域，并且要求最终消灭各领域间的界限[30]，而当时的构想正是为了应对这种情况。

另外，一战的教训要求国家总体战必须基于“周密、适当、实际的计划”，“在一贯的国家意志下”进行统一实施。为此，强制权必须由政府保有[31]。下文将对这一问题进行探讨。

首先，关于如何规定政府强制权，陆军有何构想呢？众所周知，《明治宪法》规定了相关手段，即与紧急敕令相关的第八条，以及第三十一条（宪法中关于臣民权利义务的规定不可妨碍战时大权的施行）和第七十条（紧急情况下可通过敕令处理财政事宜）。因此，对政府而言，使用这些手段实施总动员最为“便利”。然而《意见》主张“如若情况允许，则要以立法之手续规范政府之权能”，这展现了极为重视“立法之手续”，即极为重视议会功能的姿态。因为“此乃立宪之常道，实现真正举国一致之道”[32]。

另一方面，《意见》虽主张政府保有强制权，但强调保有“与适用并非同一问题”[33]，“应将其适用范围限定为情况危急时，或其他手段难以达到国防目的之最后关头”。因为“若能尽力令全体国民理解战争之目的，则爱国奉公之念甚厚之帝国国民多数无需强制，亦定会欣然自发团结于国家之一贯意志之下。此事毋庸置疑”[34]。

因此，《意见》贯彻了“国民福祉之保护”[35]的基本态度，即“努力消除因政府适用强制权而给国民带来的有形无形的不利”。《意见》视强制权为“传家之宝刀”[36]，其要点“不在于其实际运用，而在于其存在能够表明国民之最后决意”[37]。

于是，在强制权问题方面，议会的职责被定位得极高。此外，虽然强制权在适用上会牵涉到宣传和舆论引导问题，但也顾虑到可能会给国民带来不利的情况，其适用在构思上受到了限定。我们可以认为这种构想反映了在一战冲击下“大正民主”风潮更盛的现实状况。民众和政党的影响力笼罩在军部上方。

但是，笔者认为，这种构想所反映的不单是对于议会的表面理解，即仅将其视为一个政治过程；而且反映了陆军的一种认识，即在国民参政和陈述异议的要求不断增强的时代状况下，通过议会进行总动员的方式与后文将要提及的国民自发性相结合便会成为极为有效的方式。这一点也可从陆军的以下态度中得以确认，即认清现代战争的本质是“国民战争”，视战争为“基于国民自觉”的“国民意志的反映”[38]。此外，在对陆军不利的“大正民主”风潮下，此种立场可称作一种现实主义立场[39]。

综上所述，军政关系方面亦与上一节情况相同，反映了陆军的一种姿态，即除军事观点外亦广泛着眼于政治等军事之外的领域，并且考虑到军事与政治的平衡。因此，从理论上来说，在各领域间的界限终将消失的新情况下，军部干预政治的可能性随之产生。但是，我们至少无法在一战结束不久的时期内直接发现军部独裁的志向[40]。高效率地实施总动员的最好方法是军部独裁的这一思路尚未出现[41]。

三　举国一致与自发性的唤起

如上文所述，培育经济力量的目的不仅在于军需品的补给，也在于保障国民生活。这是由于陆军重视以下事实，即德国战败与沙皇俄国崩溃的原因之一便在于国民生活的困苦（尤其是粮食不足）[42]。也就是说，陆军认识到：生活的困苦有碍国民的团结，会引起思想退步，进而影响军队的士气，最后招致战败[43]；同时，战败也是革命爆发的原因。陆军的这种认识在经历日本国内的米骚动①后变得更加强烈[44]。因此，作为国家总动员的要点，国民生活的保障是国民精神团结、心理团结的物质保证[45]。

然而，正如“战争胜败与国家盛衰首先在于国民思想之坚定与否”[46]的观点所指出的，在国民素质成为“战争实施之最重要因素”[47]，且其重要性日益凸显的时代，仅靠保障国民生活无法实现举国一致。在一战结束后思想界动摇、国民精神松弛的现实情况下则更是如此。在这一问题上，作为“国家总动员之根基”[48]，同时作为有形资源能够“支配全局”的“根源”[49]，精神动员的重要性得到了极大重视[50]。

因此，为“常以人心之归省为先，制造全国一致向战争胜利迈进之风向”[51]，《意见》主要提出了以下三点问题。

第一点是改善军队内外的教育。一战结束后，在军队内部被大力强调的问题有战术的变化、“大正民主”风潮

---

① 指因日本国内米价暴涨而爆发的大规模群众运动。此处特指 1918 年的米骚动（另有两次米骚动分别爆发于 1890 年与 1897 年）。——译者注

的应对方式，以及总体战的观点下军官在社会常识方面的涵养和学习自觉的重要性等[52]。另一方面，因采用征兵制，陆军原本便必须密切注视国民，而“国民战争”的出现则更加增强了这种必要性。

在“人员资源之数虽尚不足忧虑，然其质尚有明显上升之余地”，“帝国于国民教育制度方面逐渐落伍于列强”[53]的危机感之下，陆军提出了改善教育制度的构想。学界一般将这一问题理解为良兵良民主义向良民良兵主义的转变[54]，即国民皆兵原则的彻底化。总之，其核心在于培育“自觉忍耐国家异常要求之良民与绝不盲目之良兵”[55]。改善的主要着眼点在于，基于“军队教育＝国民教育”的理念，以自上而下的方式注入军人精神和军事思想等要素[56]，以此唤起国民的自发性。

第二点是灵活运用信息宣传方式，并引导舆论。战争的长期化以及新武器带来的更大的杀伤力和破坏力使政府难以维持国民继续参战的意志，因此“于无形中增强国民的忍耐力”[57]显得更具必要性。也就是说，“于国民间彻底宣传战争目的之公正性，使爱国之情、同仇敌忾之气充满全国。其后国民方能凭自由意志欣然奉献于国家”。为此“关于国民需努力之方向，中央政府应向国民提出要求，并制定国民所需之方针。此为不可欠缺之事”[58]。此外，还必须“防止与日俱增的艰难困苦和敌国所企图之有害宣传带来的颓废之气”[59]。产生上述观点的原因在于，陆军亲眼见证了一战中列强各国展开的信息宣传战对其国民的影响，并留下了强烈印象[60]。

第三点是灵活运用上文提到的“实现真正举国一致之道”即议会的功能。

为实现真正的举国一致，最为理想的方式是自上而下的措施与自下而上的响应（即国民自发性）相结合。在这一意义上，本章所述之陆军构想正是着眼于这一点。也就是说，自发性的唤起和基于此的国民统合方式有两种方向，即自上而下与自下而上的方向。如上文所述，自上而下是指向国民注入军人精神、军人思想等意识形态要素。然而这种方式容易陷入“上行下效”的状况，难以在真正意义上发挥国民的自发性。

而自下而上则是一种应对“大正民主”的现实方式，即通过议会获取国民对国防和总动员的理解、协助与支持[61]。如若这种方式可行，则议会的影响范围越广对军队越有利，因为聚集众多国民的心声才可称为真正的国民统合。在这种观点下，笔者认为普通选举的实现并非军部否定的对象[62]。至少，主张军队“必须与国民方向一致”[63]的人物，以及主张军部在立宪政体下对于天皇之外的事务亦负有责任的人物[64]不会否定普通选举[65]。此外，军队内部亦存在以下认识，即普选为向国民注入军事知识和思想的行为赋予了一种正当性[66]。

于是，激发国民的自发性成为国民要求参政的潮流和陆军构建总体战体制的方向之间的一个连接点[67]。换句话说，在“国民的国防”的口号下，这一连接点使政党与军部的合作成为可能。

但是，此处的问题在于自发性的具体内容。这是因为军部盼望的自发性终归只是一种战争（“国家安全保障”）下具有自发性的牺牲精神[68]，因此应当避免自发性朝着陆军所不希望的方向发挥作用。更何况陆军认识到未来的国内战争会变为“思想战”和“治安维持战”，在这种认识之下情况更是如此[69]。因此，在激发自发性的同时，对其进行一定程度的限制被视作必要举措。自上而下的国民统合在思想统制方面的效用也因此受到了期待，而思想统制问题更为主动的形态便是治安维持问题。在这个意义上，普选和《治安维持法》在军部的眼中正是一种配套形式。

综上所述，总体战的出现，一方面要求军队对军事以外的领域异常关注，另一方面成为军队将“国家安全保障”与“民主主义”理解为在构造方面密不可分的两个问题的契机。

结　语

本章对《意见》所代表的陆军的总体战构想进行了

理论分析，提取出了其中包含的问题。本章结论显示，这些问题无一不对一战后的日本产生了重大影响，尤其需要注意的是它们与“昭和法西斯主义时期”一齐出现的各种问题相互对应。因此，20 世纪 30 年代后的变动正是以总体战的冲击为起点的。

那么，我们从构想中可以发现怎样的特征呢？笔者最后将探讨这一问题，并以此作为本章的总结。

第一，陆军对军事以外的领域的重视态度表明，陆军在认识问题的方面视野宽广、方式灵活。围绕这一特征的产生原因，本章提出以下四个要点。

（1）总体战的要求。与所有领域有所关联是总体战的性质。这要求军部扩展对军事以外领域的关心，而这种扩展反而弱化了军部以自我为中心的特性，令其具备了宽广的思维。

（2）战后国际局势的缓和。军部发动军事行动的现实性降低，这使得相对长远的视角下的宽广思维成为可能[70]。此外，出兵西伯利亚的失败对这种变化的出现起了尤为重要的推进作用。

（3）日本国内“大正民主”风潮的高涨。军部在一战之后的最大课题在于应对受一战影响而势头更加强劲的“大正民主”风潮[71]，这要求军部不可单纯强调军事侧面[72]。

（4）军队内外对于高效化的追求。如后文将要论述的，军部将高效化作为头等课题，因此需要具备足以适应任何情况的灵活性。

构想的第二个特征是，为实现国家总动员而追求高效化的姿态。《意见》批判了民间出现的过于抽象的构想并写道："坊间提倡国力战争与国民国防之辈，其言论多止于笼统提倡充实国力、发展整备产业与交通，此为吾人所不取。"[73]我们应当注意的是，《意见》虽以这种抽象的构想为起点，但其最大的关注点在于拟定国家总动员计划，以及制定统一、高效的实施纲要[74]。此外，如前文所述，陆军亦出台了以培育经济力量为目的的国内体制高效化构想。因此，《意见》是一份论述未来的总体战所需的高效制度化的意见书。

换句话说，我们可以将陆军的构想理解为以适应一战后的新情况为目的的新的近代化论[75]。这一点也可以从《交战诸国之陆军》中得到明确验证。此书主张"如若政治、经济、社会、教育、人事等诸多制度组织不能合理自然，其中存在'无理'之成分，则上下之心意难以疏通融合，精神之结合无法牢固，国家之武力被无形削弱。此理已于本次大战中得到明证……欲建立坚实之国防基础，仅整理国军之编制、装备、军需品补给等有形之军容尚不充分，更需断然斩除国家之病根"[76]，提出应进行国家整体的合理化革新，即进行国家重组。

如上文所述，总体战的冲击促使军部不仅要进行军队近代化，更要进行国家整体的近代化。在这一意义上，总体战的冲击可谓足可与“开国”相比拟。

因此，陆军的总体战构想是一种具有灵活度的新近代化论[77]。根据其构想中被强调部分的不同，陆军在理论上能够构筑出各种各样的总体战体制。另外，笔者认为此构想在陆军中尤其受到相对年轻的一代军人的支持，其象征性事件是陆军士官学校第16期的永田铁山、小畑敏四郎和冈村宁次三人于1921年（大正十年）“就消除派系、革新人事、改革军制、建立总动员体制达成密约”[78]，即所谓《巴登巴登密约》。

而另一方面，如上文所述，当时的总体战构想笼罩着“大正民主”的影子，陆军内部也因此存在一种灵活主张，其倡导者主张为实现总体战构想而与政党进行一定程度的合作[79]。此处的问题在于，政党是如何应对此事的。在这一问题上，颇为有趣的是总体战问题上的政党权威犬养毅的如下发言。

他于1922年说道，“政友会与宪政会中均无人认真研究国防问题，虽与保守派军人之主张雷同，但年轻士官与研究德国军制的学者中有许多人与吾观点相同”[80]，暗示了自己与军方的总体战论者间进行合作的可能性。国民党以外的政党是否未能认真研究国防问题另当别论；总体战构想是一种近代化论，因此总体战问题未必会成为政党否定的对象。相反，二者在谋求高度资本主义化的问题上达成一致，政党以“产业立国主义”的形式积极回应军方[81]。此外，二者在国民的体制内动员（＝参政）与维持秩序方面亦能达成一致[82]。

因此，一战后的20世纪20年代可被理解为军部（军事）与政党（政治）合作下的总体战体制准备期。也就是说，“国家安全保障”与“民主主义”各自的主要推进势力加深了彼此间的关系。在这个意义上，陆军大将田中义一就任政友会总裁（1925年4月），以及政友会与革新俱乐部①合并，并因此吸收“产业立国主义”的两个事件颇具象征性[83]。但必须注意的是，总体战构想中军部与政党在思维方式上存在不同[84]。

昭和初期，日本的内外环境发生剧变。面对总体战带来的两个问题，即对外攫取资源，形成自给自足圈的问题，以及对内进行国家重组的问题，陆军“革新”派将其再定义为对外侵略问题与国家改造问题，并对二者进行了统一理解。以打破政党政治和华盛顿体系为目的的满洲事变发生后，军队“革新”派成了构筑总体战体制的主

① 革新俱乐部总裁为犬养毅。——译者注

体。由于强调的部分不同，陆军中的保守性和革新性交错难分，并引发了陆军内部的深刻对立。因此，1934 年（昭和九年）陆军小册子《国防之本意与强化国防之倡导》（『国防の本義と其強化の提唱』）的公布，意味着陆军内部争论的终结。

总之，在总体战的冲击下，经济后发国日本不得不在战后进行新世代主导的近代化。日本在这一过程中拥有构筑总体战体制的意向，这一事实正是军部在 20 世纪 30 年代走向日本政治中心的最重要原因。而在构筑总体战体制的过程中，关于“国家安全保障”与“民主主义”问题的解决方式的选择，则成了决定其后日本国家体制和前进方向的一个因素。

注释

1. 木坂順一郎「軍部とデモクラシー」『国際政治』第 38 号，1969 年 4 月，第 38 頁。比如皇道派青年军官大岸赖好中尉在《皇政维新法案大纲》「皇政維新法案大綱」中写到要“举一切之力实现国家总动员”［秦郁彦『軍ファシズム運動史（增補版）』河出書房新社，1962 年，第 284 頁］。因此，问题在于总体战构想的内容。
2. 藤村道生「国家総力戦体制とクーデター計画」，三輪公忠編『再考・太平洋戦争前夜』，創世記，1981 年，第 100 頁。

3. 志道保亮編『鉄山永田中将』，小林又七本店，1938年，第151頁。
4. 安部博純『日本ファシズム研究序説』，未来社，1975年，第182頁。
5. 臨時軍事調査委員『参戦諸国の陸軍に就て』[下文简称为『諸国ノ陸軍（第五版）』] 1919年12月，第34頁、第39頁。这种认识不仅为军部官僚所有。这一问题可参阅益田孝「経済談」、小財捨太郎編『松島講演集』，国産奨励会，1919年。
6. 「工業動員ト物質トノ関係」『偕行社記事』（下文简称为『記事』）第541号附録，1919年9月，第1頁。另外也可参阅鈴村吉一「資源の調査と其の統轄」『記事』第583号附録，1923年3月，第52~53頁。
7. 铃村吉一少佐认为日本的现状是“仅出现了工业国之曙光”，强调“追赶至欧美脚下之时刻尚远”（「工業動員」『記事』第524号附録，1918年3月，第43頁）。
8. 『意見』第58頁、第138頁。度量衡统一的必要性在于它是实现大规模生产的前提。这一点可以参阅臨時軍事調査委員『交戦諸国ノ陸軍ニ就テ』[下文简称为『諸国ノ陸軍（第四版）』] 1918年12月，第54頁；以及平瀬硕六（大佐）「工業ノ基礎トナルヘキ諸元ノ統一」（『記事』第523号，1918年2月）、近藤兵三郎（中佐）「工業動員平時準備ノ見地ヨリスル官民ノ協同ニ就テ」（『記事』第537号附録，1919年5月）等文章。另一方面，为扩大生产力，良好的劳资关系必不可少，而军方对民间工厂依赖度的增加更强化了这种认识。这一点可参阅久保田升（大尉）「労働問題ノ概要」『記事』第561号附録，1921年5月。
9. 提升技术水平的必要性尤其体现在装备的近代化方面（吉田豊彦「日本の工業家に希望す」『欧州戦争実記』第99号，1917年5月，第61頁）。另可参阅松村法吉（少将）「軍事的技術思想ノ向上ヲ望ム」『記事』第538号，1919年6月。

10.『意見』第 134 頁。另可参阅参謀本部（小磯国昭編）『帝国国防資源』（下文简称为『資源』，1917 年 8 月）第 194 ~ 197 頁，以及渡辺良三（中佐）「欧州戦の近況と其教訓に就て」（小財捨太郎編『比叡山講演集』国産奨励会，1918 年）第 236 ~ 237 頁。
11. 在反资本主义和反财阀风潮盛行的 20 世纪 30 年代，这可说是一个微妙的问题。此问题可参阅相泽事件中的特别辩护人满井佐吉的证言（永田鉄山刊行会編『秘録永田鉄山』，芙蓉書房，1972 年，第 103 頁）。
12.『意見』第 92 頁。
13. 陆军自始便重视农村作为优秀士兵供给地的作用。因此，对于那些有所谓农本主义倾向的军人来说，正文提及的情况确实是一种两难局面。此问题可参阅高須武次郎（大尉）「一般国民ニ軍事思想ヲ普及セシムヘキ具体的策案」『記事』第 534 号，1919 年 1 月，第 35 ~ 36 頁，以及高橋泰隆「総力戦体制と農村」『歴史学研究』別冊特集，1981 年。
14.『資源』中写道，“将支那资源等闲视之者，实乃无视我神州存亡之人”（第 142 頁）。
15.『意見』第 55 ~ 56 頁。
16. 此问题于议会中亦有所讨论。例如可参阅小川乡太郎与首相原敬在第 41 帝国议会众议院预算委员会（1919 年 1 月 25 日）上的问答［『第四一帝国議会衆議院委員会議録一九一八—一九一九（1）』国立国会図書館，第 38 ~ 39 頁］。
17.「太平洋ニ於ケル帝国ノ将来」『記事』第 546 号附録，1920 年 2 月。正文中引用了其第 2 頁、第 42 ~ 43 頁。田中久一亦主张“支那之灭亡乃我帝国之灭亡也”（第 43 頁）。
18. 同上，第 52 頁。
19. 同上，第 46 頁。也就是说，此种立场更加强调的是自给圈的形成。但是这里应当注意的是，对于国际协调的认可不仅出于对国力不足的现实认识，更出于对日本在弱肉强食的国际环境下出现“国际孤立”状况的担忧。即“无论何等强国在国际孤立下终将屈服。本次大战中德国即范本”（同上，第 2 頁）。因此，一战结束后不久，田中义一对于孤立的担忧成了抑制“自给圈强调论”极端化的因素。在这一意义上，香椎浩平大佐主张“孤立反而是获取行动自由的途径”，以对外发展和向世界宣扬日本文化为使命而提倡自主外交的事例值得我们注意（「日独国情の比較」『記事』第 605 号附録，1925 年 2 月）。

20. 正文中引用了『資源』第 269 頁、第 9 頁、第 94 頁、第 214 頁、第 93 頁、第 12 頁、第 19 頁、第 214 頁、第 209 頁和第 271 頁。
21. 『諸国ノ陸軍（第四版）』第 57 頁。此问题亦可参阅「工業動員ト物質トノ関係」第 2 頁。
22. 臨時軍事調査委員「独逸屈服ノ原因」『記事』第 537 号附録，1919 年 5 月，第 16 頁。此外，宇垣一成亦发表过重视国际分工的言论（『宇垣一成日記』Ⅰ，みすず書房，1968 年，第 372 頁）。
23. 在资源的获取和自给圈的形成问题方面，确保日本与大陆间补给线的安全亦十分重要。因此，在总体战问题中，海军同样极为重要。这一问题可以参阅麻田貞雄「日本海軍と軍縮」，細谷千博ほか編『ワシントン体制と日米関係』，東京大学出版会，1978 年，第 358 頁。
24. 『諸国ノ陸軍（第五版）』第 39 頁。
25. 1934 年公布的陆军小册子也提到，“对外方面原则上应采取自由贸易方针，但在阵营对立的当下，如各国争相采取保护贸易方针，则我国不得不采取报复措施”（陸軍省新聞班『国防の本義と其強化の提唱』第 22 頁）。另外，有关“自由・自给圈论”与“自给圈强调论”在其后的发展问题，可参阅拙稿「両大戦間期の体制変動と日本外交」『外交時報』第 1345 号，1998 年 2 月。
26. 比如，农商务次官上山满之进也曾具体论及“自由・自给圈论”（第三九帝国議会衆議院予算委員会第五分科会，1917 年 7 月 3 日，『帝国議会衆議院委員会議録』12，臨川書店，1982 年，第 244 ~245 頁）。

27. 『意見』第 77 頁、第 109 ~111 頁、第 117 頁和第 166 頁。
28. 同上，第 75 頁。
29. 同上，第 77 頁。
30. 山口利昭「国家総動員研究序説」『国家学会雑誌』第 92 卷第 3・4 号，1979 年 4 月，第 120 頁。
31. 『意見』第 69 ~70 頁。亦可参阅鈴村吉一「欧州戦ニ於ケル軍需品ノ補給」『記事』第 527 号附録，1918 年 6 月，第3 頁。
32. 『意見』第 70 頁。
33. 同上，第 71 頁。
34. 同上，第 162 頁。
35. 同上，第 163 頁。
36. 同行，第 71 頁。
37. 同上，第 162 頁。
38. 永田鉄山「国家総動員に就て」『現代史資料 23　国家主義運動（三)』，みすず書房，1974 年，第 239 頁。永田鉄山「現代国防概論」，遠藤二雄編『公民教育概論』，義済会，1927 年，第 253 頁。另可参阅臨時軍事調査委員「現代思潮一部（「デモクラシー」）の研究」『記事』第 539 号附録，1919 年 7 月。此文的写作立场为“宜自行直面各种思想，对其解剖分析，可取便取，应弃便弃”。
39. 当时陆军内部存在具有相当现实主义色彩的思考。这一点可参阅永田鉄山「国家総動員準備施設と青少年訓練」（沢本孟虎編『国家総動員の意義』，青山書院，1926 年）第 191 頁，畑英太郎（大佐）「軍隊教育ニ関スル管見」（『記事』第 529 号，1918 年 8 月）第 21 頁，森田広（大尉）「国家総動員準備の必要について」（『記事』第 604 号附録，1925 年 1 月）第 3 頁等资料。

40. 自从祢津正志对《意见》进行介绍以来，学界一直认为《意见》与军国主义和军部独裁直接相关。(『日本現代史』第二巻，三一書房，1967年，第30~31頁)。
41. 可参阅山口利昭《国家总动员研究序论》(「国家総動員研究序説」)中介绍的陆军当局人士谈话(『東京朝日新聞』1926年4月22日部分，第283頁)。
42. 『宇垣一成日記』Ⅰ，第206頁；『国家総動員準備施設と青少年訓練』第177頁。这种观点亦为海军所共有，可参阅日高謹爾(大佐)『独逸敗戦の教訓と我国防の将来』『松島講演集』。
43. 『独逸屈服の原因』，和田亀治(少将)「戦争ノ原因ト国民ノ精神状態トカ直接戦闘ニ及ホス影響ニ就テ」『記事』第543号，1921年9月；小泉親彦(三等軍医正)「戦間に於ける独逸の食糧政策と国民の栄養」『記事』第565号，1921年9月。此外，还有观点认为长期战在战略上“意味着交战国的自我灭亡”[臨時軍事調査委員『将来ノ戦術ニ関スル意見(総説・第一篇)』，1921年2月，第78頁]。
44. 陆军三等主计和田芳男对于粮食问题抱有强烈的危机感，他主张“主食的自给问题是国家的重大”问题，“如果将来再次发生如同去年一般的不祥事件(指米骚动——笔者注)，则难保不会出现严重的后果”，“将来的粮食骚动(如果发生的话)将有可能带有浓重的政治色彩”(「食糧問題ト陸軍」『記事』第541号，1919年9月，第91頁和第97頁)。
45. 关于经济能力与战斗意志的关系，《参战诸国之陆军》(第五版)不认为两者是对立关系，反而认为“产业之一等国民亦是战场上之最强国军、战时之最强国民；而产业之劣等国民是战场上之劣等国军、国内之劣等国民”(第41頁)。此外，同样的观点亦出现在吉田豊彦『軍需工業動員ニ関スル常識的説明』(水交社，1927年)第14頁，以及大町岩雄(少佐)「欧州戦より見たる国防と産業との関係」(『松島講演集』)第

103～106 頁等处。

46. 水町竹三（中佐）「米国ノ富強ニ対スル我国民ノ覚醒」『記事』第 543 号附録，1919 年 11 月，第 9 頁。
47. 『諸国ノ陸軍（第四版）』第 33 頁。
48. 同上，第 30 頁。
49. 『意見』第 8 頁。
50. 永田铁山强调道，“国家总动员的成败诚然在于国民精神振奋与否，且振奋程度决定总动员的效率”（『新軍事講本』青年教育普及会，1932 年，第 87 頁）。
51. 『意見』第 7 頁。
52. 『意見』第 7 頁。
53. 涉及此问题的文章有須藤重男（大尉）「将校常識増進案」『記事』第 547 号，1920 年 3 月；横田健助（少佐）「我国民思想ノ変易ニ伴ヒ軍隊教育上注意（ス）ヘキ要件」『記事』第 552 号，1920 年 8 月；沼田徳重（大尉）「自覚の意義及軍隊に於ける自覚的教育に就て二三の所見を述ぶ」『記事』第 576 号，1922 年 8 月；田坂八十八（中尉）「下士兵卒ノ自覚心ヲ喚起セシムル具体的方策」『記事』第 579 号，1922 年 11 月；H 生「社会人としての軍人及其思想的傾向」『記事』第 591 号，1923 年 12 月等。
54. 『意見』第 100 頁。
55. 由井正臣「総力戦準備と国民統合」『史観』第86・87 册，1973 年 3 月，第 122 頁。
56. 「独逸屈服ノ原因」第 18 頁。
57. 可参阅葉室俊雄（大尉）「一般国民ニ軍事思想ヲ普及せしむへき具体的策案」『記事』第 527 号，1918 年 6 月。
58. 『諸国ノ陸軍（第四版）』第 28 頁。
59. 『意見』第 71 頁、第 7 頁。
60. 高谷繁次（二等主計）「宣伝の作戦に及ぼす影響を論じ戦場宣伝実施要領を説明す」『記事』第 604 号，1925 年 1 月；鴨

脚光弘（中佐）「将来戦」『記事』第 606 号，1925 年 3 月，第 27 頁。

61. 关于这一点，可参阅寺師義信（三等軍医正）「軍人ノ自覚」『記事』第 579 号，1922 年 11 月，第 99 頁。

62. 三谷太一郎将国家总动员体制理解为“大正民主”时期国家体制的一种理想形态，主张“普选不仅是实现政党制的必要前提条件，也是实现‘国家总动员’体制的必要前提条件”（『大正デモクラシー論』，中央公論社，1974 年，第 41 頁）。此外也可参阅藤井徳行「日本陸軍と普選運動」『法学研究』第 51 卷第 5 号；田中豊（中佐）「自治ト軍隊教育」『記事』第 560 号，1921 年 4 月。

63. 冈村宁次的谈话（中村菊男編『昭和陸軍秘史』，番町書房，1968 年，第 28 頁）。

64. 橋本勝太郎『経済的軍備の改造』，隆文館株式会社，1921 年，第 85 ~ 86 頁。

65. 陆军士官学校第 10 期生成田笃虽不是现役军人，却断然说道，“在国民之国防观念方面，为使国民领会国防军备的必要性，培养非理性的盲目的爱国心是没有好处的。比如强行设置假想敌，挑起国民对对方的厌恶感，制造无意义的恐惧和憎恨，以及煽动敌意等都属于这种方式”。他还坚决主张施行普选，为此大力倡导“培养爱国的本能靠的不是非理性的盲目灌输，而是自发的义务感以及道德、理性。实行尊重民众的政治，正是令国民理解国防军备必要性的第一步”（「国防の根本方針策立の好機」『外交時報』第 452 号，1923 年 9 月，第 142、133 頁）。

66. 『新軍事講本』第 26 頁。

67. 因此，持此种立场的人对待“大正民主”的态度较为灵活。比如「軍隊教育ニ関スル管見」，以及畑英太郎（少将）「軍紀ト自由」『記事』第 554 号，1920 年 10 月；栗林忠道（中尉）「国民思潮ノ推移ト軍隊精神教育ニ就テ」『記事』第 538 号，

1919 年 6 月，第 108 頁。另一方面，对此持不同立场的有香椎浩平（大佐）「軍の勇怯と結束とに関し滞欧中の所感」『記事』第 605 号，1925 年 2 月，第 21 頁。

68. 河野恒吉（少将）「軍紀ト自覚」『記事』第 566 号，1921 年 10 月，第 5 頁。
69. 八田磯之助（少佐）「国家総動員と憲兵」『記事』第 615 号，1925 年 12 月，第 12 頁、第 30 頁。亦可参阅吉田裕「第一次世界大戦と軍部」『歴史学研究』第 460 号，1978 年 9 月，第 37 頁。
70. 渡久雄（大尉）「米国ノ近情」『記事』第 548 号附録，1920 年 4 月，第 9 頁、第 11 頁。
71. 在设立于 1919 年且隶属于教育总监的教育制度调查委员会上，围绕“大正民主”的应对方式问题分化出了保守方式和灵活方式（『永存書類　大正一〇年甲輯第一類』防衛庁防衛研究所図書館所蔵）。此外，遠藤芳信（「大正デモクラシー下の日本軍隊の思想動向」，『歴史学研究』第 497 号，1981 年 10 月，后又收录于遠藤芳信『近代日本軍隊教育史研究』，青木書店，1994 年）对这一问题进行了精彩分析。
72. 陆军省作战资材整备会议的广濑寿助大佐对陆军在资源分配问题上独善其身的态度持批判态度，他主张“绝不能有以我为主而排斥他人的思想，这是国家总动员的基础条件”（「軍需資源ノ統制ニ就テ」『記事』第 575 号附録，1922 年 7 月，第 7 頁）。
73. 『意見』第 55 頁。
74. 同上，第 48 ~ 49 頁，以及「国家総動員準備の必要に就て」第 3 頁。
75. 参阅永田铁山的发言（伊藤隆「昭和十三年近衛新党問題研究覚書」『年報政治学一九七二「近衛新体制」の研究』岩波書店，1973 年，第 163 頁）。
76. 『諸国ノ陸軍（第四版）』第 28 ~ 29 頁，以及河野恒吉（大

佐）「欧州戦争ニ現ハレタル精神力ノ観察」『記事』第552号，1920年8月，第1頁。

77. 因此，如若《意见》果真如传闻所言是永田铁山所写，则永田铁山“思维宽广”“理性主义”的特点跃然纸上（出自上述『秘録永田鉄山』第53~69頁中铃木贞一的证言）。
78. 高橋正衛『昭和の軍閥』，中公新書，1969年，第54頁。
79. 但是，军人最根本的关注点在于国家安全保障问题，所以他们与民本主义者的民意观念是否相同便十分值得怀疑。这是因为军人的灵活行为也可被理解成一种为达成目的而采取的手段。
80. 鷲尾義直編『犬養木堂伝』中巻，原書房，1968年，第465頁。
81. 参阅木坂順一郎「軍部とデモクラシー」。
82. 第一次普选进行之际，内相铃木喜三郎认为普选“真乃举国之大动员”，积极评价了它的意义（『内務省史』四巻，大霞会，1971年，第457頁）。
83. 可参阅拙稿「首相功罪論・田中義一」『一億人の昭和史 I 三代の宰相たち』上，毎日新聞社，1982年。
84. 例如资源局内部的两股潮流就是其体现。这一问题可以参阅『内田源兵衛氏談話速記録』，内政史研究会，1970年，第13頁和第41頁；御厨貴「国策統合機関設置問題の史的展開」，近代日本研究会編『昭和期の軍部』，山川出版社，1979年，第125頁。因此，20世纪30年代新官僚、革新官僚与军部之间的关系十分重要。

第三章 日本陆军对“大正民主”的认识

引 言

第一次世界大战后的“大正民主时期”，被普遍认为是日本近代史上军部“公然成为自由批判对象的唯一时期”[1]，是“害怕和平民主风暴”的军人“受难”[2]的时期。以往在说明20世纪20年代至30年代的变动时有一种观点认为，军部在“大正民主时期”积累的不平与不满在满洲事变后以所谓“昭和法西斯主义”的形式爆发出来。这种见解很有影响力。也就是说，这种把30年代的视角投射到20年代，据此将“大正民主”与军队理解为对立关系的视角在学界具有普遍性[3]。

诚然，这种对立的视角大致上是值得肯定的，正如“五一五事件”后元老西园寺公望述怀的那样，即近年

“对军人不无过度压制之倾向。小儿有小儿的心理……我对此过于疏忽”[4]。但是，在不知何时才会平息的“大正民主”风潮下，军部真的会只顾打磨自己的反击之刃吗？

“大正民主时期”的出现主要源于一战带来的异常剧烈的冲击。这种冲击体现在战后澎湃而起的“改造”“革新”“解放”等热烈呼声中[5]。这种冲击在文化接触方面同样强烈，多种多样的“新思想”在战后流入日本，这是日本近代文明开化以来划时代的事件。对于这种强大的冲击力，军人也抱有同样的认识。有军人认识到“当今时代急剧变革，社会一切领域正进行着炽烈的改造”，世界正“以大战为界进入新纪元”，战后世界的状况可谓一场“世界各地反复出现明治维新的人类大革命”[6]。此外，也有军人陈述道，“到处都在出现价值之转变。其中军队最为剧烈”[7]。因此，一战对日本造成了足可比拟“开国”的巨大冲击[8]。

在这种内外情况变动的时期，“大正民主”真的没有令所谓“天皇的军队”出现任何变化吗？

事实上，如果着眼于军部，尤其是陆军的教育方面，我们便可发现其中存在颇为有趣的变化。以陆军士官学校为首的各类学校中，校规的一部分变得宽松，比如晚饭前设置休息时间，放宽学生外出的限制，许可学生穿着和服①，等等。学生在生活方面拥有更多自由，士官学校还曾在短期内解除过禁烟的规定[9]。此外，东京幼年学校在一段时期内甚至几乎停止了早晨奉读《军人敕谕》的仪式，可见氛围“十分自由宽松”[10]。

但是，制度化方面格外重要的事件是上述变化的根源，即《军队教育令》（1920 年）与《军队内务书》（1921 年）的修订。此次修订意味着陆军“精神教育史上的自觉自律时代”[11]的出现，其目的是创造能够“适应”“时势之推移”，特别是“适应”一战以来“社会状态及国民思潮之变迁”的陆军教育体系。因此，尊重士兵人格、培养“自觉的”且“以理解为前提的服从心”，以及军官学习社会常识的必要性等被大力提倡。

这体现了陆军对“适应”“大正民主”的重视。1934 年（昭和九年）为实现“皇军意识之彻底”，陆军再次修订了《军队内务书》，这次修订甚至被指责为带有对“欧洲大战后风靡之‘德谟克拉西’② 错误思想”的“迎合之嫌”。[12]

可见，陆军对“大正民主”的应对方式带有现实主义色彩，而绝不是始终采取对立态度[13]。因此，即使“民

① 等同便服。——译者注
② 即“民主”。——译者注

主主义”与“军事实力”“原本便难以两全”[14]，但过分强调二者对立的一面将难以充分把握实际的历史过程。笔者认为，日本军队研究中最为必要的是进行基于实态的分析，而关注各个时期不同的内部实情也十分必要[15]。

结合上述观点，本章将把焦点集中在陆军的“大正民主”认识，特别是陆军对于所谓“新思想”“坏思想”“思想动摇”等教育制度修改问题背后的时代背景的认识[16]，并以此明确该时期陆军在这一方面的特征。本章将以1918年（大正七年）至1925年前后作为考察时期，并从现实状况、思想、制度三个层面展开考察[17]。

一　现实状况层面的“大正民主”认识

如上文所述，一战对陆军军人的影响十分深刻，“世界战争的影响为吾人所未能预想”，它“引起了物质及人心一切领域中吾人所未能预想之异常变化”[1]。这种社会状况的变动在当时一般被称为“思想界的动摇”，但是“外来思想”的侵入所导致的思想恶化，同时也是导致良好风俗和勤俭储蓄之风，即“淳风美俗”颓废的原因。这是当时陆军的实际感受。在这一意义上，纯粹的思想领域以外的变动同样被认为是一种动摇的时代“状况”[2]。

虽然陆军对上述状况有所认识，但这种状况的出现是

“近代不常见之现象”[3]，且“思想无国境”[4]，因此“到底非人力所能阻碍”[5]。“世界思潮的滔滔大浪断不允许只有我国置身桃源”，不仅如此，“怀抱青年之我国军队”亦不会被“置之不理”[6]。因此，世界思潮变动导致的思想动摇，在影响社会公众和军队两方面给陆军带来了深刻的问题。

那么，自诩为“社会之有识阶级”“军队之桢干”“壮丁之教育者”“国民之仪表”“精神界之中坚”[7]的陆军军官是如何认识和应对这种状况的呢？

1. 社会中的“大正民主”状况

“大正民主”的风潮中，对军队的存在理由本身构成威胁的是和平思想、反军国主义，以及限制军备的裁军要求。在国际联盟的成立所体现的国际协调势头的高涨局面和陆海军实现裁军的影响下，这种风潮越发成为军队的现实威胁。然而军人也不得不接受这种“和平思想逐渐风靡全球”[8]的状况，并且不得不在原则上倡导一种不交战的主张，即军人亦不宜进行无益的战争和非举国一致的战争[9]。

但是陆军认为，即便设立了国际联盟并实现了裁军，战争仍是“国际之生理上”[10]不可避免之事，是“神明制定的世界法中的一节”[11]。也就是说“地球上数个独立国”[12]的存在，以及适者生存、优胜劣汰的“世界进化之理法”[13]的存在，令战争断然不会消失。何况“无敌国外患则其国亡”是“天地之大法”“古今之通则”[14]，敌国外患是“国家兴隆之根本条件”[15]。

另外，对于盛行于欧美的一种意见，即以当下没有大战爆发的担忧为理由而呼吁裁军的意见，陆军认为其意图仅在于“急于恢复国力而无暇顾及战争”，一旦国力恢复，战争也许会“出人意料地在短期内”[16]再次爆发。而且欧美各国历经如此大战，不得不对增加的军队进行裁撤，因此不能将欧美各国与日本相提并论。

因此，陆军认为“永久的和平是痴人说梦”[17]，“国际主义、无武装和平”仅是“一种迷失于高远志向中的理想”[18]，“今日能够出现所谓‘乌托邦’式的和平时代的想法只是梦想”[19]，所以，“国防为国家生存之必要条件”[20]，“军备不可有一日疏忽”[21]。而“怠于武备而给予敌人可乘之机”的国家反而是“世界和平之搅乱者”，须“分担一方之责”[22]。也就是说，正因为军队的存在，战争才能被防止于未然[23]。此外，作为平时的经济战、思想战背后的一种实力，军备也是必要的[24]。

如上文所述，这种主张战争的不可避免性和武装和平论的立场主要立足于社会进化论。在这种立场下，“国军之健全进步”[25]和国防的充实是国家存立必不可少的条件[26]，特别是作为国家的根基和主干，军人“对自身本分的认识有些许退步，实在是严重的事态”[27]。

但是，受“新思想”“坏思想”的影响，军队所处的状况极为艰难。“新思想”“坏思想”“现代思想（思潮）”等用语中混杂着自由主义、个人主义、民主主义、民本主义、社会主义、马克思主义、工团主义、基尔特社会主义、无政府主义等多种多样的思想，整体处于一种未经梳理的思想混沌状态，但是陆军认识到这种“外来思想”的流入和战争经济带来的物价飞涨（以及进而发生的战后恐慌）是导致思想动摇的原因[28]。这种认识给军人带来了一种危机感，即思想的动摇会使社会“秩序”“紊乱”[29]，“危及帝国国防之基础”[30]，“动摇我军建军之基础”[31]。那么，军人是如何观察这种时代思潮的变化呢？

军人在这方面的观察大致可整理如下[32]。

一、自由、平等、权利、人格等观念的盛行

二、物质崇拜、拜金主义的高涨

三、坚韧持久、刚健尚武、勤俭力行等日本固有的带有武士道色彩的国民性的衰退

四、个人主义、利己主义的兴起和国家观念的式微

五、劳动问题中关于集体力量的观念的增强

六、劳动者与国民在理解力、自觉性方面的提高

七、虚无主义、共产主义等“意在从根本上颠

覆社会秩序的危险思想”的抬头

八、整改阶级制度的要求

为应对上述状况，军人首先谋求的是“振作精神”[34]，“革新国民的精神状态”[35]，具体有以下几点：(1) 提倡国家主义、团体主义，即消灭利己之心，“以热烈的爱国之心为基础，举全体国民之力形成最为牢固的团结局面”[36]；(2) 使牺牲精神、不屈的精神、“旺盛的攻击精神和尚武之气象”[37]得到充盈；(3) 奖励勤俭储蓄、节约之风[38]；(4) 维护始终如一的国体观念[39]；等等。军人意图通过这些措施振奋国民精神。

在这一方面，军人认识到当务之急是向国民普及军事思想和军人精神。因为这正好体现了上述四点举措的精神，也就是说“军事思想的普及和爱国尚武气象的兴盛是国家兴旺的原因，也是民族发展的基础建材”[40]。

但是，这里需要注意的是，军人在大力提倡这种所谓的原则性立场的同时，绝未将“新思想”作为“坏思想”全盘否定。比如针对“物质文化”流入日本的问题，军人确实认为这会带来“骄奢华美”“轻佻浅薄”的风气，但是也认为“产业之一等国民同时也是战场上之最强国军和战时之最强国民，而产业之劣等国民是战场上之劣等国军，也是国内之劣等国民”[41]。这是一种不把物质与精神对立看待的认识角度。

而且，面对“物质文化”的时代潮流，军人从“衣食足而知礼节”即“生活安定之人通常不易受过激思想影响”[42]的观点出发，反而对其抱有肯定的态度。因此，“物质文化”并没有受到“武士不露饿相”精神的一味排斥。关于“最良之方法”，军人认为“一味排斥物质之倾向而期盼精神之力，反而近乎愚蠢，应当不舍弃精神而对其大加期盼，同时与物质倾向同化，在物质的伴随下使精神得到发展”[43]。在总体战的时代，军人将产业能力视为战争能力不可欠缺的一部分，如何在努力实现高度资本主义化的同时维持日本固有的精神，这一问题令军人苦恼。在这一意义上，军队难以以片面角度应对“大正民主”的时代状况。

这种所谓的现实主义态度同样出现于陆军对劳动问题的应对中。在米骚动和神户劳动纠纷中出动军队这一事实结果令军人强烈意识到应对劳动问题的重要性。

首先，军队研究劳动问题的必要性主要有以下几点：（1）军官将自身视作“社会之中坚，国家之干城”，因此不可对劳动问题视而不见；（2）历年参军的士兵中有大量的劳动者或与劳动问题相关的人，为对他们进行恰当的教育指导，军方需要掌握相关知识；（3）军队聚集了出身于多种阶层的人，是“社会的缩影”，是“良兵良民的制造所”，因此有必要为协调劳资问题而尽力；（4）军队自身也雇用了大量工人；（5）战争与劳动者问题之间有着重大关联性[44]；（6）今后日本的工业界将显著发展，且非发展不可，因此对于与工业发展休戚相关的劳动问题，理当予以充分留意[45]；等等。

因此，基于“劳动阶级生活的贫困和绝望不仅是劳动者自身之不幸，亦是国家整体之不幸”[46]，“劳动问题的恰当解决是举国一致和富国强兵之基础”[47]的基本立场，军队开始处理劳动问题。在强调“充分了解劳动问题”[48]的基础上，军队采取了如下应对措施。

第一，“辨明出现社会主义思想化的运动与抱有原本目的的运动之间的异同”[49]。也就是说，对以下两种运动有必要进行区别对待，即强调资本家和劳动者间的阶级对立，意在废除现有经济组织（私有财产制度），有社会主义背景的运动，以及承认现有社会组织，意在改善劳动者生活的社会改良主义运动[50]。

第二，在此基础上，根据法律对前者进行彻底取缔；基于“同情与训诫”的方针对后者进行指导，尤其是国家和地方自治体①必须改善和落实社会政策。也就是说，

---

① 日本的都、道、府、县和市、町、村统称为“地方自治体”。——译者注

必须以扶助和保护劳动者，实现劳资关系的和谐为目的，积极实施可令工会稳步发展的社会政策[51]。其原因在于，“即便国家表面上富强繁荣”，内里却存在可导致“贫穷—怨恨—咒骂—破坏”的要素，即存在“弱点”，这是“十分危险和令人不安的”[52]，且“资本与劳动原为不可对立斗争之物，于我国现状而言最为稳妥之策在于令其关系顺畅和谐，此策亦符合近来影响世界之大思想”[53]。

不仅如此，这种应对方式的深层还有以下灵活姿态。也就是说，军队认为“现有之社会组织中恐怕存在些许不合理之处”[54]，这已成为导致思想动摇的一个原因[55]，因此“在上天的公平判决面前，制度、阶级等方面需要改造之处不少”，“不合道理之制度、组织、权力……终有被废除之命运”[56]。但是，现有的社会组织有“许多优点”，“现代之文明”亦“完全拜此社会组织所赐”，因此虽有必要弥补现行体制中不合理之缺陷，但其终归只是一种改良与修正，而不可变为革命与破坏[57]。

因此，陆军认为在思想状况处于一片混沌的当时，首先需要做的是“明确对现代之国家与人类有危险性的思想类型及其原因，令国民了解各种思想之内容与性质，不令国民之思索方向出现误差”，同时“对于进步思想，不可将其一概视为特定之主义而一味压迫”[58]，而要“甄别其内容，对带给国家危险的思想要极力排斥”，但“对于可资社会之进步，且符合社会现状之思想要支持，谋求其进步和发扬光大”[59]。

换言之，陆军认为，在承认现行体制中存在不合理性的前提下，一方面对于“意在咒骂国家，破坏秩序之盲目谬论”[60]，即以破坏为本能，以革命为最终目的的“危险思想”[61]要彻底否定，另一方面“要以稳妥之手段逐渐提高国民道德，实施善良之社会政策，改善既有之不合理”[62]。在这里，军队不把现行体制视为绝对之物而予以相对看待的姿态十分明显，其中甚至含有对“大正民主”在一定程度上的肯定，以及“变革现状 = 形成新秩序”的观点。

因此，军队的应对方式在根本上是一种带有现实主义色彩的灵活思维，即不对“新思想”进行根本否定，而是详加考察后再做出取舍。这种思维反映的态度正是对于“大正民主”的另一种应对方式。

此外，这种灵活性也体现在劳动者的参军问题方面。军队认为，参军之时要“对参军之前身为劳动者的立场和服兵役的立场进行严格区分，马上要求他们拥有真正的国民自觉”是最理想的，但这“作为理论还好，在实际中多少存在不现实之处”。因此，在劳动者参军的最初时期就要用心地对他们进行“耐心而恳切的指导”，即便他们参军前参加过劳动运动，曾受社会主义思想的影响，令他们遭受特殊对待也是“必须慎重”的事情，经过参军后的指导，他们的思想“无论如何也能得以改善”。因此，这是一种主张对思想善加引导的立场。其理由在于，“另眼看待‘有前科者’反而常会招致不好的结果”[63]，而且由于军队内抱有共鸣之人的存在，甚至连将来军队能否成功镇压劳动纠纷都值得担忧[64]。

因此，以“保卫国家”[65]为己任的军队对于“秩序”的破坏始终抱有很强的警惕心理。在为镇压劳动纠纷而出动的问题上，军队被指责为资本家的爪牙。对此，陆军展示了“维护国内秩序”的坚定态度，即军队的出动“绝不是仅对劳动者一方进行压迫的不公正的行为”，“假如有人受群众心理影响而妄动，结果危害社会的安宁和秩序，且靠警察权无法制止之时，不管妄动之人是劳动者、资本家，或者是其他任何人，军队不应在为镇压而出动的问题上有所踌躇”[66]。

综上所述，陆军基于“维护秩序”的观点，从社会上的“大正民主”风潮中感到了威胁。为此，陆军虽然一方面力主通过军事思想的普及实现国民精神的振奋，并且彻底否定以革命为目的的“危险思想”；但另一方面，在当时内外状况不安定的情况下，陆军同样显示出对待“大正民主”的灵活姿态，即从形成新秩序的观点出发，没有一概否定“大正民主”，反而对其持肯定态度，并努力适应这种状况。

2. 军队周围的“大正民主”状况

前一小节探讨了军队对于一般社会状况的认识，本小节将对其中与军队关联尤其密切的问题进行考察。

首先，军队对自身周遭状况的认识大致如下[67]。

一、国民对军官的尊崇、信赖逐渐下降的趋势

二、生活困难带来的压力和经济不景气导致的有志成为军官之人的减少

三、逃避征兵、厌恶军队的趋向

四、将军队视为无用之物，主张限制军备、废除征兵制等反军阀、反军国主义情绪的高涨[68]

五、物价飞涨导致军人生活困难等军人待遇问题

六、总体战认识下军队地位、作用、必要性的相对下降（“与昔日不同，军队不再是战争之唯一要素”[69]，“一朝有事，为国献身的未必只有受过训练的军人”[70]）

而最令军人恐惧的对军队内部的影响则大致如下[71]。

一、服从观念的减退

二、对上级的谩骂、反抗和要求（尤其是集体

要求）

三、对上级的暴行、侮辱和不敬（不认真敬礼等）

四、厌恶上级监视监督的放纵倾向

五、轻视官职不同而重视人格平等的平等观念带来的轻视军阶的倾向

六、对于没有能力的上级的轻蔑态度

七、上级因害怕引起下属的反感而轻于惩罚和处分的倾向

八、玩忽职守，以及窃取、侵吞公物公款等行为反映出的责任意识的下降

九、社会主义者的参军

十、“轻易迎合时代思潮，议论政治之得失，公开发表诽谤军队之意见，或被物欲驱使而趋于营利”[72]等现象反映出的青年军官被新思想感染的倾向

从上文可看出，对于自身所处的“大正民主”状况，军队有着如下认识：这种状况在对外方面会导致国民与军队离心离德，导致军队被社会孤立；在对内方面则会导致军纪废弛和作风颓废。“往时极少有公开或直接攻击军人及军队之人，但近来……变为公然攻击谩骂。”[73]在这种情况下，事态已发展到了一部分军人“欲向”攻击军队之

人的“脸上吐口水”[74]的严重程度。

尽管如此，军队还是认为表达“志士般的愤慨”对于“矫正时弊并无助益”[75]，重点在于如何进行具体应对。那么，陆军采取了何种措施呢？就此问题，下文将从面向军队外部的应对措施和面向军队内部的应对措施两方面进行探讨。

面向军队外部的应对措施

从根本上看，国民与军队离心被视作严重问题是因为“国民之时代思潮与概念趋向”不能“免于世界大势之影响”，军队亦难以“永久保持超然于国民大势之态度”[76]，在这种状况下，“向军队供给兵卒、输送兵卒的社会”[77]的重要性上升，总体战观点下军民一致的必要性也逐渐上升。“军事相关之一切事宜由军人为之而不许国民插嘴的时代已经远去，当今一切计划必须于国民监视下实施，如遇国民之反对则任何事均不得执行之时代”[78]已经到来。因此，军队认为“今日之军队离开国民将不复存在……不可全然不与社会联系”[79]，军队被社会孤立“对军队而言空前危险”[80]。

那么，关于军队与国民离心、陷入孤立状态的原因，军队自身是如何认识的呢？首先，军队认为责任在于受到“大正民主”影响的社会和国民[81]。因此，军队有必要使其“醒悟”[82]，而为此则要普及军事思想和军事知识。理由有以下四点：(1)“世人对军人及军队存在偏见”起因于“对军事的不了解”[83]；(2)未来之战争为总体战，因此需要依赖掌握军事知识的“一般国民之平素努力”[84]；(3)“民主主义风靡世界之今日，我国亦不能在陆海军事方面仍强行‘使民由之’”[85]；(4)“唯有使社会之人充分理解军队，才能使军队于社会之中建立健全之根据地，实现健全之发展”[86]。

但是，军事思想的普及却颇为困难。这是由于：第一，战争爆发的现实可能性不高，国民预期今后和平仍将持续；第二，国民皆兵主义存在不公平性和不彻底性；第三，也是最为重要的一点，军事思想“对普通国民而言少有直接利害关系”[87]。

因此，以普及军事思想为目的，国民皆兵主义的彻底化和良兵良民主义的意义被再次强调，而尤其重要的是“以参军前之良民教育为出发点，最终达成良兵教育之方针”[88]，即所谓良民良兵主义的观点也开始被强调。此外，基于一战同样呈现出宣传战特征的教训，陆军开始关注报纸、杂志、电影、演讲等大众传媒的影响力，并企图利用这种影响力[89]。

但是，这里需要注意的是，在军民离心的原因方面，陆军并未仅强调国民一方的责任，反而大力强调相反的主张，即“军队与社会的关系呈现出令人遗憾的状态，毕竟起因于二者之对立”[90]，正因如此，军人不应单方面“要求国民反省”[91]，反而应该“首先反省自我”，“改正自我之缺点”[92]。军队被孤立，军队一方也负有很大一部分责任。关于这一点，某军人陈述如下[93]：

> 当下，社会对军队的谴责声中自然也有不当之处。因此，我等对此虽要进行抗议和辩解，但反观军队，其缺陷实在太多，在这些缺陷尚未弥补之前就去指责来自社会的少许误解是不可能的。要让社会正确理解军队，首先必须改正自己的缺点。近代思想让人对军队易生误解，尤其增加了改正自身缺点的必要性。

那么，军队需要反省的“缺点”是什么呢？其核心在于，军官缺乏常识，且社会性不足，无法适应时势，或干脆持有“超然于社会之态度”，不做任何改变[94]。因此军队严厉批判“我国之将校过度超然于社会，故落后于时代之发展，恰如隔世之人一般，偶与军人以外之人交往，其言亦过于单调乏味，乃俗话所谓之话不投机之状”[95]。

如上文所述，“今日之军队离开国民将不复存在”，因此“军人独守战略战术之权限而超然于社会，以铜像一般之态度与社会毫无往来”[96]的状态在当时断不为军队所允许。军民一致的原则以往便被强调，因此在当时，军队认为“欲与国民紧密提携，军人自身必须首先多加思考，奋发努力，恭敬谦逊，为国民之仪表”[97]，否则“无从期盼军民之真正融合”[98]。

在军队此种立场的背后存在以下基本认识，即“人生存于所处之时代，须常能理解时代之变迁，知悉社会之推移，此不可怠也……必得不落后于社会，与时代同步伐”[99]，“与时代同跃进”[100]。以往军队“力图将军队自身之气扩散于社会……而并不喜吸收社会之气”[101]，但此后之军人要理解新思想，要“顺从时代潮流”[102]。为此，“健全之常识”[103]成为军人必要之物。

因此，当时“早已”不是“讨论将校常识深浅之时”[104]，常识的缺乏才是应尽早改正的“缺点”。而常识的缺乏则在于以下这些原因：

> 一、错误的豪杰崇拜主义，即“青年将校中往往有崇拜英雄豪杰之人，因此有所谓‘豪杰做派’之思想之人不在少数。因此有人以为‘英雄不顾琐事’‘英雄好女色’，或认为豪杰应摆出桀骜不驯之架势。此种思想反而危险，且甚无常识”[105]
>
> 二、军队教育偏重实兵指挥、实地战术的缺陷

三、陆军各学校之教育缺陷

四、超然于社会，不与社会往来之傲慢态度

五、军人气质之缺点，即过于单一（顽固、保守、短视、墨守成规而难以随机应变、不愿了解时势等[106]）

六、对于《军人敕谕》中不干政（参与政治）之规定的误解，即“认为军人一心一意勤勉于军务便可，无需放眼于军务以外之事，典、范、令以外之研究有悖于军人之本分。抱有如此思想之人众多，故军队自身缺乏军事以外之知识”[107]

于是，陆军大力提倡军人培养自身之常识，提升涵养和人格，以及修正超然的态度等。“吾人将校‘身为军人之同时亦身为国民，身为社会人’之自觉”[108]被认为很有必要。

具体而言，军队认为“今日人人之自觉提高至此，且今日人人均处于社会组织之中，身为人及国民之涵养乃是军人涵养之基础，且几为其涵养之全部。何为军人？杰出之国民也。何为军人精神？国民之必要道德也。军人绝非特殊之人，军人精神绝非特殊之道德”[109]。“如若将校欠缺文化涵养，思想倾向与一般有识阶级相去甚远，思想方面与社会相背离，且认为军队原应处于全体国民之上，则终将陷入孤立无援之境”[110]，非常危险。

另一方面，之所以要修正与军人不干政原则相关的超然态度，是因为这种态度被视作军官欠缺常识和社会性，且国民欠缺军事知识的原因[111]。军队采取超然主义原本意在不让外来思想感染军官，也意在把军官“隔离”[112]于“政变”（或政治）之外。关于后面一点，以下言论尤其值得关注。

“吾人不干政、不为舆论所惑之原则为吾人不可忘记之信条”[113]，“如若军人心往他事，干涉朝政，妄议法令得失，则国家之干城肱骨转而搅乱国家，军人将失其本分，故平素不可不自诫之。此原为不需多言之事”，“然今日之将校如欲有世界之视野，则单单研究典、范、令是为不足”，还需“平素便通晓一般科学”[114]，且根据自身之地位与职责，“洞悉世界各国之形势、思想问题之详情及政党派别之关系”[115]，了解舆论之现状，“方能不为某特定信念所迷惑而参与其中”[116]。

因此，包括这种对于军队不干政原则的新认识在内，军队在理论上从总体战观点和应对“大正民主”的需要出发，必须大幅度扩展其关注面，并渗透至广义上的政治领域①。但是，这种需要在当时主要出于对军民一致问题

① 与“昭和法西斯主义时期”军人干政的状况不同。——译者注

的关心，其角度在于反省“据守统帅权之躯壳而与国民分离”的状况，“以更加‘与国民一致’为目标进行改革”[118]。

如上文所述，从“大正民主”和总体战的观点看，军队拥有国民基础的必要性空前增强，国民与军队的离心问题事关军队的生死，军队必须避免被社会孤立。

在这一问题上，军民双方的责任均被提及。军队的结论是，出于军民一致、军民不可分离的观点，“国民与军人双方互相接近，达成妥协，实现相互间之谅解”被视作必需，为此“国民要认识到军队是国民之军队，军人要认识到自身也是国民的事实”[119]。

其中，军队尤其强调的一面是军队的自我反省，即弥补与纠正军官在常识（包括政治、社会百态）和社会性上的不足与超然态度，这反映了军队理解新思想的必要性。在“大正民主”的时代状况下，军人身为国民、身为社会一员、身为普通人的认识，以及视国民为基础的“国民之军队”的观点均深深渗透进了军人的头脑[120]。

面向军队内部的应对措施

军纪被视作“军队之命脉”（《步兵操典》）和“建军之大本”（《军队内务书》）。因此，“严肃之军纪”和“坚定之军人精神”同为“战争必不可少之紧要因素”，军队教育的“主要着眼点”自然被放在了军纪和军人精神的培养上（《军队教育令》）。而受“大正民主”的影响，开始出现了军纪涣散的现象。当然，也有意见认为“军队中常见低军阶者一同向高军阶者施以暴行，或向高军阶者要弄反抗之言辞，或诽谤军队之施政而做出自暴自弃之行为”等现象“很久之前便不绝于耳……并不是现代思潮出现后才产生的”[121]。但军纪涣散终究不是可置之不理的问题，而当时的军队大致认为这一问题与“大正民主”有关的倾向比较明显[122]。

那么，军队打算如何重整涣散的军纪和不正的作风呢？在当时，这一问题被认为是负责军队教育的军官们应该面对的问题。也就是说，要培养“精锐刚健之军队”，尤其需要倚仗“军队教育之成果”[123]。为此，作为军队之桢干，军官们需要进行自我反省，并变革自己的既有意识。

首先，陆军自省道，“回顾吾人以往之实际状况，不与社会来往之事甚多。其教育传统守旧，其方法偏执固陋，丝毫没有顺应时代推移之状”[124]，没有意图“理解现代思潮，不断对其进行研究”[125]。

这是出于以下两个原因：(1)“一般国民教育与军队教育直接关联，其普及状况”正“逐年显著发展”[126]，因此，必须认识到“近来之兵卒已具有相当之理解力与判断力”[127]；(2)“成长于自由平等之喧嚣声中”，或“至少在成长中听过民本主义和社会主义之声”[128]的入营兵和召集兵已受现代思想“感染”。因此，对于这些“进化后之兵卒”[129]，或者说“体现现代思潮之壮丁”，亦可说“未来进一步具有民本主义倾向的人们”，如果基于“昔日般单纯思维施以教育”，一定会招致“意外之不良结果”[130]。在“以国民为基础的军队”中，“极为紧要”的是讲求如下这种“教育之手段方法”，即不“一味墨守旧习与先例”，而能“钻研并适应国民日益进步发达之知识能力及日益变迁之思潮现状”[131]。

因此，“就步枪为何要细心使用的问题向兵卒进行说明时，仅仅将枪身刻有菊花纹章作为理由”[132]的方式“恰似生于天保时代的老妇教导孙辈和曾孙辈的方式”[133]，是不充分的。“面向知识进步之人自有其相应的说明方法”[134]。

换句话说，军官“不论国民之知识如何进步，其权利义务之观念如何增强，都应保证不使军纪有丝毫之松弛”。因此，军官“如能令壮丁从心底理解军纪于军队之必要性，且拥有对其合法管理、合理教育之能力与热诚”，则“以我立宪治下之进步国民，定能创造优秀之兵卒、精锐之军队”，“如若国民之进步导致教育困难及军纪涣散，则必为军官以不适应社会之思想及旧有之方法面对壮丁之故”[135]。如若不注意这一问题，则面对“有主义有信仰”的士兵时，军官无论如何“诚心诚意加以训诫，因全无此方面之知识，则训诫均似耳旁风一般，不能令其心服”[136]。

于是，军官被要求“充分理解社会思潮”，同时“始终了解此思潮之动向”，至少“思考曾接触此思潮之青年兵卒于教育上之问题，理解彼等之心情，具备对其加以善导所需之知识与理解”[137]。

因此，“仅对所谓社会思潮一知半解，不去确定其益处或害处，而如同憎恨和尚而累及袈裟一般到处叫嚣危险，此等人反而可谓流毒于军队教育之危险人物”[138]，“在现下及将来，有如对待细菌侵入一般憎恶、反感那些受所谓‘民主主义’影响的普通士卒，对其徒然抱以不安和忧虑，严厉进行高压监视和监督的此等行为并无任何价值”[139]。这是因为“一时之慌乱处置虽可约束少数人……然终将至于不可收拾之境地”[140]。

尽管如此，但“建军队之根本要义不可被伤及分毫”，所以“并不是要令军队教育一味顺应时代之推移”[141]。尤为紧要的是彻底维护国体观念[142]。在这一意义上，陆军了解新思想的要求背后是一种取长补短的立场，即“囫囵吞枣原本便不可取，一味偏见亦无法促进时代之进步”，因此，“宜自行直面各种思想，对其解剖分析，可取便取，应弃便弃，当征服便征服，应采取此等明快果决之态度”[143]。

另一方面，针对理解和研究新思想的必要性，有人担心新思想将“动摇和破坏吾人青年将校思想之根本”[144]，即理解和研究新思想将“适得其反”[145]。对此，存在如下三种反驳意见：(1)“如若此等事令将校之思想产生不良之结果，即便避免此等研究，则将来必然生成之社会风潮被我将校触碰之日，其思想转瞬间必生破绽，偶发之事最后必然导致更甚之结果”[146]；(2)“即便将校自身对此等思想能做到闭目塞听，因义务兵役而年年轮换的兵卒中，必有已怀抱此等思想之人，作为教育者之将校若对其一无所知，则终归无法改变彼等”，“欠缺理解与同情之盲目压迫仅会徒然招致彼等之反感，若要完全尽到自身之职责，则采取此种保守主义为一大禁忌”[147]；(3)“身处如此旋涡之中，克服一切烦闷、辛苦、诱惑及陷阱，方能培养于现下及将来之世态中发光之军人精神”[148]，因此，害怕特殊之事例，“踌躇于此必要精神的培养，与惧怕天灾而始终蛰伏之行为相同，十分愚蠢”[149]。

此外，提倡理解新思想有着如下背景。

一、顽固守旧之保守思想的危险性。“但凡提及外来之思潮、新思潮，则一概视其为危险之物，对其厌恶而排斥，世间有人持有此等守旧之见。但在某种意义上，此种狭隘之保守思想反而危险”[150]，因为其“伴随着危险性”，即“如若一味偏见，采取遮羞之态度，或是不论是非而妄自打压，不辨玉石而予以抨击，则必然挑起不幸事端，激出反抗，最后招致之结果犹如设堰于急湍，设盖于喷发之火山口”[151]。

二、对新思想毫无关心，隔岸观之的危险性。“认为其与自己风马牛不相及”，“认为他人与自己相同，均无思想方面之不安定。安于此种假设”[152]的想法非常危险。

三、各种思想的可取性。“既然已成为社会思潮，其中必定含有一部分真理”[153]，亦有可作参考之内容[154]。

四、社会进化论式的理解。“现代之思想界中，一部分偏于极端守旧，另一部分追求极端新奇，彼此意见不同，两两抗衡，互不相让。从某一侧面看来，此事绝非不可思议之现象，亦绝非不可理解之事态”，且“无需悲观，亦无需慨叹”。因为“无论何时何地，新旧思想之冲突、异论间之抗争均不可避免”，且“均非始于今日”。说到底，“新旧思想互相抵触、异论间互相切磋之间当能发现进步，且通过彼此互相牵制，亦可得事理之中庸”[155]。因此，“国民道德亦非固定不变之物”，所以排斥外来思想的“静止状态即为退步”，“不能顺应环境变动之物终将失去存在之意义”[156]。

五、日本人对于自身接纳外国文化的历史的强烈自负心理。“我国自古便有消化、采用各种思想文化器物之伟大力量”，“过去将佛儒二教日本化”，“今亦正将耶稣日本化”。日本人拥有“巨大之包容力、同化能力”与“冠绝万邦之特异国体”。因此“无论遭遇何种外来思潮、新思潮，虽会惊异些许，然不足以之为惧”[157]。

然而在从前，虽说对儒教、佛教和基督教实现了“日本化”，但这“绝非实现于平凡之间，此间倾注了有识之士之异常苦心与努力”。因此，“嚼碎外来之主义，吸收应吸收之部分，排斥应排斥之部分，为了取舍选择不出谬误，需要先忧之士及有识之士之苦虑和努力，这无需多言。顺其自然，放任不理并非有识之士应有之行为。要将唐红变为敷岛之大和锦①，定要倾注相当之努力”[158]。

以这种认识为背景，军队基于取长补短的立场，提倡

① 唐红指一种舶来的深红色或深红色的纺织物，大和锦则为日本原有的丝织品。此处的敷岛是日本的一种别称。——译者注

理解和研究新思想。并且，如前文所述，为理解新思想，军队也提倡培养常识（反过来讲，为了培养常识，理解新思想成为必要）。包括这种考虑在内，在提高军官能力和培养军官人格的观点下，陆军各学校着手改善教育[159]。

其次，军官进行自省、改变自身意识的第二点在于改变对待士兵的观念和态度。也就是说，与以往的盲目服从不同，士兵寻求的是“自觉的”且“基于理解之服从”。军队原本便认识到服从是维持军纪必不可少的要素，“欠缺服从之军人精神唯剩形骸而已”[160]，服从之有无决定了军队精锐与否，但军队追求的是“符合时代进步之服从”[161]。也就是说，与“往日施以威吓与强加”[162]的强制性服从不同，军队的目的是实现自发性的服从［参阅附录图3－1（A、B）］。

如后文所述，这也是一战带来的教训，陆军此举可谓适应了“时代之进步”。“‘民可使由之，不可使知之’的治世古语极易应用于军队教育之上”，但陆军认为“今日国民之教育程度比之昔日犹如隔世，机械般地进行教育而令其服从”的方式已然不可取[163]。

关于这一点，某军人发表了如下见解。

战争作为军队的任务，其性质令绝对服从成为军队的要求，而封建道德也因此被一直沿用至今[164]。但是“在人人自觉之今日，封建时代之忠义道德终究不应得到认同，且其并无必要”[165]。并且，“我等乃立宪治下之军人，绝非封建时代武士之后继者”[166]。虽然封建道德与盲目服从的精神对军队有利[167]，但封建道德“非时代特有之物，且即便军人认为信奉自身之固有道德较为有利，但军人脱离社会将不复存在，因此周围之变化必给我等之道德带来影响”[168]。况且道德亦非永远不变，而是随着时代之推移而变化[169]。因此，“宜改变盲目信奉武士道之态度，确立新的军人之道”[170]，应“从发达之理性中寻求将来军纪之确立”[171]。再有，《军人敕谕》中关于礼仪、服从之内容原本亦指基于理解之服从[172]。

于是，在军队提倡“基于理解之服从”的背后，存在一种对于改变军队教育重点的认识，即对于封建要素转为“新的军人之道”的必要性的认识。特别是从“发达之理性”中寻求军纪之确立的主张，以及对于《军人敕谕》的新解释这两个要点值得关注。此外，为实现自发之服从，被提倡的还有尊重士兵的人格、军官注意自身言行[173]、以温情之态度对待士兵，以及与士兵同甘共苦等[174]。另一方面，这类提倡同样是出于军队的如下考虑，即军队认为遭到除名的在乡军人对军队不满的言行给国民在对军队的认识方面带来了恶劣的影响，并且导致军队人气不断下降[175]。

上述内容显示，针对军纪散漫和作风颓废的问题，军官们被要求进行自省，并变革既有意识，即必须在彻底维护国体观念的同时，基于取长补短的立场，理解和研究新思想（包括政治、社会百态），并修正对待士兵的观念和态度。也就是说，要面对“进化后之兵卒”，需要有“进化后之大正武人”[176]或者说是“新时代之将校”[177]。因此，陆军的意图在于“只要无碍于军队存立之根本要义及任务之完成，则应努力顺应近代思想”，以此“顺应时势，建设新军队”[178]。

针对“军纪”一词的原本含义，军队内部亦存在不同的解释[179]，但从广义上讲，我们可将军纪理解为军队的“秩序”[180]。在这一意义上，我们可以认为，对于实际处在秩序松动（军纪涣散）状况下的陆军来说，顺应新思想（“大正民主”）亦是新的军队秩序形成过程中的一个必要环节。

3. 第一次世界大战的教训

上述内容表明，对于社会与军队所处的“大正民主”状况，陆军大致上采取了具有现实主义色彩的灵活应对方式，而这同时也反映了陆军强烈的危机意识，即在军队内外秩序出现变动的状况下，军队“面临着未曾遭遇之危险”，正可谓“站在破坏与建设的岔路口”[181]，“如果军队依然采取冥顽之态度，则其前方唯有破坏一途”[182]。但是，陆军的此番应对并非仅由上述状况所导致。关于这一问题，本小节将围绕总体战的登场和俄国、德国（两国军队）的崩溃等一战带来的教训进行探讨。

总体战的冲击

众所周知，第一次世界大战远超战前预想，演变为国家总体战。通过临时军事调查委员[183]等陆军内部机构的调查和研究，陆军深刻认识到构筑总体战体制在应对未来的战争方面的必要性[184]。为此，陆军总结出了各种教训，其中与本小节内容相关的教训在于国民在未来战争中的较高地位与重要性。陆军十分强调这一点。陆军认识到，在人力、物力资源被总动员的总体战中，精神上与肉体上均以国民为基础的“国民之国防”[185]和“国民之军队”不可或缺。因此，军队对于举国一致，尤其是军民接近、军民一致的要求胜于以往，出于“军队即国民”[186]“国民即军队”[187]的观点，社会和国民的军队化及军队的社会化被视为必要之举。

尤其就后者而言，总体战关乎内政外交全局，“与经济事务、社会现象有密不可分之关系”[188]，是仅靠军人无法担负之责任。因此，军人被要求改变独善其身的态度，扩展自身的关注面，对于“政治、法律、经济相关知识”和“产业、社会状况”要有“相当之理解”[189]。也就是说，军人被要求改正超然态度，增加常识，以及具备作为社会一员和国民应有的素养。

此外，为达成举国一致并在未来战争中获得胜利，唤起国民的自发性也是必要之举，并且由于“自觉之良民与绝不盲目之良兵”[190]的主张，唤起士兵的自觉性同样被视作最为重要的事项。

俄德两国（军队）崩溃的冲击

与日本同为君主制国家的俄国与德国的崩溃，特别是当时被称为世界最强的俄、德军队参与革命和叛乱，并从内部崩溃的事实，带给日本陆军巨大的冲击。那么，日本陆军从两国（军队）的崩溃中获得了什么教训呢？

第一条教训在于举国一致的必要性，即国民对于军队的理解与支援及军民一致的必要性。

第二条教训在于对坚定的军人精神和严肃军纪的新认识。陆军认为俄、德崩溃的原因在于“民主自由思想”“浸润到”军队内部，“军人对于自身的本分及义务的认识出现问题”[191]。“军队之所以为军队”在于其拥有“组织和军纪”[192]，而俄德两国在这一最重要的部分产生了问题。而日本陆军受到“大正民主”风潮与出兵西伯利亚的影响，军纪和军人精神同样日益涣散，在这种状况下，用何种方法对其进行重塑是一大课题。

在这一方面，为日本陆军提供了重要参考的是外表看似软弱的英、美、法军队为何能够战胜被称为“军纪严整之模范军队”[193]的德国军队，以及俄国军队为何会参与革命和叛乱，从而导致内部崩溃的问题。简而言之，讲求“强制下之服从”的俄、德军队与讲求“共鸣下之服从”的英、美、法军队，即因一战而明确分化的两种类型的军队进行了“大决斗”[194]，最后前者败北（崩溃）。

也就是说，俄德两国的军队虽然服从心强、军纪严整，但士兵服从命令时毫无自觉，军队上下毫无温情，是“以‘民可使由之，不可使知之’为信条”[195]的有着“冷酷军纪”的军队，是虽表面上看似严整，但“一旦产生裂缝则会一举折断”[196]的军队。

相比之下，英、美、法的军队则纳入了尊重人格、温情等国民性，防止军官与士兵情感断绝，其士兵“基于自觉而自发遵守命令规则，进而于诸军事目的方面同心协力”[197]。因此，俄德一方的败北（崩溃）如实反映了“勇气无自觉则难以持久，是脆弱的一时之勇”[198]的道理，以及强制式、注入式军队教育的缺陷与不合理性。

基于上述认识，日本陆军进而获得了以下三点教训。

（1）胜败的关键在于士兵的自觉程度，因此强制性的服从不可取，需要的是自发性的服从，这以士兵的自觉为前提[199]。

（2）如果军纪冷酷，且军官与士兵间毫无理解和温情，二者关系反而近似压制与被压制的状态，那么“兵卒会对过激思想产生共鸣，且平素便产生此种不健全之氛围”[200]。因此，军队需要尊重士兵人格并以温情态度对待士兵。

（3）“尽管英美军队平素之训练甚是不足，其能够保持团结”的原因在于“将校的文化涵养”高，“其绅士风度能够获得普遍之尊敬”[201]。因此军官必须提高人格修养和能力。

关于最后一点，某军人做出了如下说明[202]。

在指挥官与下属结为主从关系，绝对服从之道德得以确立之封建时代，“君虽不君，臣不可以不臣”，即便“指挥官之品性并非很高，下属亦能对其心悦诚服”，上下亦能团结。但在今日，上官与下属间并非主从关系，“绝对服从之道德”于主从之间亦“不受认可”，“非指挥官之高雅人格不能赢得下属之服从”。虽然军队要求士兵绝对服从，且“对上官之服从可由服从至尊之理念加以保证”，但前者绝对无法发挥真正之凝聚力，且“以今日之时势，一味以对至尊之服从来保证对上官之服从”亦“不妥当”。

此外，军队之所以会要求基于自觉的服从还有两个原因：第一，战争的惨烈化（“现今火器之进步”“招致牺牲之增大、战斗之惨烈及绵延、战争之持久且凄苦”[203]）使得持久战斗能力的必要性增加；第二，战法的变化导致战斗单位缩小，进而导致普通士兵独立自主行动范围的扩大[204]。

综上所述，日本陆军在一战的冲击下获得了颇多教训。日本陆军认识到，自身的现状与俄德两国相同，“迄今为止单纯靠强制来维护组织，其结局是如今我国军队之组织毫无活力，在强制力减弱的同时，甚至组织自身亦正在动摇”[205]；陆军也认为“最近国民之进步发达较优于我等”，且“对于人类之发展潜力大为信赖”[206]。由此可以看出，对于日本陆军而言，一战的教训可谓珍贵。此外，这些教训使得陆军认为“我等应意识到自身正站在火山口之上，须通过断然之改革，努力使前途出现新的光明”[207]。最后，这些教训也是陆军萌生变革意识的一个原因。

在这一意义上，军队对于社会与自身所处的“大正民主”状况的此番应对，并非单纯由状况本身所致，同时也是出于受到一战教训后理论层面的需求。可以说，一战之后日本陆军走向这个终点是具有合理性的。

二　思想层面的“大正民主”认识

陆军认为，流入日本的多种新思想中，对马克思主义、无政府主义等以革命为目的的“危险思想”应予以排斥和否定，问题在于对除此之外的思想应该如何处理。因陆军认为“现代思潮大致上均起源于 democracy①”[1]，本节遂以陆军口中的“德谟克拉西”思想为焦点，考察陆军对其的认识。

关于“democracy”这一用语，除了“德谟克拉西”这种音译之外，日语中还有“民主主义”“民本主义”“善政主义”等许多译法，且同一说法所指的语义亦有所变化，情况可谓错综复杂。而临时军事调查委员则尝试对其内容进行了以下区分（参阅附录图 3－2）[2]。

一、主权在民主义（即民主主义）。分为形式上和内容上均主张主权在民而不承认君主的类型，以及形式上承认君主的存在，同时主张主权在民的类型

二、政体上的民本主义。在政体上强调政治目的与政治运用方面的国民本位原则

三、精神上的“德谟克拉西”。将“德谟克拉

① 日文写作“デモクラシー”，即“democracy”的音译，类似中国新文化运动时期的“德谟克拉西”一词。中国学术界所使用的“大正民主”或“大正民主运动”等用语便是翻译自日语的“大正デモクラシー”一词。因此中国国内也有学者将其译为“大正德谟克拉西”。为与本节中民主的其他日语说法相区分，本节中译者将把“デモクラシー”直接译为“德谟克拉西”，本节以外的内容中的“デモクラシー”则依旧译为“民主”。——译者注

西”视为讲求自由、平等、正义、人道、人格尊重的一种精神

因此，下文将基于这种分类对陆军的态度进行探讨。

首先，陆军将前两类统一视为政治方面的“德谟克拉西”，对于形式上与实质上都主张主权在民而不承认君主亲政政权的思想[3]，陆军认为必须断然否定，但只要其不涉及主权问题，不与国体相抵触，并且“只要不与国家之生存发达相背驰，可大致接受”[4]。

也就是说，陆军虽否定主权在民主义，但将国体与政体区分开，对于不涉及国体问题的政体上的民主主义则大致上予以认可。并且关于认可这种民主主义，陆军有着如下认识。构成其内容的政治目的论，即主张政治之目的在于为国民谋福利的所谓善政主义“是与君主国体或共和政体无关的政治目的”，原本便是历代天皇“永劫不渝之治国根本主义”[5]，因此自然应予以接受。况且，主张尊重民意、国民参政的政治运用论也被“理解为明治维新后所确立之政治形式，是基于其精神（万机决于公论）而不断扩充之物”，因此，其“并非我邦不可接受之主义”，是“反而应当大为采用”[6]之物。

因此，只要不涉及主权问题，“德谟克拉西”的民本主义解释是被陆军所认可的。其中值得关注的是陆军提出

的依据：（1）天皇政治自古便基于善政主义和民主主义[7]，即日本以往便存在“德谟克拉西”；（2）特别是在今日，“德谟克拉西”已经通过明治维新实现，《五条御誓文》也正是“德谟克拉西”精神的体现[8]。

在这里，陆军认为天皇制及国体丝毫不与“德谟克拉西”矛盾，反而是“德谟克拉西”的源泉。因此，在这种将天皇制、国体与“德谟克拉西”关联起来进行灵活解释的基础上，“德谟克拉西”的民本主义解释越发获得了正当性。已有研究指出一战后统治阶层灵活应对“大正民主”与国体问题的事实[9]，而陆军则同样表明了相应的认识。

陆军能有此番认识，其主要原因自然在于“大正民主”风潮的高涨，但除此之外至少还可以列举以下两点原因。

（1）“天皇的军队”的意识和国体意识的相对减弱。例如前一节引用的材料中，有现役军人公然认为“以今日之时势，一味以对至尊之服从来保证对上官之服从”亦“不妥当”，并且存在令军人产生这种想法的环境。又比如偕行社以悬赏征文的形式征集向士兵讲授“国体尊严之所以”的演讲方案之际，受命参与审查的某军官流露出如下感想，即“此问题关系重大且为国民之常识，而相关研究在青年将校之间有不受重视之感”[10]。

以上事例所示的思想倾向在陆军内部是否普遍尚且无法下定论。但是在昭和七年度的师团长会议（1932 年 3 月4 日）上，教育总监武藤信义发言称“近来有干部受时代思潮之影响，时而欠缺对建军之本义的坚定信念”[11]。由此我们可以认为，这种倾向在陆军内部有着一定程度的影响力。

（2）产生了关于国体的解释具有可变性的意识。这一点与上一点紧密相关，就像陆军认识到国民道德和常识会发生变化一样[12]，国体解释同样也会随着时势变化而变化。关于这一点，某军人就陈旧的国体解释的危险性与适应近代思想的必要性做出了如下说明[13]。

> 一部分人叫嚣近代思想的入侵会危及我国优越之国体，我等对此无法赞同。……闻彼等所言，其多强调近代思想与我国国体不一致，以及近代思想与今日为止之国体解释不一致。如这般说来，佛教与儒教传入之初，虽与我国国民思想不相一致，但我国国体能够与之保持调和以至于今日。国家之危险并非在于新思想之流入，而是在于逆行于时势，固守旧有国家思想之态度。如此必然令国民产生我国国体与新思想终究无法调和之误解。我等有必要采用近代思想，如国体之解释亦应与其相适应，且只要不损国体之根本，

> 则应努力适应近代思想，改革诸制度。……如若我等从公平之见地出发，科学地研究我国历史，便可知晓德谟克拉西之政治思想亦并非与我国国体不可调和之物。

此外，另有军人做出了更进一步的说明[14]。

> 如欲令国民对其（国体——笔者注）了解、对其深信，则所立足之理论不可与国民几乎视为常识之知识相抵触。……以其（神话——笔者注）为根据论说我国国体之尊严十分危险，或难以令国民深信，因为国民已被注入与此等“造国之说”互不相容之进化学之知识。

上述内容表明，军人亦认识到了顺应时势且具有合理性的国体解释的必要性。

接下来，陆军又是如何认识精神层面的“德谟克拉西”的呢？在这一点上，陆军同样根据其构成要素中具体内容的不同，基于取长补短的立场来决定采纳与否。而下文将以“德谟克拉西”中自由、平等、阶级这些导致国民指责、攻击和厌恶军队的观念为中心进行探讨。

军队的终极目的原本便在于对外战争与拥护主权，即维持所谓内外秩序。为此，军队必须贯彻专制的形式和绝对服从命令的上下级关系（严肃的军纪）。但对国民和士兵而言，正是这一点束缚了自由。对此，军人就自由做出了如下解释，用以调和与国民间的关系。

“人类虽生来喜好自由，而不欲受到束缚，但现在之社会已有国家，有国民，且有统治国家国民之法律。故于此社会之中，极端之自由主义，即万众恣意而为之主义全然不可行”[15]。因此，自由并非意味着“绝对之自由”以及“放纵任性”，而是意味着“协同之自由”，即“离开社会则个人不存，离开个人则社会不存”[16]，同时也意味着“相对之自由”，即“成员受到团体生活所必需之秩序拘束，此为完全发挥自我之途径。基于此种自觉，自主律己”[17]。

就这一点而言，对绝对指挥权的服从“绝非无意义之拘束，而是在自己所属团体（军队）之战场上完全发挥真正价值之途径。因此，此种服从与其说是他律，不如说是自律……换言之，其性质并非强制之服从，而在于自主之服从。而一旦到达彻底贯彻此种自觉，并自律服从此种自觉的境界之时，则无论身心所受之拘束在客观上显得多么近似‘自由之拘束’，在成员自身看来此为自主之行为，因此主观上能够保持极为自由之状态。彼时区区‘自由之拘束’将意义全无”[18]。

因此，如果“把军纪假定为对绝对且盲目之服从的强制，而将自由视为对绝对放纵之行为的容许，则两者自然背道而驰”[19]，但如若对自由进行上述解释，且军队向士兵寻求基于自觉理解的服从，则军队与自由未必是对立之物。上一节所述的“基于理解之服从”在此种观点下同样被陆军视为必要。

此外，陆军甚至提出更为灵活的主张，即“军纪在军事之必要范围之外不可束缚自由分毫，在军事之必要范围以外，军人亦享有自由之权”，也就是说“在军纪范围外存在自由”[20]。陆军为说明军队与自由可以共存而煞费苦心。

另一方面，面对“资本家阶级之军队”[21]的指责，如上文所述，军队已从维持秩序的观点出发对其进行了否定。但是，援用资本家、劳动者等阶级概念，针对军官、士兵所代表的军队组织中的阶级制度及其不平等性的攻击也同样激烈展开。

对此，陆军从概念的差异和疑似平等性的视点出发，展开了如下反驳。

（1）为达成目的、统一组织，阶级制度是军队必需之物，且劳资阶级这种阶级概念与军队的阶级原本便不一样（但是，即便如此，因军官位于士兵之上，所以军官自然要杜绝专横粗暴的态度，公正地行使其指挥权，以温情之态度对待士兵，尊重士兵的人格）[22]。

（2）即便“仅从‘打破阶级’这一用语中的‘阶级’含义来看”，“军队”在对各阶级“平等对待的方面最为理想”[23]。因为“无论资本家、劳动者、贵族或平民在军队中待遇平等，在军中取得何种地位全凭能力”[24]。

而关于阶级与平等的问题，陆军的认识如下。针对“贵族、富豪、官僚和门阀士族等少数人利用其优越的地位牟取私利、行事霸道之行径”的反抗情绪广泛存在，但“由于介于皇室与人民之间，或位于人民之上流的一小部分人的恶行”，这种情绪“同样累及其他公正之人，遮蔽君德之明，进而累及皇室”，因而非常危险。问题固然在于恶行是否属实，但不论如何，“主张此种‘德谟克拉西’的人为数不少，这需要引起被指责的阶级的反省和注意”，同时也“需要引起位于统率下属士兵之地位的将校的警惕”[25]。

总之，在军队与自由、平等观念的关系方面，虽然自由、平等观念被视作导致军队组织原理被破坏之物，但并未成为陆军全面否定的对象[26]。这种灵活的立场可概括如下。

“军队与此等（自由、平等——笔者注）思想乍看之下难以调和，然而身处此时，为实现军队之健全发展，在不危害军队根本要义的情况下，应努力尊重自由平等之精神，且必须将此意公开，以求社会之理解。此为军队不得已之事。”因为军队固守“固陋之偏见”而产生的压迫性姿态是“破坏军队的起因”[27]。

最后，陆军对于“德谟克拉西”与军国主义的关系的认识大致如下。正如“极端笃信‘德谟克拉西’的美国国民在本次战役中成为伟大的军国主义实行者”的事例一般，陆军认为“德谟克拉西”与军国主义无法共存的主张是一种“谬见”，“经由日本人头脑消化的，可被日本接受的‘德谟克拉西’与真正意义上的军国主义原本便可共存”[28]。

综上所述，对于“大正民主”思想，陆军没有进行全面否定，反而大致上采取了灵活的应对姿态，即主张二者不存在矛盾，二者能够共存。特别是在“天皇的军队”的意识和国体意识相对低下，而陆军又意识到国体解释具有可变性的情况下，原本应支撑“天皇的军队”的天皇制和国体概念本身被陆军进行了“德谟克拉西”式的解释。也就是说，作为对于“大正民主”的应对，陆军内部鼓吹彻底维持国体观念，而应维持的国体观念自身则“德谟克拉西”化了[29]。

陆军认为“大正民主”风潮高涨的原因不仅在于一战的影响，更在于“对于不合理之欠缺的某种不平之烽火，即内在发生的因素”[30]，又对此后“德谟克拉西”的发展做出了如下预想，即伴随着“人智之发达”，“近代思想”的“流行”是“必然的”[31]，并且“在思想界动摇的背后，不难想象存在个性自觉、人权公平观念空前深入一般民众头脑的状况，而在教育的普及和报纸杂志的势力扩大下，所谓自由思想正逐渐成为内在发生之物”[32]。因此，陆军的这种现实主义姿态极具合理性。

三　制度层面的“大正民主”认识

本章最后将从制度层面探讨陆军对于“大正民主”的认识。

从一开始，美国总统威尔逊的演讲带来的冲击便被认为是导致思想界动摇的最重要契机[1]，他以拥护“德谟克拉西”为名率领美国参战。此次演讲正是以“此战争是共和政治针对君主政治之战争”[2]的内容而广为人知的，又与俄、德等君主制国家崩溃的现实状况相结合，在君主制的前途方面带给日本深切的危机感。这种危机意识自然出现在整个统治阶层，同时也迫使军人为君主制（天皇制）的存续提供正当化支持。

就此问题，军人提出如下逻辑。（1）君主制与共和制之间并无实质性差异，任何一种体制均能实施为民之政治[3]。（2）天皇制与其他的君主制在根源上存在差异，并且天皇制始终实施为民之政治，因此亦少有弊病。“近来君主国逐渐变为共和国……并非由于君主制劣于共和制，而是由于没有能通过世袭来代表国家的合适君主”。“随着国民知识的发达，以往被认为能够通过世袭而代表国家的君主，现今亦不被认为拥有资格。因为其中的许多君主或为征服者，或为篡夺者”[4]。但是天皇制因君民“自然血亲般、道义情谊般的结合而成立，与单纯基于权力问题、约定问题或便宜主义”[5]的君主国根源不同。也就是说，“我国皇室乃建国伟勋者之子孙，乃绵延二千五百余年之皇统，乃全民族之本宗，因此无论人智如何发达，其国家象征之尊严不应有所变化”。并且由于这种根源，“于我国皇室而言，如同外国君主一般，根据自身亲疏而差别对待国民之行为，不存在于过去，今后亦绝不该有。因此君主国容易出现之弊病极为少有”[6]。

就这样，天皇制的存续被视作自明之理，但其正当性终归是通过“德谟克拉西”式的解释而被赋予的。因此，在制度化方面，陆军也意识到要弥补不合理的缺陷[7]，并进行总体战构想所要求的体制重组[8]。在此背景下，陆军认为“只要不损国体之根本，则应努力适应近代思想，改革诸制度”[9]，认识到与“大正民主”基本对应的制度变革（即形成新秩序）的必要性。

那么，陆军打算进行何种具体变革呢？军队内进行变革的意向已经于上文提及，下文将主要以军人对普选和政党政治的认识为焦点进行探讨。

上一节已提及，对于主张尊重民意、国民参政的政治运用论（民本主义），陆军并未予以否定。因此作为一种时代趋势，选举权的扩大亦为陆军接受[10]。但是，问题在于陆军能否容许普通选举的实施。关于这一点，某军人做出了一段颇为有趣的发言来肯定普选和"民主主义"。其发言略长，以下介绍其主要内容[11]。

首先，他认为专制政治"不论属于何种阶级支配之下，均无视组成国家之多数民众的意志，其弊病不在少数，因此是国民智识尚不发达之时代的遗物，即过去之遗物，绝不符合现今进步时代的要求"，对专制政治予以否定，并在此基础上对民主主义加以肯定。

"民主主义令组成国家之国民伸展各自意志，并顺从于以获得自由与幸福为宗旨之多数自由意志。一国之政治必须奉行民主主义，此理清楚明了"。这是因为，如此一来"国民方能期盼自身与国家之共同繁荣，自觉承担国家生存发达所需之牺牲，舍弃小我，殉于大我"。此理通过身为民主主义国家的协约国一方之胜利亦清楚明了。因此，"现今之时代依靠英雄之力已不能左右时势，唯有依靠全部国民之发达才能救济时势"。

其次，如何了解"集聚成为国家的全体国民意志"

便成了问题，而一味进行人民投票“终归繁杂而不可能”，因此现代的立宪民主政体“采取了国民选出自己信赖之人作为自身代表，并委托此代表宣布自己关于政治之意志的方法”。因此，“代表并非少数国民或一部分阶级之代表，而必须是广大国民之代表”。总之，“舆论政治中多数国民之意志，唯有通过普选选出的议员方能正当体现”，“自不待言，普选为必需之物”。

因此，“由于施行不适应现状的限制选举法，国民间出现不平之声和扩大选举权的要求。最终在国民督促或强迫下扩大选举权，或不得不保证将来扩大选举权是极为愚蠢之事”，“反而应预见大势所趋，先于时势扩大选举权并逐渐使其进入理想之境地。如此指引国民乃一国政治家当然之责”。

由此可知，虽然此问题与现实政治密切相关，但陆军内部存在公开发表普选必要性言论的军人，更具备使其公开发表成为可能的环境。包括此种认识的发表时期（1924 年）在内，这一事实极其值得重视。虽然这种倾向的影响力尚且不明，但考虑到陆军从总体战的观点出发并不完全把普选当作否定对象[12]，我们能够假定其影响相当之广[13]。

另一方面，陆军对于政党政治的认识又如何呢？这一问题同样与现实政治相关，因此十分微妙，要获取陆军的具体认识是颇为困难的。但至少陆军意识到“政党政治是世界流行之大势”[14]。其中亦有军人对政党内阁的必要性进行了说明，即“凡事均坚持国家本位，立足于国威国权的拥护和扩大，施行明确的国策并以此为主维持公开正直之政策的政党内阁……鄙人期盼着生命由国民所有，并拥有一定的主义和政策的政党内阁的出现”[15]。

另外，如下这种认识也值得参考。即“吾人护国之任务非常重要，此事不需多言。但此外还存在众多机关分担重要国务，因此对于运转这些机关的人们，必须承认其地位，恰当示以敬意，并设法与其交换意见，保持圆满之合作”[16]。可见，这种戒除军队独善自身的行为，保持与其他机构的协调性的态度也出现在了陆军的总体战观点中（“绝不可有以己为主的排他思想，此正乃国家总动员之基础条件”[17]），一定程度上也体现在军队与政党和政党政治的关系中。

关于这一点，宇垣一成也明确表示了相同的认识，即“官僚、军阀、财阀与政党在为国家尽力的手段方法上多少有所差异，但在惦念国家繁荣与国民幸福上恐怕不存在高低之分。不知自派自党以外为何物的末流之辈敌视、仇视别派之事时有难免，但执彼等牛耳之首脑者则不可如此”[18]。

同时，他也认为“不失骨气的妥协与协调并无不可”[19]。在这个意义上，在超然态度被要求修正，且军部独裁不被认为是最上之策的状况下[20]，陆军内部在愤慨于政党和政党政治的“弊害”的同时，对于二者间“协调型”或“相互依存型”关系的必要性也有着一定程度的认识。

而令这种认识成为可能的一个原因在于军人的专职意识。例如，某军人论述如下[21]：

> 我等乃立宪治下之军人，而绝非封建时代武士之后继者。不能因为同样配刀，同样为战争而训练就将彼我混淆。……我等仅是确立了四民平等制之立宪治下之社会中，根据分工之法则而以国防任务为专业之职业团体而已。……曾有人称呼将校与下士官为职业军人，当时该种称呼被认为十分离奇，但我等确为职业军人。

因此，笔者认为，自己身为军事问题负责人的专职意识，令军人能够淡化其独善其身的意识，并合理认知、评价其他机构。在某种意义上，在总体战认识的深化令军人意识到军队地位和必要性降低的背景下，这亦是军人为显示军队的存在理由所需要的意识。同时，这也是该时期陆军在政治上从藩阀中独立[22]并自立为官僚制机构的必然产物。

综上所述，因与现实政治密切相关，陆军在制度层面上的“大正民主”认识问题颇为微妙。但总之，某种程度的“体制变革”（即形成新秩序）的必要性得到了陆军承认，而陆军意在进行的变革与“大正民主”基本对应。因此，在天皇制因“德谟克拉西”式的解释而被赋予正当性的状况下，陆军对于普选与政党政治的认识并非否定性的，反而是肯定性的。

结　语

本章从现实状况、思想和制度三个层面对陆军的“大正民主”认识进行了考察。结果表明，陆军的认识大致上反映了一种带有现实主义色彩的灵活姿态。

那么，这种灵活性对于该时期的陆军而言具有何种意义？笔者将在最后谈及这一问题作为本章的总结。

灵活性的第一点意义在于，在寻求自身的正统性依据时，陆军不仅向天皇寻求，同时也意欲向国民寻求。也就是说，虽然陆军维护“天皇的军队”这一属性，但仅靠这一点已无法充分保障其正统性，陆军需要新的正统性依据与新后台。这种状况出现的时代背景如下：(1)“大正民主”风潮的高涨，即“当今一切计划必须于国民监视下实施，如遇国民之反对则任何事均不得执行”的大众社会状况的出现；（2）以这种大众社会状况为基础，要求军民一致、“国民的军队”以及“国民的国防”的总体战认识的登场；（3）山县有朋之死所象征的藩阀势力政治影响力的衰退、由此导致的军队后台脆弱化，以及由此促进的军队的政治自立化；（4）应为“天皇的军队”提供保障的天皇象征功能的相对低下[1]。

此时，陆军的着眼点在于国民。这一点从军队大力鼓吹“今日之军队离开国民将不复存在”和“以国民为基础的军队”，即鼓吹国民与军队关系密不可分的行为上看亦十分明显。正如宇垣一成“陛下之军队，国民之军队”[2]的认识一样，陆军意欲令“天皇的军队”与“国民的军队”共存，并意欲通过扩大正统性依据的范围来创造能适应一战后新状况的新军队。

灵活性的第二点意义在于，这种灵活性成为可能的背后，存在陆军对“秩序”的认识。一般而言，军队在组织层面的职能在于维护内外秩序的安定，军人自身也在《军人敕谕》第二条中被谕示要有礼仪之德，并被要求要有秩序之精神。也就是说，“礼乃以秩序为重之意”，其“以秩序为重之精神”[3]被认为有利于人类的发达进步及和平的维持。因此，无论在组织层面还是个人层面，军队的基本职能都在于维持国际、国家和社会秩序，以及维持

“军队之秩序，即军纪”[4]。

然而，在一战的冲击下，日本的内外秩序出现变动，军纪又受到出兵西伯利亚的影响[5]而出现严重动摇和松弛的现象。因此，陆军迫切需要结束这种状况，并形成安定的新秩序。这里特别值得关注的是一战契机下的陆军职能再定义问题。例如，宇垣一成曾做出以下论述[6]：

> 关于在桂内阁之末路、前年之米扰、本年之普选、诸劳动问题频发等情况下需要出兵之事，吾人虽认为其不正当，但实际上，在不得不出兵之时势下，国军并非单纯对外之物，其对内之意义大为增加。

也就是说，就像由镇台制向师团制的转变（1888 年）所象征的那样，西南战争结束后，陆军的主要任务转换为对外战争（对外秩序的安定）[7]，但以“大正民主”风潮的高涨为契机，陆军再次意识到了自身原本的职能，即“维持国内秩序的职能”[8]。当然，这不仅是“大正民主”影响的结果，也是受俄德两国革命的爆发[9]以及认为未来的国内战将变为治安维持战[10]的总体战观点影响的必然结果，关东大地震后的治安维持活动更是起到了加强这种认识的作用[11]。

于是，以一战为契机，对于“预防内乱，防备外寇，保持国家之安宁，增进国民之福祉”[12]所体现的维持内外秩序的职能，特别是对于其中的“维持国内秩序的职能”，陆军将其作为自身的本职行为（使命）进行了再认识。同时，这种将“内”与“外”加以联系的视角也是主张内外体制重组的总体战认识所要求的。

因此，陆军意欲终结日本与军队周边秩序变动的状况，并在有利于新秩序形成的限度内承认并适应“大正民主”。“大正民主”认识作为维持秩序的装置，在这种秩序意识之下成为可能，并成了能够终结内外秩序变动的框架（即“1925年体制”）[13]的前提条件。而且，正是在这种背景下，“大正民主”认识才更加具备合理性与有效性。

综上所述，因一战的冲击而站在“破坏与建设的岔路口”的陆军，明显开始步入与以往性质不同的阶段[14]，向着令总体战体制的构筑成为可能的新秩序而不断改变。因此，一战的冲击无疑是可以比拟“开国”的大事件。

那么，上文所显示的这种倾向性在陆军内部具有何种程度的影响力呢？就结论而言，包括陆军高层在内，这种倾向性具有相当程度的影响力。这一点从本章阐述的具体倾向中亦能得到印证，即以适应一战后的状况为目的的军队内务、教育制度改革在陆相田中义一手中得以实现的事实[15]，以及与政党“相互依存”的宇垣军政[16]出现的事实。

但是，因陆军认为这种变革进行的“过程中才是我陆军的危险时期”[17]，而为了顺利度过“危险”时期，需要的是一定的时间和使变革成为可能的内外秩序（“1925年体制”）的安定。但是，现实情况是在昭和初期内外环境剧烈变动，且军队的改革自身也未能取得原本期待的成果之时，“大正民主时期”的陆军进行的变革走入僵局，其灵活度也降低。而以明确认识内外秩序关联性的中坚层为推动力，陆军为再次形成新秩序，开始对整个日本政治发挥极为强大的影响力。从“大正民主时期”的陆军向昭和时期陆军的这种转变是今后应该继续探讨的课题，但至少从本章的视角而言，陆军对“大正民主”采取的灵活姿态为昭和时期陆军产生“革新”倾向提供了一部分土壤[18]。

注释

引言

1. 藤原彰「総力戦段階における日本軍隊の矛盾」『思想』，第399号，1957年9月，后又收录于藤原彰『日本軍事史』上巻，日本評論社，1987年，第22頁。
2. 大谷敬二郎『昭和憲兵史』，みすず書房，1966年，第14頁。

3. 比如木坂顺一郎的《军部与民主》（「軍部とデモクラシー」『国際政治』第38号，1969年4月）从正面论述了两者关系，具有先驱意义，也是令笔者受益匪浅的杰出论文。但是该论文认为“政党与陆军之间存在政权构想的差异，即政党政治与军部独裁的差异”，陆军的总体战构想“显示了军部独裁的一贯方向性”，强调二者对立的一面（第39頁）。
4. 『小山完吾日記』，慶應通信，1955年，第33頁。
5. 可参阅伊藤隆『大正期「革新」派の成立』，塙書房，1978年。
6. 和田芳男（二等主計）「時代思潮ニ鑑ミ世人ヲシテ益々将校ヲ信頼セシムヘキ方法」『偕行社記事』（下文简称为『記事』）第563号，1921年7月，第97頁。此外，以下文章也表明了同样的认识：大沼直輔（少佐、教育総監部副官）「吾人ハ如何ニシテ現代思潮ニ対スヘキカ」『記事』第537号，1919年5月，第59頁；栗林忠道（中尉）「国民思潮ノ推移ト軍隊精神教育ニ就テ　附吾人将校ノ覚悟」『記事』第538号，1919年，第100頁；西義章（中尉）「軍隊教育革新論」『記事』第590号，1923年11月，第17頁。
7. 堀木祐三（中尉）『近代思想と軍隊教育』，成武堂，1923年，自序第5頁。堀木祐三是陆军士官学校第27期生（1915年5月毕业），根据《陆军现役将校同相当官退役名簿》（『陸軍現役将校同相当官実役停年名簿』，1924年9月1日调查）显示，堀木祐三当时30岁。他于1915年（大正四年）12月任少尉，1919年4月任中尉。他供职于步兵第44联队。另外，因1927年（昭和二年）版的《陆军现役将校同相当官退役名簿》中没有关于他的记载，他应已于此前退役。
8. 本书序章及第二章。
9. 参阅『校長会議決議事項』（幼年学校、大正一〇年度），『教育総監部第二課歴史　大正一〇．一～一一．一〇．一九』防衛庁防衛研究所図書館所蔵；山崎正男編『陸軍士官学校』，秋元書房，1969 年，第 40、147 頁；大谷敬二郎『昭和憲兵史』第 16 頁；「軍人勅諭に関する座談会」『偕行』1982 年 1 月号，第 18 頁等。

10. 出自竹下正彦的发言（上述「軍人勅諭に関する座談会」第 18 頁）。此外，据山崎正男编《陆军士官学校》（『陸軍士官学校』）所述，师团长在抽查检阅时，给一年志愿兵出了题为“文明与文化有何区别”等的试题（第 39 頁）。这无疑是受到了“大正民主”的影响。
11. 河辺正三『日本陸軍精神教育史考』，原書房，1980 年復刻，第 64 頁。
12. 可参阅遠藤芳信「大正デモクラシー下の日本軍隊の思想動向」『歴史学研究』第 497 号，1981 年 10 月，后收录于遠藤芳信『近代日本軍隊教育史研究』青木書店，1994 年。这次修订虽然令“军队内也吹起了自由主义之风”（大谷敬二郎『昭和憲兵史』第 16 頁），但教育总监部在《从精神教育看军队内务》（「精神教育より観たる軍隊内務」，1935 年）中对这种状况进行了批判：“需要吾等反省的是，国军教育界在大正末期一时陷入自由主义之误区，轻视监督指导，又受当时自由平等、权利义务观念等普遍思潮之祸，最终导致了‘德谟克拉西’思想的抬头”（第 143 頁）。另外，该史料除附录外收录于教育総監部編『精神教育資料第四輯（上）』（偕行社，1941 年）中，本注引用的部分出自第 249～250 頁。

    此外，1921 年以后，为了“令将校顺应世之进运，保其地位，全其职责”，陆军以研究“精神科学”（心理学、教育学、伦理学、社会学）为目的，开始把将校派遣至帝国大学、高等师范学校等处学习（上述『教育総監部第二課歴史　大正一〇．一～一一．一〇．一九』以及『教育総監部第二課歴史　大正一二．一～一四．五．二〇』防衛庁防衛研究所図書館所蔵所蔵）。
13. 关于陆军的总体战构想中现实主义的一面，可参阅本书第二章。裁军的实现尤其反映了政党与军队“协调型”或“相互依存型”的关系。比如，宇垣裁军虽然在一方面意味着军队近代化与总体战体制的准备，但是对于从这一点出发过度强调政党与陆军的对立性的观点，笔者是持有疑问的。这是因为政党对于军队近代化与总体战体制的准备同样没有异议，同时宇垣裁军本身是该时期陆军的一个合理的归结点。因此，有必要对陆军现实主义色彩的应对方式的意义进行再次评价。关于这一点，除可参阅吉田裕「昭和恐慌前後の社会情勢と軍部」(『日本史研究』第219号，1980年11月）第47頁之外，亦可参阅本书第七章。

14. 大江志乃夫『統帥権』，日本評論社，1983年，第iii頁。
15. 关于20世纪20年代至30年代的变动，有论述以总体战问题为线索，从连续性的观点出发对其进行把握（比如纐纈厚『総力戦体制研究』，三一書房，1981年）。笔者同样认为总体战问题在一战以后的潜流中一直存在，但是着眼点反而在于20年代的非连续性的侧面。本书第二章就是从这种视角出发，阐明了20年代陆军总体战构想的灵活性与灵活度。
16. 与本章主题直接相关的研究非常少，但以下的研究尤其值得参阅。飯塚浩二『日本の軍隊』，評論社，復初文庫，1976年；土方和雄「『軍人精神』の論理」『思想』第400号，1957年10月；吉田裕「日本帝国主義のシベリア干涉戦争」『歴史学研究』第490号，1981年3月；吉田裕『天皇の軍隊と南京事件』，青木書店，1985年，第3章第5节；上述遠藤芳信「大正デモクラシー下の日本軍隊の思想動向」。

    此外，饭塚浩二的《日本的军队》(『日本の軍隊』）提出了日本军队是近代日本文化和社会的集中体现的视角，本章亦对这种研究意识进行了继承。
17. 对于考察时期的这种设定主要基于以下理由：（1）该时期是“大正民主”风潮最为高昂的时期；（2）《记事》的论调并未以关东大地震为界发生明显变化；（3）该时期是包括以上两点

在内的，旧秩序变动与新秩序形成的观点能够有较完整体现的时期。

一 现实状况层面的“大正民主”认识

1. 田中豊（中佐）「自治ト軍隊教育」『記事』第560号，1921年4月，第37頁。
2. 掛川トミ子「天皇制国家における『思想問題』の問題的状況に関して」『東京大学新聞研究所紀要』第8号，1959年，第165～166頁。
3. 本郷房太郎（大将）「思想界の動揺と我が国体観」『記事』第547号附録，1920年3月，第1頁。
4. 横田健助（少佐）「我が国民思想ノ変易ニ伴ヒ軍隊教育上注意スヘキ要件」『記事』第552号，1920年8月，第7頁。此外还有和田芳男「時代思潮ニ鑑ミ世人ヲシテ益々将校ヲ信頼セシムヘキ方法」第98頁，以及臨時軍事調査委員「現代思潮一部（「デモクラシー」）の研究」『記事』第539号附録，1919年7月，第1頁。
5. 栗林忠道「国民思潮ノ推移ト軍隊精神教育ニ就テ　附吾人将校ノ覚悟」第105頁。
6. 大沼直辅「吾人ハ如何ニシテ現代思潮ニ対スヘキカ」第60頁。此外还有斎藤瀏（少佐）「軍隊ノ心理的統治及教育」『記事』第560号，1921年4月，第13頁；本間雅晴（大尉）「軍隊が国民の『スポート』を指導するの提唱」『記事』第578号，1922年10月，第119頁。
7. 臨時軍事調査委員「現代思潮一部（「デモクラシー」）の研究」第1頁；葉室俊雄（大尉）「一般国民ニ軍事思想を普及セシムヘキ具体的策案」『記事』第527号，1918年6月，第47頁；宇垣一成（少将）「時局ニ対スル感想」『記事』第522号，1918年1月，第12頁。
8. 福田雅太郎（中将）「対時局所感」『記事』第534号，1919年

1 月，第 2 頁；H 生「社会人としての軍人及其思想的傾向」『記事』第 591 号，1923 年 12 月，第 62 ~ 63 頁。

9. 臨時軍事調査委員「現代思潮一部（「デモクラシー」）の研究」第 25 頁。
10. 福田雅太郎「対時局所感」第 2 頁。
11. 畑英太郎（大佐）「軍隊教育ニ関スル管見」『記事』第 533 号，1918 年 12 月，第 19 頁。
12. 葉室俊雄「一般国民ニ軍事思想を普及セシムヘキ具体的策案」第 62 頁。
13. 平田勝治（中尉）「歴史を根拠とし世界平和の将来を論ず」『記事』第 567 号，1921 年 11 月，第 74 頁；葉室俊雄「一般国民ニ軍事思想ヲ普及セシムヘキ具体的策案」第 47 頁。
14. 高須武次郎（大尉）「一般国民ニ軍事思想ヲ普及セシムヘキ具体的策案」『記事』第 534 号，1919 年 1 月，第 48 頁。
15. 同上，第 37 頁。
16. 鳥谷章（中佐）「徴兵制度廃止問題ニ就テ」『記事』第 537 号，1919 年 5 月，第 40 頁。
17. 畑英太郎「軍隊教育ニ関スル管見」第 19 頁；角田順校訂『宇垣一成日記』Ⅰ，みすず書房，1968 年，第 199、318、364 頁；永田鉄山（大佐）「現代国防論」，遠藤二雄編『公民教育概論』，義済会，1927 年，第244 ~ 249 頁。此外，和田正（大佐）「軍人精神論」（『記事』第 530 号附録，1918 年 9 月）论述道，“唯有万国统一而归于一国之时，或列国中最为优越之国成为盟主（霸主），制定列国间之约法，并能以盟主之武力强制列国实行此约法之时，方可有世界和平”（第 6 頁）。
18. 鴨脚光弘（少佐）「独逸の崩壊と敗戦との原因（戦争と政治）」『記事』第 597 号附録，1924 年 6 月，第 50 頁。
19. 福田雅太郎「対時局所感」第 2 頁。
20. 同上，第 2 頁。
21. 畑英太郎「軍隊教育ニ関スル管見」第 19 頁。

22. 鴨脚光弘「独逸の崩壊と敗戦との原因（戦争と政治)」第51頁。
23. 坂口芳太郎（大尉)「改造思想の史的観察」(『記事』第595号附録，1924年4月）论述道，“世界和平思想发展起来后便认为军队无用，此等愚论与希望杜绝失火便认为夜警及消防机构无用之论相同。因有此等机构，才不至于引发大火及战争”(第66頁)。
24. 細野辰雄（少将)「在郷軍人会、青年団、婦人会、地方有志一同会合の席上に於ける講演速記」『記事』第572号，1922年4月，第19~29頁。同时，作为保障国家权力的物理强制力，军队的存在也被认为是必不可少的（和田正「軍人精神論」第4~5頁)。
25. 葉室俊雄「一般国民ニ軍事思想を普及セシムヘキ具体的策案」第49頁。
26. 佐藤鋼次郎（在郷中将)『国防上の社会問題（現代社会問題研究第十八巻)』，冬夏社，1920年，第2~6頁。另见田中久一（中尉)「太平洋ニ於ケル帝国ノ将来」『記事』第546号附録，1920年2月，第51~52頁。
27. 福田雅太郎「対時局所感」第3頁。
28. 栗林忠道「国民思潮ノ推移ト軍隊精神教育ニ就テ　附吾人将校ノ覚悟」第100頁；安達堅造（少佐)「軍事思想ヲ中心トシテノ教育界ノ観察」『記事』第541号，1919年9月，第60頁；鉾田俊（在郷少将)「良兵則良民教育ニ関スル所感」『記事』第537号，1919年5月，第32頁。
29. 福田雅太郎「対時局所感」第1頁；栗林忠道「国民思潮ノ推移ト軍隊精神教育ニ就テ　附吾人将校ノ覚悟」第100頁。
30. 福田雅太郎「対時局所感」第3頁。
31. 大沼直輔「吾人ハ如何ニシテ現代思潮ニ対スヘキカ」第59頁。
32. 和田芳男「時代思潮ニ鑑ミ世人ヲシテ益々将校ヲ信頼セシム

ヘキ方法」第98~99頁。另见鉾田俊「良兵則良民教育ニ関スル所感」第12、17~18頁；葉室俊雄「一般国民ニ軍事思想を普及セシムヘキ具体的策案」第56、62頁；栗林忠道「国民思潮ノ推移ト軍隊精神教育ニ就テ 附吾人将校ノ覚悟」第100頁。

33. 和田芳男「時代思潮ニ鑑ミ世人ヲシテ益々将校ヲ信頼セシムヘキ方法」第97頁。
34. 福田雅太郎「対時局所感」第3頁。
35. 宇垣一成「時局ニ対スル感想」第12頁。
36. 同上，第12頁。另见細野辰雄「在郷軍人会、青年団、婦人会、地方有志一同会合の席上に於ける講演速記」第28頁。
37. 宇垣一成「時局ニ対スル感想」第12頁。
38. 参阅田中義一（大将）『大処高処より』，兵書出版社，1925年。
39. 大沼直輔「吾人ハ如何ニシテ現代思潮ニ対スヘキカ」第61~63頁，以及臨時軍事調査委員「現代思潮一部（「デモクラシー」）の研究」第29、36頁。
40. 高須武次郎「一般国民ニ軍事思想ヲ普及セシムヘキ具体的策案」第33頁。另可参阅葉室俊雄「一般国民ニ軍事思想を普及セシムヘキ具体的策案」、安達堅造「軍事思想ヲ中心トシテノ教育界ノ観察」、和田芳男「時代思潮ニ鑑ミ世人ヲシテ益々将校ヲ信頼セシムヘキ方法」第104~105頁。
41. 臨時軍事調査委員『参戦諸国の陸軍に就て』（1919年12月）第41頁。
42. 和田芳男（三等主計）「食糧問題ト陸軍」『記事』第541号，1919年9月，第91頁。另见和田芳男「時代思潮ニ鑑ミ世人ヲシテ益々将校ヲ信頼セシムヘキ方法」第105頁。
43. 和田芳男「時代思潮ニ鑑ミ世人ヲシテ益々将校ヲ信頼セシムヘキ方法」第105頁。
44. 以上几点出自久保田昇（大尉）「労働問題ノ概要」『記事』

第561号附録，1921年5月，第2~3頁（本文的刊登源自陆军省工政课课长大桥顾四郎的推荐）。另可参照福本亀治（中尉）「憲兵の真使命」『記事』第613号，1925年10月，第42頁。

45. 教育総監部「思想問題に関する一部の研究（労働問題及小作人問題の概説）」『記事』第576号，1922年8月，第9頁。
46. 森武夫（二等主計）「労働問題ニ就テ」『記事』第538号，1919年6月，第178頁。
47. 久保田昇「労働問題ノ概要」第4頁。
48. 教育総監部「思想問題に関する一部の研究（労働問題及小作人問題の概説）」第27頁。
49. 同上，第27頁。另可参照「治安警察法第一七条適用ニ関スル件」『密大日記』大正八年四冊ノ内一，防衛庁防衛研究所図書館所蔵。
50. 同上。另可参阅久保田昇「労働問題ノ概要」。
51. 久保田昇「労働問題ノ概要」、森武夫（二等主計）「労働問題ニ就テ」、教育総監部「思想問題に関する一部の研究（労働問題及小作人問題の概説）」第13~14頁。
52. 久保田昇「労働問題ノ概要」第34頁。
53. 森武夫「労働問題ニ就テ」第180頁。但是，也有文章认为很难辨别当时的劳动纠纷是劳动者的自发行为还是受到了社会主义者的影响［上揭教育総監部「思想問題に関する一部の研究（労働問題及小作人問題の概説）」第13頁］。而对于佃农问题的基本应对也是如此。此外，关于陆军实际施行的社会政策，可参阅上揭遠藤芳信「大正デモクラシー下の日本軍隊の思想動向」第20頁。
54. 沼田徳重（大尉）「自覚の意義及軍隊に於ける自覚的教育に就て二三の所見を述ぶ」『記事』第576号，1922年8月，第47頁，后收录于沼田徳重『軍隊教育新論』上，琢磨社，1926年。

55. 坂口芳太郎「改造思想の史的觀察」第 73 頁。
56. 上述的沼田徳重「自覚の意義及軍隊に於ける自覚的教育に就て二三の所見を述ぶ」第 47 頁。
57. 教育総監部「思想問題に関する一部の研究」『記事』第 572 号附録，1922 年 4 月，第 56 頁。
58. 鴨脚光弘「独逸の崩壊と敗戦との原因（戦争と政治）」第 58 頁。
59. 同上，第 62 頁。
60. 坂口芳太郎「改造思想の史的觀察」第 27 頁。
61. 福本亀治『憲兵の真使命』第 41 頁。
62. 鴨脚光弘「独逸の崩壊と敗戦との原因（戦争と政治）」第 62 頁。
63. 教育総監部「思想問題に関する一部の研究（労働問題及小作人問題の概説）」第 26 ~ 27 頁。
64. 藤田鴻輔（大佐）「現代思潮と軍隊との関係」『記事』第 565 号，1921 年 9 月，第 37 ~ 38 頁。
65. 河野恒吉（少将）「軍紀ト自覚」『記事』第 566 号，1921 年 10 月，第 1 頁。
66. 教育総監部「思想問題に関する一部の研究（労働問題及小作人問題の概説）」第 25 頁。「地方騒擾ニ際シ兵力出動ニ関スル件」『密大日記』大正九年五冊ノ内一，防衛庁防衛研究所図書館所蔵。
67. 和田芳男「時代思潮ニ鑑ミ世人ヲシテ益々将校ヲ信頼セシムヘキ方法」第 100 ~ 101 頁。
68. 谷田繁太郎（中将）写道，陆军“平素便被一部分文化论者视为固陋冥顽之标本，被认为是文化之敌和无用之物，更被恶评为蚕食文化所需经费，令文化发展迟缓的有害之物”（「大正十二年を回顧して」『記事』第 592 号，1924 年 1 月，第 9 頁）。
69. 和田芳男「時代思潮ニ鑑ミ世人ヲシテ益々将校ヲ信頼セシムヘキ方法」第 101 頁。

70. H 生「社会人としての軍人及其思想的傾向」第 63 頁。另参阅堀木祐三「近代思想と軍隊教育」第 49 ~ 59 頁。有关相关的反对论调，参阅松村法吉（少将）「吾人の本分」『記事』第 578 号，1922 年 10 月，第 3 頁。
71. 石光真臣（中将）「憲兵司令官トシテ在職中ノ所感」『密大日記』大正九年五冊ノ内五，1920 年 8 月，防衛庁防衛研究所図書館所蔵。
72. 「大正十年度師団長会議ニ於ケル陸軍大臣口演要旨」，1921 年 4 月 6 日教育総監部「精神教育より観たる軍隊内務」，第 456 頁。
73. 和田芳男「時代思潮ニ鑑ミ世人ヲシテ益々将校ヲ信頼セシムヘキ方法」第 104 頁。
74. H 生「社会人としての軍人及其思想的傾向」第 61 頁。
75. 本間雅晴「軍隊が国民の『スポート』を指導するの提唱」第 124 頁。
76. 同上，第 119 頁。
77. H 生「社会人としての軍人及其思想的傾向」第 66 頁。
78. 寺師義信（三等軍医正）「軍人ノ自覚」『記事』第 579 号，1922 年 11 月，第 99 頁。
79. M、J 大佐「軍隊教育振興」『記事』第 554 号，1920 年 10 月，第 30 頁。
80. 堀木祐三「近代思想と軍隊教育」自序第 5 頁。
81. H 生「社会人としての軍人及其思想的傾向」第 63 頁。
82. 高須武次郎「一般国民ニ軍事思想ヲ普及セシムヘキ具体的策案」第 48 頁。
83. 和田芳男「時代思潮ニ鑑ミ世人ヲシテ益々将校ヲ信頼セシムヘキ方法」第 104 頁。
84. 葉室俊雄「一般国民ニ軍事思想を普及セシムヘキ具体的策案」第 49 頁。
85. 佐藤鋼次郎『国防上の社会問題（現代社会問題研究第十八

卷)』第39頁。

86. 堀木祐三「近代思想と軍隊教育」自序第5頁。

87. 葉室俊雄「一般国民ニ軍事思想を普及セシムヘキ具体的策案」第50頁。

88. 鉾田俊「良兵則良民教育ニ関スル所感」第15頁。因此，良民良兵主义不是宇垣一成的独创之物。

89. 叶室俊雄（大尉）写道，“新闻杂志指导社会，引导国民之伟大力量为吾人所周知”（葉室俊雄「一般国民ニ軍事思想を普及セシムヘキ具体的策案」第61頁）。另见高須武次郎「一般国民ニ軍事思想ヲ普及セシムヘキ具体的策案」第36頁。

90. H生「社会人としての軍人及其思想的傾向」第64~65頁。H生在后文中继续写道，“如军人与社会完全融合为一体，则此种争执之现象将自然消失”（第65頁）。

91. 同上，第64頁。

92. 堀木祐三「近代思想と軍隊教育」自序第5~6頁。

93. 同上，自序第5~6頁。

94. 清水菊三（一等主計）「軍人の不人気を論じ吾人の覚悟に及ぶ」『記事』第596号，1924年5月，第84頁。

此外，清水菊三也写道，关于军人“无声望的渊源在于何人，我不认为仅在于军人，但今日应该谨慎的首先便是军人自身”。“在世人对军人之集团特别看待，对其语言和行动崇敬宽宥的时代，不与世人来往并无不可，但进入今日之时代，即世人之宇内平等观念觉醒之时代，靠以往军人对待世人的态度绝不会赢得好感，遑论获得爱慕。今日军人陷入无声望之境地，原因之一就在于军人超然于社会的旧有态度”（第83、84頁）。

95. 佐藤鋼次郎『国防上の社会問題（現代社会問題研究第十八巻)』第93頁。另见和田芳男「時代思潮ニ鑑ミ世人ヲシテ益々将校ヲ信頼セシムヘキ方法」第98頁。另外，H生也在文章中写下了自问自答的内容，即“吾人果真没有继承德川武士不好的一面，并将其展现于国民面前吗？吾人果真没有坐在祖

先先辈的功劳之上，抱有华族富豪子弟一样的态度吗？可曾有一方面高唱军民一致的必要性，另一方面又小看社会的真正价值，认为唯我独清，努力与社会隔绝之记忆？”（「社会人としての軍人及其思想的傾向」第 64 頁）

96. 田中豊「自治ト軍隊教育」第 46 頁。

97. 高須武次郎「一般国民ニ軍事思想ヲ普及セシムヘキ具体的策案」第 47 頁。

98. 本間雅晴（大尉）「思想の変遷に鑑みて軍紀と服従とを論ず」『記事』第 550 号，1920 年 6 月，第 46 頁。

99. 和田芳男「時代思潮ニ鑑ミ世人ヲシテ益々将校ヲ信頼セシムヘキ方法」第 106 ~ 107 頁。此外，宇垣一成也阐述道（上揭角田順校訂『宇垣一成日記』Ⅰ，第 362 頁）：

处于现今时代，吾人便要生存于现今时代。不可始终被过去的历史与梦牵住。现下之壮丁于理智方面大为进步，尤其在自身的立身处世方面对他人的批判态度正显著变强。因此，对于负责接收、统御和指导这种壮丁的吾人来说，如不令自身理智卓越，人格超凡，则无法真正开展工作。务必要正确进入此轨道。

100. 西義章「軍隊教育革新論」第 17 頁。

101. 本間雅晴「思想の変遷に鑑みて軍紀と服従とを論ず」第 46 頁。

102. 和田芳男「時代思潮ニ鑑ミ世人ヲシテ益々将校ヲ信頼セシムヘキ方法」第 107 頁。

103. 須藤重男（大尉）「将校常識増進案」『記事』第 547 号，1920 年 3 月，第 55、60 頁。另见横田健助「我が国民思想ノ変易ニ伴ヒ軍隊教育上注意スヘキ要件」第 7 頁。

104. 須藤重男「将校常識増進案」第 55 頁。

105. 同上，第 61 頁。

106. 同上，第 61 ~ 62 頁。另见 H 生「社会人としての軍人及其思想的傾向」第 64 頁，以及和田芳男「時代思潮ニ鑑ミ世人ヲシテ益々将校ヲ信頼セシムヘキ方法」第107頁。
此外，H生指出了军队教育的缺陷，“军队教育以战斗为目的，关于高远之议论与主义等与实行无缘之内容，士官学校中并不讲授，至于政治、经济、法制的诸问题，以及心理学、哲学、社会学、文学、宗教、艺术等方面，（军人）甚至连其基础知识都无法掌握”。他感叹道，“不知道便只能安于单纯”，“其结果自然是容易偏向保守思想，难于追随时代之进步”（H生「社会人としての軍人及其思想的傾向」第67~68頁）。

107. 栗林忠道「国民思潮ノ推移ト軍隊精神教育ニ就テ　附吾人将校ノ覚悟」第107頁。
108. H生「社会人としての軍人及其思想的傾向」第65頁。
109. 堀木祐三「近代思想と軍隊教育」第24頁。
110. 同上，第234頁。
111. 佐藤鋼次郎『国防上の社会問題（現代社会問題研究第十八巻）』第96、125~126頁。
112. 同上，第124頁。
113. 大沼直輔「吾人ハ如何ニシテ現代思潮ニ対スヘキカ」第60頁。
114. 栗林忠道「国民思潮ノ推移ト軍隊精神教育ニ就テ　附吾人将校ノ覚悟」第107、108頁。
115. 佐藤鋼次郎『国防上の社会問題（現代社会問題研究第十八巻）』第125頁。
116. 大沼直輔「吾人ハ如何ニシテ現代思潮ニ対スヘキカ」第60頁。此外，对于军人气质的缺点，H生从军人不干政的角度进行了说明。他认为，军人面对“政治运动”时，可以采取“相对不关心之态度”，从而“能够袖手旁观”，因此“容易忽略社会暗流”，变得“单纯”（H生「社会人としての軍人及其思想的傾向」第68頁）。
117. 本书第二章，第86~87頁。
118. 稲葉正夫編『岡村寧次大将資料』上巻，原書房，1970年，第 367 頁。

119. H 生「社会人としての軍人及其思想的傾向」第 65 頁。此外，宇垣一成也阐述道（上揭角田順校訂『宇垣一成日記』Ⅰ，第 388 頁）：

> 今日之时势下，吾人必须向国民宣传并灌输军事思想和尚武之心，同时吾人也必须接纳国民常识。如此一来，军民一致且受国民信赖的健全国军方可建立。面向军队外部的军事宣传，以及将校、下士官常识的养成都需要以此为根据。

120. 宇垣一成阐述道，“军队的建立以国民为基础，因此军队过于隔绝于国民的现实生活并非好事。……军队是国民的反映，工作的开展必须以此为原则”（角田順校訂『宇垣一成日記』Ⅰ，第 388 頁）。

同时，军队内部自然也存在警惕迎合主义的言论。比如松村法吉「吾人の本分」第 5 頁的内容，又比如宇垣一成的如下阐述：“军队的国民化和民众化在矫正超然主义弊端的意义上甚好，但有可能发展为向国民献媚，对民众的意向进行迎合之态。此乃大错特错。”（角田順校訂『宇垣一成日記』Ⅰ，第 428 頁）

此外，在非长州系军人看来，军民一致与“国民之国防”的观点为打破长州阀在陆军内部的优势地位提供了论据。比如町田经宇在致上原勇作的书信中写道，“愿令其断绝长州系陆军存续之念，令日本帝国之陆军名副其实，令国民与国军之关系越发亲善”，他认为打破长州阀在陆军中的优势地位能够带来军民一致的局面。又比如他对山本权兵卫说，藩阀支配的“弊病”在于令军部成为“国民之怨府”，因此“特别是要令其人事行政至公至正，令军部与国民之关系密切亲善，令帝国之陆海军和国民国防的基础得以真正巩固”（上原勇作関係文書研究会編『上原勇作関係文書』，東京大学出版会，

1976 年，第 490、508 頁）。
121. 藤田鴻輔「現代思潮と軍隊との関係」第 36～37 頁。
122. 参阅教育総監部「精神教育より観たる軍隊内務」（特別是第 450、458 頁）。
123. 畑英太郎「軍隊教育ニ関スル管見」第 19 頁。
124. 田中豊「自治ト軍隊教育」第 48 頁。
125. 大沼直輔「吾人ハ如何ニシテ現代思潮ニ対スヘキカ」第 60 頁。
126. 畑英太郎「軍隊教育ニ関スル管見」第 21 頁。
127. 和田芳男「時代思潮ニ鑑ミ世人ヲシテ益々将校ヲ信頼セシムヘキ方法」第 101 頁。
128. 横田健助「我が国民思想ノ変易ニ伴ヒ軍隊教育上注意スヘキ要件」第 7 頁。
129. 和田芳男「時代思潮ニ鑑ミ世人ヲシテ益々将校ヲ信頼セシムヘキ方法」第 101 頁。
130. 大沼直輔「吾人ハ如何ニシテ現代思潮ニ対スヘキカ」第 65 頁。
131. 畑英太郎「軍隊教育ニ関スル管見」第 21 頁。
132. 同上，第 21 頁。
133. 堀木祐三「近代思想と軍隊教育」第 182 頁。
134. M、J 大佐「軍隊教育振興」第 30 頁。
135. 同上，第 30 頁。
136. 栗林忠道「国民思潮ノ推移ト軍隊精神教育ニ就テ　附吾人将校ノ覚悟」第 108 頁。
137. 大沼直輔「吾人ハ如何ニシテ現代思潮ニ対スヘキカ」第 61 頁。另见教育総監部「精神教育より観たる軍隊内務」第 456、479 頁；教育総監部「思想問題に関する一部の研究」第 4 頁；佐伯正一（二等主計）「武官の給与に関する私見」『記事』第 609 号，1925 年 6 月，第 68 頁；角田順校訂『宇垣一成日記』Ⅰ，第 345 頁。

138. 田中豊「自治ト軍隊教育」第 48 頁。此外，鸭脚光弘也阐述道，“如若不察时势之要求，不悟大势之所趋，或知其所以而冥顽抗之，或对其压迫。此等对策最为不自然而且拙劣”［鴨脚光弘「独逸の崩壊と敗戦との原因（戦争と政治）」第 64 頁］。
139. 栗林忠道「国民思潮ノ推移ト軍隊精神教育ニ就テ　附吾人将校ノ覚悟」第 108 頁。
140. 大沼直輔「吾人ハ如何ニシテ現代思潮ニ対スヘキカ」第 60 頁。
141. 田中豊「自治ト軍隊教育」第 48 頁。
142. 大沼直輔「吾人ハ如何ニシテ現代思潮ニ対スヘキカ」第 61～63 頁、臨時軍事調査委員「現代思潮一部（「デモクラシー」）の研究」第 36 頁、教育総監部「思想問題に関する一部の研究」第 64 頁。此外，沼田德重也阐述道，“吾人并非硬要排斥西洋思想文化，反而有时对日本现下的制度感到不满，而对西洋人自由进步的思想感到共鸣，甚至还曾因为过激的议论而招致友人的劝告。但是唯独针对国体观问题持完全相反的立场”（沼田德重「自覚の意義及軍隊に於ける自覚的教育に就て二三の所見を述ぶ」第54 頁）。
143. 臨時軍事調査委員「現代思潮一部（「デモクラシー」）の研究」第 2 頁。此外，本乡房太郎（大将）也阐述道［本郷房太郎（大将）「思想界の動揺と我が国体観」第 28～29 頁］：

> 此国体观与信念既已立定，无论遭遇何种新思想和外来思想，丝毫不需恐惧和畏缩，反而应接触此等思想，对其解剖分析，取其可取之处，弃其应弃之处，将吸取之处逐渐同化即可。囫囵吞枣不可取，一味排斥也不可取，关键在于以纯正的国体观为至上标准，勇敢迈向思想界，如若遇到强迫我等接受不符合我国国体之思想之事，则即便动武也应排斥征服之，而研究后证明可以采取之处，则要不吝吸取。

144. 大沼直輔「吾人ハ如何ニシテ現代思潮ニ対スヘキカ」第61頁。
145. 堀木祐三「近代思想と軍隊教育」第232頁。
146. 大沼直輔「吾人ハ如何ニシテ現代思潮ニ対スヘキカ」第61頁。
147. 堀木祐三「近代思想と軍隊教育」第232頁。
148. 栗林忠道「国民思潮ノ推移ト軍隊精神教育ニ就テ　附吾人将校ノ覚悟」第105頁。
149. 堀木祐三「近代思想と軍隊教育」第232～233頁。
150. 臨時軍事調査委員「現代思潮一部（「デモクラシー」）の研究」第2頁。
151. 同上，第2頁。此外，永田鉄山刊行会編『秘録永田鉄山』（芙蓉書房，1972年）中，记述了如下一段颇为有趣的内容："大正八年，负责研究思想问题的永田铁山偶尔与住在涩谷的两三个同僚一起步行下班，有一次在路上偶然谈及民主问题，一人说道：'日本不需要那种思想，放置不管其自会消亡。'对于这种意见，永田铁山奚落道：'连研究都不研究便如此说，正好像乱舞于火山口之上一样。'"（第322～323頁）书中说永田铁山从1917年起就任临时军事调查委员，负责总体战问题与思想问题（第321頁）的调研，若果真如此，署名为临时军事调查委员的「現代思潮一部（「デモクラシー」）の研究」的写作极有可能与永田铁山密切相关（此外，关于永田铁山所负责的问题，也可参照本书第一章）。
152. 臨時軍事調査委員「現代思潮一部（「デモクラシー」）の研究」第2頁。另见大沼直輔「吾人ハ如何ニシテ現代思潮ニ対スヘキカ」第60頁。
153. 臨時軍事調査委員「現代思潮一部（「デモクラシー」）の研究」第36頁。
154. 上月良夫（少佐）「社会民主思想が独逸軍の制度上に及ぼしたる影響」『記事』第607号，1925年4月，第58頁。

155. 「思想界の動揺と我が国体観」第 2 ~ 3 頁。

156. 「思想問題に関する一部の研究」第 3 頁。

157. 「現代思潮一部（「デモクラシー」）の研究」第 2 頁。栗林忠道（中尉）也阐述道，“我国国民向来有很强的同化能力、自觉心与消化能力，可使其取舍不出差错，反而将其加以利用和吸收，取长舍短，并以此培养我国国民道德，最终使之大成。因此吾人不必畏惧民主主义，不必担忧过激思想”（「国民思潮ノ推移ト軍隊精神教育ニ就テ　附吾人将校ノ覚悟」第 105 頁）。

158. 「現代思潮一部（「デモクラシー」）の研究」第 3 頁、「思想問題に関する一部の研究」第 3 頁、「思想界の動揺と我が国体観」第 4 頁。

159. 参阅『宇垣一成日記』Ⅰ，第 296、298 ~ 299、397 頁。

160. 「軍人精神論」第 30 頁。

161. 「時代思潮ニ鑑ミ世人ヲシテ益々将校ヲ信頼セシムヘキ方法」第 102 頁。

162. 同上，第 103 頁。

163. 「吾人ハ如何ニシテ現代思潮ニ対スヘキカ」第65 頁。

164. 「近代思想と軍隊教育」第 10、11、18 頁。

165. 同上，第 18 頁。

166. 同上，第 13 頁。

167. 同上，第 10 頁。该书同样阐述道，“民众盲目服从对为政者及掌权者来说虽是好事……忠诚之表现不可如过去一般无自觉和盲目。忠节之解释不可如封建时代一般，而必须接受现代思潮之洗礼”（第 10 頁）。

168. 同上，第 21 頁。

169. 同上，第 16、17 頁。

170. 同上，第 21 頁。

171. 同上，第 40 頁。

172. 同上，第 10 ~ 11、25 頁。

173. 同上，第 195 頁。另见「吾人ハ如何ニシテ現代思潮ニ対スヘキカ」第 63 ~ 64 頁;『宇垣一成日記』Ⅰ，第 330 頁。

174. 「時代思潮ニ鑑ミ世人ヲシテ益々将校ヲ信頼セシムヘキ方法」第 103 頁。

175. 同上，第 101 ~ 102 頁，「軍人の自覚」第 101 頁。进一步讲，这同样是由于陆军担忧这会“为危险主义者提供绝好之机会”，即“持有危险思想的兵卒”被用作“诅咒军队的宣传材料”（「精神教育より観たる軍隊内務」第 445、462、466 頁）。

176. 「時代思潮ニ鑑ミ世人ヲシテ益々将校ヲ信頼セシムヘキ方法」第 109 頁。

177. 同上，108 頁。

178. 「近代思想と軍隊教育」第 12 ~ 13 頁。

179. 参阅広瀬豊（海軍大佐）『日本の軍紀』（海軍砲術学校，1926 年）。

180. 「軍人精神論」第 26、29 ~ 30 頁。

181. 「近代思想と軍隊教育」第 246 頁。

182. 同上，自序第 5 頁。

183. 参阅本书第一章。

184. 有关以下叙述的内容详见本书第二章。

185. 『宇垣一成日記』Ⅰ，第 483 頁。

186. 「国民思潮ノ推移ト軍隊精神教育ニ就テ　附吾人将校ノ覚悟」第 102 頁。

187. 鈴木宗作（中尉）「世界大戦ノ軍事的観察」『記事』第 545 号附録，1920 年 1 月，第 7 頁。

188. 臨時軍事調査委員『国家総動員に関する意見』，1920 年 5 月，第 75 頁。

189. 同上，第 77 頁。

190. 臨時軍事調査委員「独逸屈服ノ原因」『記事』第 537 号附録，1919 年 5 月，第 18 頁。

191. 「対時局所感」第 3 頁。另见「国民思潮ノ推移ト軍隊精神教育ニ就テ　附吾人将校ノ覚悟」第 111 頁。
192. 「軍隊ノ心理的統治及教育」第 27 頁。
193. 「思想の変遷に鑑みて軍紀と服従を論ず」第 37 頁。
194. 「軍紀ト自覚」第 4 頁。另参阅遠藤芳信「大正デモクラシー下の日本軍隊の思想動向」第 16~17、22 頁。
195. 「思想の変遷に鑑みて軍紀と服従を論ず」第 37 頁。
196. 同上，第 43 頁。另见時乗鶴松（少佐）「露国革命ト其軍隊」『記事』第 531 号，1918 年 10 月，第 32 頁。此外，宇垣一成亦阐述道，“绝对服从无疑是军队必需之物，但其前提是指挥与下命令之人乃贤明之人，否则绝对服从不仅不能成为军队能力和效率得以发挥之原因，而且有时还会成为令其低下之原因。俄军之解体与德军之军纪松弛实为应当注意之消息”（『宇垣一成日記』Ⅰ，第 241 頁）。
197. 「軍紀ト自覚」第 4 頁。另参阅本間雅晴「英国陸軍隊附視察報告」，防衛庁防衛研究所図書館所蔵。
198. 香椎浩平（大佐）「軍の勇怯と結果とに関し滞欧中の所感」『記事』第 605 号，1925 年 2 月，第 19 頁。此外，堀木祐三「近代思想と軍隊教育」也阐述道，“形骸无气魄，军纪徒有其表，一味机械行动而无自觉，此等军队在危急之时毫无用处。此事经由今日之大战得以明确”（第 73 頁。另见第 106 頁）。
199. 宇垣一成对此阐述道，“‘不令其知之，而令其从之’的主义绝不可取。俄军之解体足以证明这点。令军纪基于理解方为军队之要求”（『宇垣一成日記』Ⅰ，第 158 頁。另参阅第 438 頁）。另见堀木祐三「近代思想と軍隊教育」第 44、118~119 頁，以及「自覚の意義及軍隊に於ける自覚的教育に就て二三の所見を述ぶ」第 46~47 頁。
200. 「思想の変遷に鑑みて軍紀と服従とを論ず」第 42 頁。另见田中義一（中将）「露国革命所感」（『記事』第 515 号，

1917年6月）第2頁。

201. 「近代思想と軍隊教育」第238頁。

202. 同上，第215頁。

203. 「軍紀ト自覚」第5頁。

204. 永田鉄山（大佐）『新軍事講本』，青年教育普及会，1932年，第126~128頁；田坂八十八（中尉）「下士兵卒ノ自覚心ヲ喚起セシムル具体的方案」『記事』第579号，1922年11月，第61~62頁；原田敬一（大佐）「軍隊教育に関する私見」『記事』第608号，1925年5月，第3頁。此外，有关日俄战争后的自发服从问题参阅大江志乃夫『国民教育と軍隊』，新日本出版社，1974年，第306頁。

205. 「近代思想と軍隊教育」第152頁。另参阅『宇垣一成日記』Ⅰ，第382頁。

206. 「近代思想と軍隊教育」第138頁。

207. 同上，第246頁。

二　思想层面的“大正民主”认识

1. 「思想問題に関する一部の研究」第28頁。

2. 「現代思潮一部（「デモクラシー」）の研究」第13頁。

3. 同上，第10頁。

4. 同上，第16頁。

5. 同上，第17頁。

6. 同上，第18頁。此外，有关吉野作造这一位具有代表性的民本主义者，参阅武田清子『天皇制思想と教育』，明治図書出版，1964年，第三章。

7. 「吾人ハ如何ニシテ現代思潮ニ対スヘキカ」第62頁、「現代思潮と軍隊との関係」第40頁、「思想問題に関する一部の研究」第14頁。

8. 「改造思想の史的観察」第62~63頁；「軍の勇怯と結果とに関し滞欧中の所感」第19頁；香椎浩平（大佐）「日独国情の

比較」『記事』第605号付録，1925年2月，第4頁。

9. 参阅鈴木正幸「大正デモクラシーと国体問題」『日本史研究』第281号，1986年1月，后收录于鈴木正幸『近代天皇制の支配秩序』，校倉書房，1986年。
10. 奥平俊蔵「我国体の尊厳説明の要点に就て」『記事』第592号，1924年1月，第15頁。此外，有关“天皇的军队”意识减弱的问题，参阅本章序言。另外，铃木健一针对本章所涉时期陆军士官学校预科的“国史教科书”展开了分析，他认为其意图在于“形成覆盖面相对广泛的教育思潮”与“培养学识教养深厚的将校”（「陸・海軍学校における国史教育」；加藤章ほか編『講座・歴史教育①歴史教育の歴史』，弘文堂，1982年，第273頁）。
11. 「精神教育より観たる軍隊内務」第537頁。
12. 「近代思想と軍隊教育」第16頁、上述「将校常識増進案」第59頁、「思想問題に関する一部の研究」第3頁。
13. 「近代思想と軍隊教育」第7~9頁。
14. 南雲親一郎（少佐）「我国体に就て」『記事』第595号，1924年4月，第34頁（此稿由陆军士官学校本科长真崎甚三郎推荐）。
15. 畑英太郎（少将）「軍記ト自由」『記事』第554号，1920年10月，第14頁。
16. 「現代思潮一部（「デモクラシー」）の研究」第22頁。另见北原一視（少佐）「初年兵の精神教育に就て」『記事』第582号，1923年2月，第58頁。
17. 「思想問題に関する一部の研究」第57頁。
18. 同上，第57~58頁。
19. 「軍記ト自由」第15頁。
20. 同上，第15頁。对于畑英太郎的这种观点亦存在批判意见（「軍記ト自由」第5頁）。
21. 「思想問題に関する一部の研究（労働問題及小作人問題の概

說）」第 25 頁。

22.「思想問題に関する一部の研究」第 60 ~ 61 頁。另见『宇垣一成日記』Ⅰ，第 414 頁。

23.「思想問題に関する一部の研究」第 26 頁。

24.「改造思想の史的観察」第 74、62 頁。另参阅『宇垣一成日記』Ⅰ，第 331 頁。

25.「現代思潮一部（「デモクラシー」）の研究」第 21 頁。宇垣一成提倡贵族院改革便是出于这一观点（『宇垣一成日記』Ⅰ，第 379 頁）。此外，丸山真男在上述的飯塚浩二『日本の軍隊』中如此叙述道（第 99 頁）：

> 荒木贞夫的著作反复强调军队因阶级而建立，但也提到军队的阶级有需加留意之处。也就是说，军队的阶级与社会中的阶级完全不同。在所谓“地方”（近代日本的军人称呼平民为“地方人”，并认为军队以外均为“地方”——译者注）无论阶级多高的人进入军队后也必须遵守军队的阶级秩序。这是日本军队的一大特征。在外国，将校由贵族充当，日本则与此不同，因而在这一点上优于外国。我对以上内容十分关注，认为其中包含了日本军队中的疑似民主主义要素。因此，军队内部虽有阶级差异，但在一君万民的意识形态下，陛下面前人人平等，且同为陛下之肱骨。这就是与军队的阶级秩序相矛盾之处。

26. 有关自由主义、民主主义与征兵制度的共存问题，详见上述「徴兵制度廃止問題ニ就テ」第 41 ~ 42 頁。

27.「近代思想と軍隊教育」第 77 頁。

28.「現代思潮一部（「デモクラシー」）の研究」第29 頁。

29. 毫无疑问，传统的国体观并未完全消失。包括这一点在内，有关国体论的重构问题参阅渡辺治「天皇制国家秩序の歴史的研究序説」『社会科学研究』第 30 卷第 5 号，1979 年 3 月，第

261～267 頁。

30.「現代思潮一部（「デモクラシー」）の研究」第26 頁。

31.「近代思想と軍隊教育」第 1、4 頁。

32.「現代思潮一部（「デモクラシー」）の研究」第 12 頁。另见「吾人ハ如何ニシテ現代思潮ニ対スヘキカ」第 65 頁；鴨脚光弘（中佐）「未来戦」『記事』第 606 号，1925 年 3 月，第 26 頁。

三 制度层面的“大正民主”认识

1.「改造思想の史的観察」第 63～64 頁。另见上村弘文（大尉）「社会主義之諸相」『記事』第 603 号附録，1924 年 12 月，第 3 頁。

2. 引用自鈴木正幸「大正デモクラシーと国体問題」第 52 頁。

3.「現代思潮一部（「デモクラシー」）の研究」第 17、19～20 頁。宇垣一成亦阐述道：

> 近代政治与外交的真髓在于尊重民众的正当意志与正当利益。此为所谓“民主”之处。君主政体与共和政体都应实行“民主”之政（引自『宇垣一成日記』Ⅰ，第 203 頁。另参阅第 206 頁）。

4.「近代思想と軍隊教育」第 32、33 頁。

5.「現代思潮一部（『デモクラシー』）の研究」第 20 頁。

6.「近代思想と軍隊教育」第 33 頁。

7. 参阅本章第一节第一小节（“社会中的‘大正民主’状况”）。

8. 参阅本书第二章。

9.「近代思想と軍隊教育」第 8 頁。另见「社会民主思想が独逸軍の制度上に及ぼしたる影響」第 57 頁。

10. 河野恒吉（大佐）「欧州戦争ニ現ハレタル精神力ノ観察」

『記事』第552号，1920年8月，第4頁。另参阅「自治ト軍隊教育」。

11. 「独逸の崩壊と敗戦との原因（戦争と政治）」第53～57頁。
12. 本书第二章，第89～90頁。
13. 宇垣一成原则上支持普选，首先，他认为“全体国民选举自身信赖之人，将政治委托于其人，并服从、协助其调度。如若普通选举意义在此，则为正当”。其次，军部大臣由文民就任“之时如若到来，则亦有必要赋予现役军人选举权，以令其发表自身见解”（分别引自『宇垣一成日記』Ⅰ，第478頁与第414頁。另参阅第530頁）。此外，普选亦能得到主张国体论的人们的支持（例如小山常実「大正期の国体論と憲法—上杉慎吉の政治思想をめぐって」『歴史公論』第64号，1981年3月）。
14. 『宇垣一成日記』Ⅰ，第478、538頁。
15. 大正十二年六月二十七日上原勇作致菊池慎之助书信（上述『上原勇作関係文書』第187頁）。
16. 「社会人としての軍人及其思想的傾向」第65頁。
17. 広瀬寿助（大佐）「軍需資源ノ統制ニ就テ」（『記事』第575号附録，1922年7月）第7頁。
18. 『宇垣一成日記』Ⅰ，第264頁。
19. 同上，第507頁。
20. 本书第二章。
21. 「近代思想と軍隊教育」第13頁。
22. 参阅北岡伸一『日本陸軍と大陸政策』（東京大学出版会，1978年）。

结语

1. 渡辺治「天皇制国家秩序の歴史的研究序説」第204～205頁；若林正丈「一九二三年東宮台湾行啓の〈状況的脈絡〉—天皇制の儀式戦略と日本植民地主義 その1」『東京大学教養学科紀要』第16号，1984年3月，第25頁。

2. 『宇垣一成日記』Ⅰ，第337頁。宇垣一成亦阐述道，"'国民之军队'成为近期的流行语，我军人之间亦有人对此产生共鸣。这作为军民接近的手段还好，但军队同时也是陛下之军队，此点不可忘记"（第442頁）。另参阅上述的高須武次郎「一般国民ニ軍事思想ヲ普及セシムヘキ具体的策案」第47頁、土方和雄「『軍人精神』の論理」第25頁。

此外，丸山真男亦在飯塚浩二『日本の軍隊』中叙述如下（第97～98頁）：

> 军队采取征兵制，因而具有疑似民主主义的基础。……军队的底层犹如毛细血管一般，渗透至各地的角角落落。无论多么偏僻的农村中也有人参军。这种疑似民主主义的要素使得国民对军队抱有亲近感。……第一次世界大战后，在民主主义兴起的同时，军人的社会评价也有所下降。为了自我保护，当时的日本军部强调军队在日本的社会集团中最为民主，并强调自身具有国民基础。"天皇的军队"这一侧面直至近期才开始被强调，而在此之前被强调的反而是"国民的军队"这一侧面。也就是说，外国的军队是贵族的军队，日本的军队才真正是国民的军队。
>
> ……因此，"天皇的军队"成为现今的定论，这一潜在观念也确实一贯存在，但直至近期才被特别强调……

3. 「軍人精神論」第29頁。
4. 同上，第30頁。另见『宇垣一成日記』Ⅰ，第436頁。
5. 参阅吉田裕「日本帝国主義のシベリア干渉戦争」。另参阅藤村道生「シベリア出兵と日本軍の軍紀」『日本歴史』第251号，1969年4月。
6. 『宇垣一成日記』Ⅰ，第261頁。
7. 大江志乃夫『徴兵制』，岩波書店，1981年，第77～78頁。
8. 参阅上述的「改造思想の史的観察」第75頁。

9. 福本亀治（中尉）阐述道，由于“军队与革命关系密切，不可分离”，因此“军队与思想问题”之间“有着最为重大之关系”（上述的「憲兵の真使命」第42頁）。

10. 八田磯之助（少佐）「国家総動員と憲兵」『記事』第615号，1925年12月，第30頁。此外，大正末期以后宪兵职能的扩大也在一个侧面上反映了这种意识。

11. 宇垣一成（中将）「新年に処する吾人の覚悟」『記事』第592号，1924年1月，第1頁；「町田大将東北地方に於ける講演要旨」『記事』第592号，第3頁；「大正一二年を回顧して」第7頁。此外，有关宪兵在维持国内秩序方面的职能扩大问题，参阅「憲兵隊長会同席ニ於ケル陸軍大臣口演要旨」，1924年3月，『密大日記』大正一四年六冊ノ内一冊，防衛庁防衛研究所図書館所蔵，并收录于『続・現代史資料6　軍事警察』，みすず書房，1982年，xv～xvi頁；吉村道男「関東大震災と国防問題」『国学院雑誌』第80巻第11号，1979年11月，第372頁。

12. 「軍人精神論」第5頁、「独逸の崩壊と敗戦との原因（戦争と政治）」第75頁。此外，以“秩序”为主题的论文除渡辺治「天皇制国家秩序の歴史的研究序説」和若林正丈「一九二三年東宮台湾行啓の〈状況的脈絡〉—天皇制の儀式戦略と日本植民地主義 その1」以外，另有渡辺治「一九二〇年代における天皇制国家の治安法制再編成をめぐって」『社会科学研究』第27巻第5・6号，1976年3月；渡辺治「日本帝国主義の支配構造」『歴史学研究』1982年度別冊特集；時任英人「犬養毅と第一次大戦」『軍事史学』第19巻第4号，1984年3月等。

13. 参阅本书第七章。

14. 然而，堀木裕三「近代思想と軍隊教育」指出了变革的困难，其中阐述道：“有些人直至今日仍然认为日俄战争时的军队完美无缺，仍将日俄战争的经验奉为金科玉律。他们究竟能否在

今日之欧洲战争中醒悟?”(第48頁)

15. 参阅遠藤芳信「大正デモクラシー下の日本軍隊の思想動向」。《军队内务书》的修订是在陆相田中义一的强大领导力下进行的，这使本章所述的陆军内部倾向性更加显著。
16. 参阅本书第七章。
17. 「近代思想と軍隊教育」第40頁。
18. 参阅小林茂夫「日本軍国主義と一般国民の意識（下)」『思想』第411号，1958年9月，第114頁。此外，昭和时期的陆军的一大特征，即所谓的“下克上”风潮，也有以陆军对待“大正民主”的灵活性为胚胎的一面。

第四章　日本陆军的教育制度改革论

引　言

第一次世界大战的冲击（主要是总体战与俄、德两军崩溃带来的冲击）与“大正民主”的风潮共同促使一战后的陆军教育体系出现了重大变化。其代表性事例是《军队教育令》与《军队内务书》的修订。其修订分别实施于战后不久的1920年（大正九年）与1921年，目的在于“适应”“时势之推移”，特别是适应“欧洲战乱以来社会状态与国民思潮之变迁颇为显著”的新情况，并由此“做出军民一致之实绩”[1]。

这场在当时被评为令“军队内部亦刮起自由主义之风”[2]的变革，却在数年后被昭和时期的陆军否定：“吾人需反省的是，大正末期的国军教育界一时陷入自由主义之误区……遂导致民主主义思想抬头。”[3]

但是，这种变革要求士兵摒弃以往的“盲目服从”观念，而树立基于“自觉”与“基于理解之服从”的观念；同时也要求军官尊重士兵的人格并学习社会常识。这些要求体现了一战后陆军新的教育理念。

特别是在适应新时代的军官形象方面，变革的主导者、陆军大臣田中义一在1919年度师团长会议上做出了如下值得关注的发言[4]：

> 伴随时势之变化，将校有必要掌握社会常识。此事已无需多言。壮丁中具有社会问题等相关知识之人不在少数。尤其在此种情况下，如若将校不能具备较广之见识，则不仅无法进行恰当之教育指导，亦将丧失自身之威信，更有可能招致世上之物议。

此外，关于《军队内务书》的修订，陆相田中义一认为面对“人智人心、权利义务观念俱已发达之壮丁”，“合理地进行教育指导”[5]十分重要。总之，改革对军官提出的要求是，为了成为适应新时代的军官，军官在军队教育中必须恰当、合理地对士兵进行教育指导，为此还需掌握包括政治、社会问题相关知识在内的“常识”。就是说，军人不再是与社会隔绝的群体，其作为国民和作为社会一员的一面亦应引起重视。这一点恰好是一战后新的军官形象的特征所在。

那么，如何才能培养出新时代的军官？对于包括负责培养军官的陆军士官学校在内的学校教育制度，陆军又是如何设想的？一战结束时的陆军军官培养制度共有两个系统，其一为从陆军中央幼年学校预科或陆军地方幼年学校升入陆军中央幼年学校本科，而后以士官候补生的身份接受随军教育①，最后升入陆军士官学校；其二为寻常中学校②毕业生或拥有同等文化程度的考试合格者以士官候补生的身份接受随军教育，后升入陆军士官学校。在一战之后新的军官形象被大力提倡的背景下，这种制度又发生了何种变化？

针对上述问题，本章将尤其以陆军幼年学校的改革与废止问题为中心进行考察。陆军幼年学校的设立始自明治初期，虽一直被视作军官培养过程中的重要起点，但在20世纪20年代被陆续废止。在这一过程中，陆军内部围绕其废止与否展开了颇为有趣的讨论，这便是本章关注这

① 日语写作“隊付教育”或“隊付勤務”。即士官生在进入陆军士官学校学习前与毕业后，分别以“士官候补生”和“见习士官”的身份进入陆军联队进行实习的制度。本书中译者将其译为“随军教育”或“随军勤务”。——译者注

② 明治十九年（1886）颁布的《中学令》将中学分为“寻常中学校”和“高等中学校”两类。因此时的日本学制与中国学制差别较大，为避免混淆，本书均保留“小学校”“中学校”“高等学校”等原始说法。——译者注

一问题的原因。出于史料等原因，本章将以陆军当局围绕这一问题的认识为焦点进行考察。

一 军官培养制度的变迁

在对一战后的制度变革进行探讨前，笔者将对明治初期以来陆军军官培养制度的变迁进行简要说明，以作为考察的前提[6]。

陆军的教育机构始自 1868 年（明治元年）设立的京都兵学校。京都兵学校在第二年被迁至大阪后改称大阪兵学寮，后又与为教授法语而开设的横滨语学所合并，成为大阪兵学寮的幼年学舍（入学年龄为 19 岁以下[7]）。大阪兵学寮又于同年被改称为陆军兵学寮，开始同时教育青年学舍学生与幼年学舍学生。随着陆军兵学寮迁往东京，青年学舍与幼年学舍在 1872 年分别成为士官学校与幼年学校（入学年龄为 13 ~ 16 岁[8]）。

此二者于 1874 年和 1875 年分别改称陆军士官学校（实施士官学生制度。步兵与骑兵为 2 年制，炮兵与工兵为 3 年制）与陆军幼年学校（3 年制，入学年龄为 13 ~ 16 岁[9]），并从陆军兵学寮独立，改为陆军省直属机构（陆军兵学寮于 1875 年被废止）。但陆军幼年学校仅存在了一年半便遭废止，并于 1977 年被陆军士官学校合并，其学生也成了陆军士官学校的幼年学生。此外，据1875年（明治八年）颁布的《陆军幼年学校条例与总则》（『陸軍幼年学校条例並概則』）所载，“本校乃为教育志愿成为陆军的少年学生与亡故陆军武官之遗孤而开设之学校，教授外国语学及预科，即普通学”[10]。

随着德式的士官候补生制度于1887年（明治二十年）被引进日本，陆军的军官培养制度发生了重大变化。陆军幼年学校从陆军士官学校中独立（3年制，入学年龄15～18岁[11]。接收高等小学校①毕业生及同等文化程度之学生）后，培养军官的两个新系统随之形成：其一为从陆军幼年学校毕业后以士官候补生的身份接受为期半年的随军教育，随后升入陆军士官学校（一年半），毕业后返回随军教育时所在的联队，并以见习士官的身份再次进行半年的随军勤务，最后被任命为少尉；其二为从普通学校毕业后以士官候补生的身份接受为期一年的随军教育，随后升入陆军士官学校（1年7个月～1年9个月[12]），毕业后以见习士官的身份接受随军教育后被任命为少尉。

这种制度修改与陆军各兵种现役士官补充条例、陆军士官学校官制及陆军幼年学校官制的制定一同进行，陆军

① 简称“高等科”“高小”，是日本明治维新后至二战爆发前存在的初等教育后期、中等教育前期的机构，相当于现在的初中。——译者注

幼年学校也因此被定位为“培养士官候补生”的学校，其教育内容也被规定为“选拔志愿成为陆军的幼年学生，对其施以寻常中学校之教育及军人之预备教育”（《陆军幼年学校条例》）[13]。而陆军士官学校士官候补生制度下的第一期学生共计160人，其中由民间选拔的74人于1888年11月1日入学，由陆军幼年学校选拔的86人于第二年1月6日入学，其中147人于1890年7月26日毕业[14]。

在日清战争①结束后的1896年（明治二十九年），陆军又进行了与陆军幼年学校相关的制度变革。陆军幼年学校被废止，取而代之的是新设立的陆军地方幼年学校（6所，3年制，入学年龄13~16岁[15]，相当于寻常中学校第2~3年的教育程度）和陆军中央幼年学校（1所，2年制，入学年龄16~18岁[16]，相当于寻常中学校第4~5年的教育程度）。此次变革既与1894年《高等学校令》制定后中学校被分为寻常中学校与高等学校的新情况有关，又意在应对日清战争后士官候补生录取人数猛增的新情况[17]。总之，除东京校附属于陆军中央幼年学校（1903年改为陆军中央幼年学校预科）外，其余陆军地方幼年学校分设于仙台、名古屋、大阪、广岛和熊本等以往的镇台所在地。各校录取人数共计300人，每校50人。

① 即“甲午中日战争”。——译者注

以往的陆军幼年学校在入学考试和经济方面给予“亡故陆军武官之遗孤”以优待，因而有着很强的救济军人遗孤的性质[18]，入学人数为每年70人左右。而经过此次变革，对广大青少年进行军人预备教育的意图得到了强化[19]。就这样，军官培养制度有了部分修改，并增设了一条新的培养路径，即先入陆军地方幼年学校（其中东京幼年学校随后变为陆军中央幼年学校预科），毕业后升入陆军中央幼年学校（随后变为陆军中央幼年学校本科），毕业后参加随军勤务，最后进入陆军士官学校。

以上是对陆军军官培养制度变迁的简单回顾。其后，虽然陆军中央幼年学校和陆军士官学校的教育年限有若干修改[20]，但1896年确立的这套制度一直沿用到了第一次世界大战后的1920年（大正九年），历时近25年。通往陆军士官学校的路径有两条，而陆军幼年学校的内涵也发生了变化。陆军幼年学校的形态虽有数次变化，但从明治初期一直延续了下来，在进行外语教育和优待亡故军人遗孤等既有目的的基础上，又进一步被定义为自幼培养青少年军人精神[21]的必要机构。

二　1920年的教育制度改革

1. 制度改革的内容

1920年8月，陆军的军官培养制度发生了重大变革[22]。在陆军幼年学校方面，首先，陆军中央幼年学校被废止，陆军中央幼年学校预科也随之独立为东京陆军幼年学校。其次，陆军地方幼年学校被改称为陆军幼年学校，并被冠以各自的地名，例如名古屋陆军幼年学校。也就是说，以往被分为中央与地方的陆军幼年学校均被冠以地名，形成了6所学校构成的体制（3年制，入学年龄13~14岁[23]，与寻常中学校第2~4年相当的教育程度，但录取人数自1921年起由300人减至200人[24]）。最后，校规于1920年4月修改，变为与普通的中学校相同的4月入学制和3学期制。这一修改在8月的变革后得到了保留和继承。

另一方面，陆军士官学校进行了大幅度的制度改革。首先，陆军中央幼年学校本科被士官学校吸收，成为其“预科”，而以往的陆军士官学校则变为“本科”。在此基础上，陆军中央幼年学校本科及寻常中学校毕业生被录取为士官候补生的制度被废止，取而代之的是陆军幼年学校毕业生与寻常中学校第4学年结业生共同升入陆军士官学校预科的制度。此外，预科的入学时间也于1921年起由9月变为4月，录取结果的公布时间也被调整至高等学校等录取结果公布之前。

这种制度改革令军官培养制度发生了很大变化：陆军幼年学校毕业生与寻常中学校第4学年结业生共同升入陆军士官学校预科（2年，入学年龄16~19岁[25]，与高等学校第 1～2 年相当的教育程度，400 人），预科教育结束后以士官候补生的身份参加为期半年的随军勤务，后升入陆军士官学校本科（22 个月，10 月 1 日入学，7 月毕业[26]），毕业后以见习士官的身份再次参加为期两个月的随军勤务，最后被任命为少尉[27]。

以上一系列改革的直接背景有以下两点。第一，陆军幼年学校及陆军士官学校等军校的入学申请人数与战时相比减少了一半以上[28]。第二，伴随着 1918 年《高等学校令》的修改，普通学校的入学时间由 9 月变为 4 月，寻常中学校第 4 学年结业生也被允许升入高等学校。针对普通学校的制度变化是否会导致素质优良的军校申请者逐渐减少的问题，陆军抱有危机感[29]。另外，军官培养制度的改革可以带来以下益处。

第一，以往士官候补生的生源来自陆军幼年学校的学生和寻常中学校的学生，即存在两个系统。而随着二者共同升入陆军士官学校预科并进行两年的共同学习，以往两个系统间的对立将得到缓和或消除，且有利于维护士官学校同期学生之间的团结。第二，预科 4 月入学的新规定与普通学校相同，使得寻常中学校学生在 3 月毕业后不必为了参加随军勤务而白白等至 12 月。第三，4 月入学的好处还在于，能够多少获得一些足以升入高等学校的优秀生源，即寻常中学校第 4 学年结业的学生。第四，陆军士官学校预科的设立可以弥补未在陆军幼年学校接受军人预备教育的学生直接参加随军勤务所带来的缺陷[30]。

综上所述，在陆军幼年学校体制重组的同时，陆军士官学校的教育年限因预科的设立而得以延长，这体现了充实军官培养过程的改革意图。但需要注意的是，上述改革并非仅仅是对军人预备教育和军人教育体制的重组。除入学时间变更外，陆军士官学校预科的教育科目中新添加了心理学、教育学、法制经济等课程。这种强化一般学科的措施[31]象征此次改革的目的是“适应”“社会状况及国民思潮的变迁”[32]。在这种意义上，我们可以认为1920年的教育制度改革是基于以下观点的，即如何获得素质优良的学生和如何培养与新时代相符的军官。

2. 教育制度调查委员会上的讨论

1919年2月10日，陆军内部出于“参照内外之情势，从根本上研究和改善陆军之教育制度，以图军备之充实”的目的设置了教育制度调查委员会。这一机构在此次改革的实施过程中发挥了重要作用。

该机构处于教育总监的监督之下，“主要负责对将校学生的补充和教育问题及其相关制度进行调查”。在人事方面，教育总监部本部长（菊池慎之助中将）任委员长，临时军事调查委员长（村冈长太郎少将）任干事长兼委员。其他委员分别由陆军省人事局局长（竹上常三郎少将)、陆军省军务局局长（菅野尚一少将)、陆军省军务局军事课课长（畑英太郎大佐)、参谋本部总务部部长(宇垣一成少将)、参谋本部第一课课长（林弥三吉大佐)、教育总监部第一课课长（吉冈显作大佐)、教育总监部第二课课长（真崎甚三郎大佐)、各兵监［骑兵监为森冈守成少将，重炮兵监（1919 年 4 月起更名为炮兵监）为渡边岩之助中将，野炮兵监（1919 年 4 月起废止）为木下宇三郎中将，工兵监为近野鸠三少将，辎重兵监为布施庆助少将］、教育总监部出仕①（陆军教授尾田信忠)、陆军士官学校校长（白川义则中将)、陆军中央幼年学校校长（岩崎初太郎少将)、陆军经理学校校长（木村重行主计监)、近卫师团和第一师团的各步兵旅团长等人担任(括号内为 1919 年 2 月时在任人员)。干事分别由陆军省补任课课员、军事课课员、步兵课课员、临时军事调查委员、教育总监部第二课课长及该课课员（2 名）等人担任[33]。

下文将对教育制度调查委员会围绕改革所做的讨论进行探讨。

教育总监部第二课提案

在教育制度调查委员会成立的同时，教育总监一户兵

---

① 指官僚在本职以外的官僚机构兼任临时职务（战前日本的军队同属官僚机构)。——译者注

卫向委员会提出了第一号咨询，即“鉴于内外情势，为录取素质优良之将校学生并对其施以符合军队要求之教育，应如何修改相应制度?”[34]笔者认为，正是第一号咨询开启了围绕改革的相关讨论。而基于“主任课”的研究而制定的制度修改案，即《军官补充制度修改草案》（「将校補充制度改正案」）与《军官补充制度修改理由》（「将校補充制度改正理由」，1919年2月[35]）作为其参考，与第一号咨询一同提交委员会并成为讨论的出发点。其理由在于，上述文件中提出的各项事宜成为日后制度改革的基础。此外，上文中的“主任课”为教育总监部第二课，其管辖范围是陆军士官学校、陆军中央幼年学校、陆军地方幼年学校和陆军炮工学校的教育及制度等相关事宜，以及军官学生的招收和选考等相关事宜[36]。

第二课制定的《军官补充制度修改草案》内容如下：

第一方案

一、令以往所实施之普通招收士官候补生采用制度仅限于战时之特别补充，将幼年学校毕业生定为士官补充之常规途径

二、在4月上旬将陆军中央幼年学校毕业生以士官候补生之身份分配至各联队进行约6个月的军队教育，并令其于10月上旬进入陆军士官学校

三、陆军士官学校之学习时间定为约22个月，学生于入学后第3年之7月下旬毕业并归队

四、学生归队后立即任命其为见习士官，约4个月后任命其为少尉

五、为实施本方案，大致按下列要求更改学校管理事宜

1. 各地方幼年学校之招收人数变为现有人数之两倍

2. 将陆军中央幼年学校拆分为东京陆军地方幼年学校及陆军中央幼年学校，陆军中央幼年学校于东京新建（后略）

第二方案

一、每年继续从中学校第4学年结业生及拥有更高教育程度的学生中招收所需人数，令其于4月上旬进入陆军中央幼年学校就读并学习第1学年课程，与地方幼年学校毕业生一同接受普通学科教育，并接受若干训练

二、在4月上旬将陆军中央幼年学校毕业生以士官候补生之身份分配至各联队

三、尔后之过程与第一方案完全相同

四、为实施本方案，大致按下列要求更改学校管

理事宜

将陆军中央幼年学校拆分为东京陆军地方幼年学校及陆军中央幼年学校，陆军中央幼年学校于东京新建（后略）

教育总监部第二课为向委员会提供讨论素材而提出了以上两种方案。根据《军官补充制度修改理由》，其制定过程中涉及的问题众多，主要有军官学生录取途径问题，士官候补生随军勤务的有效性问题，士官学校的教育程度、学习时间及少尉任命时间等问题，陆军中央幼年学校的拆分问题等。特别是在教育程度的问题上，提升“一般学科之素养”被视为“绝对必要之事项”[37]。

但是，将两个方案进行比较后可明显发现，除了两个方案的第一条及与之相关的第一方案第五条第一款外，两个方案的内容近乎相同。虽然第二方案的第二条中没有像第一方案一样明确记载随军勤务（军队教育）的字眼，但两个方案中陆军士官学校的学习年限与毕业时间完全相同，因此第二方案中虽未明确地写入随军勤务但不代表对其进行否定。因此，两个方案间唯一同时也是决定性的不同是军官学生录取途径问题。

针对这一问题，第一方案在原则上主张将录取途径限定于陆军幼年学校毕业生；而第二方案则主张继续沿用从陆军幼年学校和寻常中学校两个系统中录取学生的制度，并进而主张在陆军中央幼年学校这一新设阶段将两个系统合二为一，使所有学生共同接受教育（改革的结果为士官学校预科取代了中央幼年学校，两个系统的学生共同升入士官学校预科）。

那么，两种方案的这种不同究竟是出于何种理由？就结论而言，这种不同在于如何看待军官学生的纯粹培养问题。《军官补充制度修改理由》中列举了第一方案背后所存在的认识。

第一，在“学生素质之向上”的问题上，“伴随时势之推移，地方青年之志操日益背驰军部之要求”，且普通学校的教育制度改革使得军官学生申请者的素质变得“不良”。在这种状况下，为获得素质优良的学生，有必要从“纯洁无垢”的“幼年申请者中录取学生”。即便因此出现“能力与体格劣等之学生人数增加的弊端”，其带来的“利益”也“足以弥补这一缺憾”[38]。第二，在“出身之统一”的问题上，通过对进入陆军士官学校的学生的出身进行统一，以往幼年学校与普通学校“出身有别”导致的军官内部的“不和与反目”能够得到遏制[39]。以上两点便是第一方案制订的理由。

因此，第一方案主张自幼培养“纯洁无垢”的军官学生，即进行纯粹培养，并将录取途径限定为陆军幼年学校，以此作为应对“时世之推移”的手段。我们可暂且将这种主张称为“极端的纯粹培养肯定论”。

与此相比，第二方案以幼年学校这一录取系统的存续为前提，因此自然没有对纯粹培养的要素予以否定；但此方案反对过度纯粹地培养军官学生，主张依照现行制度的宗旨，对两个系统的学生进行“混合”培养。但出身不同导致军官内部出现“不和与反目”的问题不容忽视，为此有必要在学生进入士官学校前便将两个系统合二为一，并一同进行教育。这便是第二方案的目的所在。因此，《军官补充制度修改理由》中列举了四条作为“第二方案的益处”，这需要我们予以关注[40]。

1. 可增加申请成为陆军将校学生的时机

2. 录取者之素质虽会大体低于第一方案，但可减少体格及能力劣等之学生

3. 可使两种出身之学生互相切磋琢磨

4. 可比第一方案节省经费

因此，第二方案为两个系统的军官学生申请者赋予了积极意义，这种否定过度纯粹培养的主张可称为“混合教育论”。特别是此方案在评判申请者优良与否时，不仅重视军人精神方面的“素质”，更重视包括“体格及能

力”在内的综合素质；同时，此方案也对“两种出身”的“切磋琢磨”予以了肯定评价。这两点都说明第二方案能够从宽泛的生源中发现价值，这与第一方案的认识有着巨大的不同。

总之，教育总监部第二课提交至教育制度调查委员会的两个方案中的争论焦点在于录取途径问题与纯粹培养的程度问题，即应该将录取途径限定于幼年学校并对军官学生进行纯粹培养，还是应该录取两个系统的学生并进行混合教育。此外，这种争论的背后也存在“素质优良”的判断标准方面的不同。

对第一号咨询的答复

作为对第一号咨询的答复，教育制度调查委员会于1919 年4 月1 日起草了《对军官学生录取及其教育制度相关问题的答复》（「将校生徒採用及其教育制度ニ関スル答申」）[41]。委员长菊池慎之助马上将此答复汇报给教育总监一户兵卫，并在4 月4 日向陆军大臣田中义一做了书面通知[42]，后又向参谋总长上原勇作做了书面通知。一户兵卫接到汇报后于4 月9 日致函田中义一，提议“万望尽早共同协商决定”[43]。此后，以起草制度修正案的最终方案为目标，二者间正式展开了协商。

在委员会所做的答复中，委员会的着眼点有以下四点[44]：

一、伴随世运之进步，应令将校学生之普通学水平提高至高等学校高等科第2学年之水平，同时提高其军事学水平

二、少尉任命时间之决定应考虑陆军与海军间之均衡

三、恰当安排陆军、各地方学校及军队间人员转入转出之时间，减少时间之冲突及浪费

四、将校学生录取依照现行制度之宗旨进行，但受普通学校学制改革之影响，中学校学生从第4学年结业后开始录取

也就是说，委员会的基本态度是一方面要应对“世运之进步”与普通学校的学制改革带来的“普通学”水平提高的现状，另一方面在少尉任命时间问题上要考虑与海军间的均衡，以防止军校申请人数减少。其中最值得关注的是“将校学生录取”仍“依照现行制度之宗旨进行”这一点。结合教育总监部第二课提案的内容，这一姿态足以表明“极端的纯粹培养肯定论”（第一方案）遭到了陆军的否定。

基于上述着眼点，以下两份关于“修正要领”的提案随后被草拟出来，且二者均主张“混合教育论”（承袭了教育总监部第二课的第二方案）[45]。

第一方案

一、将地方幼年学校之名称改为幼年学校，定其修学年限为4年。应与中学校保持一致之必要课程，需在一定程度上提高其水平，同时施以若干军人所需之训练。

录取寻常小学校[①]第6学年结业或以上程度之学生（限制其年龄）

亦有委员认为应沿用现行制度，令修学年限仍为3年，并录取中学校第1学年结业及以上程度之学生

二、将中央幼年学校改为士官学校预科，并置于士官学校校长管理之下，定其修学年限为2年，并开设高等学校高等科第2年及其以下之普通学课程、军事学之初步课程以及若干之训练。

录取地方幼年学校毕业生、中学校第4学年结业及以上程度之学生，以及下士官为学生（限制其年龄）

但其他之奖励方法新设后便停止录取下士官

三、中央幼年学校毕业生不经随军勤务直接进入士官学校并修学2年。除现行之课程外，另对其进行随军勤务期间之大部分教育，开设法制、经济及教育

① 日本明治维新后至二战爆发前存在的初等教育机构，其后便是“高等小学校”。——译者注

学等课程

将士官学校毕业生以见习士官之身份分配至各联队，约 3 个月后任命其为少尉

第二方案

一、与第一方案相同

二、与第一方案相同

但依旧令中央幼年学校独立，并取消教育课程中军事学初步课程

三、将中央幼年学校毕业生以士官候补生之身份分配至各联队，对其进行约 6 个月的随军教育，随后令其进入士官学校

定士官学校之修学期限为约 1 年 10 个月，并于现行课程外新增法制、经济及教育学等课程

士官学校毕业生归队后立即任命其为见习士官，约 4 个月后任命其为少尉

以上两份“修正要领”作为《对军官学生录取及其教育制度相关问题的答复》的一部分被提交至教育总监部，并成为制度修订最终方案的基础。答复的开头部分写道，“审议虽得到了大概一致之意见，但关于士官候补生随军勤务之存废问题仍略有分歧。因此事甚为重大，故委

员会未决其可否，而提交两案作为答复”，表明两个方案最大的不同在于随军勤务是否必要的问题。但是，在上文已指出委员会对制度改革的基本态度的基础上，更需要引起注意的反而是围绕地方幼年学校命运的一系列问题。因为在两个方案的草拟过程中，最大的争论焦点在于拥有长久传统的地方幼年学校的存废问题，以及录取者的资格和修学年限问题。

作为这一问题的具体体现，正如“修正要领”（作为答复的两个方案）中所写，虽然最终“决定地方幼年学校继续存在”，但“4 人认为应废止地方幼年学校，令中学校第 4 学年结业者进入中央幼年学校”；而在录取者的资格方面，虽然结论是“录取寻常小学校第 6 学年结业或以上程度之学生（限制其年龄）”，但其附加说明表明 6 人“认为应沿用现行制度，令修学年限仍为 3 年，并录取中学校第 1 学年结业及以上程度之学生”[46]。如上文所述，主张把军官学生录取途径限定于地方幼年学校的方案已被否定。而与之相反，此时竟出现了主张完全废除地方幼年学校的论调。

那么，围绕以上的一系列问题，各种意见的博弈情况以及讨论的进行过程究竟如何？

首先，“地方幼年学校保留论”主要基于以下三点。第一，从重视精神“素质”的观点看，有必要自幼对

“纯洁无垢之幼年子弟”进行纯粹培养。“虽有必要令学生理解大众思潮”，但“从纯洁无垢之幼年时代起便培养锻炼学生尽忠奉公之至诚精神，方能养成国民中坚、军队桢干之素质”。特别是“伴随时势之推移，地方青年之志操日益背驰军部之要求”，且普通学校的教育制度改革令军官学生申请者的素质变得“不良”。在这种现状下，为获得素质优良的学生，有必要从“纯洁无垢”的“幼年申请者中录取学生”。即便因此出现“能力与体格劣等之学生人数增加的弊端”，也“不足为虑”。此外，主张废除地方幼年学校的意见将“中学校第4学年结业程度之学生视作可抵御世俗之侵袭，并深受世间之陶冶之人绝不妥当”。第二，为军人之子弟，特别是亡故军人之遗孤考虑，有必要保留地方幼年学校（“令其继承其父之遗业，此乃国家之义务”）。第三，有必要自学生幼年时起便对其进行英语以外的外语教育[47]。

虽然伴有若干制度的变更，但这种“地方幼年学校保留论”基本站在支持继承现行制度的立场上。因此，其保留理由也仅仅是对重视地方幼年学校的以往意见的重复，并无新意。但其提及了“思想之剧烈动摇”和“时世之推移”，特别是强调了自幼纯粹培养的方式与一战后的思想状况，即“大正民主”间的关系，表明这一意见的出现是对时代状况的反映。很明显，这是由于“大正民主”风潮的盛行令陆军更加意识到对军官学生进行纯粹培养的必要性。

其次，从“地方幼年学校保留论”与“地方幼年学校废除论”的关系上看，把军官学生录取途径限定于地方幼年学校的方案已遭到否定，因此既支持“地方幼年学校保留论”又主张“极端的纯粹培养肯定论”的军人为了与“地方幼年学校废除论”抗衡，不得不转而支持“混合教育论”。这使得“纯粹培养论”在保留理由中所占比重上升。此外，笔者认为官僚制中一种继承现行制度的内在惯性的存在也是“地方幼年学校保留论”获得支持的背景之一。

因此，面对地方幼年学校的存废这一讨论激烈的话题，虽然“极端的纯粹培养肯定论”和“混合教育论”在学生是否“优良”的认识方面存在广度上和深度上的明显不同，但是在纯粹培养的必要性方面（其大小有所不同），二者出现了一种局部重合的状态（如上文所述，“混合教育论”对于纯粹培养的要素并未予以否定）。

此外，虽然为对抗风头正盛的“大正民主”与“地方幼年学校废除论”，“纯粹培养论”在保留理由中的比重上升，但“极端的纯粹培养肯定论”所占比重究竟如何则尚未可知。其实，主张“极端的纯粹培养肯定论”的军人虽然认为“为发扬将校团之宗旨，统一将校之出身乃甚为必要之事”，因此“只招收幼年学校毕业生则最为理想”，但是为了“增加陆军将校学生之申请时期”以及“令将校补充工作灵活进行”，却又作为第二选择决定“继承现行制度之宗旨”[48]。

那么，面对此番讨论，支持“地方幼年学校废除论”的军人又有何主张？下文将对其进行总结。

第一，“设立地方幼年学校之主要目的在于令学生于心神尚且清净之年少时隔绝世间潮流之浸染，并专心培养军部所要求之崇高精神”，但是其在学生的人格形成与社会性方面存在问题，即“阻碍个性之圆满与发达，产生社会知识方面之缺陷，且易使其性格萎缩狭隘”；另外，“敌视大众思潮”之“牢笼教育”既“不自然”又非“培养精神之现实途径”，相比之下“忍受世俗之侵袭并受其陶冶之现实教育”反而有所益处，而“将校作为面对兵卒之教官，必须理解大众思潮且有能力善导之”。第二，在军官学生的录取时期方面，以往出身于幼年学校之军官中多有“体格不良”之人，比起“未来生理发育情况颇为未知之幼童”，直接招收“已经发育健全之青年”更为稳妥。第三，外语教育及“军人子弟教育辅助”早已不能成为保留地方幼年学校的充足理由[49]。

这种“地方幼年学校废除论”认为始自幼时的“牢笼教育”即纯粹培养既“不自然”又非“培养精神之现实途径”，因而可称为“纯粹培养否定论”。此外，这种主张高度评价“实际教育”，并重视“健全之发育”，不仅从精神方面考量，更从“发育”等方面对申请者的素质进行考量。因此这种主张具有灵活性和综合性，且能以相较宽泛的方针录取并教育学生。

也就是说，这种主张重视军官作为国民一员和社会一员的一面，并且在培育军官时力图使其兼备社会性与社会常识。在这种意义上，“地方幼年学校废除论”与反对过度纯粹培养的“混合教育论”（其中含有对纯粹培养的质疑）并非互相对立的关系。相反，“地方幼年学校废除论”的出现，是“混合教育论”重视宽广生源价值的综合视角在理论上的极端体现。

因此，在与“极端的纯粹培养肯定论”抗衡方面，“混合教育论”与“纯粹培养否定论”有着相当程度的一致性。然而，对于废除地方幼年学校这一激进观点，二者虽然在军官培养方面均重视其作为国民一员和社会一员的属性，即在宽泛视角方面存在共通性，却在是否认可纯粹培养的问题上存在立场分歧。

并且，在“纯粹培养否定论”的背后存在一种强烈的变革意识，即“若满足于现状则无需多言。如欲发展向上，则须力排保守主义，虚心坦荡，研究实际适合之方法”[50]。

此外，在是否认可纯粹培养的问题上，我们还需留意军校教育当事人的意见。早在1916年度陆军幼年学校的校长会议决定事项中便有如下认识，即“借由新闻杂志及其他途径，学生于校外接触社会思潮之情况超乎预想。采取预防手段并将其隔离于社会实属不可能之事。且学生将来乃教育兵卒之将校，须对社会之实际问题有适当之批判能力。故不可将其完全隔离于社会而进行培养”[51]。

而在录取资格与修学年限问题方面有以下两种方案：以寻常小学校第6学年结业及以上程度作为录取资格的地方幼年学校4年制方案；以及承袭现行制度，即仍以中学校第1学年结业及以上程度作为录取资格的地方幼年学校3年制方案。而二者之间最大的争论焦点仍然集中于纯粹培养问题。例如，4年制方案站在“纯粹培养论”的立场之上，认为借此“能够录取纯洁无垢之幼年子弟”，并“能更彻底地贯彻幼年学校设立之宗旨”。而与之相反，“三年方案之主张”在于以下三点：第一，“寻常小学校之教育程度低，因此即便进行录取考试亦难保公平”；第二，“体格劣等者之人数”将“越发增加”；第三，“修学期限之增加将不免导致经费之增加”[52]。

综上所述，在“修正要领”的草拟过程中，在军官学生的纯粹培养问题上，以主张共同教育幼年学校与普通学校学生的“混合教育论”为轴心，出现了两种极端观点，即主张将录取途径原则上限定于地方幼年学校的“极端的纯粹培养肯定论”，以及主张废除地方幼年学校的“纯粹培养否定论”。虽然“修正要领”本身的立场基本在于否定“极端的纯粹培养肯定论”而支持“混合教育论”，但其中同时写有地方幼年学校 4 年制方案与 3 年制方案的事实则说明纯粹培养的需求程度问题尚未有所定论。然而，实际进行的制度改革最终采取了 3 年制方案，这意味着与以往的制度相比，“纯粹培养论”绝未得到强化[53]。

最后，官僚制中存在一种继承现行制度的内在惯性，且“极端的纯粹培养论”虽遭到了否定，但“纯粹培养论”本身仍然存在。在这一意义上，即便是在“大正民主”的状况下，“地方幼年学校废除论”能够被大胆提出并未被指责为错误思想，其宣扬与讨论更是发生于陆军的政策制定负责人之间，这种现象背后的意义不容忽视。总之，针对军官培养过程中纯粹培养的效果问题，公然质疑的声音已被时代的发展所容许。

三　陆军幼年学校的废除

由上文可知，作为军官培养的起点，陆军幼年学校在陆军的教育体系中历来占有重要地位。然而，在新制度施行后不久的 1922 年 3 月，大阪陆军幼年学校被废除，且各地的陆军幼年学校在此之后亦陆续遭到废除。本节将针对其废除原因进行探讨。

1. 大阪及名古屋陆军幼年学校的废除

大阪陆军幼年学校与名古屋陆军幼年学校的废除时间分别为 1922 年 3 月 31 日和 1923 年 3 月 31 日。但是，《名古屋及大阪陆军幼年学校废除纲要》（「名古屋及大阪陸軍幼年学校廃止要領」）和其《细则》（「細則」）却分别作为大正十年“军令陆乙第 7 号”和“陆密第 216 号”公布于 1921 年 7 月 14 日[54]，即公布于新的陆军军官培养制度施行不久之后。

受史料制约，对于正式决定废除以上两校的时间及经过尚无法进行详细考察。但有现存文书表明，教育总监部于 1920 年 9 月 14 日起草了名为《有关废除名古屋、大阪陆军幼年学校的意见》（「名古屋大阪陸軍幼年学校廃止ニ関スル件」）的文书[55]。基于这一点，笔者认为两校的废除很可能决定于 1920 年 9 月。上文已经提到，包括陆军幼年学校 6 校体制在内的教育制度改革（《陆军士官学校令》等的制定[56]）实施于 1920 年 8 月，而上述两校在改革开始后一个月便遭废除。

假如事实确实如此，则在 8 月的改革所依据的教育制度改革法案（《军官补充制度改革法案》）最终决定时，幼年学校的废除便极有可能已经包含于其中了。例如，《总监就大阪陆军幼年学校废校一事向职员学生所做训

示》（「大阪陸軍幼年学校廃校ニ関シ職員生徒ニ対スル総監訓示」，1922 年 3 月 17 日，于大阪陆军幼年学校）中写道：[57]

> 此次废校实为遗憾，然世界大战之结果令我军事诸般领域中甚多问题急需改良进步，其中将校作为军队之桢干，其补充及相关教育制度等问题最为重要；且文部当局亦于此时断然进行学制改革。此种内外情势下，我军制度之根本改善实为急务，故本校与名古屋校被一同废除……

此外，如若废除两校的决定确实与教育制度改革相关的话，则 1921 年度 6 所幼年学校的新生录取总数从以往的 300 人减至 200 人（100 人相当于其中两校的录取人数）的情况也与大阪、名古屋两校在当年未进行招生的事实相符[58]。因此，当年 8 月进行制度改革时，陆军选择暂且维持幼年学校的 6 校体制的原因恐怕在于学生安置等问题（比如必须把在校生转移至其他幼年学校）。

因此，废除两校的理由首先在于“军官补充制度的变革”[59]。与此同时，其废除也是“军官补充率降低”[60]的结果。就前者而言，如果前文关于废除理由的推论成立，则幼年学校足以对军官学生进行纯粹培养的主张已在包括陆军上层在内的政策制定负责人之间广受质疑。而“纯粹培养否定论”则得到了部分实现。

而就后者而言，其背后的事实是军校申请人数的大幅减少导致了录取人数的减少。例如，1916 年的士官候补生申请人数为 4328 人，而 1920 年则只有 1482 人，减少了约 2/3；1917 年的幼年学校申请人数为 5723 人，而 1920 年仅为 2712 人，减少了一半以上。录取人数的情况也大致如此。例如士官候补生的年均录取人数在第一次世界大战期间基本保持在 220 人左右，但 1919 年后减少至 130 人以下。同时，“录取者之素质亦大致与申请人数之减少形成正比，正逐渐下降”[61]。

上文探讨了大阪、名古屋陆军幼年学校的废除问题，发现两校的废除均存在相应的理由。而从结果上看，陆军废除上述两校的决定为其今后继续废除其他幼年学校开辟了道路。

2. 仙台陆军幼年学校的废除

作为山梨半造担任陆军大臣期间所实施的裁军的一环，仙台陆军幼年学校于 1924 年 3 月 31 日被废除。其在形式上虽然是 1923 年 3 月 28 日制定的《大正十二年军备整理要领》（「大正十二年軍備整理要領」）中的一部分[62]，但有现存文书显示，1922 年 10 月 19 日，陆军省军事课起草的“废除要领”草案和“细则”草案被例行传阅至教育总监部[63]，因此其废除的实际决定时间是在此之前。

随着《华盛顿海军条约》（即《美、英、法、意、日五国关于限制海军军备条约》）的签订（1922 年 2 月）和日本众议院对陆军裁军建议案的表决通过（同年 3 月），1922 年成为陆军裁军气氛浓厚的一年，因此陆军不得不有所应对。陆相山梨半造根据同年 7 月制定的《大正十一年军备整理要领》（「大正十一年軍備整理要領」，第一次军备整理）和第二年 3 月制定的《大正十二年军备整理要领》（「大正十二年軍備整理要領」，第二次军备整理），两度进行了军备整理（裁军）[64]。

在裁军过程中，教育总监部第二课作为教育制度改革的主要负责部门，应该是于 1922 年 6 月前后开始被迫面对陆军幼年学校的存废问题。这一时间的依据在于陆军省军事课向教育总监部第二课发来了以下照会，以讨论与裁军相关的幼年学校问题[65]。

1 是否应裁减幼年学校

2 可否废除两校（仙台、熊本），保留两校（东京、广岛）

针对上述照会内容，教育总监部第二课（课长为长野几麿大佐）在“研究审议”后，于6月12日向教育总监部本部长宇垣一成提交了以下意见，并在获得其批准后将该意见送交第一课。

有关幼年学校存废的意见

一、有关保留幼年学校之必要性及理由，我教育总监部曾于大正三年向陆军省提交《幼年学校之必要性》（「幼年学校ノ必要」）进行说明，后又于大正八年七月提交《军官学生录取及其教育制度修正案》（「将校生徒採用及其教育制度改正案」），并于其附注中进行说明。相关当局已熟知其内容，故无必要再次进行说明。然而为慎重起见，特将附页所记修正案之附注部分送交彼处，并根据现今之形势附以以下若干意见。

1. 鉴于地方青年之心理状态，为获得素质优良之生源，于幼年者中选拔学生较为有利。鉴于现下之思想状态则更应如此。

2. 令将校之后继者，尤其是预备役、后备役将校之后继者以较低学费进入幼年学校，有利于弥补现下将校物质待遇之不足。

二、基于以上理由，我教育总监部从教育之见地出发，认为幼年学校之全废或减少并不恰当[66]。

也就是说，为了陈述保留陆军幼年学校的必要性，第二课列举了两条原因：第一，有必要从幼年者中录取学生；第二，有必要优待军人子弟（外语教育的必要性却未被特意提及）。但是，对于这份意见，教育总监部第一课课长川岛义之在“忖度教育总监（秋山好古）之意图和陆军省之气氛”后，认为教育总监部“为陆军省留下选择余地较为恰当”，从而提议在第二课的方案中添加如下一条意见。

三、四方情势万不得已之时，可为了均衡幼年学校出身者与地方出身者之比例而废除其中一校。

这一日，第二课全体课员跟随新任本部长宇垣一成参加他赴任后对东京陆军幼年学校的首次巡视。收到上述提案后，第二课便立即展开研究，并经本部长的裁决后同意了第一课课长的提案。因此，这份含有追加条款的方案作为教育总监部的最终方案于 13 日下午被送交陆军省，这一工作随之暂告段落。

然而，最终方案的递交事出仓促，因而未经教育总监的检查。第一课课长川岛义之在将方案送交陆军省后将其交给教育总监秋山好古查看，并得到了第二款中的“或减少”一文“可删除的意见”。因此，在第一课课长的命令下，第一课课员森五六少佐于 14 日上班途中先至陆军省删除了“或减少”一文。

对此，第二课认为“‘或减少’一文的删除从根本上违背了第二课的意见，即便是遵照总监的意图，但第一课未向负责此事的第二课进行任何说明便擅自处理，甚为不当”，并“为将来计，就其失当举动向第一课进行了诘问”。但第二课“并未要求撤销此次删除”[67]。

从上述经过可知，在必须进行裁军的状况下，包括主要负责的教育总监部第二课在内，教育总监部倾向于做出如下判断，即根据情况，废除陆军幼年学校中的一所在所难免。第二课虽然原本对废除一所亦不能容忍，却“并未要求撤销此次删除”。

就这样，陆军内部围绕陆军幼年学校的保留问题产生了明显的认识分歧，而即便是在教育总监部内部，其坚持保留陆军幼年学校的强硬姿态亦有所弱化。因此，对于第二课而言，要点在于在保留幼年学校的必要性上获得教育总监部内部的理解，进而获得整个陆军特别是陆军省的理解。

同时，第二课认识到军事课的照会亦将幼年学校的全部废除纳入了讨论范围，因此开始抱有强烈的危机感。制成于同年 7 月并署名为教育总监部的文书《幼年学校之必要性》（「幼年学校ノ必要ニ就テ」）[68]便是这种危机感的一种体现。针对陆军幼年学校的必要性，于7月27日被“书面通告各处”的这份文书中记载了如下理由。

第一，“必须于幼年时起进行陆军将校之熏陶”；第二，“作战及军事所必要之德、法、俄等外国语学之教育必须于学生幼年时由陆军进行”；第三，“幼年学校制度含有优待军人子弟，尤其是优待军人遗孤之意义”；第四，“军部所需之科学教育必须于学生幼年时由陆军进行”[69]。

其中的前三条只是对以往陆军内部所主张论点的再次说明，并无新意。但第四条理由认为“欧洲大战实可谓科学之战争”，因此“将校若不能充分习得科学知识，将难以于未来战争中取得胜利”。也就是说，第四条理由论及了幼年学校与第一次世界大战的关系，是反映了时代状况的新思路。

而在经费方面，该文书也反驳道，“世间往往有人认为幼年学校教育需要庞大经费”，但其与中学校教育的经费相比“绝非甚多”。其“总预算”于“陆军整体之预算中所占极少”。

如上文所示，署名为教育总监部的该文书虽然对保留陆军幼年学校的理由进行了展开说明，但这些理由在当时陆军内部究竟有多大的说服力却不得而知。虽然从教育总监部的观点上看，对于陆军幼年学校的必要性，“世间往往指摘其中一部分形而下的缺点，却不顾其他形而上的众多优点”，且“如今国民思想动摇，武士道正处于消亡之秋”，“实有必要令军官学生之志操涵养更为坚实”，但还有如下这般“鼓吹废除幼年学校之说”。

第一，“我国自古独有大和魂，因而军部无需长年熏陶”；第二，“海军并无幼年学校，却仍能达到预期之目的”；第三，自幼便将学生隔离于社会而对其施以军人之预备教育，反而会阻碍其身心之发达，且导致日常必需之常识举止之缺失[70]。

在这些废除幼年学校的论调中，第三条属于“纯粹培养否定论”，与上文探讨的教育制度调查委员会的“幼年学校废除论”意义相同。因此，废除论不止存在于陆军之外，其内部亦有为数不少的共鸣者。

总之，教育总监部既已向陆军省做出了可废除其中一所的回复，便已无法抗拒这一趋势。1922 年 9 月，事态已发展为“本次军备整理预计进而对一校进行整理”[71]。但是，根据陆军对于当时国内各种裁军要求的表态，即陆军省制成的《陆军对于行政整理案之意见》（「行政整理案ニ対スル陸軍ノ意見」，9 月 5 日），面对废除陆军幼年学校的要求，陆军始终坚持“不能同意”“全废”的态度。这说明至少到该阶段为止，陆军对于军队内外均采取了反对“幼年学校全废论”的姿态。

同时，陆军省最终提出的反对全部废除的理由有三点：第一，“幼年时开始进行陆军将校之熏陶较为有利”；第二，“军事所需之特种语学（德语、法语、俄语）必须由陆军对必要人员进行教授”；第三，幼年学校制度含有“优待军人子弟，尤其是军人遗孤之意义”[72]。在这一方面，可以说教育总监部（尤其是第二课）的主张得到了采纳。

3. 熊本和广岛陆军幼年学校的废除

熊本陆军幼年学校废止于1927年（昭和二年）3月31日，广岛陆军幼年学校废止于1928年3月31日。二者的废除均与所谓的宇垣裁军有关，并在形式上遵从了《大正十四年军备整理要领》（「大正十四年軍備整理要領」，1925年3月27日）。负责讨论和审议此次裁军框架的是设立于1919年3月的制度调查委员会，其目的在于“调查陆军诸制度”。该委员会由当时的陆军大臣田中义一设立，由陆军大臣监督，陆军次官任委员长，陆军省军事课课长等人任干事[73]（随后成立的作战资材整理会议的干事长同时任该委员会的干事长兼委员[74]）。在田中义一再次担任陆军大臣后，该委员会于1923年12月进行了扩充，而身为委员长的陆军次官宇垣一成不久后代替田中义一成为下一任陆军大臣（1924年1月7日），陆军幼年学校存废问题的审议则在陆军次官津野一辅（前教育总监部本部长）就任委员长之后方告开始。

而其审议过程的特殊之处在于，“幼年学校废除案”成为贯穿始终的议题。也就是说，自1924年2月28日的干事会议案起，至同年3月19日制度调查议案和3月11日及22日的制度调查第一次议题一览表为止，“幼年学校废除案”始终是预定议题之一[75]。在同年3月26日召开的制度调查委员第一次会议上，该议题再次被确认为首要议题，并在4月28日的第8次会议上以议案第25号的形式进行讨论[76]。

因此，从该议题受到的待遇至少可以看清负责议题准备工作的委员会干事们对陆军幼年学校存废问题的态度。事实上，作战资材整备会议干事长川岛义之少将和干事广濑寿助大佐在第8次会议上主要沿着“陆军幼年学校全废论”的方向进行发言，委员长野津一辅甚至发言道，“干事之说明有以废止为前提之感……余虽未必主张保留，但废除一事还望诸位慎重考虑”。

然而，身为委员的军务局局长畑英太郎在“同意废除”的基础上认为“但是为了优待军官子弟可保留一校”；教育总监部本部长渡边寿在会议伊始便称“废除乃无奈之举”，进而明言自己“于主义上同意废除”。上述发言表明，委员会审议的一大特征在于，比起废除陆军幼年学校的恰当性问题，审议自始便围绕是否全部废除、全部废除之际应如何决定条件，以及是否保留其中一所等问题而展开。在这一情况下，委员们的意见形成了以下三种不同方案。

第一方案　全部废除（赞成者 5 人）
阿部信行少将（参谋本部总务部部长）、川岛义之少将（作战资材整备会议干事长）、黑泽准少将（参谋本部第一部部长）、山田弘伦军医总监（陆军省医务局局长）、三井清一郎主计总监（陆军省经理局局长）

第二方案　保留一校（“对学资最为困难之人进行补助”，3 人）
长谷川直敏少将（陆军省人事局局长）、畑英太郎少将（陆军省军务局局长）、杉山元大佐（陆军省军务局军事课课长）

第三方案　有条件之全部废除（“以士官学校预科之年限延长为前提之全废”，3 人）
渡边寿中将（教育总监部本部长）、大桥顾四郎少将（陆军省兵器局局长）、坂本政右卫门大佐（教育总监部第一课课长）

因此，以下几点值得注意：首先，全部废除的主张获得了多数支持；其次，虽然并非毫无条件，但隶属教育总监部的委员们对全部废除表示同意；最后，保留一校的理由在于优待军人子弟。从教育总监部的立场看，其对于全部废除并非无条件接受，而是附加了条件；尽管如此，“于主义上同意废除”的发言仍具有重大意义。

而另一方面，围绕早已存在的“陆军幼年学校保留论”和以往被论及的保留理由，会议上又出现了以下讨论。首先，对于从幼年起开始培养素质优良的学生的主张，即“纯粹培养论”，会议上出现了众多质疑的声音，比如军务局局长畑英太郎断言“幼年学校毕业生未必素质优良”，并主张“将校之补充可归于一途”；而拥护“纯粹培养论”的声音则完全不存在。

例如经理局局长三井清一郎在表达了“外部对于幼年学校之感想并不良好”的观点后，进而对幼年入学的方针提出了质疑。

> 为获得优秀将校，并令其成为将校之中坚，如确有必要保留幼年学校，则可保留之。然学童奉其家长之命进入幼年学校，其中中途思想变化、厌恶军人之例为数不少，上述之理由已然难以成立。要点在于，如出于主义问题之考虑而有必要保留幼年学校则姑且

不论；如并非如此，则吾同意畑委员提出的将校补充方法归于一途之意见。

干事长川岛义之亦认为即便废除幼年学校，士官学校预科入学者的“素质问题并无太大忧虑”，并进而对“纯粹培养论”进行了否定。他认为“如概观身处陆军要职之人”，便能发现其中幼年学校出身者与普通学校出身者呈“混合”状态；即便在“无形之方面”，两类人之差距亦“并非绝对之物”。此外，教育总监部第二课的山田喜藏大尉以说明人的身份参与了会议。面对人事局局长长谷川直敏提出的“幼年学校出身者特色何在”的提问，连山田喜藏都不得不答道，“幼年学校出身者之中学业、精神等方面优秀之人众多，但劣等之人亦为数不少”。

值得注意的是，从“发育”与“健康状态”的观点出发审视幼年学校毕业生素质不良问题的发言为数众多。其中，军务局局长畑英太郎认为“最为头疼的是身体方面的问题”，人事局局长长谷川直敏认为“体格不良的将校多出身于幼年学校”，二人的此番言论具有象征意义。

而在外语教育的必要性方面，教育总监部本部长渡边寿主张“强制教授语学（法、德、俄等）”并说明了其必要性，还以此作为废除幼年学校的条件之一，但未能获得任何人的赞成。相反，否定的意见众多，比如军务局局长畑英太郎认为“语学方面并非绝对”，干事长川岛义之也认为“语学之问题……即便不从幼年之时开始教授亦不存在绝对问题”，二人的发言具有代表性。

最后，围绕军人子弟的优待问题，上文已经论及军务局局长畑英太郎提出“为优待将校之子弟，可保留一校”，并以此作为“一校保留论”的理由。这一建议得到了人事局局长长谷川直敏的同意，因此在保留幼年学校的各种理由中是唯一获得了支持的。然而，干事长川岛义之与干事广濑寿助在“充分”考虑后，提出了“保留一校之效果不大”的反对意见，并“得出了可将幼年学校全部废除，转而采用其他方法优待军人的结论”。委员长津野一辅又在此基础上表态称“对将校子弟之优待为幼年学校之副产物，因此无法单独成立，但战死者之孤儿属于另外之问题”，显示了他无法全面支持“一校保留论”的态度[77]。

总之，即便在陆军内部，以往被反复提及和主张的三种“陆军幼年学校保留论”逐渐失去了说服力，其中“纯粹培养论”作为主要的主张，甚至已无法成为保留一校的理由。教育总监部从自身方针出发，自然没有完全放弃“纯粹培养论”，在委员会第21次会议，即最后一次会议（1924年6月28日）上，教育总监部第一课课长坂本政右卫门将这一问题与士官学校预科的年限延长问题联系在一起，发言称“幼年学校之废除无疑将导致素质优良者之减少，因此作为其补偿，将预科延长一年有利于全体之向上”。然而事实上，教育总监部在会上并未强力主张“纯粹培养论”，且坂本政右卫门大佐的上述言论亦遭到了反驳：“废除幼年学校所伴随之困难最终归结于语学问题，仅因为语学问题便延长全部课程是否必要”（委员长津野一辅）；“废除幼年学校所伴随之预科延长问题最终归结于语学问题，仅为此便延长一年甚不经济”（参谋本部总务部部长阿部信行）。围绕“纯粹培养论”甚至无法形成讨论[78]。

综上所述，围绕陆军幼年学校的废除问题，制度调查委员会第 8 次会议通过了前文所示的三种方案。这一结论也于最后一次会议，即第 21 次会议上得到了确认，尤其因为“本问题于教育总监部而言十分重大”[79]，所以不对结论进行统一，而是将三个方案一同汇报于陆相宇垣一成，其裁决也交由以陆相宇垣一成为首的陆军上层进行。总之，废除陆军幼年学校的大方向至此已被决定[80]。

结　语

本章以陆军幼年学校的存废问题为中心，对陆军教育制度的改革问题进行了考察。在第一次世界大战后新的时代状况下，陆军军官的培养制度在1920年发生了重大变化。这种变化的目的在于“适应”“欧洲战乱以来社会状态与国民思潮之变迁”，其中心论点则在于以陆军幼年学校的存废为象征的军官学生录取途径问题、军官学生“素质”问题，以及如何看待纯粹培养的问题。

在一战后“大正民主”风潮高涨的状况下，陆军内部一方面存在主张纯粹培养军官学生的“纯粹培养肯定论”，而另一方面“纯粹培养否定论”也应运而出。而后随着时间推进，怀疑或否定纯粹培养的氛围变得相对浓厚。需要注意的是，在这一过程中围绕如何评判军官学生“素质”的问题，比起以往仅重视军人精神的观点，这一时期出现了包括“常识”和“体格”在内的更为多角度的观点。

尽管在废除陆军幼年学校的实际过程中，裁军与军官补充率的降低等外部原因确实发挥了很大作用，但在其过程中，“陆军幼年学校保留论”本身逐渐失去了说服力，这一点是不容忽视的重要原因。特别是怀疑或否定“纯粹培养论”的氛围（讨论）的扩大，是在心理方面（以及理论方面）令陆军最终同意废除拥有长久传统的陆军幼年学校的重要原因之一。

最后，东京之外的5所陆军幼年学校在20世纪20年代遭到废除，这使得寻常中学校第4学年结业，并进入陆军士官学校预科的普通学生的人数空前增长。从结果看，这正具体体现了陆军新的教育理念，即培养符合新时代要求的军官的理念[81]。

注释

1. 陆军大臣田中义一于 1919 年 5 月 10 日对《军队内务书》修订审查委员长下达的训令（『永存書類　大正一〇年甲輯第一類』，防衛庁防衛研究所図書館所蔵）。
2. 大谷敬二郎『昭和憲兵史』，みすず書房，1969 年，第 16 頁。
3. 教育総監部編『精神教育資料第四輯（上）』，偕行社，1941 年，第 249～250 頁。
4. 陆军大臣田中义一在 1919 年 4 月 23 日召开的师团长会议上的演讲（教育総監部編「精神教育より観たる軍隊内務」，1935 年，第 441 頁）。
5. 「各兵科団隊長及参謀会同席上改正軍隊内務書綱領ニ関スル陸軍大臣ノ口演摘要」（1920 年 9 月 19 日，於陸軍士官学校予科），『偕行社記事』（下文将简称为『記事』）第 560 号附録，1921 年 4 月，第 26 頁。
6. 下文参阅的文献主要有：偕行社編纂部「陸軍教育施設の変遷」『記事』第 754 号，1937 年 7 月；東京陸軍幼年学校「陸軍幼年学校概観」『記事』第 764 号，1938 年 5 月；「東京陸軍幼年学校及陸軍士官学校沿革ノ梗概」『教育総監部第二課歴史 大正一二．一～一四．五．二〇』1920 年 10 月，防衛庁防衛研究所図書館所蔵；山崎正男編『陸軍士官学校』，秋元書房，1969 年；熊谷光久『旧陸海軍将校の選抜と育成』，防衛庁防衛研修所（日本防卫厅防卫研修所是防卫厅防卫研究所的前身，于1985年更名。现在的正式名称为日本防卫省防卫研究所——译者注），1980年，第30～43頁、第48～49頁和第76～77頁；熊谷直（光久——笔者注）『日本の軍隊ものしり物語』，光人社，1989年，第195～203頁和第212～218頁。其中，熊谷直「旧陸海軍将校の選抜と育成」的大部分内容收录于熊谷直『日本軍の人的制度と問題点の研究』（国書刊行会，1994年）中，但拙著主要参阅的是熊谷直「旧陸海軍将校の選抜と育成」。

7. 熊谷直「旧陸海軍将校の選抜と育成」第31頁。
8. 同上。
9. 同上，第35頁。
10. 同上。
11. 同上，第39頁。
12. 「東京陸軍幼年学校及陸軍士官学校沿革ノ梗概」。在士官候补生第1期至第5期的修学时间方面，寻常中学校出身者为1年8个月，陆军幼年学校出身者为1年6个月（山崎正男編『陸軍士官学校』第35頁）。
13. 熊谷直「旧陸海軍将校の選抜と育成」第38頁。
14. 同上，第37頁。山崎正男編『陸軍士官学校』第215頁。
15. 熊谷直「旧陸海軍将校の選抜と育成」第77頁。
16. 同上。
17. 熊谷直「旧陸海軍将校の選抜と育成」第39～40頁、山崎正男編『陸軍士官学校』第35、37頁。此外，陆军于1896年制定了《陆军补充条令》，其中规定士官候补生的录取途径为陆军中央幼年学校毕业生、寻常中学校毕业生及同等程度之考试合格者。
18. 阵亡军人遗孤以外之人从1880年开始被陆军幼年学校录取。遗孤享受公费生待遇，一般学生则属于自费生。另外，遗孤参加录取考试时同样受到优待。而在海军方面，遗孤的录取则开始于1888年。其中存在全额免除学费的特待生（陆海军阵亡武官和死亡武官的遗孤）和部分减免学费的半特待生（陆海军尉官等之子嗣）。以上内容参阅熊谷直「旧陸海軍将校の選抜と育成」第194~196頁；秦郁彦編『日本陸海軍総合事典』，東京大学出版会，1991年，第735頁。

19. 熊谷直「旧陸海軍将校の選抜と育成」第39頁。

20. 1898年，陆军中央幼年学校和陆军士官学校的修学年限分别被缩短至21个月与1年（1896年《陆军士官学校条例》修改后变为1年3个月），陆军士官学校于1906年恢复为1年半，陆军中央幼年学校于1919年恢复为2年（同上，第196頁）。

21. 监军山县有朋（后出任教育总监）在1897年12月10日的陆军幼年学校校长集会上做出训示，并阐述了陆军幼年学校的设立宗旨（『陸軍教育史　明治別記第一一巻　陸軍中央地方幼年学校之部』，防衛庁防衛研究所図書館所藏）：

> 幼年学校乃将校团之补充所，旨在对志愿成为军人之子弟施以中等教育，并培养其军人精神，同时对其施以军事教育。（中略）
>
> 军人精神于将校最为重要，如欠缺此精神，则即便学术技能优秀，仍与常人无异，不能称之为真诚之军人。因此军人之教育必须以培养该精神为主要着眼点。该精神之培养无法寄托于，非也，是不可寄托于寻常中学校之教育。（中略）
>
> 因此，为获得精良之将校，军事所必要之中等普通教育、军人精神之培养教育以及军人之预备教育尤其缺一不可。此乃设立幼年学校之必要理由。（中略）
>
> 总之，幼年学校之教育宗旨在于以军人精神之培养为主，同时讲授军事所必要之普通学科，以令学生具有将校应有之性格与知识。

另外，针对将陆军幼年学校分为中央与地方两级，并将整个修学年限从3年延长至5年的理由，山县有朋发言如下。

一、军人精神之培养并非在于一味讲授其要领，而在于令该精神无论何时何地均能发挥作用，令学生显军人之真容，尽军人之本分，乃至该精神成为其第二之天性。因此其培养教育必须长年累月进行，否则难收感化熏陶之效果。

二、为令学生修养身心，并成为精良之将校学生，其年龄与授课状况于教育之意义十分明确。因此，必须录取幼年之学生，并令其在恰当之学年接受必要之课程，否则无法收获充分之成果。

（中略）

附记

陆军将校之根干由幼年学校出身者构成，同时必须于一般公众中选择其人，并加以同化。设立每年于一般公众中补充若干人数之制度，其目的在于令超出地方幼年学校入学年龄却志愿成为军人之青年贯彻其志，既保证公平，又拓宽其前途。

此外，《陆军幼年学校教育纲领》（『陸軍幼年学校教育綱領』，1898年8月16日，教育总监部，第17頁）对陆军幼年学校做了以下定位，即“陆军幼年学校乃对可成为帝国陆军将校之人进行教育之所。军队之强弱在于其桢干之将校之优劣，将校之优劣在于其教育。然则帝国陆军之精神元气可谓源自幼年学校”（收录于『陸軍教育史　明治別記第一一巻　陸軍中央地方幼年学校之部』）。

22. 下文主要参阅以下文献：熊谷直「旧陸海軍将校の選抜と育成」第44～48頁、熊谷直『日本の軍隊ものしり物語』第216～218頁、秦郁彦『日本陸海軍総合事典』第735～736頁。
23. 将校生徒試験常置委員主事「将校生徒志願者の現況並指導に就て」『記事』第563号附録，1921年7月。
24. 同上，第1頁。熊谷直「旧陸海軍将校の選抜と育成」第

46 頁。

25. 「将校生徒志願者の現況並指導に就て」。山崎正男『陸軍士官学校』第 9 頁。

26. 「将校生徒志願者の現況並指導に就て」。

27. 新制度自陆士第 37 期生于 1921 年进入陆军士官学校预科起开始施行。对于制度修改的结果，教育总监部认为“自十年（大正十年，即 1921 年——译者注）开始录取士官学校预科学生并将入学时期改为 4 月 1 日以来，进入其他学校之人近乎消失，因此（士官学校）得以容纳更多成绩排名靠前之人，然而与大正五年之隆盛时期相比尚显逊色”［「陸軍幼年学校教育、陸軍士官学校教育、陸軍砲工学校教育、陸軍将校生徒召募状況」（1922 年 3 月），收录于『教育総監部第二課歴史　大正一〇．一～一一．一〇．一九』，防衛庁防衛研究所図書館所藏］。

28. 「将校生徒志願者の現況並指導に就て」第 1 頁；「将校生徒志願者召募概況ノ件」（『密大日記』大正一〇年六冊ノ内第六冊，防衛庁防衛研究所図書館所藏）；「陸軍幼年学校教育、陸軍士官学校教育、陸軍砲工学校教育；陸軍将校生徒召募状況」。

29. 熊谷直「旧陸海軍将校の選抜と育成」第 45～46 頁。

30. 山崎正男『陸軍士官学校』第 41 頁。

31. 从 1922 年开始，陆军士官学校预科的教育科目中增加了心理学、教育学和法制经济等课程（熊谷直「旧陸海軍将校の選抜と育成」第 47、82～83 頁）。另外，《伦理教授细则修改要领》（『倫理教授細目改正要領』）于 1922 年 2 月制定。该要领可反映陆军“适应”“社会状况与国民思潮之变迁”的思路。其全文如下：

一、（略）

二、（略）

三、鉴于以往之教学经验与时势之进运，在幼年学校方面做如下修改：

1. 第1学年取消德川光圀之操行、修学旅行心得、启发录之一节等条目，减少本校学生本领及心得之授课次数，转而增设自治、守法、节制等条目，并将各条目恰当安排编入各学期课程。

2. 第2学年取消开学须知、加藤清正之操行、山鹿素行之士训、吉田松阴之热诚等条目，转而增设常识、读书须知、理想、牺牲、个体与集体、人格之尊重、热诚等条目，增加戊辰诏书衍义之授课次数，并将各条目恰当安排编入各学期课程。

3. 第3学年取消兵制、学艺、毕业须知等条目，转而增设武力与和平之条目，并将该条目恰当安排编入各学期课程。

四、鉴于教育纲领之修订、以往之教学经验以及时势之进运，在士官学校预科方面做如下修改：

1. 第1学年完全取消法制中《大日本帝国宪法》之条目及本国历史中武士道之条目，对论语抄加以精简，并整理其他授课事项，特别是要新设国民道德、外来思潮等条目，最后将各条目恰当安排编入各学期课程。

2. 第2学年新设伦理学概论之条目，将其与知、情、意之修养及伦理总括等条目整合，并恰当安排编入各学期课程。

五、幼年学校与士官学校预科都应根据学生之程度，针对世代之思潮进行恰当之指导。

32. 对于陆军来说，为向军校退学者以及在裁军中遭到裁撤的将校提供就业支援，一个重要问题在于军校的资格认定，即文部省如何认定军校毕业生资历的问题。1921年9月13日的文部省告示规定，陆军大学与陆军士官学校与专科学校平级，其毕业生亦与专科学校毕业生平级，同样可以参加高等学校教员资格考试。同年9月17日的文部省告示规定，在高等学校高等科的入学资格方面，陆军幼年学校毕业生（1923年3月以后的毕业生）的资历被认定为寻常中学校 4 年结业及以上。1923 年 3 月后结业的陆军士官学校预科 1 年结业生以及 1921 年至 1923 年的陆军士官学校预科毕业生被认定为“在专科学校入学方面，与中学校毕业生拥有同等或在其之上的学习能力”。以上诸点参阅熊谷直「旧陸海軍将校の選抜と育成」第51～52 頁。

另外，陆军出于对心理学、教育学、伦理学及社会学的研究需要，新设了把将校派往东京帝国大学和高等师范学校等处进行为期 2～3 年学习的制度。其理由可参阅以下史料（「一部ノ将校ニ精神科学ヲ専攻セシムルノ必要ニ就テ」，1921 年 3 月，『教育総監部第二課歴史 大正一〇．一～一一．一〇．一九』）：

令一部分将校专攻心理学、教育学、伦理学等精神科学将有所助益。

理由

文化日益进步，社会日益复杂，且学术之普及日益显著，思想之推移日益迅速。当此之时，如欲令将校于世事变迁中保其地位，全其职责，则有必要进行军事以外之学术研究。此乃士官学校开始教授一部分心理学、教育学等精神科学之原因。我等承认，于学术进步之今日，无此等科学素养之人终究难以胜任教育者之职，且难以解决复杂之问题。（中略）

既已承认将校研究此等科学之必要，则应像理工科等自然科学一般，令一部分将校特意学习其内容，并对一般将校之指导及军队教育之改善做出贡献。此举定当有所助益。

（中略）

三、伦理学及社会学

为扩展将校之见识，培养其人格，巩固其信念，以令其胜任内外之职责，则不可轻视此二学科之研究。尤其是现今不健全之主义学说时而袭来，国民思想极易动摇，社会现象与青年风尚等方面亦多有值得忧虑之事，因此更加不可轻视此二学科。

现今，受过教育之青年变得颇具怀疑、批判之心，对以往之惯习与传统之道德逐一寻求说明，而不肯盲信。因此面对信奉不健全之主义、固执于错误信念之人，我青年将校对此方面毫无修养，因而无论以何等热心之态度与其相处，终无法打动后者。因此，有必要通过研究伦理学与社会学等学科，提高将校对此方面之见识，为其所言赋以学术根据，以令其于内外事务方面发挥职能。

欲期事物之改善进步，不断之研究调查不可或缺。而调查研究必须以横跨各方面之学术研究为基础。如将学术视为迂腐之事而轻视之，而将以常识应对当面之急务视为正确，则终究无法实现卓越之进步发展。而学术之分科原是为了研究之便利，终将合为一体。网罗各部门之知识方能对事物进行全面判断，而不可仅从物质方面观察事物却忽视精神方面。因此，即便从事学术研究，如其研究调查偏重于理工科等自然科学却轻视精神科学，则终不可期其完备。此时得出之结论反而伴随危险性。

乍看之下，学术研究甚为绕远，且其学习效果难以立即发挥，但最终之胜利当归于此。基于常识之努力于经年累月后仍能于有限范围内持续发挥一定作用。而现今正值大战后世界革新之秋，宜着眼于高处，定远大之目标，并立于坚实基础之上，以此步步前行。就上述诸学科而言，其短浅之实际利益仅为附带事项，其主要目的则反而着眼于遥远之未来。

此外，欲令军队及将校的社会职能得以发挥，亦可与学者及有识之人广为提携，利用其学识及社会势力，行指导国民之实。非也，现下我邦之情势痛切显示了其必要性。如上文所述，将校之学术研究亦能收获此等副产物。

33. 「教育制度調査委員会設置ニ関スル件」『永存書類　大正一〇年甲輯第一類』。此外，关于教育制度调查委员会的内容亦参阅了遠藤芳信「士官候補生制度と中学校」『近代日本軍隊教育史研究』，青木書店，1994 年。

34. 「教育制度調査委員会設置ニ関スル件」。1919 年 2 月 15 日，委员长菊池慎之助将教育总监的第一号咨询告知了陆相田中义一。有关其他的咨询情况，笔者认为咨询共有四号。如根据菊池慎之助向田中义一致函的日期进行分析，则相关细节如下（「教育制度調査委員会設置ニ関スル件」）：第二号（将野战炮兵监部与重炮兵监部统一为炮兵监部等问题）咨询于 3 月 5 日，答复于同月 13 日；第三号（主计候补生的教育改善问题）咨询于 3 月 25 日，答复于 4 月 25 日；第四号（《军队教育令》中必须改正的问题）咨询于 7 月 29 日（答复的日期不明）。

35. 同上。

36. 秦郁彦『日本陸海軍総合事典』第 482 頁。另外，教育总监部第一课负责掌管军队教育、陆军户山学校教育、各兵监所主管之教育事项。

37. 《军官补充制度修改理由》中列举了以下五点：第一，“学生素质之提高”；第二，“出身之统一”；第三，“教育程度及修学年限”；第四，“士官候补生之随军勤务”；第五，“陆军中央幼年学校改为一校”。其中对“教育程度及修学年限”做了如下说明（收录于「教育制度調査委員会設置ニ関スル件」）。

伴随文化之进步，一年志愿兵与一年现役兵无需多言，甚至一般参军之兵卒中亦有许多人拥有中学校水平之学力。因此在普通学的素养方面，以往中学校毕业之水平已难以满足现状。此外，令兵卒习得宪法、法律、经济之要义亦绝对必要。加之关于诸类新式武器之知识在世界大战后亦成为必要。因此，只要各种情况允许，则应延长其教育年限。

然而，此举亦将使任官之时期延后，并将与海军将校补充制度出现隔阂。现下我军持续蒙受海军方面之严重压迫，同时亦蒙受学校录取者素质进一步低下之苦。如此，陆军已忍无可

忍，故任官时期方面大致维持现行规定，同时不得不从随军勤务及其他方面设法确保教育时日。（后略）

38. “学生素质之向上”部分的全文如下（「将校補充制度改正理由」）：

伴随时世之推移，地方青年之志操日益背驰军部之要求，且随着青年年龄之增加，其躲避肉体之劳苦而倾向于物质利益之心理状态乃人所共知之事实。因此，优良之学生散失于其他专科学校中，志愿成为将校学生之人难免素质不良，在普通学校进行教育制度改革之今日则更是如此。因此，军部尽可能从幼年申请者中录取学生并对其施以军部所盼望之教育之紧要性正日益增加。此举既能获得纯洁无垢之幼年子弟，又可尽早决定其将来之方针以令其父兄心安，并坐等其学成之日，如此便能录取优秀之学生。此举虽会导致能力与体格劣等之学生人数增加的弊端，但上述之利益足以弥补这一缺憾。

39. “出身之统一”部分的全文如下（「将校補充制度改正理由」）：

士官学校内以往便由于出身有别而产生学生意志出现隔阂且互相对抗倾轧的现象。虽然不同期数之情况多少不同，但此情况久已有之，以致教员付出巨大努力仍无法将此恶弊根除。尤其是由于部分有失谨慎之青年将校和见习士官，两者在进入士官学校前便埋下了争斗之种子，此情形甚为明显，因此实难将其清除。而此恶弊不仅存在于士官学校中，甚至明显滋生了将校团内部之不和与反目。因此这一结果非但将阻碍诸般业绩之向上，而且于生存竞争激化之今日更会使得将校内部互相指责排斥，并最终导致军部对外之威信扫地。此为有必要统一出身之原因。

40.「将校補充制度改正理由」。
41. 收录于「教育制度調査委員会設置ニ関スル件」。
42. 同上。
43. 同上。另外，笔者认为二者间的协商及制度修改方案的起草均进行于 1919 年 7 月。比如《有关幼年学校存废的意见》（『幼年学校存廃ニ関スル意見』）（教育总监部第二课，1922 年 6 月 12 日）中有“大正八年七月《军官学生录取及其教育制度修正案》附记之中”等字句（收录于『教育総監部第二課歴史　大正一〇．一～一一．一〇．一九』）。而双方的协商在 7 月之后仍然持续进行，比如在教育总监部制作的文书中可以发现制作于同年 11 月 7 日的《军官补充制度修改案之送交》（「将校補充制度改正案送付ノ件」，教育总监部起草，『陸軍教育史編纂史料綴　明治四五．四．二六～昭和一一．八』，防衛庁防衛研究所図書館所蔵）。
44.「将校生徒採用及其教育制度ニ関スル答申」（收录于「教育制度調査委員会設置ニ関スル件」）。
45. 同上。
46. 同上。
47. 同上。地方幼年学校保留理由的全文如下：

（一）虽出现上述之说（废除地方幼年学校——笔者注），但唯有从纯洁无垢之幼年时代起便培养锻炼学生尽忠奉公之至诚精神，方能养成国民中坚与军队桢干之素质。此乃保留地方幼年学校之主要理由。虽有必要令学生理解大众思潮，但应当深思其时机与方法。此外，将中学校第 4 学年结业程度之学生视作可抵御世俗之侵袭，并深受世间之陶冶之人绝不妥当。粗略观察地方中学校之实情，则思过半矣。大众之思想动摇甚为激烈之今日更是如此。况且现下地方幼年学校教育中仍有若干研究之余地。

（二）伴随时世之推移，地方青年之志操日益背驰军部之要求，且随着青年年龄之增加，其躲避肉体之劳苦而倾向于物质利益之心理状态乃人所共知之事实。因此，优良之学生散失于其他专科学校中，志愿成为将校学生之人难免素质不良，在普通学校进行教育制度改革之今日则更是如此。因此，军部尽可能从幼年申请者中录取学生并对其施以军部所盼望之教育之紧要性正日益增加。此举既能获得纯洁无垢之幼年子弟，又可尽早决定其将来之方针以令其父兄心安，并坐等其学成之日，如此便能录取优秀之学生。此举虽会导致能力与体格劣等之学生人数增加的弊端，但不足为虑，且另有缓和之道。

（三）培养下级将校之子嗣，特别是培养战死病死者之遗孤，并令其继承其父之遗业，此乃国家之义务，更显示国军享有利益之多。

（四）由于需要英语以外之数门外国语言，因此有必要由军部对学生专门进行教育。且幼年时代开始教育最为有利。根据以往之经验，士官学校时代之进步与幼年学校时代相比甚为不佳。

48. 「将校生徒採用及其教育制度ニ関スル答申」。
49. 同上。有关地方幼年学校废除理由的全文如下：

（一）设立地方幼年学校之主要目的在于令学生于心神尚且清净之年少时隔绝世间潮流之浸染，并专心培养军部所要求之崇高精神，但其会阻碍个性之圆满与发达，产生社会知识方面之缺陷，且易使其性格萎缩狭隘。现今之国民思潮日益背驰军部之要求，此等思想之渗透问题原本便是教育必须考虑之问题，但军队亦是国民，其教育亦讲究良兵即良民之主义。因此将校作为面对兵卒之教官，必须理解大众思潮且有能力善导之。一味敌视大众思潮，进行不自然之牢笼教育，并将其作为培养心神之手段，且欲将其培养为纯洁无垢之美玉一般，此等行为并非培养精神之现实途径。相较之下，忍受世俗之侵袭并受其陶冶之现实教育反而可取。

（二）在候补生之录取时期方面，相较于未来生理发育情况颇为未知之幼童，自由生活之间已经发育健全之青年更为良好。以往体格不良之将校多出身于幼年学校。

（三）此外，幼年学校存废问题中还应考虑外国语研究及军人子弟教育辅助问题。现行制度规定学生于幼年学校习得军部必需之外国语，此乃设立该校的目的之一。但中央幼年学校及士官学校针对此等外国语各设有两年之学习期间，时间不可谓不长。且英语未来将成为将校之常识，因此进入中央幼年学校前所学之英语并非毫无意义。至于军人子弟教育辅助问题，终将难免世间对于军部自他失衡之非议，最为妥当之举反而在于寻求其他救济之方法。

50. 「将校生徒採用及其教育制度ニ関スル答申」。
51. 「自明治三十三年至大正十年校長会議決議事項」，1922 年 8 月，收录于『教育総監部第二課歴史　大正一〇．一～一一．一〇．一九』。
52. 「将校生徒採用及其教育制度ニ関スル答申」。
53. 包含于“修正要领”中的从下士官中录用士官候补生的方案在 1920 年 8 月的制度改革中以少尉候补生制度的形式实现（熊谷直「旧陸海軍将校の選抜と育成」第 44 頁）。
54. 『教育総監部第二課歴史　大正一〇．一～一一．一〇．一九』。另外，该史料中含有落款时间为 1921 年 6 月的《废除要领》（「廃止要領」）草案、《细则》（「細則」）草案，以及《与名古屋及大阪陆军幼年学校废除问题相伴之幼年学校编制改革相关意见》（「名古屋及大阪陸軍幼年学校廃止ニ伴ヒ幼年学校編制改正ニ関スル意見」，教育總監部第二課）等文书。
55. 「自大正元年至昭和十年教育史編纂ニ関スル資料（庶務課）」、「教育ニ関係アル諸制度（第一課）」、「教育ニ関係アル諸制度（陸軍教育史編纂資料、旧第二課ノ分）」（均收录于

『陸軍教育史編纂史料綴　明治四五．四．二六～昭和一一．八』）。

56. 「陸軍士官学校令外四件制定並陸軍士官学校条例外三件廃止ノ件」『永存書類　大正九年甲輯第一類』以及『陸軍教育史編纂史料綴　明治四五．四．二六～昭和一一．八』，防衛庁防衛研究所図書館所蔵。

57. 收录于『大阪陸軍幼年学校歴史』卷二（防衛庁防衛研究所図書館所蔵）。

58. 大阪、名古屋两校在第24期生于1920年4月入学后停止招生，直至昭和时期再次开始招生。参阅「名幼会員名簿」（名幼会編『名幼校史』名幼会，1974年）和「職員・卒業者名簿」（『大阪陸軍幼年学校史』阪幼会，1975年）。

59. 「名古屋陸軍幼年学校卒業（廃校）式ニ際シ職員生徒ニ与フル教育総監ノ訓示」，1923年3月17日，於名古屋陸軍幼年学校，收录于『名古屋陸軍地方幼年学校歴史』，防衛庁防衛研究所図書館所蔵。

60. 「行政整理案ニ対スル陸軍ノ意見」「行政整理案ニ関スル件」『密大日記』大正一二年六冊ノ内第一冊，防衛庁防衛研究所図書館所蔵。此外，在将校补充率降低这一时代背景之下，标志性事件有1919年6月第20师团（朝鲜龙山）的成立，以及日本陆军常备21个师团体制的形成。

61. 「陸軍幼年学校教育、陸軍士官学校教育、陸軍砲工学校教育、陸軍将校生徒召募状況」。

62. 『密大日記』大正一三年五冊ノ内第一冊，防衛庁防衛研究所図書館所蔵。

63. 「仙台陸軍幼年学校廃止ノ件」，收录于『教育総監部第二課歴史　大正一〇．一～一一．一〇．一九』。

64. 与此同时，日本在1920年3月发生了所谓的“战后恐慌”，政府的财政状况随之急剧恶化，为吸取世界大战的教训并进行编制及装备的近代化，陆军也不得不开始考虑节减经费的问题。

笔者认为以上事态才是裁军的主要背景。在这一点上，1921 年 4 月设立于陆军内部的陆军经费管理委员会值得关注。陆军认为“伴随世运之进步，且为顺应帝国财政之变化，现下乃须于军事行政方面进行一大革新之时期”，而该委员会正是“为其实施”而设立的。该委员会处于陆军大臣监督之下，由陆军省军务局局长（菅野尚一中将）担任委员长，陆军省军事课课长（真崎甚三郎大佐）任干事长兼委员。值得注意的是，在该委员会成立伊始，陆相田中义一对陆军经费整理委员长菅野尚一下达了以下训令：

鉴于列强陆军之进步，我军诸方面需要进步发达，然而考虑到我国财政状况，针对一般行政诸方面进行紧缩调整的趋势愈加明显，军事诸方面即便欲有所作为，向国库再行要求高额经费已近乎不可能。因此，此时不得不采取措施，断然进行大规模革新整理，废除旧有设施中无甚必要之物以节约冗费，并将之用于紧急必要之设施。

也就是说，设立该委员会的目的在于“鉴于调和国库负担与国军要求之必要性，注意用最少之经费实现最大之效果，审议以往之诸制度，并达成节约冗费之目的”，其设立也对陆军幼年学校的废止产生了重大影响。上文参阅「陸軍経費ノ整理ヲ期スル為速ニ陸軍経費整理委員会ヲ新設セラレ度件」『密大日記』大正一〇年六冊ノ内第一冊，防衛庁防衛研究所図書館所蔵。

65. 「軍縮ニ伴フ幼年学校存廃ニ関スル経緯」，1922 年 6 月 14 日，收录于『教育総監部第二課歴史　大正一〇．一～一一．一〇．一九』。
66. 收录于『教育総監部第二課歴史　大正一〇．一～一一．一〇．一九』。
67. 上述内容参阅「軍縮ニ伴フ幼年学校存廃ニ関スル経緯」。

68. 收录于『教育総監部第二課歴史　大正一〇．一～一一．一〇．一九』。

69. 这四条关于陆军幼年学校必要性的详情大致如下。

第一条理由，“必须于幼年时起进行陆军将校之熏陶”。即“我国武士道之修养自古始于家庭教育”，“三尺之稚童”已“开忠孝仁义之道，被深刻教导廉耻、名誉、素质等观念”，“成童”之前“已被植入优秀之武士精神”，“成丁之前已具备一名武士之素质”。“唯有如此方能进行真正之熏陶”，“我幼年学校设立之宗旨亦出自此精神”。“将校既乃军队之桢干，又乃指挥官及教官，因此其所需之德行、声望、见识、气量”缺一不可。特别是要培养“尽忠报国之至诚精神（泰然赴死，严守其分，不顾一身一家之计而从命于君国。即所谓牺牲精神）及高洁之品性，如能于其纯洁无垢之幼时，于适合之环境内进行根本教导则较为有利。此乃众人无不首肯之理”，“乃我陆军需要幼年学校之原因”。

第二条理由，“作战及军事所必要之德、法、俄等外国语学之教育必须于学生幼年时由陆军进行”。中学校多教授英语，而极少甚至没有教授其他外语之学校，因此“无法满足我陆军之要求”。况且“支那语以外之语言仅凭两三年无法习得”，加之“现今外国语之必要性日益增加，因此迫切需要提高其素养”。另外，“自幼时起开始学习则其教育效果最好”。“达到相当之年龄”后才开始外语学习则“多劳却进步迟缓，仅靠士官学校之教育无法令其达到活用自在之境界”。

第三条理由，“幼年学校制度含有优待军人子弟，尤其是优待军人遗孤之意义”。“世界强国近乎皆有幼年学校”，且没有任何国家的幼年学校“不包含优待将校之子嗣，特别是为国牺牲军人之遗孤的意义”。“对战死者虽有抚恤及优待政策，但仍不可谓优厚。其子弟之养育及教育问题乃今日最为头痛之处”。因此“教导其子弟，并令其继承其父之业既有利于国家，又乃国家应尽之义务”。“对于建国以来便重视家门之我邦而言更是如此”。况且“鉴于现下一般将校官吏之待遇绝非优厚”，有必要“对学费相对较少之幼年学校予以保留”，特别是“现今之将校，尤其是在乡之将校在其子弟之教育问题上甚为苦闷”，则其必要性更为凸显。

第四条理由，“军部所需之科学教育必须于学生幼年时由陆军进行”。“随着科学之进步与社会之复杂化，分工与专门化乃今日之趋势”。教育方面亦“响应其目的，顺应其趋势，如此开展教育则较为有利”。而“欧洲大战实可谓科学之战争，军用科学之发达程度古今未见”，因此“伴随此等时势之进运，将校若不能充分习得科学知识，则难以于未来战争中取得胜利”。“上述思考”“虽为我幼年学校创设之时所未有，现下幼年学校却正巧符合时代之要求”。

70.「幼年学校ノ必要ニ就テ」。针对上述三条“陆军幼年学校废除论”的反对意见详情如下。

废除论的第一条“真乃表面之议论”。“我国国民之血统中固有至诚至忠之部分，对此吾人亦无法否认。然观此次欧洲大战中德、法、英、美等诸国之国民，特别是贵族、富豪及知识阶级所发挥之旺盛爱国心及牺牲精神之磅礴之状，则我大和魂不可有唯我独尊之自负”。若将这一点与日清战争、日俄战争时“我贵族及有资产有知识之阶级之态度以及彼等于平时服役方面之行动相比较，则实为羞愧。因此应令我国国民更为重视牺牲、敢为、奉公等精神修养。而将校作为对此等国民缺陷予以教导之中心，其自身接受特殊之教育非但无不可思议之感，更应对其砥砺扩充，令其散发光辉，否则将不能履行其崇高且至难之职责”。“特别是近期青年之思想日益背离军部之要求，故军部更须于其幼时便对其进行教育”。

关于废除论的第二条，海军将校在经历海军兵学校教育与少尉任命后几乎一致于舰上服役，“隔绝于社会，常与其舰艇共命运”，因此“无论和或战，其行动常与战时之紧张状态无异”，且少尉任命后所处环境中“常沐于前辈及上级者之指导与熏陶中”，“对其德操之锻炼陶冶有所影响。实为陆军所不可比”。此外，陆军将校不仅“常受社会思潮之影响”，且“无子弹飞来之平时状态”与战时之环境均与海军不同。况且与海军的战时动员几乎不需要在乡军人不同，陆军“军人大部分为在乡军人”。因此“现役将校作为骨干更需要充分之修养”，“陆军尤其需要使个人之精神修养更好”。

废除论的第三条“仅为教育法之问题，完全是将军人预备教育直接看作军队式教育的议论，实可谓曲解其真相”。“关于与现实社会之接触，可随时令其为之，且训育者能够对其加以适当之监督指导。而关于日常所必需之常识与礼仪，经由教育定能令其习得。关于世事之辛酸与生活之苦难，待其人格已成，明辨苦难，且不至于困惑沉溺之时再令其尝试尚且不迟”。

此外，“陆军幼年学校废除论”在日俄战争前夕与一战前夕也出现过（参阅東幼史編集委員会編『東京陸軍幼年学校わが武寮』，東幼会，1982 年，第 16 頁）。例如佐藤正（少将）「地方幼年学校廃止論」『軍事界』第 11 号，1903 年 2 月。针对这篇文章的反驳有河野春庵（在郷騎兵大佐）「読地方幼年学校廃止論」（『軍事界』第 12 号，1903 年 3 月）与早稲田 MK 生「佐藤将軍に呈し其陸軍地方幼年学校廃止論を駁す」（『軍事界』第 16 号，1903 年 6 月）。当时的这种废除论与一战后出现的废除论之间的关系是今后重要的探讨课题，这里仅介绍佐藤正「地方幼年学校廃止論」的主要内容（作者佐藤正退役于 1895 年 10 月，并于 1898 年出任宫中顾问官。笔者认为他属于陆军草创时期的人物）。

吾辈认为今日之陆军地方幼年学校完全是不需要之学校。……军人如不从幼时培养便无法获得军人精神吗，便无法成为军人吗？若果真如此，此真乃不胜慨叹之事。日本军队由何人组成？日本国民组成日本军队，日本军队由日本国民组成。然而如果说不从幼年时学起便不顶用，那么日本军队变成

了制造之物。假如日本军队不经制造便不能建立，那么国民军方为何物？国民军难道不是由日本人组成的吗？（中略）

日本之陆军大臣近日在报纸上发言称，无论如何都要维持幼年学校的存续，事实上出身于地方幼年学校之学生在进入士官学校之时已然与其他学生大相径庭。……日本之陆军大臣的发言实乃愚蠢。如此我便发问，今日日本之军队是否同时任用顶用之将校与不顶用之将校？……总之地方幼年学校乃极为不必要之物。日本军乃由日本人组成之物，因此不必一定从幼童中培养。将校亦是日本人，军人亦是日本人。……特别是军人不仅包括陆军，还包括海军，而海军没有地方幼年学校。如此便不知海军究竟全是一群蠢货，或是比陆军差，又或是比陆军强？那么陆军所言必须从幼童做起之必要性究竟何在？如果说必要性在于军人必须培养精神修养的话，那么海军岂非不需要精神修养？（中略）

文部省全员亦以日本设立此等学校为耻。……于日本广大之社会中广为获得人才岂非甚好？……培养十二三四岁之儿童，对其施以军事教育，以令其适合军人方向之方法或许能够于不知不觉间令其修得军人精神，但中途难保不会有人对此产生厌恶。由于是儿童，其中难免存在天性与军人不符之人。强制将其留于学校并将其培养为军人的做法并非正当之教育，而是所谓压制教育。比起如此，十八九岁前接受普通教育，根据其性格选择职业才可称为符合天性之举，且此举反而对国家有所助益。也就是说，军队亦从中学校毕业生中挑选录取适合做军人之人，如此当能培养出优秀之军人。因此认为幼年学校毕业生与选拔于一般人之学生存在真正差异的观点真乃谬论。（后略）

71. 「行政整理案ニ対スル陸軍ノ意見」。
72. 同上。
73. 「制度調査委員会設置ノ件」，收录于『永存書類　大正一〇年甲輯第一類』。此外，制度调查委员会设立之时，临时军事调查委员长与一名委员亦分别以委员与干事的身份参与其中。

74. 『制度調査ニ関スル書類　制調・制調議案』，1924 年 1 月，防衛庁防衛研究所図書館所蔵。1924 年担任干事的有以下 7 人：广濑寿助大佐（作战资材整备会议干事）、小野寺长治郎陆军二等主计正（陆军省主计课课员）、矢野机少佐（教育总监部第一课课员，其前任为森五六中佐）、大内收多中佐（作战资材整备会议干事）、筱冢义男少佐（陆军省军事课课员）、今村均少佐（参谋本部第一课部员）、田北惟大尉（作战资材整备会议干事）。此外，制度调查委员会的组织调整始于 1923 年 12 月 27 日的“陆密第 321 号”文件。这一点参阅「制度調査委員会設置要領」，收录于『制度調査ニ関スル書類　制調・制調議案』。

75. 『制度調査ニ関スル書類　幹事会議案』，1924 年 3 月，防衛庁防衛研究所図書館所蔵，收录于『制度調査ニ関スル書類　制調・制調議案』。此外，3 月 19 日的制度调查议案中的《幼年学校废除案》（「幼年学校廃止案」）全文如下（收录于『制度調査ニ関スル書類　幹事会議案』）。

一、废除陆军幼年学校（全部三校），士官学校预科仅通过一般形式招收学生。

二、经费筹措之概算如下

日常费用：509461 日元

说明

“幼年学校废除论”以往便于陆军内外被屡次提出，在其办学逐步缩小之今日仍有观点认为应保留其中之一部分，其理由为以下三点。

一、获得素质优良之将校学生

二、语学教育之问题

三、作为优待官吏，特别是优待军人的措施之一

然而

（一）是否能将优秀之将校学生引入军部主要取决于将校之待遇与社会之状态等，与幼年学校之存废并无绝对关联

（二）语学教育之问题并非绝对之问题

（三）幼年学校之存在于一部分官吏而言无疑便利，从全军观之则其仅为极小之部分。且该校特殊教育之效果利害参半。总之，于军费多端之今日，强行将其保留并无道理。

76. 『制度調査ニ関スル書類　議事規定・議事録』，1924 年 4 月，防衛庁防衛研究所図書館所蔵。此外，制度调查委员会预定通过议题一览表于同年 5 月 7 日制作而成（收录于『制度調査ニ関スル書類　幹事会議案』）。
77. 「制度調査委員議事録　第八回」，收录于『制度調査ニ関スル書類　議事規定・議事録』。此外，《延长陆军士官学校预科修学年限的理由》（「陸軍士官学校予科修学期延長ノ理由」『陸軍士官学校制度改正案』，1924 年 4 月 12 日）中提到，“欧洲战争所示之显著事实为，近年科学之利用横跨军事万般方面，国军为不令其在未来战争中成为我军薄弱之处，必须进一步提高将校军事学术之基础，即一般科学之教育程度。现今之预科制度中，普通学之水平尚不能达到高等学校第 2 学年结业之水平”。以上述认识为前提，该意见书基于“作为指挥官”之将校、“作为教官”之将校以及“应处于社会上流地位之将校”这三个观点，“力陈进一步提高一般学识的必要性”（『制度調査ニ関スル書類　制調参考案』，1924 年 3 月，防衛庁防衛研究所図書館所蔵）。
78. 「制度調査委員会議事録　第二一回」，收录于『制度調査ニ関スル書類　議事規定・議事録』。
79. 同上。
80. 此外，同年 7 月 2 日，教育总监部第二课的山田喜藏大尉被传唤至陆军省，并与军事课的西原贯治大尉和石本寅三骑兵

大尉签订了《幼年学校废除预备协议》(「幼年学校廃止ノ為ノ下協議」,收录于『教育総監部第二課歴史　大正一二.一～一四.五.二〇』)。随后,署名为委员长津野一辅的《陆军制度调查委员会第一次调查报告》(「陸軍制度調査委員第一次調査報告」)于7月31日制成(「制度調査委員設置ノ件中改正並委員長への訓令ノ件」,收录于『密大日記』大正一三年五冊ノ内第一冊)。

81. 1926年后,陆军幼年学校的招生人数仅剩东京一校的每年50人。然而满洲事变后人数便开始增加,即1932年4月70人入学,1933年4月120人入学,1934年4月150人入学。在时代状况的变动下,陆军幼年学校最终得以复办。以广岛陆军幼年学校在日中战争爆发前的1936年4月得以复办为开端,仙台(1937年4月)、熊本(1939年4月)、名古屋、大阪(1940年4月)各校(东京陆军幼年学校则以西分校和东分校的形式同时于1939年4月复办)先后得以复办(参阅『東京陸軍幼年学校　わが武寮』第17～19頁)。

第五章　日本陆军对美国的认识

引　言

日本国内的对美研究肇始于第一次世界大战后。其开拓者之一的新渡户稻造在一战结束不久后所写的论文《美国研究之急务》(「米国研究の急務」)中写道,“近来各方面开始大力倡导美国研究之必要性。不仅学者如此,实业家与军人亦均开始努力对美国之现状与将来展开调查”[1]。

在日本陆军以往的对美研究方面,陆军始终以苏联(俄罗斯)为主要假想敌国并将关注重点放在中国大陆方面的倾向导致“情报收集之重点在于苏联”,“美国并未受到重视”。因此,“美国陆军自不必说,日本陆军对美国军备的整体情况及美国国力都几乎没有进行过研究”[2]。但是,《帝国国防方针》于1923年(大正十二年)修订,美国随之取代苏联成为日本的第一假想敌国，而陆军内部应对此情况实施了如下措施。

（1）修订后的《用兵纲领》规定，陆军与海军共同行动，于开战伊始便占领菲律宾（吕宋岛）与关岛。参谋本部于1924年在其内部组织了对美战略研究委员会，并在第一（作战）部部长的领导之下开始了针对派兵准备与作战行动的具体研究。因此，大正十四年度与十五年度的陆军对美作战计划“变得具体，并实现了划时代的进展”。到了昭和初期，与菲律宾军事、地理情况相关的书面资料亦先后齐备，陆军因此开始准备更为详细的具体作战计划[3]。

（2）陆军内部极力呼吁在参谋本部第二（情报）部内新设美国课。虽然独立的课未被设立，但伴随着一战后的组织调整，美国班从欧美课第一班（即英美班）中分离，成为一个独立的班[4]。

另一方面，围绕上述事实，也有观点认为其实际情况并非如此，并认为“假想敌国中包括美国，因此对美作战仅在形式上被提了出来，并没有进行基于具体计划的认真准备”。也就是说，“虽说是假想敌国，但海军负责对美作战，陆军负责对苏作战，各自负责之内容被明确划分。因此陆军与海军对于对方所负责的国家仅出于情面而予以关注”，“陆军并未将对美作战真正纳入自身的预想”[5]。

确实如此，昭和战前时期的陆军中有名的欧美通之一——原陆军大佐山田一次也指出陆军“对美国的认识薄弱”，并感叹其对美国的认识不足且错误：“陆军主要关心的是中国大陆，仅认为美国乃遥远之国”；“陆军中枢对欧美的认识转变发生于昭和十八年（1943 年）的秋季前后”，其“契机乃瓜达尔卡纳尔岛战役的最后阶段。在此之前则一味轻敌，忘乎所以”[6]。

因此，目前一般认为，至 1943 年为止，陆军独自进行的对美研究与持有的对美认识极为不足；即便有此类研究或认识，也几乎未在政策中得以反映。笔者对于这一见解也大致没有异议。但是，正如新渡户稻造所指出的那样，以一战为契机，“军人”确实开始或多或少从事对美研究，且从现存史料的状况上看，在从一战结束至满洲事变前后的时期（下文将其统称为 20 世纪 20 年代）内报告书与论文的数量尤其庞大。因此，即便有所局限，鉴于陆军内部已然对美国展开了研究，笔者认为具体考察其内容及其背后的对美认识在一定程度上有助于探讨陆军对外认识的定位与其实际政策。

基于上述观点，本章将以 20 世纪 20 年代为中心对陆军的对美认识进行考察。之所以将 20 年代作为焦点，既是由于史料方面存在制约，又是出于以下考虑。第一，20

年代是陆军正式开展对美研究的时期，因此，陆军其后对美认识的大框架亦草创于这一时期。第二，虽然日美两国在 20 年代围绕军备与移民等问题处于关系紧张的状态，但与 30 年代后紧张的程度无法相提并论，因此 20 年代是以协调为基调的时代，爆发真正的日美战争的可能性不大。正因如此，笔者认为陆军在这一时期能够进行相对不带倾向性且冷静客观的对美分析。第三，民众层面的对美印象能够对军人的对美认识造成一定影响。如根据日美未来战记类架空文学的演变过程对民众层面的对美印象进行时代划分，则能够看出 20 年代的对美印象具有一贯性[7]。

一　对美研究的动机

陆军军人对于美国的关注源自一战中美国的参战。1918 年 2 月，以视察一战战况与获取改善国军的资料为目的，筑紫熊七中将与吉田丰彦炮兵大佐等一行人被派往欧美，其间曾在美国停留了约两个月，并向当时的陆军大臣大岛健一提交了详细的《美国考察报告》（「米国視察報告」）。筑紫熊七在第二号报告中写道："帝国陆军至今过于轻视美国，我将校之中知晓美国陆军之人甚少，研究美国军事工业之人甚少，甚至了解美国之人亦甚少。此实为今日之帝国陆军之一大缺点。"在此基础上，他继续力陈研究美国的迫切性，即“此国乃伟大之邻国，且未来可能为友，亦可能为敌，因此不可不探究美国之国情。希望吾人尽快于各种方面尽多委派观察者”[8]。

不知是不是上述建议发挥了作用，日本政府在田中义一担任陆军大臣时新设了驻美大使馆武官辅佐官的职务[9]，这使得驻美人员向日本邮寄了许多《美国考察报告》。另外，陆军军官的亲睦团体偕行社的官方杂志《偕行社记事》在 20 世纪 20 年代亦刊登了与美国相关的高质量论文。

那么，陆军究竟是出于何种理由才开始认识到对美研究的必要性的呢？大致有以下四点。

第一条理由在于日本陆军对美国陆军的关注。在平时采用志愿兵制且仅有 20 万兵力的美军在参战后“出乎意料”[10]地施行了征兵制，截至休战时共动员了多达 370 万人的庞大兵力，可谓“奇迹”[11]。此外，“横渡敌方潜艇出没之极为危险之三千里大西洋，一年半间令二百万大军出征欧洲”的壮举被日本陆军认为是“广大世间非美国则难以实现之大事业”[12]，以及“令人惊异”[13]之“有史以来之伟业”[14]。“虽有人认为美国的参战具有利己性，并厌恶其带有广告色彩的态度，因而低估了其参战效果”，但“以往被世人想象为战争躲避者”“被视为和平心醉者的美国”[16]竟然进行了规模庞大的战时动员并“严肃地参加战争”，实为“意外”[17]且令人“惊异”[18]之举。

当然，这种大规模动员唯有“以美国之人口、财力及资源”方才“能够进行”[19]，而对于国力与国情完全不同的日本军队而言，其中能够立即“采用并引以为范之内容”不多。尽管如此，从日本军队的立场看，美军相关研究“甚为粗略”且缺乏深刻性的现状仍然不可容忍。“外国军队与本国国防存在直接关联，审视其真正价值”乃“重大要求”[20]，而不能仅停留于获取教训方面的资料的层面。

那么，对于原本受到“轻蔑”[21]和“轻视”[22]的美国陆军，日本陆军是如何对其价值做出判断的呢？筑紫熊七中将在上文的报告书中已然对此做出了极为准确的评价，即“此次大扩张后形成之新陆军之实际价值”须于“考察法国战场后进行报告”，但“根据此国之财力、工业力、人口及国民之性质大致判断，美国陆军难以在欧洲战场上立即扬名。但若假以两三年之岁月，其必成为极大之势力”[23]。

另外，筑紫熊七的上述报告已经显示了日本陆军在其后的美军研究中所持的基本立场，即不仅着眼于陆军（军事能力），而且将其与国力、国民性等其他要素相关联，最终进行综合判断的立场。也可以说，这是与一战后战争形态的变化相符合的一种带有总体战视角的立场。

而日本陆军在战后对美军所做的观察大致如下文所示。

“美军之最大缺点”[24]在于众多军官受教育不足，其培养方式具有战时赶制的特点。因此，以联络军官的名义在美军中工作的法军军官对美军的行动起到了很大的指导作用（这一缺点由于兵力庞大而最终得以弥补[25]）。另外，整编后的士兵在接受9个月（其中6个月在国内进行）的教育后便被要求独当一面，因此其教育并不充足。然而，马上要求美军士兵拥有充分的行动能力属于“过高期望”，与战时动员内容相同的英国相比，“美军的成绩反而较为良好”[26]。且通过积累实战经验，美军的战斗能力得到了迅速提升。

特别是在协约国于1918年9月下旬实施的默兹－阿尔贡攻势中（实施于美军第一次作为独立部队参加的圣米歇尔攻势之后），虽然德军已处于败退期，但“美军不屈不挠，连日进攻，日夜不息，十分值得赞赏”。因此日本陆军认为，战争晚期“美军之战斗能力已不比法军逊色多少，特别是基层部队旺盛之攻击精力十分值得关注”[27]。

尤其值得关注的是，日本陆军对于其精神要素给予了高度评价，认为“美军之各组成分子拥有极富进取精神之英气”[28]。一战使日本陆军以往对美军“外出之时始终嚼着‘口香糖’”[29]的印象发生了无法想象的转变。

紧接着，日本陆军开始探讨如下基本问题，即看似软弱的英、美、法军队为何能够战胜以“纪律严明、一丝不乱”[30]著称的德国军队。同时，与这一问题相通的另一问题是，俄军足以媲美军纪严明的德军，却为何会参加革命与叛乱，并从内部瓦解。号称当时最强的德军与俄军，特别是被日本陆军引为模范的德军的瓦解给日本陆军带来了巨大震动。

作为这一问题的结论，日本陆军意识到一战使得两种军队类型——强调强制性和注入性服从观念的俄、德军队与强调自发性、共鸣性服从观念的英、美、法军队——的不同点变得鲜明，因此战争胜败的关键原因在于两军士兵是否拥有自觉性和自发性。而导致上述不同的原因在于两种类型间文化与国民性的差异，比如德国政府向国民强调“不可为”，并以此方式指导国民，而国民也接受政府的这种指导；英、美、法诸国的政府则受国民监督，且舆论的力量十分强大[31]。

因此，美国陆军虽然在指挥方面存在问题，但整体上被其自觉性和自发性所弥补，且生气勃勃而富有“进取之英气”。这一点受到日本陆军的极大关注。

综上所述，一战向日本陆军展示了一种不同以往的美国陆军形象。并且，日本陆军进一步预想到美国陆军的

“价值今后将日益提升”[32]。这主要是基于以下两点。第一，战争带来了军事方面的“莫大收获”[33]：（1）国家总动员的实施；（2）大规模越洋作战的经验；（3）数百万壮丁与十几万军官所受的实战教育（特别是“今后数年间拥有欧洲战争经验之数百万在乡士兵”的存在）[34]；（4）大部队所需武器及军需用品的调配；（5）大规模制造军需用品的经验；（6）面向一亿一千万国民的军事思想的注入[35]；（7）极强的兵员补充能力[36]。

第二，基于一战经验，美国于1920年修订了《国防法》（制定于1916年），创建了全新的陆军与作为其支撑的军事制度。“耽于和平之迷梦”[37]的美国可谓在军事方面实现了“觉醒”[38]。

就这样，“帝国得一甚为可怕之新强敌”[39]。以往有人“动辄凭借美国兵之态度、架势、外在纪律之不严整”等“表面之观察而直接将美国军视为劣等。此乃巨大之谬见”。现今必须“明白美军之真正价值在于其极具潜力之国力，以及其国民极为进取的精神、丰富的常识、履行义务的强烈愿望”[40]。

对美研究的第二条理由在于日本陆军对于美国“令人惊叹之战争能力”[41]的关注。上文已有提及，动员庞大兵力，“准备必要之兵器、弹药、粮食”，“新近建造运输所需之莫大船舶”[42]，并将大军派往欧洲的宏大事业唯有美国能够做到。战争费用方面亦是如此。除美军自身约235亿美元的费用（除去平时的军费后共计218亿5000万美元，如换算为日元则约为440亿日元。相当于每小时耗费约100万美元）外，美国政府更是向协约国一方提供了约88亿5000万美元的巨额贷款[43]。另外，虽说美国在参战之前对各国的总动员情况进行了研究，且在国家总动员的准备和实施过程中参照了其他国家的情况，但“其行程尚未过半……便迎来休战”[44]，一战结束之时美国仍留有余力。

上述内容表明，尽管美国“乃富强之大国之事实人尽皆知”[45]，但一战令其得到了充分证实。日本陆军至此才对其“国力之伟大”，以及作为其支撑的“国民气概”[46]和“炽烈之爱国心”[47]“敬叹不已”[48]。

况且，战后的美国由于“多数民众进取之英气高涨”且“国富增加，资源丰富”，日本陆军认定其“必定于各方面进一步发达”。因此，在未来战争被预测为总体战的状况下，日本陆军甚至认为“天下之国虽多，能独自与其角力而制胜之国”“想来罕有”[49]。日本陆军从而认识到，美国作为“国力伟大之军事、经济大强国”[50]，有可能会在战后国际政治舞台上占据主导地位，并在东亚—太平洋地区与日本产生冲突。这正是对美研究的第三条理由。

也就是说，协约国最终胜利的重要原因“首先在于美国之富强”[51]，通过“向内外展示其富国强兵之实力”[52]，“美国在世界政局中的地位大为提升”[53]，并开始被公认为“世界第一强国”[54]。此时，虽然日本陆军对美国今后走向的预测出现了分歧，即认为美国是“依然崇尚和平”[55]（非军国主义和非武装和平的化身、商业自由的国度[56]）或认为其已变化为“伪装于和平正义之美名下的侵略性”国家[57]，但从历史上看，美国在一战之前就“倾向于帝国主义，并持续扩张领土”的动向已然十分“明了”[58]。这是因为“独立以来美国人为阻止欧洲诸国染指美国大陆之行径而发表了门罗主义”，其后美国“自身产生扩张领土之希望，自购买路易斯安那起，至最近购买丹属西印度群岛为止，收获了巨大成功”，又在“欧洲战乱之际先作为中立国赢得贸易之巨利，后利用此机会确立军备充实之策”，凡此种种“均暴露了美国人具有伪装性与潜在性的侵略主义”[59]。

况且美国在战后“不甘于做北美大陆之霸主，而明显暴露出成为世界霸主之野心”[60]，并将发展目标定为东亚—太平洋地区，“未来将日益于东亚主张门户开放”[61]。关于“支那之门户开放、机会均等”（以及门罗主义和“自由、平等”）等标语（或政策），既有美国“根据自身之方便而自由运用”的一面，更有美国将其“盲目信奉为天地之真理，并一心令其实现”的一面，即体现了美国外交政策的“永续性”[62]（连续性）。更何况“一度欲为则无有不成”亦符合“美国的历史事实”[63]。然而，针对日本所处之状态，日本陆军认为“远东于我国有地理上之特殊关系”，“我国年增五十万之人口除东亚外无处可转移”[64]，“帝国之资源不足以令军备独立。如不与支那为友，则帝国之国防、经济、工业将无法完备”[65]。因此，日美两国围绕中国问题的对立是含有战争可能性且“关乎我国存亡”[66]的问题。

对美研究的第四条理由在于，对美国问题的关心是促使陆军军人和日本人“觉醒”[67]的“材料”之一。例如，战后不久美国实施的军事改革虽然未能完全实现，但其中颇有值得关注的内容。原本“军事改革乃颇难之事，此为各国之共识”，“即便在自古便是尚武之国的我邦……鉴于世界军事之发达而进行国军之改革亦甚为困难。此乃吾人正经历之事”，更何况是“对各战役后极端之裁军习以为常”，且“立国之基础与我国完全不同之美国”。

然而，即便是美国，亦在一战“结束后对本国之兵备存在重大缺陷一事有所自觉，因而改变其传统之态度，开始对军备进行严肃的改革”[68]，即着手充实军备，推进近代化，实施国民军事教育。与此相比，日本的国内状况则是军队近代化进程迟缓，反对扩军的裁军舆论及和平思想高涨，这使得日本陆军愈加悲观[69]。

此外，与当时的日本不同的另一点是，国民对于军官“常有亲爱之念”，“军官亦具有丰富之常识，与普通人没有差异”。日本军人对美国军人的形象与军民一致的状况心生羡慕，认为这是“应当学习之处”[70]。

因此，在反观日本的军事现状时，美国充当了一种促使日本“觉醒”的“材料”（或称其为一种“参考案例”），关于这一点后文将另行提及。总之，上文所述的三个关心以及与美国民主相对应的“大正民主时期”的国内状况使得陆军将美国视为一种材料（或“参考案例”）。

综上所述，日本陆军认为一战后“美国之地位骤然提高，五年前之美国与今日之美国之实质已然明显不同”[71]。美国“凭借欧洲大战实现了与我国明治维新完全相同之大变化”[72]。日本陆军对美国的印象完全改变。

并且，如此“新锐之大国出现于距我邦四千五百海里之彼岸”，这给“我国国防及其他百般之事项带来无量之影响，且今后之影响将更甚”。因此，“对美国各方面的研究对于不了解美国之人自不必说，对于了解彼国战前国情之人来说亦是不可或缺之必要事项”。而另一方面，在当时盛传日美战争的环境下，对美研究作为“维持和平之最有效手段”[73]亦显得必要。这是因为“即便两国关系亲密，一旦两国不了解对方之实情”，则“双方终将对对方疑神疑鬼，并引发世间盛传之日美战争”[74]。

接下来，对于研究和理解美国的基本态度，日本陆军给出了如下要求。第一，“观察美国之事物时不以我方之尺度，而须常以彼方之立场进行判断”[75]，这是一种希望日美“双方理解对方立场”[76]的姿态。

第二，必须“时常对美国进行冷静而不带感情的综合性观察”[77]。这是因为“一味指摘彼之短处与缺点虽能贪得一时之快，却非但于我国国民之向上发展毫无益处，且反而会盲目增长我国国民之自负心，并落后于世界之进步”[78]。也就是说，仅抓住山东问题和日本移民排斥问题等“特殊问题，以一味批判美国为快事之态度”是“美国研究之最大障碍以及最不可取之处”。“吾人将校作为国军之桢干”，必须“超然于此种感情，远观将来，于未来国家大事之际准备充分”[79]。

二　国民军事教育与国民性

如上一节所述，对美国这个一向被忽视的国家的“惊讶”[80]“敬叹”“羡慕”[81]等念头深藏在日本陆军的对美研究之中。其中的认识角度虽涵盖了经济实力（从总体战的观点看也可称为自给自足能力）、军事实力和国民意志力等众多方面，但是在20世纪20年代这个特殊时期，作为从现状中“觉醒”并进行秩序重组所需的“材料”（或称为“参考案例”），陆军所关注的问题主要在于国民军事教育与国民性。

在战后的美国，“期待国民本能地展现为祖国牺牲的崇高精神”的志愿兵制度被视作“危险”之物，而“承认征兵制度的优越性”的呼声不小。而一般国民军事训练方案与总统征兵权问题被提交议会审议的设想却未能实现，因此战前的兵役制度最终得以恢复[82]：（1）“国防应以举国一致之方式进行，凡美国市民中体格合适之男子均有作为美国民兵之义务”；（2）“然而并不因此而采用国家强制之方式组建军队，而是基于自由平等主义之建国精神，依据等待市民自觉之宗旨，采用志愿兵制度建设军队，平时保留最低限度之精锐部队，有事之际则组建所需之大军”[83]。

这一方针除含有“举国民之全力倾注于经济方面”[84]的意图外，更是基于如下考量[85]：

> 美国不存在比邻接壤之强国，故开战伊始并无发动大规模陆军之必要，且资源丰富，工业发达，有能力根据战时之需要一举编成大规模军队。由于拥有此等优良之国防条件，仅保有强大之海军，则平时无需

保有大规模陆军。

然而，鉴于战时组建军队的困难经历，并考虑到志愿兵制的“通病是军事能力低劣，且志愿者人数少导致兵员补充困难”[86]（特别是军官的补充困难），这有可能使国防出现缺漏，美国政府修订了《国防法》，将陆军分为正规军、国民警卫队与陆军预备队三个种类[87]，并制定了平民军事教育制度（预备役军官训练营和市民军事训练营），为大规模预备队的形成及其所需的国民军事教育倾注了巨大努力［这亦与1922年陆军参谋长潘兴（John Joseph Pershing）发表的以大远征军攻势作战为主旨的新国防方针相符[88]］。

因此，日本陆军判断，“美国之常备军仅为战时军队之一部分而已，其大部分则由国民组成”，因此“知晓国民之军事思想教育状态乃判断美军素质之重要因素”[89]。

此外，对国民军事教育与国民性的关注也是应对战后诞生的新战争形态的必然之举。众所周知，战争“变为尽国家之全力尚且不足之国民战，且因此诞生了战争非军队战争，而是国力战争之新标语”[90]。也就是说，总体战成为新的战争形式。其结果是在国民动员和精神动员等各方面，国民在战争中的重要性出现了飞跃式增长[91]。因此，总体战的观点使得对国民要素的关注成为必要。

与此同时，当时的日本国内也出现了针对学生和普通青少年的军事预备教育问题的讨论，且《陆军现役军官学校配属令》和《青年训练所令》分别在1925年和1926年付诸实施。这一点也反映了日本陆军确实将美国的情况视作一种“参考案例”[92]。

那么，日本陆军对美国的平民军事教育有何种认识？首先，他们认识到美国平民军事教育可分为以下几种[93]：

（1）一般学校中的军事教育

①设有预备役军官训练营（Reserve Officers' Training Corps）的学校的军事教育

②未设有该培养机构的学校的军事教育

（2）面向普通市民的市民军事训练营（Citizen Military Training Camp）

（3）其他

①童子军

②国民射击技术奖励

③面向普通市民志愿者的远程军事教育

上述教育形式均与美国陆军部有所关联，后者特别在上述的（1）（2）两方面付出了巨大努力，例如正规军的现役军官充当教官，武器装备及军事教育所需其他必要物资全部通过公费提供等（预备役军官训练营为一部分学生提供补贴，市民军事训练营为参加者提供往返路费）。下文将针对预备役军官的主要供给源即上述（1）中的预备役军官训练营进行分析。

预备役军官训练营可大致分为设置于日本的中学级别的学校（中学、军事学校）中的幼年部，以及设置于高中级别以上的学校（大学、专门学校、军事学校）中的青年部。但令日本陆军十分关注的是，约翰·霍普金斯大学、普林斯顿大学以及康奈尔大学等“举世公认的第一流大学”“悉数实施军事教育，宛如大学名声与对训练之重视程度成正比一般”[94]，同时令人“意外”的是美国“存在众多私立军事学校且正值繁盛时期”[95]。与上述情况相呼应的是，童子军“得到各方有能之士的用心支持”[96]，且 1920 年开始实施的市民军事训练营出现了“无法容纳全部申请者之盛况”[97]，如政府预算能够支撑则预计人数将达 10 万人。这显示了美国国民对军事预备教育的必要性与“真正价值”能够报以充分“理解”[98]，并能自发且热心地参与和支持。这一情况实在“超乎（日本）一般人士之想象”[99]。

特别是与日本相比，美国的有能之士与知识分子的这种倾向更为明显，这是令日本“不胜羡慕之处”[100]。且国民警卫队与陆军预备队的军官之中亦存在众多具有这种倾向的有能之士，这种情况“对带有军国色彩的‘舆论的形成’极为有利”[101]。

令日本陆军关注的第二点是普通学校中教官与学生对训练的热忱态度与双方良好的关系，其“与我士官学校相比毫不逊色，令我考察人员不敢相信其为普通之学校”[102]，十分“感慨”[103]。例如，陆军省的某份小册子中指出[104]：

> 美国青少年原本便热爱运动，且受国防之强烈刺激，自觉认识到其必要性。彼等精进于军事学之原因并非在于其成绩是获得毕业资格之必要条件，而是自身对此抱有兴趣，且颇为热心。

此外，某军人曾论述道[105]：

> （美国学生）于讲堂之态度及行动虽不如我国端正，却颇为活泼，且不对外炫耀。因此比起外表严肃端正，精神毫不紧张之人反而能够习得更多。教学科目的落实大致严格。其中尤其值得注意的是学生对军事训练之精神理解充分。教官之态度虽对不同之人宽严不同，但对尊重学生人格的问题时时予以最大之关注。学生虽有怠慢，教官却绝不厉声训斥，而是唤起

其名誉心与自制力，并对其徐加善导。

但是，上述教育方法并非不存在问题。例如为获得预备役军官的资格，预备役军官训练营的成员有义务在夏季参加为期6周的野营训练，其“计划细致周密，上司之训令与指示、将校之鼓励等均可窥测当局（陆军——笔者注）如何期待本教育之成果”，但是其教育方法显得“拙劣”，“实际之训练”意义“不够彻底”[106]。

然而值得强调的是，面对教官“拙劣之教学法”，“学生极为真挚热忱，且富于服从精神”，“即便任务结束后汗流浃背仍毫不在意，而倾注全力完成”。日本陆军对这种态度“十分敬服，又感意外”[107]。

因此，“自将校以下之军事技能虽然不充分，但其对待任务之忠诚乃事实”。虽然“6周期间起居于不自由之天幕下且甘于单纯之生活”却“士气旺盛，保持健康”，这一现实“与彼爱好物质荣华之民族性及其学生贪图安逸享乐之时代形象相比，正可谓矛盾之现象”。虽然其原因亦在于“感知其必要后而显露之克己自制之心或其本来之野性性格”，这一事例对日本陆军而言“不失为他山之石”[108]。

对于上述美国军事教育的情况，日本陆军内部围绕其军事价值的评价问题出现了两种相反的观点。第一种观点关注学生的自发性与热忱的态度，对其纯军事侧面亦给予肯定评价；第二种观点虽然在事实上承认学生的良好态度，对其纯军事侧面却“无法抱以太大的期待”。

其中前者认为预备役军官训练营的学生“纪律严格，动作正确，与正规军队毫无差异”，培养团以外的学生亦“秩序井然，与军队亦毫无差异……军事技能亦无需赘言……不由发出感叹”[109]。培养团成员的驾驭指挥能力和事务处理能力亦能满足情况复杂多变的未来战争的要求，“因此足以判断美国陆军成功确立了未来战争中下级将校人员补充的基础”[110]。

而后者的否定性要素中除了美国稚嫩拙劣的教育方法外，还存在一种否定“民兵”[111]与“赶制的军队”[112]的成见。然而需要注意的是，这一观点亦并非完全否定平民军事教育的价值，反而认为其“对于向国民普及军事思想以及令国民与军队互相接近具有极大之效果”[113]，并对其给予高度评价。因此可以说，这正是该观点在评价美国军事教育时的着眼点。对此，一份观察报告中写有如下内容。

与平民“军事教育相关的总体数字与设施之庞大、当局期待之殷切使得众人无不赞叹美国青少年训练之殷盛”，然而“与此表面之盛大相比，其军事能力并不相符，其甚为不足之状态乃拥有专业知识之人可一同看穿”。“此两种观察均为事实”，“因此围绕其价值动辄产生甲乙两说”。“然而，仅以此二说而结束观察却尚不得当”。“吾人更加深刻感得之处在于令彼等青年置身于优良之环境，乐于接受训练，且于不知不觉间培养向武迎军之强烈心理及舍己爱国奉公精神之处，即其国军之价值”[114]。

需要进一步就这一点进行说明的是，在日本国内开始推行学校训练和青年训练的新制度时，上述观点与日本陆军所表明的立场存在一致性。也就是说，虽然无法否定军事训练直接有益于日本军队的一面，但精神方面“以及体质方面”所获得之利益更应受到重视。“向国民施以部分的、不完全的军事专业教育，创造极不完全之军队之卵”[115]于国家而言乃“严重损害”，“军事教育之真正意义”反而在于“对成为未来社会中枢并引领舆论之众多有为青年注入质朴刚健之气魄，教授其军事相关之一般知识，让其树立正当之国防观念，以此推动国家之稳步发展”[116]。

可见，日本陆军对美国的平民军事教育给予了相对较高的评价，并认为其绝“不可辱”[117]。国民与学生能够理解军事教育的必要性，并能够自发地积极参加并给予援助[118]；军事思想在国民中普及，军民间的互相接近被有意识地推进；并且在军队内部，军官尊重受教育者的人格，受教育者能够基于理解而对教官示以服从的态度。以上诸点被日本陆军认为具有重大意义。

其原因在于，以上诸点无一例外都被“大正民主时期”的日本陆军认为是应当认真推进且必须予以实现的重要课题。这显然可以说明，在日本陆军的意识中，美国的平民军事教育是能够与日本的现状形成对比的“材料”（或者说“参考案例”）之一（同时，日本陆军的思考前提是各国的军事预备教育基于其各自的“国体、国民性以及建军之根本意义，在各自特色与发展路径方面有所不同”[119]，因此无法直接效仿）。

因此，从根本上决定美国平民军事教育特征的是其国民性，日本陆军亦将其视为“为了解美国而必须时常加以理解”[120]的必要事项。因此，下文将对美国的国民性进行分析。

结合本小节中日本陆军的相关认识，美国的国民性可以总结如下。

第一点在于其进取精神，并包括以下几个具体的侧面。

（1）“喜好新鲜之物，向进步之事物猛进”，“被旧习束缚”[121]是其“不喜之处”[122]。这一点一方面将增进其发明能力，实现其事物、制度的显著改良与进步[123]，另一方面则使“美人多有轻率突然之举”。这一性格大大增强了美国人的冒险性，并成为“创造勇敢有为的军人的一个要素”[124]。

（2）标榜世界第一主义[125]。“彼等欲令与自身相关之百般事物成为世界第一”。因此“虽多带夸张与稚气，但其气宇之宏大乃吾人应当大为学习之处”[126]。

（3）意气风发，士气高昂。美国人虽粗野傲慢、举止轻浮，但精神饱满、性格爽朗。在工作方面喜好大规模的事业。且“其国民意气风发”[127]，这一点亦与强烈之敌忾心理相通（“美国自建国以来于对外战争中未曾有过失败。这一历史令其深信战则必胜，战时之敌忾心亦十分强烈”[128]）。

（4）富于“自治之心”[129]，拥有“独力开拓命运之奋斗精神”[130]。

（5）执行力强，善于忍耐。“多数之美人共享‘盎格鲁－撒克逊’之血脉，拥有一旦决定之事则彻底遂行，在此之前绝不停止之特性，即所谓坚韧不拔的精神。再加上其容易被煽动之特点以及冒险性，故身为指挥者则素质良好，身为士兵则为良兵，能够组建精锐之军队。观美军战史可知，美人具备成为良好军人之素质”[131]。

其国民性的第二点与第一点密切相关，在于其尚武精神。即“美人对待军事之态度绝非吾人之所想”[132]。虽说和平主义者众多，但普通的美国人“面对军事思想态度真挚，且确实能够充分理解军事之必要”[133]。与之相比，日本“国民虽熟知兵役之义务，却不顾国防之义务，而将其完全委任于军人。而美国则无兵役之义务……国民却普遍拥有国防为全体国民当然义务之观念”[134]。且“多数美国国民原本便好战，喜欢冒险”[135]，“其个人则喜爱勇武之体育竞技，锻炼躯体的同时亦努力磨炼武士之精神，总体之尚武精神强烈”[136]。例如其爱好体育的国民性、“野性脾气”和“甘受劳苦，克服艰难之气魄”[137]（进取敢为的精神）与其对军事的理解相结合，共同带来了野营训练的盛况。此外，日本陆军也认为“有必要承认美国国民于有事之际亦拥有奋发好战之奋战精神”[138]。

第三点在于其“富于常识，长于理性”[139]。因此日本陆军认为，虽然美国人具有意外性，但必须认识到其同时具有“盎格鲁 - 撒克逊”特有的谨慎性格。也就是说“在有确实之成算前，美国人拥有凡事以大局为重之特质”[140]。“与物质之进化相比，其心性”反而具有“保守”的一面[141]（“美国在政治方面与思想方面具有强烈的保守主义……”[142]）。

国民性的第四点在于其强烈的义务感，具体包括以下方面。

（1）“国民之义务感极强。教育程度越高之人越是率先躬行，以奔赴国难为荣，同时鞭策其子弟义勇报公，并视此为最大之光荣”[143]。因此“世人将美国视为拜金利己主义之国，且认为美人除金钱外一无所有。彼等目睹美人今日强烈之义务感后又当作何颜色？此外，痛恨我国之征兵制度并逃避征兵之人多出自有教育之知识阶层及富者之子弟。近期由于师范学校毕业生的六周现役期改为一年现役期，申请进入师范学校之人显著减少。观这一事实，若为国家前途计则不禁悚然”[144]。

（2）“尊重自己之权益，同时尊重他人之权益。因此国民之自制力强”。“试举一例。劳动者向资本家要求增加工资之时，致力于以团体之力，依据和平之手段解决问题。因此虽会以‘罢工’之手段敦促资本家反省，却无突然打砸电车或米骚动等不祥之事”[145]。

（3）“以训练有素之团体行动见长”[146]。“彼等非常喜好团体”，“喜爱团体生活，服从统制之倾向持续增长乃值得关注之处”。这一“倾向尤其以欧洲大战为界，尔后更为明显”[147]（“由各种繁杂之人种构成，且在战前连作为一国是否团结都被怀疑的美国在参战时共同团结于星条旗下，国民一致协助总统，且总统之希望由民间诸团体充分达成。此虽为政府当局者及知识阶层指导得当所致，却也是普通国民具有强烈的义务精神，且平素便习惯于团体行动之结果”[148]）。

第五点在于尊重自由与独立，以及奉行个人主义等。

此乃“立国之根本精神”，“万事不符合此内容则无法成立。侵犯此内容之事必受预想外之反对与迫害。此正宛如我国皇室之事几于无意识中刺激着众人之精神一般”[149]。但是，由于一战的影响，“绝对不可为获得国家自由而牺牲个人自由之观念”正“逐渐增强”[150]。

第六点在于资本主义精神。

（1）“自大规模生产工业至个人私人生活”[151]，“美国人努力节约人力并应用器械”[152]。“美国实乃器械万能之国”。因此，“科学之应用，即能率之发挥乃人生之根本哲学”[153]（“日本之人力车自彼等看来属于滑稽且不禁嗤笑之物”[154]）。

（2）“以世界为目标，拥有广为经营商业之强烈观念，努力扩张销路，增加老客户。因此非常遵守约定，重视信用”[155]。

（3）“比起勤俭节约之消极行为，苦心于积极获得大规模之财富”[156]。

（4）物质荣华与自由享乐之风气[157]。

综上所述，日本陆军对美国国民性的认识是分条罗列的，而并非成体系、分结构的。但是，美国很明显被日本陆军视作拥有许多值得学习内容的“参考案例”。

因此，对于“大正民主时期”的日本陆军而言，美国的平民军事教育和国民性是十分值得关注的对象。这自然是判断美国陆军素质所必要的内容，但更重要的是，上述内容与日本陆军对该时期日本国内和军队内部状况（“大正民主”的高涨）的认识是密切相关的。在这一过程中，众多要素成为促使日本“觉醒”的“材料”（或称为“参考案例”），其中最为引人关注的是国民自发性的相关问题。这是因为，对于意在积极构筑总体战体制的日本陆军而言，最大的问题在于如何唤起国民的自发性，并积极动员国民加入体制；而日本陆军意识到，美国竟格外简单地便解决了这一难题。正是这一情况令日本陆军不胜“惊讶”和“羡慕”。

针对美国国民的国民性被成功唤起的原因，日本陆军从以下三方面得到了部分答案：(1) 美国的国民性；(2) 国民精神统一的相关问题；(3) 政治体制。上文已经提及国民性问题，因此下文将围绕另外两方面问题进行探讨。

首先，关于国民精神统一的相关问题，某军人曾做出如下论述[158]：

> 近来，民间人士对美观察之内容变动甚大，但仅将美国视作各种国民杂居之殖民地，此等意见乃我等极为遗憾之处。美国国民骨干之大部分白人与梦想发财而渡来之徒不同，乃厌恶本国之宗教虐待，为在自由之天地求索坟墓之地而决然以一叶扁舟横跨大西洋

并移住至此之人，即所谓决死之士之子孙末裔。因此将自由与独立视为根本，不喜困于旧习，且颇有进取敢为之精神。加之参加欧洲战争以来，其有识之士普遍承认统一国民精神之必要，并极力宣扬爱国之心。战后美国发扬国威，美国国民亦对自己美国人之身份以及他国对于美国之利益有所顿悟。其结果为统一国家进一步成形，且一旦国际问题涉及本国之利益，则国内各种反感退居其次，国民团结一致对付他国。此显著之气象乃世人不可轻视之处。

也就是说，日本陆军认识到，美国国民以一战为契机而作为一国国民“团结于星条旗下”[159]，这种国民精神与统一的人心令美国国民中带有“民主主义”色彩的一面得到了加强[160]，并在自发性的唤起方面发挥了支撑作用。

在政治方面，日本陆军将精神力量（国民自发性）视为国家总动员的根源所在，并认为精神力量“因其国民性及政治智慧”而日益“增强”，并“保持稳定”[161]。因此，日本陆军所关注的事实是，一战期间美国政府的“施政”颇“多独断”，而国民“唯唯诺诺服从之”。这是由于美国人“向来在事情决定之前多花费时间进行议论，而事情一旦决定则唯诚实服从施行而已。于是在国家非常之际，当局者哪怕未尽议论而将事务进行，尚能大为期待国民之服从”，因此这意味着“美国依托国民政治，而能自发施行专制政治能够做到之事，且其拥有极便于采取军国主义态度之国民性”[162]。这就是说，日本陆军判断民主政治体制能够令国民自发性的发挥成为可能，而在这种民主政治体制背后，存在的则是前一节中提到的“重视民众舆论之向背”[163]和国民自发性的民主文化以及国民性。

综上所述，日本陆军认识到，基于民主性的政治体制、文化以及以民主价值为组成要素之一的国民性与一战后国民精神的统一和高涨相结合，成功唤起了美国国民的自发性。也就是说，日本陆军从中总结出的方式是，以民主性唤起国民的自发性，并令国民积极进入体制（从军队观点来看则为动员国民进入体制）。

这一认识与该时期日本陆军面对“大正民主”风潮所展现的灵活性相符。况且在日本制定《普通选举法》（1925 年）后“大正民主”的声势进一步扩大，而陆军则对其示以灵活姿态的时代状况下，上述方式在日本也拥有了一定程度的基础。

但是，即便陆军内部存在推崇这种方式的论调，其实现却极为困难。日美两国在政治体制与军事制度方面的不同自不必说，日本的国民性与文化原本便与在一战中战败的德国相同，都属于强调“不可为”的类型。以民主制度为依托的国民自发性即体制内动员（参加）的方式在日本是否有效的问题正是与“大正民主”的发展密切相关的问题。

结 语

本章以20世纪20年代为中心，对日本陆军的对美认识进行了考察。在“或心醉于亚美利加①……或仇视亚美利加”[164]的极端认识广泛存在的情况下，陆军的认识则相对冷静和客观。然而如果说“对研究主题之国家或人物抱以同情，方能于总体上进行公平判断”[165]，则陆军的对美认识或有被理解为一种“美国病”[166]的风险。特别是在对美感情恶化的20世纪30年代后，陆军的这种研究姿态便易于招致上述批判。

本章虽使用“日本陆军”一词，但分析对象主要是从事美国研究的军人们，因此很难说是否反映了陆军整体的倾向。但是，这至少印证了陆军内部存在不受以往成见禁锢的论者。因此其对美国陆军的评价相对稳妥，其中的思维灵活性也在对外认识方面令“大正民主时期”的陆军展现的主要倾向得到了部分体现。

① 指美国。——译者注

两次世界大战之间的日本陆军

虽然也有观点从“佣兵”[167]“职业军队”[168]（均指正规军）、“民兵”和“赶制的军队”等要点出发，不对美军实力进行正面评价，但经本章分析后可知，通过对平民军事教育、国民性和国民体格等进行探讨，“美人具备成为良好军人之素质”[169]的事实已十分明显（根据陆军省的材料记载，军事训练水平暂且不论，日本陆军对美国国民警卫队和陆军预备队极为优秀的精神素质给予了正面评价[170]）。

特别是日本陆军认为“美国军事之长处”“并非在于平时之纯军事举措，而在于其以民间诸事业为依托之国家整体机能”[171]，因此当时甚至可说“美国乃‘近代军国之最佳’”，也可以说美国“使其全体国民在有事之际抱作一团，并发挥极大战力之大规模举措”，“在全新的意义上正仿佛世界大战前德国之地位一般”[172]。面对战时“四百五十万动员准备中之大陆军，吾等当以全新之头脑洞察其未来之动向”[173]。包括军队近代化的动向在内，“美国陆军绝非落后于时代之无能军队”[174]。

因此，日本陆军对美军的认识有一个特征，即把美国陆军（军事能力）和国力、国民性等其他要素相关联，并进行总体判断。然而，随着1929年世界经济危机的爆发，美国从强大的资本主义国家变为“脆弱的巨人”和“生病的美国”[175]，日本的对美印象发生了巨大转变。如将上述强调军事能力与国力间高度关联性的认识与这种对美印象的转变对应起来看，则日本陆军对美军的认识同样有出现变化的可能性。更何况上文已提及有些观点不对正规军进行正面评价，而且“软弱”的美国人这一印象绝没有被完全清除。

此外，20 世纪 20 年代日本陆军对美军的评价中不可忽略的一点是，日军对美军军官指挥能力的评价一贯不高[176]。笔者认为正因日本陆军极为重视指挥层面的问题，这一点在 30 年代后便成为评价美国陆军时的重要论点。

最后，作为本章的尾声，笔者将针对日本陆军对美国陆军的“敌对”意识提出假说，并略加探讨。如假定“敌对”概念可大致分为战争可能性高的敌方（“现实之敌”）和战争可能性低但在意识形态、体制方面的敌方（“绝对之敌”[177]）两个种类，则极端地说，20 世纪 20 年代的美国对日本陆军而言既非“现实之敌”又非“绝对之敌”。当然，这两种意识并非完全不存在。日美两国围绕中国问题和移民问题的对立意识尽管有程度上的差别却也实际存在，其中更有论调叫嚣“日美问题之最后解决……唯有武力一途”[178]。但是，大致上的认识毕竟是“遥远未来不可知。现下之形势近乎不可能爆发日美战争”[179]。

20 世纪 20 年代在陆军中处于主导地位的陆军大臣宇

垣一成在 1930 年 9 月 8 日的日记中写道[180]：

> 日美间现今之关系下，日本只要不于支那及西伯利亚无视机会均等主义（当然亦无意无视），则于其他方面相互敌视之要素动机便不存在。两者持续增进亲善友好之关系反而于双方而言有利且必要。

以英美通著称的渡久雄大佐（于 1930 年自驻美大使馆武官调任为参谋本部欧美课课长）亦曾论述道[181]：

> 帝国若遵从机会均等主义而于支那谋求发展，则美国当不会以实力妨碍，亦不会导致战争。只是伴随帝国国力之发展，从所谓二雄不并立之精神看，两国最终或难免战争之命运，但不需担心美国会不管不顾地因支那问题而采取与我国冲突之态度。

另一方面，在陆军灵活应对“大正民主”的时期内，“绝对之敌”的意识是淡薄的。（相反，伴随着“大正民主”的衰退与“昭和法西斯主义”的发展，“绝对之敌”的意识亦有可能逐渐高涨）。因此，在昭和初期便从东西文明争霸战的决战战争与以中国问题为主因的持久战争两个方面对日美最终战争的必然性进行说明[182]，并将美国明确视作"绝对之敌"与"现实之敌"的石原莞尔在该时期的陆军中可以说是非常特别的人物。

因此，无论作为"绝对之敌"还是"现实之敌"，日本陆军在20世纪20年代对美国的"敌对"意识是淡薄的，而两种"敌对"意识的高涨则发生于以战争与"法西斯主义"为象征的30年代内外秩序发生变动之时。

注释

1. 新渡戸稲造「米国研究の急務」『実業之日本』1919年4月1日号，第23頁。此处亦参阅了斎藤真「草創期アメリカ研究の目的意識」，細谷千博・斎藤真編『ワシントン体制と日米関係』，東京大学出版会，1978年，第578頁。
2. 藤原彰「日本陸軍と対米戦略」，細谷千博・斎藤真ほか編『日米関係史』第二巻，東京大学出版会，1972年，第12、13頁。
3. 防衛庁防衛研究所戦史室編『戦史叢書・大本営陸軍部（1）』，朝雲新聞社，1967年，第247、251～255、299～300頁。島貫武治「日露戦争以後における国防方針、所要兵力、用兵綱領の変遷（下）」『軍事史学』第9巻第1号，1973年6月。藤原彰「日本陸軍と対米戦略」第3～4頁。另外，关于明治时期围绕对美作战而展开的陆海军间的接触可参阅参謀本部第二課『陸軍作戦ニ関連スヘキ海軍作戦ニ就テノ研究』，1911年8月，防衛庁防衛研究所図書館所蔵。
4. 杉田一次『情報なき戦争指導』，原書房，1987年，第7頁。
5. 藤原彰「日本陸軍と対米戦略」第4、5、12頁。

6. 杉田一次「大東亜戦争開戦前後誤まれる対米認識は何故生れたか」『軍事研究』1987 年 12 月号，第 91、92、98 頁。
7. 参阅佐伯彰一「仮想敵としてのアメリカのイメージ」，加藤秀俊・亀井俊介編『日本とアメリカ』日本学術振興会，1977 年。另可参阅秦郁彦『太平洋国際関係史』，福村出版，1972 年；三輪公忠「対米決戦へのイメージ」，加藤秀俊・亀井俊介編『日本とアメリカ』等。此外，有关 20 世纪 20 年代和 40 年代上半叶日本陆军对美认识的比较，可参阅拙稿「戦前期日米関係の一断面—陸軍のアメリカ国民性認識をめぐって」『外交時報』第 1264 号，1990 年 1 月。
8. 筑紫熊七（中将）「米国視察報告（第貳号）」『永存書類 大正八年乙輯第一類』1918 年 5 月 10 日，防衛庁防衛研究所図書館所蔵，第 250 頁。
9. 参阅「大使館附武官補佐官新設ノ件」『密大日記』大正七年四冊ノ内一、防衛庁防衛研究所図書館所蔵；「米国大使館附武官補佐官ノ在勤俸ニ関スル件」『永存書類 大正七年甲輯第三類』，防衛庁防衛研究所図書館所蔵。
10. 水町竹三（中佐）「米国ノ富強ニ対スル我国民ノ覚醒」『記事』第 543 号附録，1919 年 11 月，第 3 頁。
11. MK 生「列強の軍備」『記事』第 667 号，1930 年 4 月，第 187 頁。亦参阅了菅野尚一（少将）「米国戦時施設ニ就テ」，1917 年 12 月 10 日，『密大日記』大正七年四冊ノ内一、防衛庁防衛研究所図書館所蔵。
12. 水町竹三「米国ノ富強ニ対スル我国民ノ覚醒」第 3 頁。
13. 参謀本部『欧州戦争ニ於ケル米国陸軍（欧州戦争叢書第三七巻）』，偕行社本部，1921 年，绪言。
14. 岡本連一郎（大佐）「米国視察報告（第五号）」，1920 年 4 月 20 日，『欧受大日記』大正一〇年四月五月，防衛庁防衛研究所図書館所蔵，第 203 頁。
15. 渡久雄（大尉）「米国ノ近情」『記事』第 548 号附録，1920

年 4 月，第 2 頁。

16. 『欧州戦争ニ於ケル米国陸軍（欧州戦争叢書第三七巻）』第 1 頁。
17. 渡久雄「米国ノ近情」2 頁。
18. 『欧州戦争ニ於ケル米国陸軍（欧州戦争叢書第三七巻）』第 1 頁。
19. 岡本連一郎「米国視察報告（第五号）」第 203 頁。
20. 『欧州戦争ニ於ケル米国陸軍（欧州戦争叢書第三七巻）』第 2 頁。
21. 古荘幹郎（大佐）「欧米視察談」『記事』第 603 号，1924 年 12 月，第 18 頁。
22. 筑紫熊七「米国視察報告（第貳号）」第 140 頁。
23. 同上，第 138 ~ 139 頁。
24. 水町竹三「米国ノ富強ニ対スル我国民ノ覚醒」第 3 頁。
25. 『欧州戦争ニ於ケル米国陸軍（欧州戦争叢書第三七巻）』第 51 頁、第 54 頁；MK 生「列強の軍備」第 189 ~ 190 頁；水町竹三「米国ノ富強ニ対スル我国民ノ覚醒」第 3 頁。
26. 『欧州戦争ニ於ケル米国陸軍（欧州戦争叢書第三七巻）』第 51、52 頁。
27. 同上，第 93 ~ 94、100 ~ 105、122、123 頁。
28. 同上，第 52 頁。另可参阅此书第 169 頁以及木村松治郎（少佐）「米国普通学校ニ於ケル軍事教育ノ状況報告」，1933 年 3 月 20 日，『米国駐在報告綴（其一）』，防衛庁防衛研究所図書館所蔵，第 141 頁。
29. 本間雅晴（大尉）「思想の変遷に鑑みて軍紀と服従とを論ず」『記事』第 550 号，1920 年 6 月，第 38 頁。另可参阅鷲津訟平（少佐）「現在の米国」『記事』第 570 号，1922 年 2 月，第 86 頁。
30. 本間雅晴「思想の変遷に鑑みて軍紀と服従とを論ず」，第 38 頁。

31. 同上，第 37 ~ 45 頁、河野恒吉（少将）「軍紀ト自覚」『記事』第 566 号，1921 年 10 月。此外另可参阅本书第三章。
32. 『欧州戦争ニ於ケル米国陸軍（欧州戦争叢書第三七巻)』第 53 頁。
33. 渡久雄「米国ノ近情」3 頁。另可参阅筑紫熊七「米国視察報告（第貳号)」第 246 頁。
34. 『欧州戦争ニ於ケル米国陸軍（欧州戦争叢書第三七巻)』第 53 頁。
35. 渡久雄「米国ノ近情」第 3 頁。
36. 水町竹三「米国ノ富強ニ対スル我国民ノ覚醒」第 3 頁。
37. 筑紫熊七「米国視察報告（第貳号)」第 240 頁。
38. 渡久雄「米国ノ近情」第 4 頁。渡久雄大尉同时也写道，“战后之改善可谓给予了美军一新纪元”（第 6 頁）。
39. 筑紫熊七「米国視察報告（第貳号)」第 140 頁。
40. 水町竹三「米国ノ富強ニ対スル我国民ノ覚醒」第 3 頁。
41. 渡久雄「米国ノ近情」第 3 頁。另可参阅近藤兵三郎（大佐）「米国陸軍戦時補給制度並戦後ノ施設（第六回報告)」，1920 年 4 月，『欧受大日記』大正十年四月五月。
42. 水町竹三「米国ノ富強ニ対スル我国民ノ覚醒」第 3 頁。
43. 参謀本部『世界大戦に於ける米軍の数字的記録（戦史叢書第三号)』，偕行社，1926 年，第 270 ~ 271 頁；渡久雄「米国ノ近情」第 1 頁。
44. 臨時軍事調査委員『国家総動員に関する意見』，陸軍省，1920 年 5 月，第 9 頁。
45. 水町竹三「米国ノ富強ニ対スル我国民ノ覚醒」第 2 頁。此外，水町竹三中佐在该论文中也写道，“今次之大战争中协约国能够获得最后胜利，首先便在于美国之富强”（第 2 頁）。
46. MK 生「列強の軍備」第 187 頁。
47. 水町竹三「米国ノ富強ニ対スル我国民ノ覚醒」第 4 頁。
48. MK 生「列強の軍備」第 187 頁。

49. 岡本連一郎「米国視察報告（第五号）」第204頁。另可参阅渡久雄「米国ノ近情」第6頁。
50. 『欧州戦争ニ於ケル米国陸軍（欧州戦争叢書第三七巻）』第169頁。与美国的强大国力相反，日本的现状则被普遍认为是“资源贫弱，工业力幼稚”［此处可参阅近藤兵三郎「米国陸軍戦時補給制度並戦後ノ施設（第六回報告）」第431頁等处。］
51. 水町竹三「米国ノ富強ニ対スル我国民ノ覚醒」第2頁。
52. 渡久雄「米国ノ近情」第3頁。
53. 水町竹三「米国ノ富強ニ対スル我国民ノ覚醒」第2頁。
54. 渡久雄「米国ノ近情」第3頁。
55. 角田順校訂『宇垣一成日記』Ⅰ，みすず書房，1968年，第225頁。
56. 長谷川美代次（大尉）「米国国民軍事教育ノ現状」『記事』第567号，1921年11月，第110、101頁。
57. 角田順校訂『宇垣一成日記』Ⅰ，第225頁。
58. 岡本連一郎「米国視察報告（第五号）」第199頁。
59. 筑紫熊七「米国視察報告（第貳号）」第28頁。另可参阅赤松寬美（大佐）『軍人の見たる排日と対米策』，日進堂，1924年。
60. 岡本連一郎「米国視察報告（第五号）」第203頁。
61. 水町竹三「米国ノ富強ニ対スル我国民ノ覚醒」第8頁。
62. 一社員「再び米国陸軍に就て」『記事』第679号，1931年4月，第221頁。
63. 筑紫熊七「米国視察報告（第貳号）」第243頁。
64. 水町竹三「米国ノ富強ニ対スル我国民ノ覚醒」第8頁。
65. 筑紫熊七「米国視察報告（第貳号）」第247頁。
66. 水町竹三「米国ノ富強ニ対スル我国民ノ覚醒」第8頁。另可参阅岡本連一郎「米国視察報告（第五号）」第204頁；参謀本部「日米関係ト帝国ノ国防」，1924年4月，『密大日記』大正十三年五冊ノ内第五冊，防衛庁防衛研究所図書館所蔵。

此外，关于日美关系亦可参阅渡久雄（大佐）「米国の近况と其の陸軍」『記事』第683号，1931年8月，第175~179頁。
67. 水町竹三「米国ノ富強ニ対スル我国民ノ覚醒」第1頁。
68. 渡久雄「米国ノ近情」第6、4頁。另可参阅角田順校訂『宇垣一成日記』Ⅰ，第241頁。
69. 長谷川美代次「米国国民軍事教育ノ現状」第110頁。渡久雄大尉在对日美两国进行比较后认为，"不难想见，如将美国今日之改革与其他仅耗费时日进行调查研究却不能真正着手改革之国家相比，十年后二者之优劣差异将令人吃惊"(「米国ノ近情」第7頁)。
70. 鷲津訟平「現在の米国」第86、85頁。另可参阅長谷川美代次「米国国民軍事教育ノ現状」第101頁。
71. 渡久雄「米国ノ近情」第4頁。
72. 鷲津訟平「現在の米国」第79頁。
73. 渡久雄「米国ノ近情」第4、11頁。
74. 鷲津訟平「現在の米国」第82、83頁。
75. 渡久雄「米国ノ近情」第9頁。另可参阅一社員「米国陸軍に就て（「世界現状大観」を読みて)」『記事』第677号，1931年2月，第149頁，以及一社員「再び米国陸軍に就て」第221、223頁。
76. 鷲津訟平「現在の米国」第83頁。另可参阅木村松治郎「米国普通学校ニ於ケル軍事教育ノ状況報告」第84、85頁。
77. 渡久雄「米国ノ近情」第11頁。一社員「米国陸軍に就て(「世界現状大観」を読みて)」中写道，"我军部之人乃至国民看待列国军备时不可戴有色眼镜。弱即弱，强即强。有必要正确理解其真相"(第145頁)。
78. 水町竹三「米国ノ富強ニ対スル我国民ノ覚醒」第1頁。
79. 渡久雄「米国ノ近情」第11頁。渡久雄大尉在该论文中也写道，"美国建国以来已经过了一百五十年，已经拥有特殊之国民性……因同是白人，便将欧美人同等视之乃巨大错误。解释美国万事之时应首先将此事置于考虑之中”（第 7 頁）。就此问题，長谷川美代次「米国国民軍事教育ノ現状」第 110 頁也显示了同样的认识。

80. 『欧州戦争ニ於ケル米国陸軍（欧州戦争叢書第三七巻）』第 135 頁。
81. 木村松治郎「米国普通学校ニ於ケル軍事教育ノ状況報告」第 34 頁、長谷川美代次「米国国民軍事教育ノ現状」第 103 頁、筑紫熊七「米国視察報告（第貳号）」第 202 頁、渡久雄「米国の近況と其の陸軍」第 219 頁。另外，一社員「米国陸軍に就て（「世界現状大観」を読みて）」中表达了“敬爱之念”（第 145 頁）。
82. 陸軍省『最新帝国及列強の陸軍』（1929 年）第 55 頁。另可参阅陸軍省『昭和一三年版　帝国及列強の陸軍』（1938 年）第 121 頁。
83. 『最新帝国及列強の陸軍』第 53 ~ 54 頁。另可参阅『昭和一三年版　帝国及列強の陸軍』第 121 頁。
84. 『最新帝国及列強の陸軍』第 55 頁。另可参阅『昭和一三年版　帝国及列強の陸軍』第 121 頁。
85. 『昭和一三年版　帝国及列強の陸軍』第 119 頁。另可参阅中山寧人（大尉）「米軍参謀次長の観たる産業と国防との関係」『記事』第 683 号，1931 年 8 月，第 6 頁。
86. 『最新帝国及列強の陸軍』第 54 頁。另可参阅『昭和一三年版　帝国及列強の陸軍』第 121 頁。
87. 一社員「米国陸軍に就て（「世界現状大観」を読みて）」。另可参阅『最新帝国及列強の陸軍』第 25 ~ 28 頁、『昭和一三年版 帝国及列強の陸軍』第 122 ~ 125 頁、MK 生「列強の軍備」第 193 ~ 196 頁、鷲津訟平「現在の米国」第 84 頁。
88. 『最新帝国及列強の陸軍』第 24 頁。另可参阅『昭和一三年版 帝国及列強の陸軍』第 119 ~ 120 頁。
89. 長谷川美代次「米国国民軍事教育ノ現状」第 102 頁。

90. 安田郷輔（中佐）「欧州視察報告」，1921 年 5 月 18 日，『永存書類　大正一一年乙輯第一類』，防衛庁防衛研究所図書館所蔵，第 56 頁。
91. 堀吉彦（中佐）「仏国ノ兵役制度視察報告」，1921 年 2 月 23 日，『永存書類　大正一一年乙輯第一類』。另见水町竹三「米国ノ富強ニ対スル我国民ノ覚醒」第 10 頁。
92. 杉田一次在致笔者的书信（1989 年 9 月 21 日）中写道，20 世纪 20 年代日本制定的学校教练制度是模仿美国的预备役军官训练营（R. O. T. C.）的产物。同时，熊谷直『日本の軍隊ものしり物語』（光人社，1989 年）同样指出了这一点。
93. 陸軍省「欧米諸国軍事予備教育の状況」，1924 年 12 月，『永存書類　大正一四年乙輯第二類第五冊』，防衛庁防衛研究所図書館所蔵；木村松治郎「米国普通学校ニ於ケル軍事教育ノ状況報告」；長谷川美代次「米国国民軍事教育ノ現状」；関亀次（少佐）「米国に於ける軍事予備教育の情況」『記事』第 611 号，1925 年 8 月；高橋貞夫（大佐）『米国事情』，陸軍技術本部，1930 年 10 月，第 43、50、61 ~ 65 頁。另可参阅参謀本部「大戦後欧米諸国ノ軍備縮小ノ状況」，1924 年 9 月，『永存書類　大正一三年乙輯第二類第七冊』，防衛庁防衛研究所図書館所蔵；一社員「再び米国陸軍に就て」第218 頁。
94. 木村松治郎「米国普通学校ニ於ケル軍事教育ノ状況報告」第 134 頁。
95. 鷲津訟平「現在の米国」第 87 頁。
96. 渡久雄「米国ノ近情」第 8 頁。另可参阅長谷川美代次「米国国民軍事教育ノ現状」第 103 頁和鷲津訟平「現在の米国」第 86 頁。
97. 陸軍省『欧米諸国軍事予備教育の状況』第 17 頁。
98. 関亀次「米国に於ける軍事予備教育の情況」第 27 頁。
99. 長谷川美代茨「米国国民軍事教育ノ現状」第 106 頁。水町竹三中佐也写道，“唯叹赏而已”（水町竹三「米国ノ富強ニ対スル我国民ノ覚醒」第10頁)。

100. 長谷川美代次「米国国民軍事教育ノ現状」第103頁。
101. 関亀次「米国に於ける軍事予備教育の情況」第27頁。
102. 長谷川美代次「米国国民軍事教育ノ現状」第107頁。另可参阅「普通学校ニ於ケル軍事訓練」『記事』第542号附録(『海外情報』第9号),1919年10月,第1頁。
103. 鷲津訟平「現在の米国」第87頁。
104. 陸軍省『欧米諸国軍事予算教育の状況』第7~8頁。
105. 関亀次「米国に於ける軍事予備教育の情況」第21頁。
106. 木村松治郎「米国普通学校ニ於ケル軍事教育ノ状況報告」第81~82、78頁。
107. 同上,第82、79頁。
108. 同上,第84頁。
109. 陸軍省『欧米諸国軍事予算教育の状況』第8、14頁。
110. 関亀次「米国に於ける軍事予備教育の情況」第27頁。
111. 可参阅一社員「米国陸軍に就て(「世界現状大観」を読みて)」第146頁;MK生「列強の軍備」第184~185、197頁;渡久雄「米国の近況と其の陸軍」第182頁等。
112. MK生「列強の軍備」第190頁。
113. 同上,第197頁。
114. 木村松治郎「米国普通学校ニ於ケル軍事教育ノ状況報告」第139~140頁。
115. 永田鉄山(中佐)「国家総動員準備施設と青少年訓練」,沢本孟虎編『国家総動員の意義』青山書店,1926年,第190頁。
116. 関亀次「米国に於ける軍事予備教育の情況」第27頁。
117. 古荘幹郎「欧米視察談」第19頁。
118. 陸軍省『欧米諸国軍事予算教育の状況』第7~8頁。
119. 同上,第1頁。另可参阅木村治次郎「米国普通学校ニ於ケル軍事教育ノ状況報告」绪言。

120. 渡久雄「米国ノ近情」第 7 頁。另外，鷲津訟平少佐也认为“如研究美国则有必要了解其国民性于根本之上存在差异一事”（鷲津訟平「現在の米国」第 83 頁）。
121. 渡久雄「米国ノ近情」第 9、8 頁。
122. 長谷川美代次「米国国民軍事教育ノ現状」第 5 頁。
123. 同上，第 5 頁。
124. 渡久雄「米国ノ近情」第 9 頁。
125. 可参阅陸軍省『欧米諸国軍事予算教育の状況』第 43 頁、筑紫熊七「米国視察報告（第貳号）」第 245 頁等。
126. 水町竹三「米国ノ富強ニ対スル我国民ノ覚醒」第 4～5 頁。
127. 同上，6 頁。一社員「再び米国陸軍に就て」中亦写道，“有谁能将美国轻视为冒失冲动者呢?”（第 221 頁）
128. 水町竹三「米国ノ富強ニ対スル我国民ノ覚醒」第 6 頁。
129. 同上，第 4 頁。
130. 木村松治郎（少佐）「アメリカ便り」，1931 年 9 月 23 日，『米国駐在報告綴（其二）』，防衛庁防衛研究所図書館所蔵，第 7 頁。
131. 渡久雄「米国ノ近情」第 9 頁。
132. 同上，第 8 頁。
133. 長谷川美代次「米国国民軍事教育ノ現状」第 101 頁。
134. 鷲津訟平「現在の米国」第 85～86 頁。
135. MK 生「列強の軍備」第 188 頁。
136. 渡久雄「米国ノ近情」第 8 頁。
137. 木村松治郎「米国普通学校ニ於ケル軍事教育ノ状況報告」第 85 頁。
138. 一社員「米国陸軍に就て（「世界現状大観」を読みて）」第 146 頁。木村松治郎「アメリカ便り」第 19～20 頁。
139. 水町竹三「米国ノ富強ニ対スル我国民ノ覚醒」第 6 頁。另可参阅渡久雄「米国ノ近情」第 9 頁。
140. 一社員「再び米国陸軍に就て」第 220、221 頁。

141. 木村松治郎（少佐）「任務終了報告」，1933年6月3日，『米国駐在報告綴（其二）』。另可参阅木村松治郎「米国普通学校ニ於ケル軍事教育ノ状況報告」绪言、一社員「再び米国陸軍に就て」第221頁。
142. 一社員「再び米国陸軍に就て」第221頁。
143. 水町竹三「米国ノ富強ニ対スル我国民ノ覚醒」第5頁。
144. 同上，第5頁。
145. 同上，第5、6頁。
146. 同上，第7頁。
147. 木村松治郎「アメリカ便り」第9頁。
148. 水町竹三「米国ノ富強ニ対スル我国民ノ覚醒」第7頁。
149. 渡久雄「米国ノ近情」第8頁。另可参阅長谷川美代次「米国国民軍事教育ノ現状」第101頁。
150. 筑紫熊七「米国視察報告（第貳号）」第245頁。
151. 木村松治郎「アメリカ便り」第5頁。
152. 水町竹三「米国ノ富強ニ対スル我国民ノ覚醒」第6頁。
153. 木村松治郎「アメリカ便り」第5頁。
154. 水町竹三「米国ノ富強ニ対スル我国民ノ覚醒」第6頁。
155. 同上，第6頁。
156. 同上，第6~7頁。
157. 木村松治郎「米国普通学校ニ於ケル軍事教育ノ状況報告」第84、140頁。
158. 長谷川美代次「米国国民軍事教育ノ現状」第100~101頁。另可参阅MK生「列強の軍備」第185頁。
159. MK生「列強の軍備」第185頁。另可参阅鷲津訟平「現在の米国」第79~80頁、水町竹三「米国ノ富強ニ対スル我国民ノ覚醒」第7頁、渡久雄「米国ノ近情」第7頁、古荘幹郎「欧米視察談」第18頁。
160. 木村松治郎「米国普通学校ニ於ケル軍事教育ノ状況報告」等文章将其表述为“国家主义”（第119、144頁）。另可参阅木村松治郎（少佐）「米国陸軍士官学校ニ関スル報告」，1933 年 4 月 20 日，『米国駐在報告綴（其二)』。

161. 河野恒吉（大佐）「欧州戦争ニ現ハレタル精神力ノ観察」『記事』第 552 号，1920 年 8 月，第 1 頁。

162. 水町竹三「米国ノ富強ニ対スル我国民ノ覚醒」第 7 頁。另可参阅角田順校訂『宇垣一成日記』Ⅰ，第 297 頁；岡本連一郎『米国視察報告（第五号)』第 202 頁；鳥谷章（大佐）「徴兵制度廃止問題ニ就テ」『記事』第537 号，1919 年5 月，第 42 頁。

163. 筑紫熊七「米国視察報告（第貳号)」第 28 頁。

164. 永田秀次郎「欧米最近視察談」『記事』第 668 号，1930 年 5 月，第 149 頁。另可参阅该论文第 143 頁。此外，渡久雄大佐也写道，“我去过美国两次，每次回来都首先感受到日本人对美国所做之介绍非常极端，即不同之人对美国之观察非常不同”（渡久雄「米国の近況と其の陸軍」第 173 頁)。

165. 新渡戸稲造「米国研究の急務」第 26 頁。

166. 水町竹三「米国ノ富強ニ対スル我国民ノ覚醒」第 1 頁。另有“恐美病”“崇美病”等说法（一社員「再び米国陸軍に就て」第 150 頁)。

167. 可参阅一社員「米国陸軍に就て（「世界現状大観」を読みて)」第 146 頁、鷲津訟平「現在の米国」第 84 頁、古荘幹郎「欧米視察談」第 19 頁。

168. 一社員「米国陸軍に就て（「世界現状大観」を読みて)」第 146 頁。

169. 渡久雄「米国ノ近情」第 9 頁。

170. 『最新帝国及列強の陸軍』第 26 頁、『昭和一三年版 帝国及列強の陸軍』第 123 頁。

171. 一社員「再び米国陸軍に就て」第 222 頁。

172. 一社員「米国陸軍に就て（「世界現状大観」を読みて)」第 149 頁。另可参阅一社員「再び米国陸軍に就て」第 222 頁。

173. 一社員「再び米国陸軍に就て」第 222 頁。
174. 一社員「米国陸軍に就て（「世界現状大観」を読みて）」第 145 頁。另可参阅 MK 生「列強の軍備」第 197 頁、渡久雄「米国の近況と其の陸軍」第 186 頁、古荘幹郎「欧米視察談」第 18 ~ 19 頁。
175. 佐伯彰一「仮想敵としてのアメリカのイメージ」第 224、223 頁。
176. 但日本陆军对美国陆军士官学校的评价似乎呈好转态势。这一点可通过对比筑紫熊七「米国視察報告（第貳号）」第 126 ~ 127 頁与一社員「米国陸軍に就て（「世界現状大観」を読みて）」第 145 頁、木村松治郎「米国普通学校ニ於ケル軍事教育ノ状況報告」第 97 ~ 101 頁而得知。
177. 笔者的这一思路受到了カール・シュミット（新田邦夫訳）『パルチザンの理論』（福村出版，1972 年）的启发。
178. （1924 年）7 月 29 日田中国重致上原勇作书信（上原勇作関係文書研究会編『上原勇作関係文書』，東京大学出版会，1976 年，第 267 頁）。
179. 渡久雄「米国ノ近情」第 10 頁。
180. 角田順校訂『宇垣一成日記』Ⅰ，第 769 頁。另可参阅该书第 675 頁。
181. 同上，第 775 頁。渡久雄大佐也写道，“日美之将来必须融洽，此亦是互相之利益”（渡久雄「米国の近況と其の陸軍」第 188 頁）。
182. 可参阅角田順編『石原莞爾資料—国防論策編［増補版］』，原書房，1971 年，第 48 頁。

第六章　日本陆军的军队近代化论

引　言

与以往的战争相比，结束于1918年（大正七年）的第一次世界大战呈现了显著不同的形态，集中体现于以下几点：第一，战争的长期化超乎预想；第二，以巨大生产力为背景，战争变为人力物力两方面的大消耗战；第三，武器与器材等军备的飞速发展令战争变为科学战；第四，战争中国民的重要性显著提升。

对于这种拥有上述特征并在战时出现于各国的战争形态，日本军部尤其是陆军自1917年下半年起开始使用"国家总动员"一词进行概括。此后，如何吸取一战的教训，以及如何准备未来战争变成日本陆军的课题。也就是说，"国军之整备充实"[1] 和总体战体制的构筑成为新目标。

然而，上述课题的解决绝非坦途。这是由于日本资本主义发展不足，构筑总体战体制并非易事；而最为关键的一点是，一战后的日本陆军从质与量两方面均沦为“战前型陆军”[2]。

本章将对日本陆军在上述状况下试图解决其课题，尤其是“国军之整备充实”时所依据的战略战术论、编制装备观以及总体战体制观进行考察。

围绕这一问题，以往的研究多将焦点对准陆军大臣宇垣一成所主导的军制改革，即所谓的宇垣裁军（1925年），并强调军制改革派（宇垣一成派）与维持现状派（上原勇作派）之间的对立。即两派虽然对日本经济的落后性具有共同认识，但军制改革派主张削减师团数量，进行军队装备近代化，缩短士兵的服役年限等；而维持现状派则基于速战速决的短期战战略，主张维持常设师团的数量，并反对军队近代化。可以说，以往的研究重点关注两派间对立的一面[3]。

但笔者认为，这种理解方式难以对大正后期陆军内部的权力状况，以及其与昭和初期陆军内部权力状况间的关联性进行充分说明。例如，被视作军制改革派一脉的所谓统制派与被视作上原派的所谓皇道派，为何会在当初作为“原始皇道派”[4] 而共同反对宇垣一成。对于这一问题，这一理解方式难以做出说明。

因此，本章的目的在于，通过对从一战结束前后至宇垣裁军之间陆军内部围绕军队近代化产生的对立的范围（或程度）进行再次探讨，试图以连贯的视角来理解与论述大正后期至昭和初期陆军内部的权力状况问题。

但是，本章的考察对象并非现实中的政治过程，而主要是陆军军官亲睦团体的官方杂志《偕行社记事》以及军人著作中的论述内容。这是因为，笔者认为要更准确地理解现实的权力状况，首先应当了解政策负责人身处的内部环境，即了解在当时的陆军内部，对政策负责人产生影响的议论和经由政策负责人授意而出现的议论是如何广泛展开的。此外，将分析对象的时期进行上述设定的原因在于，陆军内部围绕军队近代化产生的对立在宇垣裁军期间始见分晓[5]。

如上文所述，在技术的快速发展下，第一次世界大战发展为科学战、消耗战，并引发了以下的新情况。即步兵的主要武器由以往的步枪变为机枪；军队的火力，尤其是炮兵的火力出现了飞跃式增长；战斗开始距离因此大幅变远，步兵如无炮兵支援则极难推进；战斗主体从以往的步兵变为步兵与炮兵的结合；战术也由散兵线战术①变为疏

① 普法战争中形成的一种战术。散兵线是指进攻或防守时，每个士兵之间拉开较大间隔，并以线状队形进行战斗。——译者注

开战术（战斗群战术）[①]；坦克、飞机、毒气等新式武器，尤其是飞机的发展使得战斗空间由平面变为立体；等等。

另一方面，一战时日本陆军的行动远离欧洲主战场，并且仅在日德战争中获取了经验。从结论看，面对战斗的这种革命性变化，日本陆军的应对方式大致可分为将一战的教训视作极其特殊之物或认为一战的教训具有一般性的两种观点。为行文方便，笔者将在考察时暂且将前一种观点称为“精神强调论”，而将后一种观点称为“装备·精神强调论”[6]。如果将这一分类方式与以往的分类方式相关联，则“精神强调论”属于维持现状派的观点，而“装备·精神强调论”则属于军制改革派的观点。在这一前提下，下文将对这两种观点进行考察。

一　精神强调论

本章将首先针对“精神强调论”展开探讨。

对于科学战这一新局面，该立场的认识如下。首先，“鉴于欧战之教训，日益谋求技术能力之发达”乃必要之举，但步兵的“肉搏精神”更应得到强化，尤其是日本

① 该词由日本陆军所创，在概念上主要吸取了法国在一战时使用的小规模部队战术。——译者注

有物质条件方面的限制，因此无法进行第一次世界大战般的“奢侈战斗”。

其次，该立场认为没有优质、丰富的武器弹药便无法攻击与推进的观点极为浅薄，且一战的这种战争形态并非远东地区的战争常态。最为重要的是，这种观点将令步兵“变为极无气力之兵种”。

最后，虽然武器十分重要，但“培养不挠之精神方能充分发挥火器之威力”，而步兵需要的是独自进行战斗的胆量[7]。因此，对于令运动战变为阵地战、武器战的世界大战，应将其视为一种令“精神之战斗”“减退”的特殊状态[8]。

总之，该立场虽承认科学战和机械战出现的事实，却同时认识到日本资源不足，欠缺自给自足能力，且经济力量脆弱所体现出的日本经济的落后性，又认识到欧洲战场与日本陆军所预想的战场即中国东北地区之间在地形与交通网发展程度方面的差异[9]。因此，该立场将一战的教训基本视作一种特殊之物[10]。

因此，精神强调论者认为，“欧洲战场之炮兵将敌方阵地完全破坏后方才前进，我步兵则没有此般轻松”[11]。归根到底，“战斗所不可或缺之紧要之物在于坚韧的军人精神，换言之即真正的攻击精神”[12]。

但是，在这种重视精神的主张中，同样可以发现一种理性认识，即真正的攻击精神必须基于理性[13]，而不可有“突发性”和“莽撞性”。在排斥单纯的精神主义的意义方面，这一点值得关注。

总之，精神强调论者虽然承认一战的机械化与武器威力的飞速增长等现象，却将重点置于士兵的精神力量方面，并认为战斗主体并非机械，而在于人[14]。从军队的编制方面看，这仍然属于“步兵主体论”的范畴。

但是应当注意的是，精神强调论者对于军队装备近代化本身并未进行否定。这一点从批判宇垣裁军，并被视作维持现状派代表人物的田中国重中将的论述中亦可得到体现。这是因为他在批判宇垣裁军时主要强调的是“程度与方法”[15]的问题。另外，上述论者将中国军队视作假想敌，并认为其装备恶劣。这种认识也为“精神强调论”提供了一种合理性依据[16]。

另一方面，这种主张背后对日本经济落后性的认识也令该论者在战略层面倾向于速战速决主义下的短期战。也就是说，日本资源匮乏且没有自给自足能力，因而不可能进行长期战。而“我军绝不可轻率……模仿欧美列国之方式。须先进行运动战以图战势之发展，并极力回避胶着持久战”[17]。因此日本“须有以寡兵对众敌，安于相对贫弱之兵器弹药，而能短期破敌之觉悟”[18]。

然而，这些论者并非完全没有认识到未来战争变为长期战的可能。反而正因为认识到了这一点，作为经济落后国家的日本便更有必要使战争成为短期战。即“战争动辄带有持久性，其遂行需要庞大资财。因此迅速决胜，以防止战期弥久”[19]十分必要。

正因如此，最令论者们恐惧的情况是，速战速决的“首战中便出现差池，因此战争不得不变得持久”[20]。因而在他们对战争准备的理解中虽然存在对长期战的认识，但出于对长期战的恐惧反而着重于短期战，即如何能够集中全力应对开战后的首战[21]。并且在他们看来，“坚韧的军人精神”与严格的军纪支撑起的军队，即“练就了以必胜之自信击灭敌人之气力与能力”[22]的“精兵”才是短期战成功的保证。

因此，对于注重精神方面，并且支持所谓良兵良民主义，即当时标榜“军队教育 = 国民教育”的军队教育根本思想的上述论者而言，一战之后格外显著的“大正民主”状况正可谓属于陆军认为是“坏思想”和“思想界的动摇”[23]的倾向。

综上所述，精神强调论者虽然承认未来战争将进入总体战阶段，也承认军队近代化具有必要性，但因此反而更加强烈地认识到日本经济的落后性，并将其视作为一种既定条件。因此，他们更为强调的是以具备“坚韧的军人精神”和“真正的攻击精神”的步兵为主体的短期战战略。

此外，在他们的主张中几乎不存在与军队的战时大动员相关的议论，且含有被动接受“寡兵”和“劣势”[24]的姿态。因此，精神强调论者相比之下更倾向于将物质现状视作一种既定条件，这亦需要注意。而在另一方面，这一倾向或许也令其更为重视和强调那些能够控制的领域，即与精神方面相关的领域。在这一意义上，这些论者的总体战体制观更为强调各种动员措施中的精神动员，且其构筑规划也相对具有短期视角[25]。

二　装备·精神强调论

本节将考察“装备·精神强调论”的主张。

“装备·精神强调论”认为“今日各种进步武器之威力已至绝不可不承认之境”[26]，并且“伴随未来科学之发达与人智之向上，火器日益趋于精巧，火器之进步令战斗之强韧性倍增。此乃自然之数”[27]。他们基于上述认识，提出了与“精神强调论”相异的以下主张。

第一，有观点认为一战中火力战之所以“疯狂”是因为战斗形态是阵地战，而日本军队主要进行的则是运动战，因而没有必要注重火力问题。针对这种观点，“装备·精神强调论”的论者虽然承认在战斗形态方面应把重点放在运动战上，但认为一战的实际情况并非阵地战需要火力，而是担任决战兵种的步兵向前推进所需的火力不足才导致了阵地战[28]。此外，虽说战场情况不同，但绝不可断言阵地战不会在东方战场上出现[29]。

况且，如果说武器的进步伴随着战术革新和编制改良的话[30]，那么列强战法的变化则正可反映编制与装备的革新，火力战也并不仅仅是从阵地战的结果中得出的教训。

第二，有观点认为日本人优秀的“肉搏之志气”足以弥补武器的不同。对此，论者们认为这种观点适用于相同类型的军队间，而不适用于编制和装备方面存在根本差异的军队间，例如使用弓箭的军队在面对使用枪炮的军队时便不可行。更何况与日本人拥有“日本魂”（大和魂）相同，各国亦拥有各自的“本国之魂”[31]。

第三，有观点认为日本的假想敌国并不是如欧美军队般装备优良的陆军大国，因此不需要装备优良的军队。对此，论者们认为这种观点忘记了“平时战争”和“战时战争”的存在，从而忽视了军队的存在作为一种国家威信在平时的经济战中发挥的重要性[32]。

况且，即便将中国假定为日本的敌国，未来战争也极有可能发展为同盟战争，因此论者们认为这种观点没有考虑到欧美列强站在中国背后的可能性[33]。而且，正因为对方是“弱兵”，日本更应该以精良的装备一举将其击溃[34]，否则战局恐将发展为日本最为恐惧的持久战。

总之，“装备・精神强调论”的论者认为一战的教训具有一般性，并在这一基础上关注编制和装备的近代化问题。但是需要注意的是，他们并没有完全忽视军队的精神方面要素，反而对其重要性有着深刻的认识。

例如，某论者论述如下[35]：

> 兵器原本便并非活物。使用之际能否不留遗憾取决于枪后之人。如若使用者过于相信物质威力，而对精神之力，特别是攻击精神等闲视之，则实可谓不可饶恕之过错。

因此，论者们的认识可集中体现在以下内容之中[36]：

> 攻击精神之必要乃万世不易之绝对原则，必须予以尊重……话虽如此，轻视物质威力，懈怠于其装备事宜之行为亦为吾人必须深以为戒之处。

也就是说，精神威力（即攻击精神）与物质威力（即军队装备近代化）都十分必要[37]。

另外，在实际战斗方面，这一观点可由以下内容进行阐释[38]：

> 如若一味信赖精神之力，轻视火器之威力或忽视其装备，则决定最终生死之重要肉搏战必将提前进行，且以最不经济之方式进行，并最终招致凄惨之结果。此理十分明了。

因此，论者们承认步兵和肉搏十分必要，也承认其精神力量的重要性，但认为其绝非万能。要点在于将步兵推进至“肉搏距离”内，令“肉搏”真正发挥“肉搏”的作用[39]。因此，令“肉搏”之人枉死的极端精神主义与轻视军队装备近代化的态度一同成为论者们批判的对象。在他们看来，由极端的精神主义所指导的进攻是“攻击精神的误用导致的唐突无谋的虚张声势，以及鄙陋的精神万能主义所带来的肉搏战术”[40]。

换言之，论者们虽依然承认步兵作为最终决战兵种的功能，但在根本上认识到，炮兵已从以往辅助步兵的兵种升级为战斗主力，即战争主力已由步兵变为步兵加炮兵的组合。

在战术变化方面，这种承认精神力量的重要性但更为关注军队装备近代化的主张同样得到了支持。

在一战之前，基于“步枪与枪刺万能论”的散兵线战术十分普遍，但在各类火力的发展带来的装备革新和物质威力增强的新情况下，散兵线战术变为疏开战术。这意味着战斗单位变得比以往更小（分队一级①），因此采用疏开战术后必须通过改善装备和使用新式武器来防止战斗单位的战力下降。对于新式战法[41]的使用和编制、装备的近代化问题，论者们从一开始便将其作为一体来看待[42]。

然而，新式战法的采用不仅与装备层面的重要性相互关联，同时也与对精神层面重要性的再认识相互关联。这是由于疏开战法要求士兵具有以下素质：第一，对人与人之间的战斗的忍耐力和持久力；第二，能够适应装备近代化后战场上前所未有的悲惨状况，且能够拥有超越生死的信念；第三，基于责任观念的自主、自觉的行动（所谓的自行决定与自觉、自发性等）[43]。其中含有令“装备·精神强调论”肯定精神力量的依据（同时也含有支撑“精神强调论”的新的正当性依据）。

另外，新式战法与军队装备近代化问题同时催生了军人掌握常识性知识的必要性，并成为军人的常识涵养论在一战后被大力提倡的一部分背景[44]。

但是，本节最大的问题在于，对于精神强调论者所重视的日本经济落后性问题，“装备·精神强调论”的论者又有何思考。这是由于两种主张的重要差异便体现在这一点上。例如，曾任陆军省兵器局局长的筑紫熊七就这一问

① 即班一级。——译者注

题论述如下。

受“工业界之贫弱”和“资源之匮乏”左右的“粗糙”军备原本便构不成问题，但“如若吾人之工业、吾人之资源不够我国军备所用，则在必要之程度内发展工业，吸收资源，如此便可。吾人国民必须着眼于此处。国民主张国力战却不着眼于国力之发展，而徒然担忧眼前之贫困与匮乏，对国家前途盲目无知。此等状态绝非拥有抱负之国民应有之态”[45]。

以上论述体现了不将日本经济的落后性视作一种既定条件，而是通过积极变革加以应对的姿态。也就是说，这种观点力图通过培育经济力量来解决问题，因而具有极其长远的视角。这是因为一战的教训表明，经济实力作为军备的前提，是一个不可或缺的要素，而上述观点正是把国力（或国防能力）理解为军备与经济实力的乘积，即把一战的教训作为一种一般性的道理加以吸收。

因此，具有长远视角的“装备·精神强调论”可谓是一种极其灵活，且具有包容性质的观点。在战略方面，这一点在该观点力求同时经受短期战和长期战的思路中也有所体现。宇垣一成在其意见书《对于陆军改革的个人意见》(「陸軍改革私案」）中写道，“要做能同时经受短期战和长期战的准备”[47]。

然而，为实施长期战，除需要经济实力外，还必须进行军队的大规模动员。关于这一问题，“装备·精神强调论”的观点大致如下。

当时的普遍性认识是，为实现战时可动员人数的增加(即创造多兵的局面)，相较于设置多数的常设师团，以服役人数不变为前提而缩短服役年限的方式被认为更加有效。然而，服役年限的缩短虽符合多兵主义的精神，且具有减轻个人经济负担的优点，但被认为具有增加国库负担和导致士兵素质低下的缺点，因而其实施颇为困难[48]。尽管如此，“装备·精神强调论”的立场是，在军队教育与国民教育的关系空前密切，国民教育的内容也更加充实的现状下，为创造多兵的局面①，缩短服役年限属于无奈之举[49]。

因此，“精神强调论”将精兵理解为训练有素的士兵，几乎没有考虑到多兵的局面[50]；相比之下，“装备·精神强调论”将精兵理解为训练与编制、装备兼顾的士兵[51]，同时有意创造多兵的局面。因此，“装备·精神强调论”的主张可以称为“精兵多兵主义”[52]。

“精兵多兵主义”的要点在于，如何调节精兵与多兵的平衡，以及如何筹措军队装备近代化所需经费，所以在日本经济落后的现实情况下，这种军备概念可被命名为经

① 如此一来战时可动员的复员兵（在乡军人）将大为增加。——译者注

济军备[53]。因此，只要政党一方支持这种经济军备的立场，政党与军队间的妥协和提携在理论层面上也是可能的。

可以说在这一意义上，由于强调以军队装备近代化弥补削减师团带来的损失，以及以学校训练与青年训练弥补服役年限缩短带来的不足，宇垣裁军型军队近代化路线虽然由于师团的削减而使多兵主义受到了一定程度的削弱，但最终仍然可称为“装备·精神强调论”的一种现实性体现。也就是说，当军部构筑总体战体制和实施军队近代化的意图直接遭遇一战后经济不振的状况，特别是关东大地震后财政状态进一步恶化以及裁军舆论高涨的状况时，宇垣裁军型军队近代化路线可被定位为20世纪20年代陆军采取的一种合理性应对措施。

综上所述，“装备·精神强调论”立足于长远视角，是一种极其灵活且具有包容性的观点。从总体战观点看，“装备·精神强调论”勾勒出了一种注重产业动员[54]、精神动员与国民动员的总体战体制观。

结　语

以上内容表明，“精神强调论”和“装备·精神强调论”无疑拥有不同的理论体系；且在军队危机感上升的宇垣裁军时期，从相对视角上看，前一种主张呈现维持现状派的特征，后一种主张呈现军制改革派的特征。但应该注意的是，二者的差别终归只是一种相对意义上的差别。比起一味强调二者相异的一面，关注二者共通的一面更显必要。因为二者在对战争形态向总体战阶段转变与军队近代化必要性的认识方面是一致的。

在这一意义上，笔者认为二者形成了一个同心圆结构，其中相对灵活的“装备·精神强调论”能够包括“精神强调论”。这一点从“装备·精神强调论”的代表性论者永田铁山再三强调以精神填补物质匮乏的必要性的言论中也可得到体现[55]。

因此，二者间的差异是相对的差异，这一点也体现在如下二人的观点中。筑紫熊七认为裁军的“问题点存在于其程度方面”[56]，甚至连“精神强调论”的代表性论者田中国重也认为“吾人原本便未曾无视新式武器的准备事宜，而仅在程度与方法上所见不同而已”[57]。

换句话说，围绕军队近代化问题，陆军内部大致可分为“精神强调论”和“装备·精神强调论”这两种潮流，但二者在根本上存在一致之处，因此其实际的差异仅在于程度与方法。

在这一意义上，步兵学校校长河村正彦的观点极为值得关注。他在 1919 年 7 月 2 日已撰文阐述当时兵学界的情况，并同时抨击极端的物质主义者与完全不顾武器进步的人们，称“真理常存于中庸之中”[58]。因此笔者认为，陆军内部的各种议论均以上述两种主张为轴，并在此基础上拥有各种不同的变化形态。

但总而言之，宇垣裁军的实现表明，“装备・精神强调论”成为陆军内部的主流观点。这一点可通过以下事实得到强力佐证，即教育总监部本部长渡边寿在对 1926 年出台的《战斗纲要草案》（『戦闘綱要草案』）加以说明时，采用的是“装备・精神强调论”的立场[59]。

注释

1. 臨時軍事調査委員『交戦諸国ノ陸軍ニ就テ（第四版）』，1918 年 12 月，第 57 頁。
2. 小林順一郎（予備砲兵大佐）『陸軍の根本改造』，時友社，1924 年，第 32 頁。另参阅筑紫熊七（予備中将、砲兵）『国民必読・軍縮の第一歩へ』，東亜印刷株式会社出版部，1923 年，第 69～70 頁。此外，陆相宇垣一成在昭和元年（1926 年——译者注）面向陆军内部进行了题为《军备整理之真正意义》（「軍備整理の真意義」）的演讲，其中回顾了 1923 年、1924 年前后日本陆军的装备情况，认为其具有“逐日落伍之倾向”，而在国家总动员方面也“仅进行了工业动员”，“坦率而言，这种事态实在是不像话”（『宇垣一成日記』Ⅰ，みすず書房，1968 年，第 547 頁）。

3. 此处主要参阅了以下文献。吉田裕「第一次世界大戦と軍部」『歴史学研究』第460号，1978年9月；山口利昭「国家総動員研究序説」『国家学会雑誌』第92卷第3・4号，1979年4月；纐纈厚『総力戦体制研究』，三一書房，1981年。
4. 佐々木隆「陸軍『革新派』の展開」，近代日本研究会編『昭和期の軍部』，山川出版社，1979年。
5. 如上文所述，本章的分析对象具有极大的限定性。因此，本章内容与军制改革、典范令的修改、大演习和参谋演习旅行等具体内容之间的关联性的相关考察均留待日后进行，目前所参阅的文献有：桑田悦「『旧日本陸軍の近代化の遅れ』の一考察」『防衛大学校紀要（防衛学編）』第34輯，1977年3月；高橋秀直「陸軍軍縮の財政と政治」，近代日本研究会編『官僚制の形成と展開』，山川出版社，1986年；前原透『日本陸軍用兵思想史』，天狼書店，1994年等。
6. 如本章后文所述，这一主张认为军队装备近代化与士兵的精神力量都很重要。因此将其命名为“装备与精神两立论”或许更加恰当，但本书将其称为“装备・精神强调论”。

就此问题，堀毛一麿（陆军士官学校第28期生）多年后回顾道（中村菊男編『昭和陸軍秘史』，番町書房，1968年，第126、127頁）：

其（宇垣裁军——笔者注）后随即产生了将校的失业问题。宇垣一成虽然为防止其失业而设立了学校配属将校制度，但联队本身毕竟没有了。将校们对裁军抱有强烈不满也是没有办法的事。这一事态不仅成了宇垣一成日后饱受指责的原因，更被政敌有意识地加以利用。总之，拥有西欧式现实主义思考方式的人和拥有日本式精神主义思考方式的人之间，从战略战术论的层面起，最终以至于政治信条方面均大为不同，且这种分歧将长期持续。

（中略）

必须要在机枪与炮兵方面进行改革，如能更进一步便是飞机与坦克。但是，此举需要大量军费，于是产生了如何筹措经费、是否按照宇垣一成的做法进行等政治问题。不能进行彻底的军事改革，无论欧洲什么样，我们的战场和欧洲不一样，是亚洲。这一种观点与改革的观点之间出现鸿沟，因此在战略战术思想以及其根本的政治层面上都产生了混乱。

7. 以上内容参阅飯野庄三郎（步兵大尉、步兵学校教官）「欧州戦ノ教訓カ我カ步兵ノ訓練ニ及ホスヘキ影響」『偕行社記事』（下文简称其为『記事』）第540号，1919年8月，第40～43頁。
8. 斎藤瀏（步兵少佐）「軍隊ノ心理的統治及教育」『記事』第560号，1921年4月，第23頁。
9. 大竹澤治（步兵大佐）「演習ノ結構ト其指導及審判」『記事』第551号，1920年7月，第29頁。
10. 比如柴山重一（步兵大佐）撰文论述道，“探寻世界大战之痕迹时，必须检定其根本，观察其成立之原因，寻求适合帝国军队之特有判断。然而在兵器材料等精度、人数方面存在巨大差距之现状下，立即效仿彼方所采用之形式乃巨大谬误”（「欧州戦争教訓ノ採用ニ就テ」『記事』第554号，1920年10月，第22頁）。
11. 真崎甚三郎（步兵中佐）「步兵戦闘教練ニ就テ」『記事』第523号，1918年2月，第25頁。
12. 同上，第21頁。另外，围绕重视攻击精神的思路，木下宇三郎（中将、炮兵）写道，“日俄战役后我国各兵种之操典得以修改。攻击精神成为绝对之要求，篇篇均贯彻以赋予士兵精神气力之主旨。因此在战斗训练之中，步兵无间断地前进被视为理想。其弊端为无视地方火力，不选择利用适当之地形或队形，不等其他兵种进行协同行动，不等后方部队展开便突入敌阵”（「士気ノ消長」『記事』第522号，1918年1月，第

5 頁）。

13. 真崎甚三郎「歩兵戦闘教練ニ就テ」第 24～25 頁。大竹澤治「演習ノ結構ト其指導及審判」第 36 頁。柴山重一（歩兵大佐）撰文写道，“伴随火器之进步，须进一步发挥增大自身之火器效力乃是当然，对莽撞前进的反省亦并非仅仅来自最近大战之教训。攻击精神以往便不是一味不顾损伤而借集体之威力投入肉搏，而是拼死贯彻最终目的之意气”（柴山重一「欧州戦争教訓ノ採用ニ就テ」第 23 頁）。

14. 黒板勝美『福田大将伝』，福田大将伝刊行会，1937 年，第 414 頁。植野徳太郎（少将、騎兵）「将来ニ於ケル騎兵ノ戦法ニ就テ」『記事』第 546 号，1920 年 2 月，第 26 頁。柿沼伊助編『大局ヨリ見タル世界戦史（一九百十八年）』，偕行社，1920 年，第 98 頁。

15. 1924 年 9 月 4 日田中国重致上原勇作书信（上原勇作関係文書研究会編『上原勇作関係文書』，東京大学出版会，1976 年，第 273 頁）。

    甚至连上原派的町田经宇大将都曾写道，“师团减半说乃吾一向不感兴趣之议论，但吾认为在我国国防方面，比起一味增大轮廓，不如首先令其内容充实，比起增加宽度不如增加其纵深，此等措施极为必要。新兵器之充实，尤其是航空兵力之完备乃急务中之急务”。这十分值得注意（1923 年 10 月 20 日町田经宇致山本权兵卫书信，『上原勇作関係文書』第 508 頁）。

    此外，即便是“步兵主体论”，其中也有观点从“进一步加重步兵之任务”出发，主张“步兵不一味墨守成规，进一步发展其教育、装备、攻击法乃今日之急务”［菅野尚一（少将、歩兵）「陣地戦ト歩兵」『記事』第 525 号，1918 年 4 月，第 3 頁］。另可参阅紫外生「烟霞生の所論を読みて」『記事』第 597 号，1924 年 6 月，第 4 頁。

16. 植野德太郎「将来ニ於ケル騎兵ノ戦法ニ就テ」第 26 頁；煙

霞生「弱敵に対してこそ遠戦兵種の必要」『記事』第584号，1923年4月，第10頁。

17. 大竹澤治「演習ノ結構ト其指導及審判」第29頁。另可参阅「町田大将東北地方に於ける講演要旨」『記事』第592号，1924年1月，第8頁。
18. 飯野庄三郎「欧州戦ノ教訓カ我カ歩兵ノ訓練ニ及ホスヘキ影響」第41頁、真崎甚三郎「歩兵戦闘教練ニ就テ」第25頁。
19. 綾部橘樹（騎兵大尉）「会戦場裡に於ける殲滅戦の指導に就て」『記事』第604号，1925年1月，第35頁。
20. 河辺立夫（陸軍技師）「近年ニ於ケル軍馬補充状況ニ就キ私見」『記事』第552号，1920年8月，第31頁。另可参阅大竹澤治「演習ノ結構ト其指導及審判」第29頁。
21. 上述的田中国重书信、1924年8月19日田中国重致上原勇作书信（『上原勇作関係文書』第272、270頁）。
22. 真崎甚三郎「歩兵戦闘教練ニ就テ」第25頁。
23. 参阅本书第三章。
24. 真崎甚三郎「歩兵戦闘教練ニ就テ」第25頁、大竹澤治「演習ノ結構ト其指導及審判」第29頁、飯野庄三郎「欧州戦ノ教訓カ我カ歩兵ノ訓練ニ及ホスヘキ影響」第41頁。
25. 例如桑木崇明（炮兵少佐）认为，一战虽然显示了国家总动员的必要性，但其终归是“大国的武器”，“小国进行国家总动员是自杀”，并进一步论述道，“世上之论者往往过于信任总动员，日本这等资源匮乏的国家亦为了有事之秋而不怠于平素之军备，此实为危险之举。为防万一，吾人虽应准备总动员，但应尽力不使其付诸实用，如能预期战争之持久，则反而应将战局限定于狭小地域，努力以精锐之常备军达成目的。不可不考虑此种方法反而有力的可能性”（「希土戦争に於ける戦術の変革」『記事』第590号，1923年11月，第15頁）。另外，总体战的理论方面可参阅本书第二章。
26. 津野一輔（少将、歩兵）「欧州戦ニ関スル所感ノ一節」『記

事』第 529 号，1918 年 8 月，第 2 頁。

27. 同上，第 3 頁。

28. 小林順一郎「陸軍の根本改造」第 104 ~ 105 頁。

29. 佐藤清勝（砲兵大佐）「欧州戦争ニ於ケル用兵上ノ観察（五）」『記事』第 541 号，1919 年 9 月，第32 ~ 33 頁。鈴村吉一（砲兵少佐）「工業動員」『記事』第 524 号附録，1918 年 3 月，第 5 頁。

30. 筑紫熊七『国民必読・軍縮の第一歩へ』第 58 頁。

31. 小林順一郎「陸軍の根本改造」第 112 ~ 113 頁。细野辰雄（少将，步兵）认为步兵虽有大和魂却无法战胜飞机（「在郷軍人会、青年団、婦人会、地方有志一同会合の席上に於ける講演速記」『記事』第 572 号，1922 年 4 月，第 32 頁）。

另外，宇垣一成也在日记中记载了值得注意的观点。他认为“攻击精神之威力并非能够无限发挥之物，其终将在战斗中消磨。众多实例可证明之”（『宇垣一成日記』Ⅰ，第 307 頁）。森五六（步兵少佐）也认为，“无论如何重视精神之力，人的精神和体力自有界限。为补充精神和体力而重视器械之力乃是无人异议之处。此外，通过适当利用器械之力以求肉搏之节约，乃是维持志气之紧要举措，乃是不可否定之事实”（「輓近ノ編成装備ヲ有スル陸軍ノ採用スル戦術ノ概要」『記事』第 562 号附録，1921 年 6 月，第 33 頁）。

32. 小林順一郎「陸軍の根本改造」第 53 ~ 54 頁。

33. 同上，第 55 頁。紫外生「一斉退却と『繰り引き』に就て論ず」指出，未来的战争不仅仅是与素质不良之对手间的战争（『記事』第 586 号，1923 年 6 月，第 9 頁）。这一点另可参阅太田勝海（砲兵少佐）「大部隊の接敵に関する研究」『記事』第 605 号，1925 年 2 月，第 45 頁。

34. 煙霞生「弱敵に対してこそ遠戦兵種の必要」第 10 頁。

35. 津野一輔「欧州戦ニ関スル所感ノ一節」第 2 頁。

36. 同上，第 3 頁。

37. 铃村吉一（炮兵少佐）撰文指出，“不服输之辈认为肉搏可与精锐之武器相向。对此番理论，了解欧洲战场实情之人不能首肯。爱国心与个人勇气的展现原本便十分关键，因此小官（谦称——译者注）自始至终主张令其发展。但是，战争必胜之第一条件在于将此大和魂进一步注入精锐之武器，令拥有大和魂之飞机在空中飞翔，令炮弹中充满武士道并大量将其发射”（鈴村吉一「工業動員」第6頁）。

此外，对于高谷繁次（二等主計）「宣伝の作戦に及ぼす影響を論じ戦場宣伝実施要領を説明す」（『記事』第60回懸賞論文）中的观点，一位审查该文的负责人指出，“精神要素无可厚非。但军队物质威力（装备）不良之时精神力量也将受损。因此，令军备完备不仅能够增加战斗能力，而且能够提高精神力量”（同样收录于高谷繁次「宣伝の作戦に及ぼす影響を論じ戦場宣伝実施要領を説明す」『記事』第604号，1925年1月，第48頁）。

宇垣一成也将军队近代化作为“必胜信念”的保证，大力强调其必要性。他指出，“所谓必胜信念仅靠虚张声势之空论无法达成目的。为令该观念存续，教育与装备均为其实施准备之关键。以不精之武器与不足之弹药面对武器弹药质量优良之敌、以寡敌众、以一当十等观念作为提高教育之刺激手段尚可，但关键在于向军队展示质与量方面必能得胜之确信事实”（『宇垣一成日記』Ⅰ，第383頁，另参阅第304、549頁）。另可参阅佐藤清勝「欧州戦争ニ於ケル用兵上ノ観察（五）」第33～34頁；煙霞生「火力戦闘の主体は歩兵火なりや砲兵火なりや」『記事』第592号，1924年1月，第21頁。

38. 津野一輔「欧州戦ニ関スル所感ノ一節」第2頁。

39. 小林順一郎「陸軍の根本改造」第111頁、筑紫熊七『国民必読・軍縮の第一歩へ』第70頁。铃村吉一（少将）撰文指出，“未来之战争中仅靠肉搏、精神之力无法对抗敌之精锐武器。此乃明白之事实，不需引用旅顺保卫战之失败先例”（「大正一四年度部隊兵器検査の実施及所見並希望」『記事』第619号附録，1926年4月，第39頁）。

另外，雨畊生「火力戦闘の主体に関する烟霞生及紫外生の論争を読みて」也认为“火器显著发展之今日，如不能压制敌之机枪与炮兵则肉搏终究难以推进，此事愈加明了”（『記事』第599号，1924年8月，第12頁）。另可参阅煙霞生「火力戦闘の主体問題に関し紫外生に答ふ」『記事』第596号，1924年5月，第4頁。

40. 渡辺錠太郎（少将、歩兵）「歩兵操典ノ改正ニ就テ」『記事』第554号，1920年10月，第18頁。另外，宇垣一成也将肉搏的问题与一战中俄、德军队溃败的教训相关联，认为“肉搏主义之教育并无不可……但是不可陷于滥用”，主张必须“时常给予士兵牺牲需有意义之感”（『宇垣一成日記』Ⅰ，第296頁）。

41. 渡边锭太郎少将曾做出值得关注的发言，即“从来之战术面对现今之火器并不恰当。西伯利亚出征军之战斗中不乏足以证明此事之事例”（渡辺錠太郎「歩兵操典ノ改正ニ就テ」第19頁）。另可参阅教育総監部『列国戦闘群戦法の趨勢に就て』（1922年4月）；横山勇（歩兵大尉）「歩兵ノ新戦闘法タル戦闘群戦術ニ就テ」『記事』第569号附録，1922年1月。

此外，1921年11月，教育总监部本部长儿岛惣次郎向陆军次官尾野实信提出“步兵战斗法研究之事”的照会：“鉴于欧洲战之实践，为了研究适合本邦国情之步兵战斗法，同时考究其编制与装备，希望本部与贵省所辖职员一同组成委员会。”对此，尾野实信16日回复“无异议”。最终，以儿岛惣次郎为委员长的步兵战斗法研究会宣告成立（『密大日記』大正一二年六冊ノ内第二冊，防衛庁防衛研究所図書館所蔵）。

42. 煙霞生「火力戦闘の主体問題に関し紫外生に答ふ」第4頁；太田勝海「大部隊の接敵に関する研究」第45頁；紫外生「烟霞生の論文を読みて」『記事』第593号，1924年2月，第

19 頁；笠井平十郎（騎兵少佐）「騎兵ト新兵器ニ就テ」『記事』第581号附録，1923年1月，第1～2頁。另可参阅堀毛一麿的谈话，收录于中村菊男編『昭和陸軍秘史』第126～127頁。

43. 永田鉄山（歩兵大佐、陸軍省軍事課長）『新軍事講本』，青年教育普及会，1932年，第127～128頁。佐藤清胜大佐认为，无法进行战略机动之时，“军队须有跨血河尸山、冒爆烟弹雨而突击之勇气与奉公之心。因此吾人必须陶冶锻炼兵卒之精神，令其炼成精忠报国之气魄”［佐藤清勝「欧州戦争ニ於ケル用兵上ノ観察（五）」第35頁］。

另外，河野恒吉（少将）认为，“特别是现今火器之进步导致牺牲之增大、战斗之悲惨且执着、战争之长久且惨苦。因此需要更高更坚实之军人精神及严肃之军纪”［河野恒吉（少将）「軍紀ト自覚」『記事』第566号，1921年10月，第5頁］。关于这一点，可参阅飯野庄三郎「欧州戦ノ教訓カ我カ歩兵ノ訓練ニ及ホスヘキ影響」第40頁；田坂八十八（中尉）「下士兵卒ノ自覚心ヲ喚起セシムル具体的方案」（『記事』第53回懸賞論文），『記事』第579号，1922年11月，第61～62頁；小川喜一（歩兵少佐）「軍隊教育刷新に関する意見」『記事』第618号，1926年3月，第16～17頁。

44. 永田鉄山『新軍事講本』第127頁。另可参阅本书第三章。

45. 筑紫熊七『国民必読・軍縮の第一歩へ』第57頁。

46. 橋本勝太郎（予備中将、歩兵）『経済的軍備の改造』，隆文館株式会社，1921年，第442頁；橋本勝太郎『文武協調平和の支へ』，弘道館，1922年，第95頁。

47. 山口利昭「国家総動員研究序説」第117頁。另可参阅『宇垣一成日記』Ⅰ，第402頁。永田铁山（陆军中佐）认为，“国家总动员之设施如能准备充分，则有事之时国家总动员之施行将极为容易、极为确实。因此战争之初便能发挥巨大战争能力，自然能够缩短战争时间，所谓速战速决也较容易进行”

（「国家総動員準備施設と青少年訓練」，澤本孟虎編『国家総動員の意義』，青山書院，1926 年，第 185 ~ 186 頁）。此外，铃木宗作（步兵中尉）同样主张基于国家总动员的短期战思路（鈴木宗作「世界大戦ノ軍事的観察」『記事』第 545 号附録，1920 年 1 月）。

井上芳佐（步兵少佐）认为在速战速决的宗旨下有必要进行军队近代化（井上芳佐「欧州列強に於ける軍の機械化に就て」『記事』第 660 号附録，1929 年 9 月，第 7 頁）。此外，鸭脚光弘（步兵中佐）也认为，由于未来战争将成为长期战，开战后应努力以短期战为目标，且军队机械化可以令战争的短期终结成为可能（鴨脚光弘「将来戦」『記事』第 606 号，1925 年 3 月，第 19、22 頁）。因此，“装备・精神强调论”将速战速决的短期战战略、军备近代化，乃至国家总动员的准备视为一体。

48. 橋本勝太郎『経済的軍備の改造』第 103 ~ 104 頁。
49. 渡辺錠太郎「歩兵操典ノ改正ニ就テ」第 19 頁。另外，多兵主义也与国民皆兵主义原理相通（橋本勝太郎『文武協調平和の支へ』第 67 頁）。而在服役年限方面，有观点认为武器的进步发展反而要求延长年限。这一点可参阅吉植精逸（一等軍医）「軍事上ヨリ見タル体力ノ趨勢」『記事』第 566 号，1921 年 10 月，第 137 ~ 138 頁。
50. 斎藤瀏「軍隊ノ心理的統治及教育」，第 23 ~ 25 頁。
51. 作戦資材整備会議一幹事「『希土戦争に於ける戦術の変革』を読む」『記事』第 592 号，1924 年 1 月，第 26、27 頁。
52. 橋本勝太郎『経済的軍備の改造』第 167 頁。桥本胜太郎同样将其称为“经济精兵主义”和“经济多兵精兵主义”（该书第 108、102 ~ 103 頁）。另可参阅古荘幹郎（步兵大佐）「欧米視察談」『記事』第 603 号，1924 年 12 月，第 21 ~ 22、26 頁；香椎浩平（陸軍少佐）「独逸ノ兵卒」『記事』第 522 号，1918 年 1 月，第 49 頁；小磯国昭（步兵大佐）「多兵と精兵並在営年限問題に就て」『記事』第612号，1925年9月；本間雅晴（歩兵大佐）「軍国論」『記事』第613号，1925年10月，第36頁。

53. 作戦資材整備会議一幹事「『希土戦争に於ける戦術の変革』を読む」指出，“有论者认为‘我国财力贫弱，果真能够实现装备优良的目标吗？虽装备低下，但利用相对丰富的人力资源增加兵数反而才是符合我国情之军备’”。但此种议论的问题在于：第一，“在兵器显著进步的现代，多数情况下终究不可能以人力填补资材之匮乏”；第二，“未能洞察以人力代替资材绝非经济军备之理”（第27頁）。
54. 吉田丰彦（少将，炮兵）断言，“就战场观察而言，仅靠肉搏强攻的战法无法终结战斗是明了的事实。如勇敢将卒之后方没有强大的工业能力及丰富的资源，则非但无法期待终局之胜利，使战争继续亦不可能”［吉田豊彦（少将、砲兵）「工業動員ト物質トノ関係」『記事』第541号附録，1919年9月，第1頁］。
55. 永田鉄山『新軍事講本』第5、30、114頁。
56. 筑紫熊七『国民必読・軍縮の第一歩へ』第6頁。
57. 1924年9月4日田中国重致上原勇作书信。也就是说，一方面是日本经济的脆弱性和技术相对低下的现实制约，另一方面是军队近代化的必要性这一现实要求。在这两种背景下，实际上两种观点的理论差异并不大。
58. 在飯野庄三郎「欧州戦ノ教訓カ我カ歩兵ノ訓練ニ及ホスヘキ影響」中，步兵学校校长河村正彦将极端的物质主义者评为“根本破坏旧来之典范，欲全然模仿欧洲大战足迹之人”，将完全不顾武器进步的人评为“始终冥顽不化，不顾兵器之进步，依然幻想着横队战术时代之人”（第39頁）。此外，笔者认为这种“中庸论”的背后存在一种“对欧洲战之教训取舍选择”的态度［参阅西田恒夫（歩兵大佐）「戦術ノ趨勢」『記事』第571号，1922年3月，第1頁；渡辺錠太郎「歩兵操典ノ改正ニ就テ」第 18 頁]。而这种“取舍选择”，即取长补短的态度也成为注重事实且思维灵活的“装备・精神强调论”的一种理论支撑。

59. 参阅「団隊長招集に方り戦闘綱要草案に関する渡辺教育総監部本部長口演要旨」(『戦闘綱要草案編纂理由書』『記事』第 623 号附録，1926 年 8 月)。

因此，笔者认为，在理解宇垣派与上原派围绕宇垣裁军产生对立的原因时，比起军队近代化观点的不同，更应该把理解的重心放在宇垣一成就任陆相以来，田中义一和宇垣一成与上原勇作和福田雅太郎的对立，即围绕人事的情感对立方面（权力斗争方面）。这是陆军的中坚力量，即“装备・精神强调论”的论者原本支持宇垣型军队近代化路线，后来却出于反长州阀（反宇垣派系、反军队组织近代化）的立场而形成原始皇道派的一个原因。毋庸置疑，其前提自然是昭和初期日本的内外环境发生激烈变动，军备近代化受此影响而进展不佳。但是，原始皇道派成为新的主流派系后，这种围绕认识的情感对立令进行具有派系色彩的露骨人事安排并主张极端精神主义的所谓皇道派与统制派（装备・精神强调论者派系）间的政策差异得以浮现，从而令两派的对立明显化，同时又促使军队近代化政策倾向相对接近的统制派与旧宇垣派再次互相接近。

此外，笔者认为在 1926 年的《战斗纲要草案》至 1929 年的《战斗纲要》(『戦闘綱要』) 期间，军队近代化论的潮流本身发生了变化。在此仅对这一点略做指摘。

第Ⅱ部　“通往满洲事变的道路”

第七章　田中外交与日本陆军

引　言

在所谓“大正民主”至“昭和法西斯主义”的变动中，满洲事变与紧随其后的十月事件①是其重要的转折点，[1] 这是众所周知的事实。但是，关于两个事件发生的原委以及二者近乎同时发生的原因，以往研究所做的说明并不充分。原因有如下两点。第一，相对缺乏对第一次世界大战后的内政与外交进行统一理解的视角。一般而言，外交是内政的延伸，因此二者的关系原本密不可分，尤其是就针对第一次世界大战后内政外交紧密联系的时期展开的研究而言，这种统一视角不可或缺[2]。第二，关于东亚

① 为呼应满洲事变，1931 年 10 月，樱会干部桥本欣五郎和民间右翼分子大川周明等人策划了政变，企图暗杀首相若槻礼次郎，让陆军中将荒木贞夫组建内阁，但事前败露，以失败告终。——译者注

国际关系中的苏联，相对缺乏将其与满洲事变相关联并进行分析的视角。

基于以上观点，本章将留意统一理解内政外交的问题与苏联要素，以陆军为中心，针对“通向满洲事变与十月事件的道路”提出新视角。以陆军为焦点的理由在于，事件由陆军引发，因此阐明陆军的逻辑是最重要的课题。本章在进行分析时将着眼于以下三个问题，并对其进行考察：第一，与陆军总体战构想的关联性；第二，一战后呈现不安定化的日本重新确立内外秩序的过程；第三，田中义一内阁，尤其是田中外交所具有的意义。

尤其是在田中外交的意义方面，以往的意见多将其视为满洲事变的起因，但笔者认为如对一战后内外秩序的安定过程与满洲事变的关联性加以探讨，则可知这种看法并未切中要害。其理由在于，虽然田中构想意欲在总体战的冲击下将内政外交统一的视角体现在其政策中，但本章后文将表明，田中构想与作为两个事件原动力的陆军中坚层的构想之间在视野上存在明显不同。

一　总体战的冲击与“大正民主时期”的陆军

第一次世界大战令以往的战争形态发生了根本变化。

首先，战争始料未及地发展为四年有余的长期战，并成为参战各国对人力物力资源进行总动员的大消耗战。日俄战争中，日本军队自开战至言和一共消耗约一百万发炮弹；而在一战中，德军仅在凡尔登战役中便消耗两千万发炮弹，法军仅在索姆河战役中便消耗三千四百万发炮弹。

其次，以支撑这种消耗的巨大生产力为背景，武器发生了革命性变化。飞机、坦克、毒气等新武器陆续出现在战场上，火器的威力与精确度也有飞跃性提升。炮兵火力强劲，步兵的主力武器也变为机枪。且投入战斗的各国兵力之庞大达到了各国兵力资源的极限。

就这样，一战如字面意义一样变为前所未有的大战，军备近代化与支撑补给的国内工业能力与国民动员能力变得不可或缺，国家的所有要素都与战争的发动直接联系在了一起。也就是说，战争形态从此演变为国家总体战。从此以后，军事实力开始受国力左右，为获得战争胜利不仅需要精良强悍的军队，更需要构筑国家总体战体制。

为掌握一战的上述实态，日本政府在各主要部门设立了临时调查局，其中陆军集结了其内部各机关的军官，组建了临时军事调查委员，该机构在最繁盛时拥有 50 人以上的规模[3]。委员将调查结果整理为月报和意见书等形式，其中显示在战争机械化、悬殊的兵力动员能力与生产力面前，使用以日本三八式步枪为主的日俄战争型装备的日本陆军完全沦为“战前型”的末流军队。陆军因而受到了巨大震动。其中，沦落的原因不仅在于装备老旧等单纯因素，更在于战争形式的变化。这一更加深刻的原因尤其具有冲击力。

那么，总体战的冲击为陆军带来了怎样的课题呢？第一，总体战对全面增强产业能力，特别是工业生产力提出了要求。临时军事调查委员的月报之一《参战诸国之陆军》（第5版）[4]写道，“产业力乃军备极为有力之一大要素”，“就以往之观念而言，工业力之缺乏等同于其国无军队”，并力主“今日国军之优劣强弱已不能单以其兵数、舰数及装备论之。必须将其与产业力之情况一同论之”。因此，实现装备近代化同样需要培育能够支撑大量装备消耗的工业能力。

但是，这便需要稳定的资源供给。从这一点出发，陆军开始重新认识到大陆资源的重要性，并产生了必须形成日本自给自足圈的意识。参谋本部支那课兵要地志班班长小矶国昭少佐在《帝国国防资源》（『帝国国防資源』）[5]中强调，“对支那资源等闲视之者实乃对神州①之破坏毫无意识之人”；而军需工业动员第一人吉田丰彦中将也强调中国满洲地区的重要性，他认为

① 这里的“神州”指日本。——译者注

“必须意识到，只要日本需要维持和发展近代工业，满洲就有与之不可分离之关系，甚至乃日本民族之生存不可或缺之物”[6]。

就这样，对于后发资本主义国家日本而言，总体战的冲击对进行符合战争新形态的资本主义化提出了要求。基于此，日本陆军做出以下构想，即重组国内体制使扩充生产力成为可能，并提出与以往攫取帝国主义权益不同的、以攫取资源和形成自给圈为目的的大陆扩张论。尤其在后者中，“流通经济政策立足于增进财富所必需的国际分工，自给自足经济政策立足于国防的充实。在两种政策间如何调配并取得何种程度的平衡”[7]成了问题。因此，比起以自给自足观点为重点的“自给圈强调论”，日本陆军将力图与自由贸易相协调的“自由·自给圈论”视为更加具有现实主义色彩的外交路线[8]。

总体战带来的第二个课题是国民精神与心理团结的问题。德国和俄国军队因革命崩溃的事实表明，实施总体战最为必要的是国民对战争的理解、协助和支持。因此，如何实现举国一致便成为重要课题。基于此，陆军倡议确保国民生活的安定，以图确保举国一致所需的物质保障；但基于思想战和治安维持战将成为未来国内战争形态的认识，陆军认为上述举措还不够，因而强烈认为最为关键的是确保与打造“国家总动员的根基”，即进行精神动员。

因此，为了唤起国民的自发性并实现国民统合，下述要点被提了出来：（1）改善陆军内外的教育；（2）灵活运用信息宣传并指导舆论等。第一点尤其是改善陆军以外教育的用意在于通过学校教育与社会教育向国民灌输国家主义、军人精神和军事思想。第二点所基于的认识则是"使战争之目的公正化，并使国民彻底接受，当爱国敌忾之意气充溢阖国之时，国民必将依其自由意志，欣然服务于国家"[9]。

另一方面，陆军同时倡导"实现真正的举国一致"[10]在于灵活利用议会，因此对扩大国民参政问题也示以一定理解[11]，可见陆军构想的范式是以所谓自下而上的形式进行国民统合。因此，陆军一方面为了将以米骚动为代表的民众骚乱防患于未然，意图创建"维持秩序"的新体制；另一方面又响应"大正民主"的号召，尽可能令国民自发参与这一体制。就这样，陆军料定未来战争的形态是总体战，因此对军事以外领域的关注迅速增加。

在这一意义上，总体战带来的第三个课题显得格外重要，即强大的战争指导能力所不可欠缺的国务（政治）统帅（军事）一元化。总体战原本便涵盖政治、军事、经济和思想等各领域，而各领域间的界限也相应地逐渐变得不明确。因此，就军政关系的观点而言，以关注面的扩展为契机，第三个课题意味着军队出现了干政的可能性。

在“国民之国防”这一新口号下，总体战赋予了军部支配国政的理论根据。

但是，从理论上讲，“国民之国防”反而同时令政治对军事领域的介入成为可能。这使得政党政治下的军政关系在《明治宪法》规定的统帅权独立的制度下依然出现了相互渗透的可能性，因此是极为微妙的问题。

综上所述，一战给日本带来了可比拟“开国”的巨大冲击，并在军队近代化和国家总体战两个方面震动了日本陆军。尤其因为总体战并不限于纯军事领域，其冲击便带来了内外两个课题，即对外攫取资源，形成自给自足圈，对内进行令人力物力资源总动员成为可能的国家重组。这从而成了其后陆军思想与行动的参考标准[12]。

然而，“自由·自给圈论”的诞生，以及军部并不认为军部独裁是有效进行总动员的最上策的事实都表明，内外两个课题的解决方法与“昭和法西斯主义时期”不存在直接联系。“大正民主时期”陆军的总体战构想具有灵活性，这一点正可谓是该时期构想的特征。而政党一方亦以“产业立国主义”的形式提出了总体战构想[13]，这表明军队与政党在实现高度资本主义化方面达成了一致。此外，二者在国民的体制内动员（即参与政治）和维持秩序这两方面也能够达成一致[14]。

而令总体战构想的这种灵活性成为可能的一个重要原

因在于陆军对“大正民主”的现实主义认识。

这就是说，陆军认为一战后高涨的“大正民主”风潮将扰乱军队内外的秩序，从而抱有强烈的危机感，但这种危机意识并未直接引发陆军对于“大正民主”的全面否定。陆军反而认为“宜自行直面各种思想，对其解剖分析，可取便取，应弃便弃，当征服便征服，应采取此等明快果决之态度”，即强烈主张一种取长补短的立场。其原因在于“但凡提及外来之思潮、新思潮，便一概视其为危险之物，对其厌恶而排斥，世间有人持有此等守旧之见。但在某种意义上，此种狭隘之保守思想反而危险”[15]。

为改变陆军不受欢迎的情况并实现军民一致，军人自身被要求进行自省并拥有变革意识，即一方面维持“天皇的军队”的意识，另一方面对“受困于统帅权之躯壳而与国民分离”的情况加以反省，修正自身的超然态度，“更加向‘与国民一致’的方向进行自我整改”[16]。陆军认为若非如此，呈现不安定化且愈加松弛的军队内外秩序将无法得到改善，总体战所要求的举国一致亦无法实现。陆军在一战后将自身职能再定义为维持内外秩序，并在对维持日本内外秩序及军队内外秩序方面有所助益的范围内，对“大正民主”采取了认同的态度[17]。

本节表明，“大正民主时期”的陆军具有灵活性，而这种灵活性带有现实主义色彩。在这一意义上，宇垣军政所象征的该时期的军政关系并非对立的，而是“协作型”或“相互依存型”的[18]。如下一节所述，这一特征从日本内外秩序相对稳定的状况中也可得到印证。

二　“1925年体制”与田中外交

1921 年（大正十年）召开的华盛顿会议为一战后呈现不安定化的东亚国际关系[19]构筑了新秩序，即华盛顿体系。这是一种以海军裁军和维护中国领土完整、中国门户开放原则为中心的，以日、英、美三国为主体的协作体系。但是，华盛顿体系将苏联排除在外，并将中国视作一种客体，从而具有无法应对中苏两国兴起的缺陷[20]。

西伯利亚—北满洲①的局势随着俄国沙皇政权的崩溃和日本出兵西伯利亚而变得不稳定，这并非华盛顿体系可以妥善处理的问题。因为华盛顿会议对北满洲的中心课

① 日方史料中，“北满洲”一词偶有外东北之意（亦称“外满洲”），但绝大多数情况下是指曾为沙俄或苏联势力范围内的中国东北地区的北部，用以与曾为日本势力范围的“南满洲”相对应。“北满洲”或“北满”的所指范围不存在统一规定，可大致理解为现黑龙江省全省与吉林省的大部分地区。——译者注

题——东支铁路①问题没有提出有效的具体解决方案[21]，北满洲问题在现实中作为中苏之间的问题遗留下来。因此，在东亚整体的安定化方面被寄予厚望的日、英、美三国协调（即华盛顿协调）的范围基本被限定在中国本土②与南满洲③之内。

因此，在西伯利亚—北满洲地区，特别是日、中、苏三国利害关系和战略意图复杂交错的北满洲地区，要想使其局势稳定下来，不得不以异于华盛顿体系的形式加以解决。《中苏协定》（1924 年 5 月）、《奉俄协定》（同年 9 月）和《日苏基本条约》（1925 年 1 月）的缔结是为解决这一问题所进行的摸索，事实上最终在北满洲形成了以日、中、苏三国为主体的问题解决框架。该框架包含上述协定与条约，以及早已存在的满洲掌权者张作霖与日本的密切关系。

就这样，受一战冲击而有所动摇的东亚国际秩序在围绕中国本土—南满洲的日、英、美关系（华盛顿体系）

---

① 即中东铁路。“东支铁路”是当时日本对其的称呼，在伪满洲国建立后习惯上被改称为“北满铁路”。这两个称呼均为日方学者所使用，用以区别所指时期的不同。——译者注

② 本书所说的“中国本土”是与张作霖割据的中国东北地区相对的，指由南京国民政府实际管辖的山海关以南的广大地区。——译者注

③ 此处指日本在中国东北地区的势力范围，主要指辽东半岛一带与满铁附属地一带。——译者注

和围绕北满洲的日、中、苏关系这两个框架下重建。特别是就日本的立场而言，在华盛顿体系－满洲亲日政权（张作霖）－中、日、苏关系的框架下，东亚秩序的安定成为可能。

另一方面，同样于一战后变得不安定的日本国内秩序也以与上述国际新秩序联动的形式稳定下来[22]，即“宪政常道”体制（1924 年）和普选－治安维持法体制（1925 年）的建立。因此，一战后出现变动的日本内外秩序在 1925 年形成的维持秩序的框架下最终实现了大致的稳定。在这一意义上，这一内外秩序新框架可被称为“1925 年体制”。

就这样，内外秩序的相对稳定成为令上述“协调型”或“互相依存型”军政关系成为可能的一个原因；反之，这种军政关系的存在也正是对“1925 年体制”的稳定至关重要的国内条件。具体而言，这一点与东亚国际关系的稳定联系紧密，而后者使对外发动武力的现实可能性降低。因此，“1925 年体制”中对外方面的政策必须优于一切率先落实。

在当时的日本，存在以华盛顿体系为重心的外交方针，即护宪三派内阁以来的币原外交。《日苏基本条约》在外相币原喜重郎的主导下缔结的事实表明，由于将苏联承认为外交主体，币原外交同样属于“1925 年体制”

的一部分。但是幣原喜重郎“对于同苏联实现高度政治合作的态度消极”，导致对可带来与苏联间积极关系的北满洲问题没有热情[23]，因此“1925 年体制”尚未实体化。

并且，中国针对帝国主义诸列强的具有排外主义色彩的民族主义更加鲜明，并发起了令“1925 年体制”从根本上动摇的具体行动。1926 年 7 月，继承孙文遗志的中国国民政府开始北伐。在中国高昂的民族主义面前，诸国产生了动摇，日、英、美三国的协调体制也出现了龟裂。另一方面，发生于满洲的针对日本与苏联的收回利权运动也呈现扩大趋势。对于满蒙权益危机，以及伴随中国民众排日运动激化而出现的对中贸易停滞，日本国内的忧虑情绪蔓延，将坚持不干涉内政政策的幣原外交批判为软弱外交的呼声高涨。最终，若槻礼次郎内阁于 1927 年（昭和二年）4 月倒台，外相幣原喜重郎随即卸任。

代替若槻礼次郎组阁的是政友会总裁——陆军大将田中义一。田中义一是长州阀中的实力人物，在一战结束前后陆续担任参谋次长和陆军大臣，也是正确认识到未来战争将进入总体战阶段的军人。他进入政界的动机也含有“关于国防，必须对军人之国防这一观念予以废除”[24]的总体战认识方面的因素，因此田中义一从军队首脑转而就任政党总裁，意欲实现国务与统帅的一元化。也就是说，总体战问题已然“超越穿军服之军人之奉公范围”[25]，已并非“军人所考虑之处，本人须投身政界，以大政党为背景”[26]进行处理。由军人向政党总裁的转变可谓在一个侧面反映了“协调型”或“相互依存型”的军政关系。

田中义一在就任总裁后的演说中极力主张“增加总体生产力亦是期待国防完备之所以”[27]，并强调了攫取中国资源的必要性以及中国在日本安全保障方面的重要性，即“本国原料匮乏，日本之存在若离开支那已然困难”，“支那问题已然不是外国之问题，而是日本之问题”[28]。就这样，作为总体战论者的田中义一亲自兼任外相，意欲与中国革命对峙的姿态十分明显。陆军亦对田中义一的手腕抱以期待。

田中义一组阁不久后便以外相身份召开了以陆军省、海军省和外务省为中心的东方会议，并在会议最后一日发表了《对支政策纲领》（『対支政策綱領』）。这一纲领虽显示了满蒙分离政策与不惜使用武力的强硬姿态，但东方会议本身仍处于币原外交的延长线上[29]，田中义一本人对华盛顿体系亦未加以否定。

田中义一在日本利权集中的中国东北方面寄希望于张作霖，中国本土方面则寄希望于蒋介石，意欲构成日本与中国，尤其是与满蒙地区组成的经济圈。而在田中义一的授意下展开活动的是满铁社长山本条太郎。山本条太郎与张作霖交换了建设满蒙五铁路的密约，并交换了日满经济同盟和攻守同盟的文书。铁路建设对日本而言相当于在满蒙扩张的桥头堡，而五铁路则处于参谋本部1925年11月制定的《满蒙地方铁路政策纲要》（『滿蒙地方ニ於ケル鉄道政策要綱』）的延长线上[30]，同时也是以对苏作战为意图的战略铁路。北满洲是陆军设定的作战区域，日本为将其占领曾出兵西伯利亚，却遭遇了失败。因此，虽然苏联的权益受到削弱，但北满洲依然在苏联的势力范围内。而田中义一在共产主义的渗透方面，即意识形态方面亦对苏联抱以强烈的警惕心理。

但是，这种反共意识并未催生具有敌对色彩的对苏政策。在高昂的中国民族主义和苏联在东亚的影响力增强的现状下，田中义一指出时局到了“不得不制定对策之时”，并认为“仅靠观望终究难以挽回局面”[31]。而对于日、中、苏三国关系，他认识到“在今日之远东，日本、支那、俄罗斯之问题已不可分开考虑。顾虑日支关系之人自然不得不考虑俄罗斯。考虑日俄关系之人必得考虑支那”[32]。基于这一认识，田中义一反而对接近苏联，以及实现日、中、苏关系的实体化展开了摸索。可以说，这一点正是田中外交的突出特征。

在这一意义上，具有象征性的是以往几乎未被提及的久原房之助的“三国缓冲地带论”[33]。这一构想的内容是苏联提供外贝加尔以东的西伯利亚地区，中国提供满洲地区，日本提供朝鲜，将这三个地区作为非武装自治区，设定日、中、苏三国的缓冲地带。这一构想虽然在现实可能性方面存在问题，但作为1927年被提出的“日、中、苏协调论”的一种理想形态，我们有必要对其进行再次考察。事实上，围绕久原房之助作为“帝国政府特派经济调查委员”访问苏联的计划（以及几乎同一时期后藤新平的对苏访问），外相田中义一和苏联大使多夫加列夫斯基展开了不间断的会谈，席间田中义一将久原房之助介绍为主导全局的人物，并委托多夫加列夫斯基向久原房之助提供种种便宜（久原房之助于同年12月访苏时得以破例与斯大林会谈，并在归国途中与张作霖于北京展开会谈，以陈述“三国缓冲地带论”）。

其后，田中义一在与1928年3月8日就任的新任苏联大使特罗扬诺夫斯基会谈时表示“久原房之助的‘任务’是我本人的设想”[34]，苏联方面也在向本国报告时称田中义一“多次向我方声明，其自身是靠近苏联，并在远东创造由日本、苏联和中国组成的亚洲阵营的明确支持者”[35]。因此，“三国缓冲地带论”的现实可能性暂且不论，田中义一意欲以某种形式在北满洲实现日、中、苏关系实体化的意图已十分明显。

田中义一在就任外相后不久的1927年5月24日便对

苏联大使说道，“对于俄国正采取之制度、主义，并以此巩固国内秩序之现状，日本表示充分尊重，并毫无干涉之意。日本政府希望与内部发展健全之俄国尽早恢复从前之关系”[36]，又在6月16日讲道，“希望具体增进两国之亲善关系，充分发展经济关系”[37]。而关于围绕满蒙—西伯利亚地区的日苏关系，田中义一则表明了以下立场[38]。

> 日本对于满洲的希望在于该地治安得以维持，内外人民得以安心从事和平经济事业。因此本人认为日俄之政治利益不可能于满洲发生冲突。日俄两国国民于满洲之经济活动须在原则上依照门户开放、机会均等之主义，日俄两国须抛弃所谓势力范围等旧思想，而基于共存共荣之主义相互协作……如毫无忌惮地进一步表达本人之理想，则本人盼望俄国亦承认西伯利亚地区之机会均等主义。当然，其在俄国领土之内，日本于政治方面毫无干涉之意，但如能在经济方面亦承认西伯利亚之机会均等主义，则本人相信日俄之经济关系将完美无缺，两国共存共荣之理想将达到完全之境。

然而，对于重视与英、美，特别是与英国保持协调的田中义一而言，对苏接近与日、中、苏关系的实体化是颇为微妙的问题，因此必须慎重考虑。在这一意义上，在与张作霖进行满蒙五铁路交涉的问题上，田中义一于10月4日就对苏交涉一事向英国大使寻求谅解的事情值得注意。

> 说起满洲，为充分发挥其经济价值，北满洲自然亦包含在内……北满洲直接毗邻西伯利亚，且其物资之运输亦与俄国一方之铁道相互连接，因此本次日支交涉之结果最终亦有必要与俄国进行沟通。事先还望贵大使知悉此事。

就此问题，面对英国大使“随着日支交涉之进展，莫非有让俄罗斯加入商议之意?”的提问，田中义一在答复时体现了避免日、中、苏关系与对英协调关系相抵触，并努力令其并立的姿态，即“我本人最为关心的是满蒙经济发展之问题。三国之商议在外观上将被直接误解为具有政治意义，故而本人打算避免三国商议，日支交涉时不令苏联加入，日俄交涉时不令支那加入，但有必要于事先令其双方谅解”[39]。

因此，田中义一的意图是一面留意与华盛顿体系的关系，一面对接近苏联与中、日、苏关系稳定的实现展开摸索，而久原房之助与后藤新平的访苏是在与日本的对张作霖政策紧密关联的背景下进行的。日本资助张作霖收购东支铁路南线的计划，即东支铁路的收购与《日支共同经营方案》[40]则是其具体措施。在张作霖被害前的1928年5月19日，满铁社长山本条太郎向身在北京的中日实业公司常务江藤丰二下达了收购指令，而张作霖亦“颇有接受之意”[41]，但该计划随着张作霖的遇害而夭折。如若这一计划实现，则对于意欲染指北满洲的田中义一而言，日本便能将东支铁路干线以南的地区默定为苏联权益范围之外的地区[42]，且铁路由张作霖收购能够满足中国民族主义对于收回利权的希望，有利于中、日、苏关系的稳定，可谓“一石三鸟”之计。

综上所述，作为首相兼外相，田中义一的构想可以总结为以下三点：（1）在中国本土的问题上寄希望于蒋介石，维持华盛顿体系；（2）支持张作霖，以图维持满洲秩序，并确保和拓展日本的权益（特别是染指北满洲，在南满洲则承认华盛顿体系）；（3）在北满洲促进日、中、苏关系的稳定。因此，“1925年体制”的实体化正是田中构想的目的。特别是在日、中、苏关系方面，张作霖随着北伐的推进而衰落，苏联在国际上被孤立[43]，这使得三国间以日本为轴的互相接近成为可能。

因此，张作霖依照1928年5月18日的日本政府备忘录动身撤回满洲的行动具有确保田中构想的实现，即

“1925 年体制”的安定化的重要意义。这是因为：进入中国中央政界并日益强大的张作霖给日本造成的困境得以化解[44]；且张作霖如能回到满洲并集中精力维持满洲秩序，便有可能实现日本始终期待他发挥的两方面的作用，即实现对苏防卫，日本对北满洲的染指，日、中、苏关系的稳定（向“北”职能），以及阻止中国本土的混乱和中国民族主义波及满洲（向“南”职能）。专心维持满洲秩序的满洲亲日政权的存在正是“1925 年体制”安定化的最为关键之处。也正因为如此，将满洲与中国本土割裂的满蒙分离政策被高声提倡。

但是，在陆军内部，尤其是在关东军内，要求不甘做日本傀儡的张作霖下野的呼声愈发强烈。在华盛顿体系的龟裂、并不良好的中苏关系和中国高昂的民族主义等对“1925 年体制”构成威胁的国际环境下，对执着于张作霖的田中构想不满且更为激进的满蒙政策得以抬头。同时，在这种情况下，田中义一首相中止关东军向山海关外出兵的决定一举加重了后者对田中义一的激愤与失望。最终，在 6 月 4 日，听从日本的劝告撤回满洲的张作霖乘坐的列车在行进至京奉铁路和满铁的交叉处时遭遇爆炸，张作霖因此死亡。这便是张作霖爆杀事件①。

① 即皇姑屯事件。——译者注

田中义一曾认为陆军是“总有办法对付”[45]的自己人，但就这样，在陆军的谋划下，看似进展顺利的田中构想宣告失败。其后，失去张作霖的田中义一虽然竭力重新调整对华政策，但在中国的新情势下，即北伐成功与张作霖爆杀事件后诞生的张学良政权向国民政府合流，田中义一最终未能采取任何有效手段。由于统一中国的出现，日本通过亲日政权保障满蒙利益的基本政策土崩瓦解。

满铁社长山本条太郎接到张作霖爆杀事件的报告后感叹道，“本人来满洲后计划至今，并欲于今后实施之事已全部化为乌有。而田中内阁近期也将土崩瓦解”[46]，可见张作霖之死使田中外交的机能失灵。另一方面，在张作霖被暗杀之前的 6 月 1 日，关东军参谋长斋藤恒在日记中写道，“一味徇私执政的现任首相之流反而应被更替”。可见，田中义一对陆军影响力下降的事实十分明显。由田中义一主导，以“1925 年体制”为前提来构筑总体战体制已然不可能了。

三　田中义一、宇垣一成与陆军中坚层

在一战后的陆军内部，在思考时习惯以一战作为参考基准的年轻军人开始集结，他们被称为“一战世代”。从所谓《巴登巴登密约》开始，经历二叶会、木曜会

（1927 年）和一夕会（1929 年 5 月 19 日）的发展，这些年轻军人结成了贯穿整个陆军的团体[48]。他们主要关注的是军队近代化问题（包含人事方面）、总体战问题和满蒙问题，但他们在大正末期尚不处在军队要职，因此当时对熟知一战教训的田中义一和宇垣一成等上层人物的施政抱有期待。

例如，在军队近代化问题方面，由于政党和舆论的裁军要求、艰苦的财政状况，以及受“1925 年体制”保障的在中国获得的相对稳定的权益等，他们对于以战略师团的削减为代价换取军备近代化与总体战准备的进行，即所谓的宇垣裁军并未完全给予否定评价。曾为木曜会成员的土桥勇逸在战后的回忆中对宇垣裁军给予了肯定评价，称其“诚为恰当之处置”，“否则陆军的近代化便无法实现”，但“满洲事变爆发后，伴随着军队的状况好转，人们忘却了大正后半期至昭和初期的状况，便开始指责宇垣削减四个师团的举动，这多少有些判断失灵之嫌”[49]。总之，“宇垣的意图可以理解”[50]。

因此，如若满蒙利益相对稳定的状况能够得到维持，政党内阁不再提出新的裁军要求，宇垣一成所提出的“各新设作战单位的实力……伴随整理的进行，两三年后预计将有显著增加”[51]的预期能够妥善实现的话，宇垣裁军型军队近代化路线（乃至与政党间的“协调型”或“相互依存型”的宇垣军政）便属于能够得到陆军内部中坚层支持的施政路线（根据片仓衷战后回忆，永田铁山当时是“宇垣军政的推进力量”[52]，这一点十分值得关注）。

另一方面，在田中内阁时期，总体战的准备也同时在“产业立国主义”的名目下通过设置资源局等形式有所进展，陆军期待东亚国际关系在首相兼外相田中义一的主导下能够稳定下来。如上文所述，田中外交的目的在于实现“1925 年体制”的实体化，这一点以下列条件为前提：（1）亲日的（至少是不反日的）满洲政权的存在；（2）中国民族主义的稳定；（3）苏联的弱化（不构成威胁的状态）；（4）平稳的中苏关系；（5）华盛顿体系的持续。

然而，田中义一担纲外相伊始，上述条件便已出现了相当程度的动摇。其中最为关键的是北伐的成功使日本的满蒙权益受到了威胁。因此，陆军中坚层一面注视田中外交将如何开展，一面则开始摸索其独自的满蒙政策。最终，与田中义一不同的构想于 1928 年 3 月在木曜会被提了出来。基于东条英机中佐的发言，该构想决定“为帝国自存计，在满蒙确立完全之政治权力”[53]。其中的“完全之政治权力”意指占领满蒙，且为此的战争准备预计以对苏战争为主体，这明显与意图接近苏联的田中构想[54]相左。在某种意义上，或许田中义一对苏联的接近反而导致了以对苏战争为思考前提的中坚层对战争准备的焦虑。

总之，以陆军中坚层的这种与田中义一不同的构想为背景，对张作霖持有否定评价的二叶会会员——关东军高级参谋河本大作制造了张作霖爆杀事件。但与河本大作等人的预想不同，该事件导致了满洲归属中央领导（东北易帜）以及反日的张学良政权诞生这一最糟糕的事态。日本已然难以与满洲当地政权合作，“1925 年体制”也因而开始丧失其重要的前提条件。

结　语

综上所述，一战后的陆军将维持内外秩序定义为自身的职能，同时在总体战的冲击下将重组内外秩序定为其基本课题。这意味着在一战后日本内外环境不安定的现实状态下，陆军意欲创建能够令内外环境安定，同时能够令总体战成为可能的内外新秩序、新体制。“1925 年体制”正可谓一战后尝试体制重组（即结束不安定状况）的结果。因此，只要在“1925 年体制”下内外秩序能够稳定，以总体战为目的的内外施政能够有所进展，军队对此便没有异议。在这种情况下，宇垣军政所象征的“协调型”或“相互依存型”军政关系得以存在并确立，可见“大正民主时期”的陆军具有带现实主义色彩的灵活性。

但是，这种灵活性在对外方面以东亚秩序的稳定为前提。正因如此，田中外交意欲实现“1925 年体制”的实体化，而田中外交的表现决定了该体制最终是否有效。在这一方面，田中外交具有重要意义。从结论而言，田中外交如能成功，则满洲事变将不会爆发。至少可以说，满洲事变并不处在田中外交的延长线上[55]。

这样一来，问题便在于田中构想是否能够保证东亚国际秩序，尤其是满洲秩序的稳定。但是事实上，随着针对满洲政权（即张作霖政权）这一关键要素的否定评价越来越多，田中外交走向了失败。而张作霖爆杀事件并未像河本大作等人期待的那样令新的傀儡亲日政权诞生，反而导致张学良反日政权和统一中国的出现，导致了对日本而言最糟糕的事态。因此，“1925 年体制”丧失了其一部分重要的前提条件，其稳定性也受到负面影响。

然而，田中外交的失败并不直接意味着“1925 年体制”的全面崩溃。下文将简单介绍其崩溃的具体过程，以作为本章的结尾。

首先给“1925 年体制”带来决定性打击的是苏联威胁的增加。众所周知，虽然陆军始终将苏联（俄国）视为第一假想敌国，却在俄国十月革命后未将其视为现实威胁。但是，1929 年爆发了围绕苏联在北满洲的权益核心即东支铁路的回收问题的中苏纷争①，而苏联军队展现了超过日本陆军预想的强大实力。且在此一年以前，苏联开始实施第一个五年计划，并努力增强其军备[56]。在此基础上，中苏纷争令苏联成功维持了其在北满洲的权益，这增强了日本陆军对未来对苏战争的危机感，并使日本陆军对于对苏战略要地，即满蒙的重要性加深了印象。在苏联远东军队实力增强的背景下，日本占领满蒙这一战略要地、资源供给地的必要性凸显出来[57]。

因此，满洲反日政权的存在、中国民族主义的激化与苏联威胁的增加相叠加，导致“1925 年体制”的对外前提条件丧失殆尽。日本已不可能与采取反日姿态的张学良合作（即便双方能够合作对抗苏联，但由于东支铁路与满铁在权益方面对中国具有相同意义，围绕回收东支铁路的中国民族主义浪潮必将波及满铁[58]）；与不断强大的苏联合作亦不符合日本的利益（如与苏联合作，中国民族主义或许可以得到平息，但日本将不可能染指北满洲）。且华盛顿体系也已出现了龟裂。总之，通过“1925 年体制”实现满洲秩序的稳定和满蒙权益的维护已属不可能之事。

因此，面对威胁日本满蒙权益的中国民族主义以及苏

① 即中东铁路事件。——译者注

联逐渐增大的威胁，“满蒙领有论”成为同时解决这两个问题的有效方法，这是其急速抬头的理由。如此一来，整备和充实足以应对满蒙危机的军备[59]以及对国内体制进行重组成为首要课题。

然而，以实现军队近代化与准备总体战为目的的宇垣裁军型军队近代化路线却在以下两个方面遇到了挫折。第一，劳动纠纷、佃农纠纷的激增与反对军队的社会形势，阻碍了学校训练与青年训练发挥国民统合的功能。特别是劳动运动和社会运动的激化以及共产党的活动将导致思想上的共产主义化，因此意在维持秩序的陆军将其视为威胁。第二，田中内阁倒台后登场的滨口雄幸民政党内阁对已列入预算的军备近代化费用实施大幅延期，同时提出了新的裁军要求。因此就陆军的立场而言，尽管已付出了削减战略师团的巨大代价，军备近代化却毫无进展[60]。

于是，陆军中坚层对满蒙现状，以及总体战准备、军备整备充实的迟滞开始抱有危机感，因此对于政党政府和对其示以一定理解的陆军上层所采取的“协调型”或“相互依存型”路线愈加不满[61]。

而令这种不满陡然上升为否定政党政府（即进行国家改造）的契机是1930年的侵犯统帅权问题。也就是说，在总体战被视为紧要问题的状况下，始终微妙的军政关系出现了动摇，否定支撑“1925年体制”的“协调型”或“互相依存型”军政关系的呼声渐高（此外，对陆军中坚层而言，围绕皇姑屯事件的处置问题与身为政党总裁的田中义一首相产生的对立也成为令其对军政关系产生危机感的伏笔。并且从源头上看，田中义一实现国务统帅一体化的意图本身也能够被理解为政治对军事的介入问题[62]）。

至此，“1925 年体制”近乎丧失了其全部的内外前提条件。陆军中坚层开始向着占领满蒙，进行国家改造，以创造内外新秩序体制的目标而急进。在一战结束十余年后，总体战带来的内外体制重组课题最终凝结为“满蒙领有论”与“国家改造论”。陆军中坚层将这二者进行统一理解的一面体现了其“革新”性。

因此，“革新”的顺序，即“先外后内”主义和“先内后外”主义象征性地体现了陆军中坚层统一理解占领满蒙与改造国家的立场。由于“1925 年体制”的崩溃始于其对外条件的缺失，因此创造内外新体制的顺序便不得不按照“先外后内”主义进行。在这一意义上，满洲事变作为“陆军政变的序幕”[63]首先爆发，以“满洲事变之完成”[64]为目的的十月事件的筹谋则紧随其后。

综上所述，陆军中坚层对昭和初期日本内外秩序动摇的状况抱有危机感。从这种危机感出发，陆军中坚层人为地缩小了“大正民主时期”陆军特有的灵活度。以实现总体战构想带来的课题为主要动机，陆军在否定“1925年体制”的过程中发生了“革新”化。

注释

1. 关于强调满洲事变与十月事件一体性的论文，可参阅藤村道生「いわゆる十月事件の再検討」『日本歴史』第393号，1981年2月。
2. 安部博純「急進ファシズム運動論」，江口圭一編『体系・日本現代史』第一巻，日本評論社，1978年，第135頁。另可参阅拙稿「学界展望—日本外交史　一九七八年」『年報政治学一九七九政治学の基礎概念』，以及拙稿「学界展望—日本外交史　一九七九年」『年報政治学一九八〇政治学と隣接諸学科の間』。
3. 参阅本书第一章。
4. 1919年12月，第37、42頁。另可参阅臨時軍事調査委員『物質的国防要素充実ニ関スル意見』，1920年7月，第104頁。
5. 1917年8月，第142頁。
6. 『軍需工業動員ニ関スル常識的説明』，水交社，1927年，第215頁。
7. 臨時軍事調査委員『国家総動員に関する意見』，1920年5月，第55～56頁。
8. 可参阅本书第二章。此外笔者认为，“自由・自给圈论”成了陆军接受国际协调外交（即华盛顿体系）的有力论据。
9. 臨時軍事調査委員『国家総動員に関する意見』第71頁。此外，在改善陆军内部教育之际，被提倡的要点是增进“法政经济之知识”和培养常识（参阅本书第二～四章）。
10. 臨時軍事調査委員『国家総動員に関する意見』第70頁。

11. 臨時軍事調査委員「現代思潮一部（「デモクラシー」）の研究」『偕行社記事』（下文略称为『記事』）第 539 号附録，1919 年 7 月，第 13 頁。
12. 作为其中一例，满洲事变爆发时的陆军要职中存在众多的临时军事调查委员（参阅本书第一章）。
13. 時任英人「犬養毅と第一次大戦」『軍事史学』第 19 巻第 4 号，1984 年 3 月。
14. 参阅本书第二章。
15. 臨時軍事調査委員「現代思潮一部（「デモクラシー」）の研究」第 2 頁。
16. 稲葉正夫編『岡村寧次大将資料』上巻，原書房，1970 年，第 367 頁。
17. 参阅本书第三章。
18. 关于币原外交与宇垣军政互补的一面，可参阅坂野潤治「幣原外交の崩壊と日本陸軍」，東京大学社会科学研究所編『運動と抵抗』上，東京大学出版会，1979 年。另可参阅三谷太一郎「政党内閣期の条件」，中村隆英・伊藤隆編『近代日本研究入門』，東京大学出版会，1977 年，第 85 頁；吉田裕「昭和恐慌前後の社会情勢と軍部」『日本史研究』第 219 号，1980 年 11 月，第 46 頁。
19. 参阅入江昭『極東新秩序の模索』，原書房，1968 年。
20. 参阅細谷千博「ワシントン体制の特質と変容」，細谷千博・斎藤真編『ワシントン体制と日米関係』，東京大学出版会，1978 年。
21. 参阅「シベリア及ビ東支鉄道ニ関スル問題」『日本外交文書・ワシントン会議』下。
22. 参阅伊藤之雄「政党政治の定着」，坂野潤治・宮地正人編『日本近代史における転換期の研究』，山川出版社，1985 年。这里需要对“1925 年体制”这一用语加以说明。笔者在本章“序言”中写道：第一，有必要更积极地对内政与外交进行统一理解；第二，华盛顿体系论中对苏联的分析十分薄弱，因此有必要对包括苏联在内的东亚国际关系进行统一理解。而这一用语便是这种关注视角的产物。现实中这一用语所指代的体制未能完全实体化和安定化，因此将其称为“体制”确实存在是否贴切的问题，但为了对上述的关注视角进行强调，本书将使用这一用语（华盛顿会议诸条约同样生效于 1925 年）。需要特别引起注意的是，“大正民主”与东亚国际秩序的稳定是互为表里的关系。但是，毋需多言的是，“1925 年体制”是以日本作为第一人称才能够成立的观点。

23. 酒井哲哉「日本外交におけるソ連観の変遷（一九二三 – 三七）」『国家学会雑誌』第 97 巻第 3・4 号，1984 年 4 月，第 111 ~ 112、116 頁。

此外，日本驻苏联大使田中都吉在发给外相币原喜重郎的电报（1926 年 2 月 25 日接收）中写道，“原本在《俄支协定》成立之际，帝国政府未否认该条约，而仅在我方权利利益方面做出了保留。这一态度已将该协定的存在当作前提。而既已承认该协定的存在，则华府会议的决议不符合东支铁道的新事态，其意义已失大半。尔后我方应尽力以该决议为前提，管控自身行动，以避免招致俄支两国之无谓反感。因此，华府会议参加国之领事在哈尔滨一同行动不仅几无价值，于日本的特殊利益而言亦并非善策”。对此，币原喜重郎在第二日回复道，“一如贵见，万望在承认《俄支协定》存在的同时以华府会议决议为直接前提，并管控自身行动”（「東支鉄道関係一件・南線運行停止問題」，外務省外交史料館所蔵，收录于『日本外交文書』大正一五年第一冊，第 512 ~ 513 頁）。因此，即便是币原喜重郎也痛感华盛顿协调体制在北满洲地区的无力。而币原喜重郎在 1929 年中苏纷争爆发时所采取的对策在某种程度上可以被理解为这种意识的一种延伸。

24. 田中義一「政党存在の意義と党員の覚悟」，立憲政友会編『政治講座』日本政治学会，1926 年，第 4 頁。

25. 同上，第 6 頁。
26. 同上，第 12 頁。
27. 同上，第 9 頁。
28. 同上，第 13 頁。
29. 入江昭『極東新秩序の模索』，第 167 頁。
30. 防衛庁防衛研修所戦史室編『大本営陸軍部（1）』，朝雲新聞社，1967 年，第 288 頁。
31. 田中義一「政党存在の意義と党員の覚悟」第 16 頁。
32. 田中義一「政党存在の意義と党員の覚悟」第 14 頁。
33. 久原房之助翁伝記編纂会編『久原房之助』，日本鉱業株式会社，1970 年，第 351～365 頁；高倉徹一編『田中義一伝記』下，田中義一伝記刊行会，1960 年，第 748～749 頁；「田中義一の対中国政策—高倉徹一氏に聞く」『中国』第 18 号，第 9～10 頁。
34. 「外務大臣其他本省員会談要領集」（外務省文書マイクロフィルムPVM－二二）。
35. エリ・エヌ・クタコフ（ソビエト外交史研究会訳）『日ソ外交関係史』第一巻，刀江書院，1965 年，第 99 頁。此外，有关久原房之助对苏联的访问可参阅第 128～130 頁。
36. 「外務大臣其他本省員会談要領集」。
37. 「日ソ不可侵条約問題一件」(外務省外交史料館所蔵)。
38. 「外務大臣其他本省員会談要領集」。
39. 同上。
40. 山本条太郎翁伝記編纂会編『山本条太郎伝記』，山本条太郎伝記編纂会，1942 年，第 613～614 頁；高倉編『田中義一伝記』下，第 689～691 頁。
41. 1928 年 5 月 20 日驻中国公使芳泽谦吉致外相田中义一电报（『東支鉄道関係一件・鉄道譲渡問題』，外務省外交史料館所蔵)。
42. 在山本条太郎和张作霖缔结密约的交涉过程中，日本撤回东支铁路干线以北铁道建设要求的事实表明，田中义一与山本条太郎承认干线以北的北满洲地区事实上属于苏联的势力范围［酒井哲哉「日本外交におけるソ連観の変遷（一九二三－三七）」第 117 頁］。

43. 张作霖于 1927 年 4 月 6 日发动的搜索苏联大使馆的行动、蒋介石发动的“四一二”反共政变以及南京国民政府 12 月 15 日发布的与苏联断交通告都表明，苏联在中国亦逐渐失去立足之地。另可参阅吉村道男「一九二〇年代後半における日ソ協調の模索」，細谷千博編『太平洋・アジア圏の国際経済紛争史』東京大学出版会，1983 年，第 138 頁；アダム・B・ウラム（鈴木博信訳）『膨張と共存－ソビエト外交史Ⅰ』，サイマル出版会，1978 年，第 196～218 頁。
44. 酒井哲哉「日本外交におけるソ連観の変遷（一九二三－三七）」第 116 頁。
45. 高倉編『田中義一伝記』下，第 1063 頁。
46. 原安三郎編『山本条太郎翁追憶録』（非売品），1936 年。久原房之助对此也非常沮丧（山崎一芳『久原房之助』，東海出版社，1939 年，第 278 頁）。
47. 臼美勝美『日中外交史』，塙書房，1971 年，第 140 頁。
48. 参阅筒井清忠『昭和期日本の構造』，有斐閣，1984 年，第四章。
49. 土橋勇逸『軍服生活四十年の思出』，勁草出版サービスセンター，1985 年，第 130～131 頁。
50. 堀毛一麿談話（中村菊男編『昭和陸軍秘史』，番町書房，1968 年，第 123 頁）。于 1922 年进入陆军大学的堀毛一麿（陆军士官学校第 28 期生）回忆道（同上，第 123、125～126 頁）：

我们这些年长些的人能够理解宇垣一成的想法。我们在陆大系统地学习了欧洲的世界大战战史的课程，且随着对欧洲大战开展研究，我们能够理解以往被视作正统的战略和战术都需要在根本上有所改变。说得直白一些，日俄战争式的战略战术应该如何改变的问题出现在了我们陆大的考试试题中。其大部分教官都是曾在欧洲参加第一次世界大战的人。

（中略）

对于青年将校来说，最有魅力的还是欧洲的战略和战术。虽然这些战略战术逐渐进入了我们的头脑，但要将其进行吸收，并令其成为日本自己的东西，凭日本军队过于糟糕的编制与装备是不够的。欧洲诸国的战略战术发生了飞跃式的更新，但日本的战略战术旧态依然，完全不像话。我们逐渐拥有了以下这种想法。

为了重新制定日本的战略战术，我们认为必须对日本军队的编制和装备进行根本重建。就在这时发生了大地震（即发生于 1923 年的日本关东大地震——译者注），因此便不得不一面进行灾后重建，一面按照一战的教训对陆军全体进行重建。这是极其难以做到的事情。既然无论如何都做不到，那么实施宇垣裁军也是不得已的事情了。我们当时对此是能够理解的。

佐藤贤了也回忆道，“宇垣军备整理……基于第一次世界大战的教训，其宗旨在于缩减军备的宽度，增加军备近代化与补给能力的深度。这并非宇垣大臣个人的政策，而是作战资材整备会议长期研究和讨论的产物，无论谁做陆军大臣都会如此”（佐藤賢了『佐藤賢了の証言』，芙蓉書房，1976 年，第 47 ~ 48 頁）。此外，松村知勝『関東軍参謀副長の手記』（芙蓉書房，1977 年）第 176 頁中也存在相同的认识。

51. 角田順校訂『宇垣一成日記』Ⅰ，みすず書房，1968 年，第 548 頁。

52. 片倉衷『片倉参謀の証言叛乱と鎮圧』，芙蓉書房，1981 年，第 47 頁。另可参阅西浦進『昭和戦争史の証言』，原書房，1980 年，第 26 頁。

53. 「木曜会記事」『鈴木貞一氏談話速記録（下）』日本近代史料研究会，1974 年，第 378 頁。
54. 在审议《日苏基本条约》的枢密院精查委员会会议上，外务省欧美局局长广田弘毅在论述治安立法的必要性时讲道，“严厉取缔共产主义反而产生了对俄关系好转的结果。鉴于这一现状，应当承认严厉取缔是妥当的”（『日本外交文書』大正一四年第一冊，第 519 頁）。而笔者认为，田中内阁时期修订《治安维持法》同样可能与对苏接近政策存在某种关联性。此外，本章将叙述重点放在了田中内阁的外交方面，因而未提及其以“产业立国”为中心的整体内外政策。
55. 酒井哲哉「日本外交におけるソ連観の変遷（一九二三－三七）」中表达了同样的认识（第 117 頁）。
56. 防衛庁防衛研修所戦史室編『関東軍（1）』，朝雲新聞社，1969 年，第 42～45 頁；佐藤誠三郎「協調と自立との間——日本」『年報政治学一九六九国際緊張緩和の政治過程』，第 139 頁；原田熊雄述『西園寺公と政局』第二巻，岩波書店，1950 年，第 4～6 頁。

此外，早在 1930 年 1 月 7 日，哈尔滨特务机关长泽田茂便向参谋次长冈本连一郎发送电报并汇报道，“苏军之攻击法大致恰当，部队训练亦可。不仅如此，其对占领地区之统制亦十分稳健。革命十二年后之苏军极有重生之感”[「東支鉄道関係一件・支那側ノ東支鉄道強制収用ニ原因スル露支紛争（一九二九年）——露支両国の軍事行動」，外務省文書マイクロフィルムS 六、一、九、二～一七]。参谋本部第二部（满洲里方面川俣雄人大尉的汇报）亦对中苏纷争中的苏联军队进行了高度评价，即“统帅、指挥大致妥当。军队之战斗动作亦大致妥当”[「東支（鉄道）回収事件其十三」『現代史史料 11 続・満州事変』，みすず書房，1965 年，第 216 頁]。

这种认识同样存在于其他史料中。比如『列強の軍備・蘇連邦』认为苏联军队在组成方面最值得关注的是“自动火器数量众多”，并认为“一线部队综合发挥此等火力产生之冲击力巨大，乃拥有最新装备之恐怖军队”；同时认为其航空兵力的“真正价值在不久前的俄支冲突中得以发挥”，并得出“红军之装备编制已不让欧美列强半步”的结论（『記事』第668号，1930年5月，第193頁）。

另外，建樹「蘇連邦の対支特に対満政策」所述如下。五年计划“亦可谓军备扩充五年计划”，“且观其两年来之实绩，其总体实施未必如同计划一般，但唯独军需方面几乎按预期进行，其军队装备、编制的优化实令人惊叹。编制装备之特征在于各兵种配备之轻重机枪及火炮数量均极多，此为我陆军终究不可及之处”。此外，“空军之充实扩张不仅直接影响我国作战，对我国国防之影响亦甚大”，“现今之苏军上下已绝不逊于旧帝制之俄军，反而已有超越。此为列强兵家之共同认识。其一端已于前年苏支战斗时显露无遗”（『記事』第666号，1930年3月，第253頁）。

关于中苏纷争亦可参阅渭山生「東支鉄道を繞る露支両国の葛藤」『記事』第663号，1929年12月；高陽生「一九二九年に於ける蘇連邦事情概観」『記事』第664号，1930年1月。

57. 片仓衷认为满洲的防卫和对苏联的防卫与意识形态无关，其首要的问题是军事问题，并回忆道，“考虑到将来可能发生的情况，我当时主张在它们（苏联远东军队——笔者注）增强之前亦应对北满实施占领，即主张满蒙占领案”［『片倉衷氏談話速記録（上)』，日本近現代史料研究会，1982年，第103、115頁，并参阅了第99～101頁］。

另外，中苏纷争的相关研究除了平井友義「ソ連の動向（一九二六－一九三三年)」（日本国際政治学会太平洋戦争原因研究部編『太平洋戦争への道』第二巻，朝日新聞社，1962年）和鳥田俊彦「東支鉄道をめぐる中ソ紛争」（『国際政治』第43号，1970年12月）外极为匮乏，近年的研究可参阅北岡伸一「ワシントン体制と『国際協調』の精神」『立教法学』

第23号，第101頁。而关于陆军，尤其是关东军对苏联的认识，可参阅平井友義「満州事変と日ソ関係」『国際政治』第31号，1966年10月。

而关于苏联威胁的增强和中苏纷争与满洲事变的关联性，陆军于1944年制成的《满洲事变勃发前后以来帝国陆军参谋本部对苏情势判断之推移》(「満洲事変勃発前後以来帝国陸軍参謀本部ニ於ケル対『ソ』情勢判断ノ推移ニ就テ」，防衛庁防衛研究所図書館所蔵，笔者认为该文书由陆军起草于1944年）中写道：

当时苏联正处于第一次五年计划中，国力特别是国防力量的强化发展状态惹人注目。帝国陆军参谋本部观此实情，从这一时期起骤然紧张。苏联经历革命后十余年间的政情混沌，其五年计划能否取得成功广受怀疑。这时唯独帝国陆军预见了其成功，认为五年计划完成后苏联国力特别是国防力量必然强化飞跃，成为苏联对外赤化攻势的背景，并将令其强有力地推进。帝国陆军认为帝国亦应与之对抗，并防止东亚之赤化于未然，必须排除万难，谋求国防力量之急速强化，因而猛敲警钟。(1931年上半年)

1929年苏联对东三省政权行使武力，所谓苏中纷争从而爆发。从帝国当时所采取的旁观态度而言，或从苏联当时尚且不属于联盟国的立场上看，只要事件限定于南满洲地域之内，则刺激苏联的举动便不被允许。(1931年秋季)

此外，林三郎认为，“中苏武力纷争令‘苏联令人畏惧’的危机感开始出现。……而陆军中坚将校迅速产生了无论如何也必须解决满洲问题的使命感”（林三郎『関東軍と極東ソ連軍』，芙蓉書房，1974年，第46頁）。而松村知胜也表达了相同的意思，即“苏联国力逐渐恢复，尤其是昭和四年（1929

年——译者注）苏联对北满洲的进攻、东支铁道的夺取令日本对苏警戒加强，与对苏作战相关的研究多了起来。……如各位所知，满洲事变是在这一背景之下发生的”，他针对满洲事变的原因继续说道，“最为根本的原因在于对苏警戒、对苏准备。随着苏联实力的增强，无法预知其何时袭来。况且与满洲政权的合作已无望。当时的心情是这可糟了”（松村知勝『関東軍参謀副長の手記』第 22、178 頁）。

58. 酒井哲哉「日本外交におけるソ連観の変遷（一九二三 - 三七）」第 107 頁。

59. 铃木贞一回忆道，“到了满洲事变爆发前夕，局势发生了巨大变动。……俄罗斯通过五年计划急速复兴。这是当时日本陆军的计划无法追赶的。所以必须急速进行对苏战备的意识变得非常强烈。……这最终也成了满洲事变的一个契机”［『鈴木貞一氏談話速記録（下）』第 239 ~ 240 頁］。

　　围绕中苏纷争，参谋总长金谷范三向陆相宇垣一成言道，“无论从俄罗斯在满洲附近的战斗看，还是从种种情报看，俄罗斯对陆军进行的锐意改善和充实，尤其是其对航空队的扩张颇为瞩目。万不可粗心大意。俄罗斯在五六年间迅速发展，而日本由于财政困难等情由，此五六年间的改善充实无法与之相比，因此问题严重”（1930 年 9 月，『続・現代史資料 4 陸軍・畑俊六日誌』，みすず書房，1983 年，第 27 頁）。

　　此外，宇垣一成也在 1931 年 5 月针对整理充实军备的必要性叙述道，“日本印象中的俄国革命后局势混乱下的陆军已整理完毕。……面对俄国近年的复兴，帝国必须进一步进行新的准备。帝国对新旧支那的关系方面亦是如此”（角田順校訂『宇垣一成日記』Ⅰ，第 793 頁）。

60. 陸軍省『我が陸軍に関する諸問題』，陸軍省，1931 年，第 95 頁。

61. 佐藤贤了的回忆如下（佐藤賢了『佐藤賢了の証言』第 83 頁）：

大陆政策停滞不前，且没有任何打开局面的方法。……除了国内政策的乏力外，政党的腐败堕落更是大为引人注目，政党日益失去了人心。对政党的不信任感在一般国民心中加深后，军队内部便顺势受到波及。军队内部对政党的憎恶甚至变得比世间（指军队外——译者注）更为严重。这让少壮将校对军队上层产生了反感。他们不仅反感田中义一和宇垣一成两位大将或加入政党或与政党接近的行为，更反感陆军大臣对政党采取的妥协姿态。

政党虽然日益失势，但仍然掌握着政权，如果陆军大臣在内阁中不与政党保持合作的话，不仅政治无法运转，而且连防止军事预算被削减、获得新预算，以及令军事相关法案在议会通过等事都无法做到。对与政党合作的军队首脑的憎恨，可谓有“憎恨和尚，累及袈裟”之感。

62. 例如，围绕关东军出兵关外的问题，关东军参谋长斋藤恒在日记中写道，“奉敕命令没有下达，政策愈加搅乱统帅”（1928年5月21日，稲葉正夫「張作霖爆殺事件」，参謀本部編『昭和三年支那事変出兵史』，巌南堂書店復刻，1930年，第12頁）。
63. 原田熊雄述『西園寺公と政局』第二巻，第81頁。
64. 橋本欣五郎手記「昭和歴史の源泉」，中野雅夫『橋本大佐の手記』，みすず書房，1963年，第185頁。

第八章　侵略满蒙与改造国家

引　言

在“1925 年体制”[1]这一维持秩序的新框架下，第一次世界大战后出现变动的日本内外秩序实现了相当程度的稳定。而处在脱离藩阀自立的过程中，且需要与其他政治势力构建独立政治联系的日本陆军则一面顺应这种内外新秩序，一面谋求着自身课题的解决。这一课题便是构筑以内外体制重组为最终目的的总体战体制。以一战为契机，陆军将自身职能再定义为维持内外秩序，因此构筑令总体战的实施成为可能的内外体制正是陆军最大的课题。

而总体战与内外秩序的问题同样是其他政治势力必须解决的重要问题。因此，以宇垣军政为象征的“大正民主时期”的军政关系呈现出“协调型”或“相互依存型”的态势。

然而，日本内外环境在昭和初期发生的激烈变动阻碍了“1925 年体制”的稳定，并威胁到了其存续。与满蒙危机联动的一系列事件使得“1925 年体制”逐渐丧失了其前提条件。

本章将上承前一章的内容，对导致“1925 年体制”崩溃的决定性事件——满洲事变与十月事件的爆发原委进行考察。前一章已对这两个事件的原动力，即陆军中坚层的“满蒙领有论”的诞生过程进行了考察，其结果表明“满蒙领有论”被视作能够同时解决与中国民族主义对抗，以及与逐渐成为威胁的苏联对峙这两个课题的有效方法。因此，本章考察令“1925 年体制”丧失其国内条件的侵犯统帅权问题产生后的局势。

一　侵犯统帅权问题与陆军“革新”派

1930 年（昭和五年）《伦敦海军条约》的相关纠纷令陆军对政党政治早已积累的不满骤然显现。在日本的对华政策走入僵局，且财政状况十分严峻的情况下，滨口雄幸民政党内阁宣告成立，并将再次登场的外相币原喜重郎的国际协调外交与藏相井上准之助的紧缩财政作为其政策支柱。由于实行财政紧缩需要削减军费，内阁提出了陆海军裁军的要求。也就是说，内阁能否与陆相与海相保持

“协调”事关政策的成败。恰在此时，以商讨辅助舰为目的的海军裁军会议在伦敦召开，为展示国际协调外交的成果，并且使东亚国际关系稳定，内阁十分希望条约能够顺利签署并生效。

虽然条约与日本海军所要求的方案尚存在微小差距，但政府已决心签署。统帅部[①]的海军军令部部长加藤宽治最初并未反对政府的决定，之后却突然明确提出了反对意见。以加藤宽治为代表的条约反对派主张，军事力量的相关决定属于统帅事项，因此政府签署未经海军军令部承认的条约属于侵犯统帅权的行为。从事实经过看，这一表态虽近乎故意刁难，但统帅权问题在议会和枢密院中蔓延开来[2]。军政关系因此而动摇。

虽然海军裁军会议与可能召开的国际联盟陆军裁军会议有关，并且关系到陆相宇垣一成主导的再度裁军（即均值改革问题），因而陆军对其予以关注，但整体上采取了局外观望的姿态。然而，统帅权问题对陆军造成了颇大刺激，陆军特别是参谋本部针对政府与政党对军事的介入展开了强烈的反抗。尤其是因为陆军前一年刚围绕张作霖爆杀事件处分问题与身为政党总裁的首相田中义一产生对

① 此处特指日本军队的军令机关，即陆军的参谋本部和海军的海军军令部，与抗日战争爆发后日本史料中常见的“统帅部”有所不同。——译者注

立，统帅权问题与“大正民主”的和平氛围下长期存在的文官担任陆相问题一同令陆军中坚层对军政关系动摇的危机感和对政党政治的不满骤然显现。同年秋季，“以国家改造为最终目的，为此不辞行使武力”[3]的樱会宣告组建。

就这样，以这种对军政关系在裁军（即军备近代化）问题及统帅权问题方面发生动摇的危机感为媒介，陆军内部产生了以推翻政党政府为核心内容的国家改造运动。且这种危机感与作为资源供给地和战略要地的满蒙的危机紧密联动。在这一意义上，这种危机感与处在币原喜重郎、田中义一所实施的政党外交对立面的“满蒙领有论”可谓互为表里。总体战带来的内外课题，即国家重组和作为其支撑的攫取资源及形成自给自足圈问题最终演变为陆军中坚层提出的“国家改造论”和“满蒙领有论”。且陆军中坚层对改造国家与占领满蒙间的内在关联性具有清醒认识，因此能够对其进行统一理解，这体现了该群体的“革新”性。向“1925 年体制”发起挑战的，名为一夕会与樱会的陆军“革新”派就此诞生。

因此，对昭和初期日本内外情势的危机感使得“大正民主时期”的陆军具有的灵活度降低，并催生了意图构筑总体战体制的陆军“革新”派的诞生与干政倾向的出现。

1929 年 8 月，冈村宁次大佐就任握有大佐以下陆军军官人事权的陆军省补任课课长，永田铁山大佐于1930年就任陆军军政中枢陆军省军事课课长。同样在关东军方面，石原莞尔中佐于1928年10月就任作战主任参谋，板垣征四郎大佐于1929年代替河本大作大佐就任高级参谋，负责背后支持他们的奉天特务机关长则在不久后由土肥原贤二大佐继任。就这样，以实际负责政策、作战立案的课长、参谋职务为中心，陆军已被“革新”派逐步压制。满洲事变的主角们正可谓登上了前台。

二　三月事件——由“先内后外”主义向“先外后内”主义的转变

1930年10月，在元老和重臣们的强力支持下，滨口内阁成功压制条约反对论，批准了《伦敦海军条约》。这一成功回应了苦于经济长期不景气的民众们的期待，是政党内阁的光辉胜利。但是，侵犯统帅权问题大为刺激了军部与民间右翼势力，引发了11月14日首相滨口雄幸在东京站受到因侵犯统帅权问题而激愤的右翼分子袭击的事件。这一时期正是日本经济在“金解禁”[①] 政策下受到世界经济危机的影响而陷入前所未有的不景气状态的时期，

① 即解除黄金出口禁令。——译者注

北一辉、大川周明等民间右翼分子中也出现了要求实施国家改造和改变对外政策的呼声。统帅权问题为这一情况的出现提供了契机。滨口雄幸幸运地重伤未死，外相币原喜重郎被任命为首相代理。

当时，陆军“革新”派内部存在两种关于“革新”实施方法的观点，即“先内后外”主义和“先外后内”主义。前者主张先进行国家改造，建立强有力的政府，后解决满蒙问题；后者主张先发动对外战争，并以此为手段实行国家改造。以参谋本部俄罗斯班班长桥本欣五郎为代表的樱会激进派立足于前者，制定了政变计划。

令他们的政变计划具体化的契机在于第 59 议会的混乱状况。由于中国排日舆论激化与前一年日本失业人数突破 200 万人的严峻局面，1931 年 1 月再次召开的议会从一开始就预料到政府的立场会十分困难，而在 2 月 4 日，代理首相的外相币原喜重郎更是出现了围绕批准《伦敦海军条约》一事的失言问题。议会因此出现纠纷，陷入了严重的混乱状态。政变计划便成形于这一背景下，其内容如下：大川周明等民间右翼分子与无产政党动员约一万名民众涌入议会进行抗议；向政友会总部、民政党总部和首相官邸投射训练弹；军队以保护议会的名义出动并包围议会，军队代表进入议会，要求民政党内阁全体辞职，并成立以陆相宇垣一成为首相的新内阁。

陆军次官杉山元、参谋次长二宫治重、陆军省军务局局长小矶国昭，以及参谋本部第二（情报）部部长建川美次等身处陆军中枢的人物都深度参与了这一计划，这表明国家改造已成为陆军全体的要求。被预定为首相的陆相宇垣一成早在当年 1 月便向陆军内部发布通告，称“虽说军人不可为舆论所惑，不可干预政治，但军人同时担当着国防重任。国防不全则国家危矣。因此讨论国防问题不可立即被认为是干政。可解释为国防是先行于政治的事务”[4]，显示了总体战阶段的军政关系新形态，可谓更加煽动了“革新”热潮。

然而，计划本身却在 3 月上旬由于宇垣一成的反悔而遭到了失败。宇垣一成与其前辈田中义一相同，都意欲通过就任政党总裁的方式取得政权。此时首相滨口雄幸重伤在身，宇垣一成有可能作为其后任以合法方式掌握权力。这一计划最终葬于黑暗中，相关人物均未受到处分。但是，陆军内部对抱有政治野心的宇垣一成的失望逐渐加深。

就这样，被称为三月事件的陆军政变计划宣告失败，但相关传闻在 8 月前后开始流传于政界上层人物间，造成了他们的震动。另一方面，“革新”的实施重点也从“先内后外”主义转换为“先外后内”主义。

三　石原构想与关东军

这一时期的满洲局势进一步恶化。尤以1930年的间岛暴动[①]影响深远。间岛毗邻朝鲜，既是中国满洲的政治落后地区，又是朝鲜革命团体的根据地。间岛暴动指的便是朝鲜共产党和中国共产党领导下的，以排日和朝鲜独立为目的的暴动。因此，为维护自身在朝鲜的统治，统治满洲成为日本的必由之路。此外，同年10月，中国台湾地区亦发生了雾社事件（高山族的抗日暴动），这与间岛暴动一同加深了日本对于殖民地统治的危机感。

对这种情况第一时间做出反应的是生活在满洲的日本人。他们亲身感受到中国革命进展下排日民族运动的激化，因此于1928年代表满洲的日本居留民成立了名为满洲青年联盟的舆论机构，叫嚣死守满蒙。为制造动武情绪，他们活动于满洲各地，且为刺激日本的国民舆论，甚至在满洲事变前的1931年7月向日本国内派遣了游说队。

就这样，以满洲局势的恶化与满洲日本居留民的动向为背景，关东军实施了占领满蒙的计划。其中心是既互为旧知，又同是一夕会成员的高级参谋板垣征四郎与作战主

① 即“红五月斗争”与八一吉敦暴动。——译者注

任参谋石原莞尔。二人有“智谋之石原、实行之板垣”之称，其中石原莞尔是占领满蒙的理论支柱。

石原莞尔将他对欧洲战史的研究与日莲宗信仰相结合，形成了其独有的战争哲学。关于未来的战争，他认为“世界经欧洲大战而形成五个超级大国，并将更进一步，最终归于唯一之体系。其统制的中心将通过西洋代表之美国与东洋选手日本间的争霸战决定”，即将日美战争定位为世界最终战争。他从而主张“我国应将获得东洋选手资格作为国策之根本要义”，因此“为打破现下之萧条局面，获得东洋之选手权，应迅速于我国势力圈之所需范围实施扩张”。因此他总结道，“除将满蒙占为我国领土外绝无他途”。他认为满蒙是能够“解决我国国民之粮食问题”“确立我国重工业基础”的资源供给地，更是能“拯救我国现有之有识失业者，打破萧条局面”的市场。

关于解决满蒙问题的流程，他基于“战争初期之军事成功可令民心沸腾团结，此为历史所示之处”的历史认识，排斥“先内后外”主义，主张“先外后内”主义，即“首先进行国内改造乍看极为合理”，但“我国国情反而适合驱动国家之力猛然进行对外发展，途中根据情况断然进行国内改造”[5]。

此外，板垣征四郎亦基于石原莞尔的构想，认为“满蒙资源颇为丰富，近乎保有国防所需全部资源，明显是帝国自给自足所绝对必要之地域”，且“通过将战略枢机之满蒙掌握为据点，帝国便可于此形成国防之第一线，消极而言可保全朝鲜之防卫，积极而言可牵制俄国之东渐，并掌握对支那之强力发言权”[6]。他从而极力主张满蒙是自给自足圈中不可或缺的资源供给地，同时也是东亚国际政治的重要战略要地。

尤其就后者而言，苏联第一个五年计划的开始与中苏纷争的爆发令石原莞尔与板垣征四郎重新认识到满蒙作为对苏战争的战略要地的重要性。例如，石原莞尔主张，“我国如能完全将北满地区置于势力之下，则苏联东进将极为困难”，“此时我国始能免于应对北方的负担”[7]。

就这样，在板垣征四郎的支持下，石原莞尔以世界最终战争为目的而占领满蒙的独特构想成为关东军计划的基础，而令其实现正当化的则是一种蔑视中国的观念，即“支那人能否创建近代国家令人颇具疑问，吾等确信在我国之治安维持下反而能够实现汉民族的自然发展，此对彼等而言乃幸福之事”[8]。

1930 年 9 月，石原莞尔命佐久间亮三大尉进行的《有关满蒙占领地统治的研究》（「満蒙ニ於ケル占領地統治ニ関スル研究」）宣告完成，参谋长三宅光治一面说着“今后派上用场之时能够到来便好”一面盖了章。该文件于 12 月完成印刷后，关东军以这份研究为基础，自 1931

年 1 月起召开了全体参谋共同参加的研究会。

另一方面，军事课课长永田铁山与支那课课长重藤千秋相继到访满洲，并与关东军交换了意见[9]。特别是永田铁山与石原莞尔、板垣征四郎就武力解决满蒙问题进行了充分协商，决定动武之时向关东军运送其所需的 24 厘米榴弹炮。此外，石原莞尔与朝鲜军参谋神田正种中佐反复协商，在朝鲜军支援关东军的问题上达成了一致。

同年 4 月，石原莞尔提出了《解决满蒙问题之战争计划大纲》（「満蒙問題解決ノ為ノ戦争計画大綱」），强调即便可能对美、英、苏、中开战也要断然占领满蒙。5 月 22 日，石原莞尔将其构想整合为《满蒙问题私见》（「満蒙問題私見」），显示了为解决满蒙问题亦须“凭谋略制造机会，形成军部主导，用以强迫国家”[10]的决心。一周后，板垣征四郎对驻扎满洲不久的第二师团的联队长①、大队长②以上军官进行演讲，力主关东军动武占领满蒙。其计划可谓趋于成熟。为不使张作霖爆杀事件后的事态再次出现，关东军一面等待国内舆论激化，一面等待与陆军中枢联络调整的时机。

正在此时，中国农民与朝鲜农民于 7 月在满洲的万

---

① 即团长。——译者注
② 即连长。——译者注

宝山爆发冲突，这导致朝鲜亦发生了报复居住在朝鲜的中国人的暴动。满蒙危机由此波及日本的朝鲜统治。日本国内的舆论逐渐趋于强硬。关东军此时窥伺到了动武的时机。

四　武力解决满蒙问题与军制改革

1928 年 12 月，统治满洲的张学良举起青天白日旗，与国民政府实现了合流。田中义一首相阻止中国统一的方针以失败告终，因此币原外交再次登场，史称第二次币原外交。通过逐步回应中国修改不平等条约的要求，币原喜重郎意图与中国构筑“共存共荣”的友好关系，并以此为基础实现满蒙问题的和平解决。但是，要求恢复国权的中国民众开展的排日运动未见平息，其激烈要求排日的声势进入 1931 年后更加高涨。中方以这种舆论为背景，通过修筑满铁平行线动摇了日本统治满蒙的桥头堡即满铁的地位。恰在此时，满铁受大萧条的影响陷入了运营以来空前的不景气，这越发加深了日方的满蒙危机感。

4 月 14 日，同为民政党内阁的第二次若槻礼次郎内阁成立，代替了重伤未愈的滨口雄幸首相所领导的内阁。在元老西园寺公望的强力支持下，新内阁继承了滨口内阁的一大政策支柱，即币原协调外交与井上紧缩财政。但是，作为另一支柱的陆相宇垣一成却不得不辞职，新陆相由南次郎大将接任。南次郎虽然可算作宇垣一成的代理人，但与其不同的是他没有政治野心，因此无法保证他会完全继承宇垣军政。

同在14日，中国国民政府外交部部长王正廷与日本驻中国代理公使重光葵进行了会谈，日方从而获知，王正廷发表的革命外交论中明确包括了关东州租借地与满铁利权回收的相关内容。就此问题，日本外务省主要负责人以24日回国的重光葵为中心商讨了对策。然而民政党的政治影响力已然降低，此次商讨遂得出了“观满洲形势与日本军部之态度，冲突早晚难免”的结论。因此，外务省不得不承认今后的日中关系必将“走入僵局”[11]，并决定提醒陆军采取慎重态度，以努力确保日中间不发生冲突；又决定爆发冲突时须令世界理解日本的立场。币原外交无法应对满蒙危机的事实通过其当事人得到了确认。政友会的松冈洋右遂叫嚣道，“满蒙是日本的命脉”。

在略早于此的1931年3月，参谋本部第二部起草了《昭和六年度情势判断》（「昭和六年度情勢判断」）。这份意见书打破先例，以满洲问题为中心，其结尾写到“因此军备扩张实有必要”[12]，同时记述道，“满洲问题必须加以处理，如若政府不听从军队的意见，则要有断然处置的决心”。意见书虽然由欧美课课长渡久雄、支那课课长重藤千秋、支那班班长根本博、俄国班班长桥本欣五郎等陆军“革新”派军人在其支持者——第二部部长建川美次的领导下制作而成，但正如时任作战课课员河边虎四郎所言，由于第二部以外的主要部员同样参与了筹划，思想统一得到了保证，因此这份意见书在为陆军内部，尤其是为驻外军队提供思想指导的方面具有重大意义[13]。

笔者认为，第二部部长建川美次在师团长会议上的口头演说（4 月 1 日）便是基于这份《昭和六年度情势判断》进行的。建川美次断言“帝国如不能于海外获得具有独立性的资源与销路，则无法保障国家永远存立”，在军部的国策方面提出“必须抓住各种机会于海外获得领土，或扩张所谓势力范围”，并主张“于各种观点看来，此目的适合于接壤地之满洲与内蒙古东部，乃至苏联远东领土”，最后总结道，“为实行此计划，需要不辞一战之决心与统一国论之支持”。就这样，陆军中央将武力解决满洲问题的政策作为“帝国之国策”施行的意志传达到了整个陆军。因此，“军部先自行统一内部意见，以坚定的信念督促和指导政府与国民”成为“第一要务”[14]。

尽管陆相宇垣一成出于对政党的顾虑，对《昭和六年度情势判断》持暧昧态度，但新任陆相南次郎在 5 月对建川美次说道：“甚好。本人完全同意。干吧。”[15]南次郎于 6 月 11 日决定设立审议满蒙问题的绝密会议。委员长由建川美次担任，被任命为委员的有陆军省的军事课课长永田铁山、补任课课长冈村宁次、参谋本部的编制动员课课长山胁正隆、欧美课课长渡久雄、支那课课长重藤千秋五人（其后，编制动员课课长东条英机、作战课课长今村均和教育总监部第二课课长矶谷廉介代替山胁正隆加入该会议）。

五课长会议迅速于19日拟定了对策草案，其后又完成了最终方案——《满洲问题解决方案大纲》（「滿州問題解決方策の大綱」）。该方案首先强调了行使武力的必要性，即首先尽力令张学良政权放弃排日方针，如不成功则“不得不采取军事行动”；继而力主“满洲问题之解决必须获得内外理解”，为此有必要努力令阁员、各相关国家、“全体国民尤其是新闻界了解满洲之实情”；提出“若决定展开军事行动，所需多少兵力，应先同关东军商议后由作战部制订计划”；最后总结道，“谋求国内外理解的措施当以约一年为期，即到来年春季为止，以期实施周全”[16]。于是，陆军中央决定以武力解决满蒙问题为目的展开具体行动。因此，整备充实军备与引导舆论成了最为迫切的问题。

但是，若槻内阁正意图在井上紧缩财政的前提下推行“行财税三制”改革，对陆军则继续提出裁军要求。作为执政党，民政党亦认为“现在的军事费用尚有相当大的削减余地，而以往决定于军队之手的国防方针必须决定于国民之手”，并从这种观点出发探讨了削减师团、实施军部大臣文官制、废止帷幄上奏权①、合并陆海军省而设立国防省等大胆的军制改革，这亦能够代表苦于经济不景气的民众的心声［『東京朝日新聞』昭和六年（1937）4 月 29 日、6 月 23 日、7 月 11 日］。

此外，国际裁军会议已决定于第二年 2 月在日内瓦召开，这也成为内阁要求裁军的依据。但陆军已决定为武力解决满蒙问题而与民政党内阁进行对决，因此自然无法接受裁军的论调。

在《满洲问题解决方案大纲》出台前后，陆军起草了军制改革方案。其内容是削减相当于两个师团的人马，从中筹得的全部经费不返还国库，而是全数用于进行军备近代化与增强驻外军队（『東京朝日新聞』6 月 28 日、7 月 2 日）。特别是其中传达了一种将中国满洲、台湾地区，以及朝鲜等驻外军队的增强与军制改革分开进行的意向，因此反而体现了扩充军备的姿态（『東京朝日新聞』7 月 15 日）。

《东京朝日新闻》（7 月 3 日）评论称，“如此举动不

① 指军令机关的长官，即陆军参谋总长与海军军令部部长直接向天皇上奏军令事宜，并在获得天皇裁定后实施的权限。帷幄上奏权是统帅权独立制度在发挥效用时的核心所在，是军部能够作为具有独立性与特殊权限的政治势力而存在的制度保证。——译者注

仅严重背离政府及国民的期待，更可看出与昔日两个师团增设问题发生时相同，陆军欲布背水之阵挑战政府”。

8 月 1 日，陆军进行了定期的人事调动，第二（情报）部部长建川美次调任第一（作战）部部长，应军事课课长永田铁山的请求，作战课课长一职由今村均大佐担任。同一日建川美次便让今村均浏览了《满洲问题解决方案大纲》，并命令军事课课长永田铁山和今村均分别从政策方面与作战方面拟定具体计划。今村均联系关东军后，在得到指示后的一个月内拟定了用兵计划，并得到了建川美次的赞同[17]。

另一方面，为引起舆论关注，陆军中央采取特别措施，将陆相南次郎在 8 月 4 日军司令官与师团长会议上的演说向外界公开。此演说将裁军论定为无责任门外汉之“谬论”，并且暗示将会动用武力，称满蒙事态日益严重之际，凡供职于军队之人须当“尽其本分”。对此，舆论指责军部干预政治和外交；而陆军则称陆相作为参与政治的国务大臣，谈论满蒙问题乃当然之举，公然对军人干预政治的行为进行正当化辩护（『東京朝日新聞』8 月 6 日）。

就这样，陆军明确了自身解决满蒙问题与反裁军的立场，正如《东京朝日新闻》（8 月 5 日）的新闻标题《军部之挑衅态度》（「戦ひをいどむ軍部の態度」）所道破的那样，陆军一改以往的灵活姿态，即与政党内阁保持一定程度的“协调”的基调，而公然转换为强硬路线。这意味着陆军从“大正民主时期的陆军”转变为“昭和法西斯主义时期的陆军”，从而体现了南军政明显不同于宇垣军政的发展轨迹。此后，为形成对陆军有利的舆论，各个师团一齐开展了国防思想普及运动。

于是，陆军开始朝着新方向迈进，即打倒推进国际协调外交与裁军政策的政党政府，通过形成军部主导体制与自给自足圈向构建总体战体制迈进。这里尤其重要的一点是，侵略满蒙与改造国家的观点成为中坚层以下的“革新”层军官的共同认识。

但是，围绕动武时机问题，陆军中央与关东军间仍存在重大的意见分歧。关东军在《有关情势判断的意见》(「情勢判断ニ関スル意見」）中询问“一举解决何故不妥”，对陆军中央主张动武前留有观察期的姿态提出了疑问，并且称“不可等待良机偶发，而要自行创造机会”[18]，主张迅速采取强硬措施。

因此，为消除两者间的认识分歧，一举抬高因万宝山事件而逐渐强硬的日本国内舆论成为必要课题。正是在这种背景下，中村事件①被煽动性地进行了报道。这一事件

① 1931年6月，正在兴安屯垦区从事间谍活动的日本陆军大尉中村震太郎被东北军兴安屯垦第三团抓获并被秘密处决。——译者注

在8月17日被解除公开禁令后，以往一直讴歌和平与裁军的新闻论调为之一变[19]，陆军中央与关东军的分歧也得到了弥合。

结　语

综上所述，在满洲事变爆发前夜，由于对昭和初期日本内外情势的危机感，陆军内部形成了以同时进行对外侵略和国家改造为志向的“革新”势力。他们以课长、参谋职务为中心进入陆军中枢，尤其在没有政治野心的陆相南次郎登场后，其志向对陆军的整体动向产生了巨大影响。满洲事变与十月事件正是处在他们这种志向的延长线之上，因此可作为一个整体进行理解。在这一意义上，几份事关“在满洲采取军事行动，并对持反对意见的政府进行武力颠覆的计划”[20]的文书的存在，证明侵略满蒙与改造国家互为表里的认识广泛存在于陆军内部，而上述两个事件正是这种意识的体现[21]。

总之，陆军以满洲事变和十月事件造成的震动[22]为武器，开始向着创建内外新体制（总体战体制），用以代替一战后逐渐形成的内外秩序体系，即“1925年体制”的方向前进。

注释

1. 这一用语以及本章内容参阅本书第七章。
2. 小林龍夫「海軍軍縮条約（一九二一－一九三六年）」，日本国際政治学会太平洋戦争原因研究部編『太平洋戦争への道』第一巻，朝日新聞社，1963年。
3. 「所謂十月事件ニ関スル手記」『現代史資料4 国家主義運動（一）』みすず書房，1963年，第651頁。
4. 御手洗辰雄編『南次郎』，南次郎伝記刊行会，1957年，第200頁。
5. 「満蒙問題私見」，角田順編『石原莞爾資料—国防論策篇［増補版］』，原書房，1971年，第76~78頁。
6. 「軍事上より観たる満蒙に就て」『現代史資料7 満州事変』みすず書房，1964年，第142、140頁。
7. 「満蒙問題私見」第77頁。
8. 同上，第77頁。
9. 関寛治「満州事変前史」，日本国際政治学会太平洋戦争原因研究部編『太平洋戦争への道』第一巻，第379頁。
10. 「満蒙問題私見」第78頁。
11. 『重光葵外交回想録』，毎日新聞社，1978年，第79~82頁。
12. 「建川美次中将談」『森克己著作選集・満州事変の裏面史』，国書刊行会，1976年，第321頁。
13. 防衛庁防衛研修所戦史室編『大本営陸軍部（1）』，朝雲新聞社，1967年，第305頁。
14. 上原勇作関係文書研究会編『上原勇作関係文書』，東京大学出版会，1976年，第651~656頁。
15. 「建川美次中将談」第321~322頁。

16. 『現代史資料 7 満州事変』第 164 頁。
17. 今村均『私記・一軍人六十年の哀歓』，芙蓉書房，1970 年，第 188 ~ 189 頁。
18. 『現代史資料 7 満州事変』第 162 頁。
19. 石橋恒喜『昭和の叛乱』，高木書房，1979 年，第 76 頁。另参阅分須正弘「満州事変前における世論形成」『政治経済史学』第 191 号，1982 年 4 月。
20. 藤村道生「現代史認識の課題」『世界』1983 年 1 月号，第 97 頁。
21. 可参阅以下文书。

①《中村事件之今后处理方案》(「中村事件今後ノ処理案」，9 月 15 日下午召开的参谋次长、陆军次官、教育总监部本部长出席的三官署次官级会议的议题)、《无法顺利解决中村事件时之复仇手段》(「中村事件解決困難ナル場合ノ復仇手段」，9 月 15 日上午，欧美课支那班班长根本博提交至作战课全般课课长辅佐河边虎四郎的文书)、《提交阁议之方案》[「閣議提出案」，该方案强调，对于中村事件，“要求在期限（一周）内答复我方要求之条件，如若仍不听从，则停止该交涉，展开自由行动，采取复仇手段”，“如若不接受军部之主张，则发动政变亦在所不惜”]。均出自『満州事変作戦指導関係綴』別冊其二（防衛庁防衛研究所図書館所蔵）。

②《满洲时局善后策》(「満州ニ於ケル時局善後策」)。由作战课于 9 月 19 日下午起草，并获得“参谋本部内首脑会议”的承认。其中写道，“为解决满蒙问题，军队出动后维持现下之态势将成为对彼我两国极为良好之因素”，“陆相趁现下之态势向政府提出要求，若政府仍不接受，则陆相宜毫不踌躇地辞职。丝毫不需要担心政府因此而瓦解”。出自稲葉正夫ほか編『太平洋戦争への道』別巻資料編，朝日新聞社，1963 年，第 115 ~ 116 頁。

③《对内善后方案》(「対内善後策案」)。由作战课于 9 月 19

日起草。其中写道，“政府若悄然平息此事件，或镇压军部，于内外有损军队之威信，则应为国家之永远计断然进行‘政变’”。出自『滿州事変作戦指導関係綴』別冊其二。

④《陆军大臣应向政府提交之最佳方案》（「陸軍大臣カ政府ニ対シ提出スヘキ軍部トシテノ最善策」）。9月20日上午召开的“三官署首脑部”会议达成的一致意见。其中写道，“军部决意一举解决此际之满蒙问题。如若政府不同意这一军部方案，则哪怕政府因此崩溃亦不在意”。出自稲葉ほか編『太平洋戦争への道』別巻資料編，第117頁。

⑤《解决时局之觉悟及解决顺序》（「時局解決ニ関スル覚悟及解決順序」）。起草于10月14日，起草人不明。油印版，共十份。其中写道：

满蒙问题之解决实为国家百年之大计，即便政变乃至陆军首脑部发生更迭，仍为必至之命运。即便他时与政党政派、全国舆论为敌，此仍为必须决意贯彻之大事。军部之第一紧要步骤在于，对于须执行之解决方案，当实现自三长官、军事参事官（原文如此）以下全体陆军之稳固团结，有不成功则不停息、不后退之决意，展开自主行动。为此不得不做出以下方案。

一、继续推敲三长官决定之解决方案，令其完美。

二、召开元帅会议、军事参议官会议，并基于上述解决方案决定军部之总体意见，并明确要求不论未来大臣如何更迭，解决方案之宗旨亦不可变更。

三、陆军大臣尽早要求政府召开内阁会议，并传达军部之总体意见。另一方面，寻求在野党首领及重臣等之谅解。同时，对于关东军，特派军务局局长至其军中，传达军部之总体意见，并命其于所定范围内展开行动。若不听从，则对其下达命令。

四、如内阁左顾右盼迁延时日，则陆军大臣强迫其制定国策。

五、考虑到政府或奏请召开重臣会议，应准备以下事项。

1. 向预计出席重臣会议之重臣充分寻求有关军部方案之谅解。

2. 向元老及宫中重臣寻求谅解，令军部之出席者不止于陆海军大臣，而包括总长、军令部部长及元帅。

六、政府制定违反军部意志之国策时，陆军大臣提议全体辞职。如若政府拒绝全体辞职，则陆军大臣基于自身独自之见地，进行反对总理大臣之上奏。

七、无论成立何种内阁，陆军始终维持同一态度，若与军部意志相反，则数度发动政变亦在所不惜。

八、如有需要，则上奏拥立某宫殿下（指秩父宫雍仁亲王，昭和天皇之弟——译者注）组建足以解决时局之强力政府。事态发展为不得不于国内行使武力之时，亦必不可损伤国体之尊严，破坏统帅权乃至军纪。行动须适时、自律。

出自『満州事変作戦指導関係綴』別冊其二［藤村道生「クーデターとしての満州事変」（三宅正樹編集代表『昭和史の軍部と政治 1 軍部支配の開幕』第一法規出版株式会社，1983 年）在其第 107 頁对这一文书进行了部分介绍］。

22. 十月事件对于宫中造成的震动可参阅今村均『続・一軍人六十年の哀歓』，芙蓉書房，1971 年，第 116～121 頁（事件发生后，宫内次官关屋贞三郎拜访作战课课长今村均，要求“望直言告知我等宫内省之人须反省改正之处，令我等知晓真相”）。

此外，『倉富勇三郎日記』（国立国会図書館憲政資料室所藏）记载了关屋贞三郎听闻十月事件的计划后浑身颤抖的情形（1931 年 10 月 22 日部分），甚至记载陆军将校的“管制是宫内省所要求的”（10 月 21 日部分）。而关屋贞三郎亦收到了恐吓信，该信落款人模仿陆相南次郎的名字，署名为南八郎。其中写道，“陆军省内有革命暴动之计划。如不迅速处置则将成为邦国之重大事件。除陛下召见陆相并下令外别无他途。为防泄露须尽快处理。心痛难忍。望勿要犹豫”（憲政資料室所藏『関屋貞三郎文書』三九三－一五、一九三一年一〇月一〇日付。其信封正面用铅笔写有“警察部部长白井”的字样。藤村道生「現代史認識の課題」亦对这一史料进行了部分介绍)。

第Ⅲ部　“通往太平洋战争的道路”

第九章　两次世界大战之间的体制变动与日本陆军

引　言

战前日本“通往太平洋战争的道路”的问题一直是日本近代史的主要研究主题，因此存在众多相关研究。但是，几乎未有学者尝试将第一次世界大战后的时期定为“通往太平洋战争的道路”的起点，并以连贯视角阐述两次世界大战之间在日本发生的历史性变动[1]。这是由于以“十五年战争论”为代表的将满洲事变作为战争起点的观点较为普遍，20 世纪 20 年代与 30 年代断绝的一面因此格外显著（因此，对 20 年代加以理解时容易出现的问题在于不将其视为拥有独自意义的时期，而是以 30 年代的视角出发，将其视为具有 30 年代前史性质的时期）。

对于“通往太平洋战争的道路”中满洲事变的决定性意

义，笔者亦绝无对其加以否定之意；但笔者认为，通过使用“战间期”① 这一更为长期的视角对其连续的一面与非连续的一面进行统一理解，能够比以往的研究更加鲜明地对30年代的变动以及其终点，即日美开战的历史意义做出解析。

本章将从上述观点出发，通过关注两次世界大战之间的主要政治主体——日本陆军的总体战构想，尝试对第一次世界大战后日本如何走向太平洋战争的问题进行新的解析。

一　日本陆军的总体战构想与“1925年体制”的建立

受世界首次总体战即第一次世界大战的冲击，日本陆军开始进行总体战构想。虽然日本亦作为协约国一方参加了一战，但所参加的最大战斗是发生在中国的青岛之战，而未能过多参与欧洲主战场的战斗。而日本当时的领导层，尤其是陆军则对完全不同于以往战争特征且演变为消耗战、科学战和长期战的一战予以高度关注，并开始集中精力对其进行调查和研究。其中心是网罗了陆军各机关军官，并设立于1915年（大正四年）的临时军事调查委

① 本书原名为『大戦間期の日本陸軍』，但考虑到“战间期”这种说法在中国学术界的使用并不常见，为避免歧义，本书将其表述为“两次世界大战之间”。——译者注

员[2]，其总体战研究的最大成果是于 1920 年整理完毕的《国家总动员相关意见》。该报告书由临时军事调查委员永田铁山少佐（其先后担任陆军省整备局动员课课长、陆军省军务局军事课课长、参谋本部情报部部长、陆军省军务局局长等陆军枢要职务，1935 年于军务局局长室遭陆军内部的反对派暗杀）起草，是 20 世纪 20 年代与 30 年代陆军总体战构想的原型。

总体战这一战争形态方面的根本变化为陆军带来了以下冲击。第一，总体战要求培育足以支撑大量生产和大量消费的经济力量，并尤其在对内方面带来了统制经济和自由主义经济间的平衡问题，在对外方面带来了匮乏资源的攫取、自给自足圈的形成及其与自由经济间的平衡问题。

第二，总体战带来了国民统合的问题，即所谓国民动员和精神动员问题。这反映了发动战争时国民要素所占比重呈现飞跃式增长的新状况。也就是说，为将总体战进行到底，国民对于政府和军部的理解、协助和支持变得必不可少，这便带来了如何唤起国民自发性的问题。为此，陆军设想了以下两种方式，即通过学校教育与社会教育普及国家主义、军人精神与军事思想，并灵活运用报纸、杂志与电影等信息宣传方式的“自上而下型国民统合”方式；以及通过议会获得国民支持（因此保证国民广泛参政的普通选举并非军部的否定对象）的“自下而上型国民统合”方式。因此，在“国民之国防”“国防之国民化”等口号象征的军民接近和军民一致成为必要的时代状况下，国民被要求具有超越以往的军事知识，同时军部则已不被容许继续封闭在军事这一专业领域内。

在这一意义上，总体战带来的第三个课题显得尤为重要，即强力的战争（政治）指导所不可欠缺的政治军事一元化（国策统合与政略、战略指导）问题。总体战原本便涵盖政治、军事、经济、文化及思想等全部领域，各领域间的界限也因此逐渐变得模糊。因此，就军政关系的观点而言，以关注面的膨胀为契机，第三个课题意味着军部出现了干政的可能性。总体战论赋予了军部支配国政的理论依据。

但是，由于总体战是涵盖众多领域的问题，所以军部自身不可能独自担负国防事宜，政治领域与军事领域间的合作和一致成为必然趋势。因此，在国策推行之时，文官与军人、官僚与民间人士之间的相互理解和合作融合成为军部的基本态度。也就是说，军部的志向并未直接指向军部独裁型的战争（政治）指导方式，而是构想出了文武官民间的协调与联合这一最为合理也最有效率的方法。

因此，由于总体战并不限于纯军事领域，其冲击便带来了内外两个课题，即对外攫取资源、形成自给自足圈，对内进行令人力物力资源总动员成为可能的国家重组。这从而成为其后陆军思想与行动的参考标准。

具体而言，总体战构想带来了日本内外体制重组的课题，这成为促使陆军在一战后出现“革新”化变质的最大原因。在这一意义上，作为总体战的一战所带来的冲击力足可比拟幕末的“开国”。但这里需要注意的是，“大正民主时期”陆军的总体战构想具有灵活性，因此，根据在对构想中的问题点进行整合时重心的不同，理论上可以构筑出多种总体战体制[3]。

于是20世纪20年代陆军的最高首领田中义一与宇垣一成意图与该时期已成为最大政治势力的政党构筑密切的合作关系，并以此方式解决上述课题，而其重点便是构筑“1925年体制”。也就是说，令20世纪20年代陆军所追求的总体战体制构筑成为可能的内外体制重组，正是通过国内的政党政治、《普通选举法》与《治安维持法》构建的体制，以及对外的华盛顿体系（日、英、美协调）与日、中、苏合作关系共同构筑的东亚国际秩序稳定体制的形式得以实现的[4]。

然而，在这一过程中，反对田中－宇垣路线的新兴势力也在陆军内部逐渐抬头，即以永田铁山、板垣征四郎、东条英机、石原莞尔、铃木贞一等人为首的无日俄战争实战经历，而将一战作为战争体验原点的新一代军官。进入昭和时期后，他们频繁举行讨论国防问题的定期集会，逐渐加深彼此之间的同志关系。与长州阀和萨摩阀等地缘派系不同，他们的特征在于政策派系色彩浓厚。他们主要关心的问题在于总体战问题、军队近代化以及满蒙问题；但即便如此，如若构筑总体战体制的准备工作在“1925 年体制”之下能够有所进展，他们对田中－宇垣路线便不会提出异议。这说明“大正民主时期”的陆军具备带有强烈现实主义色彩的灵活性[5]。

但是，支撑这种灵活性的“1925 年体制”却在昭和初期便产生了动摇。尤其在对外方面，随着北伐逐渐高昂的中国民族主义与实施第一个五年计划后威胁性增加的苏联都危及日本的满蒙利益；在对内方面，《伦敦海军条约》签署后的侵犯统帅权问题为政党与军队间的协调路线蒙上了一层怀疑的阴影[6]。

因此，陆军内部认识到，此时若不重新构筑代替“1925 年体制”的内外体制，便不可能构筑与确立符合总体战时代要求的国防体制与自给自足圈。就这样，陆军中坚层，特别是陆军“革新”派开始对“1925 年体制”的主轴，即华盛顿体系与政党政治发起挑战。在这一意义上，正如元老西园寺公望的秘书原田熊雄巧妙记述的那样，关东军的板垣征四郎与石原莞尔所主导的满洲事变（1931 年 9 月）正可谓拉开了“陆军政变的序幕”[7]。

二　“1925年体制”的动摇

满洲事变的冲击与紧随其后的“五一五事件”令持续八年有余的政党内阁惯例被打破，亦对华盛顿体系造成了巨大冲击。但是，这种状况并不直接意味着“1925 年体制”的全面崩溃与内外新体制的创立。这是由于元老、政党及军队稳健派等维持现状派势力的政治力量仍然十分强大，所以“1925 年体制”的机能虽然在冲击下有所弱化，但阻止其全面崩溃，实现再均衡[8]的可能性仍然存在。

因此，已成为陆军新主流派的“革新”派此时亦未能完全掌握政局的主导权。在这一意义上，陆军大臣荒木贞夫在 1933 年（昭和八年）秋季至冬季召开的斋藤实内阁五相会议及内政会议上的政治败北可谓象征性事件。因此，荒木贞夫主导内外体制“革新”尝试的失败，一方面令陆军内部再次提出了其方法论的相关问题，另一方面决定性地令中坚幕僚层对荒木贞夫失望，从而成为陆军内部权力变动的一个契机[9]。

1934 年年初，陆军大臣林铣十郎与陆军省军务局局长永田铁山的登场标志着“革新”派从此分为荒木贞夫 - 真崎甚三郎派系（所谓皇道派）与永田派系（所谓统制派）。而将皇道派军人从陆军众多要职调离的永田派系随即开始进行更为具体的总体战构想。永田铁山、东条英机、武藤章、池田纯久及片仓衷等人已于前一年开始针对合法革新（即国家改造）展开研究，1934 年 1 月制定了《应对政治非常事态勃发之纲要》（「政治的非常事変勃発ニ処スル対策要綱」），后永田铁山于 3 月就任军务局局长，池田纯久就任其下属的陆军课政策班班长，该研究最终成为陆军省的正式工作内容。10 月，陆军省以陆军省新闻班的名义向陆军内外公布了《国防本意及其强化之提倡》（『国防の本義と其強化の提唱』）。

以上一系列永田派系提出总体战构想的过程表明了以下重要结论：永田铁山以自己于 1920 年起草且具有灵活性的总体战构想为基础，构建了与 20 世纪 20 年代截然不同的全新体系。也就是说，《应对政治非常事态勃发之纲要》是永田派系在皇道派发动政变时，利用其政变发动反政变，并在成功后交由后继内阁实施的“革新”计划，涵盖了统制经济、自给自足圈（亚洲经济圈）的形成、舆论指导、现有政党的解散、议会改革、对政党内阁制的否定、强力寡头内阁制、国策统合机关的设置等内容。而《国防本意及其强化之提倡》则是为向陆军外部进行宣传而将上述内容加工后的产物，其中对总体战时代军部干政的正当性与极权主义思想进行了宣扬[10]。

综上所述，永田派系拥有符合逻辑且具有体系性的总体战构想，并鲜明地展现了合法实现这一构想的立场。因此，这反而需要内阁具有强大的政治指导能力。但当时的政治现实情况是，以往的政治统合中心，即政党的影响力已然减弱，这导致《明治宪法》体制原本具有的分权性的一面暴露出来。因此，陆军必须创造新的政治统合主体。

在这一背景下，陆军的构想是设立对内阁的政策施行进行支撑的国策统合机关，这一构想在日后以内阁调查局（1935 年）→企画厅（1937 年 5 月）→企画院（1937 年 10 月）的形式得以实现[11]。此处的重点在于，陆军着手与其他各省志在进行国家改革的文官官僚集团（新官僚）进行合作，这一点将于后文再次提及。可以说，设立国策统合机关的尝试是足以表明陆军构筑总体战体制的主要伙伴已从政党变为官僚的一个事例。

但是，皇道派的总体战构想重视精神主义要素[12]，因此皇道派将永田派系的动向敌视为“国家社会主义”，两派间的对立与对抗随之进一步激化。这体现在以下三个事件中：教育总监真崎甚三郎的罢免事件（1935 年 7 月）、皇道派对此报复而引发的军务局局长永田铁山遭到暗杀的事件（1935 年 8 月），以及其对抗顶点——“二二六事件”。

三　“1925年体制”的崩溃

众所周知，“二二六事件”是昭和史上前所未有的武装政变，对当时的政治与军事两个方面均造成巨大震动。在陆军方面，皇道派与旧主流派（宇垣－南次郎派系）的多数现役将官被编入预备役，这一措施被称为“肃军人事”，导致了以下两个结果：第一，陆军内部的派系对立状况以统制派胜利的形式得以消除；第二，中坚幕僚层的影响力骤然增强。在政治方面，陆军以组织整体的形式进行干政的倾向显著增强，广田弘毅内阁的成立（1936年3月）便反映了这一点。

但是，这里需要注意的是，陆军对政治的支配并非采取破坏现存政治体制，形成独裁权力的方式，而是停留于通过现存政治体制进行合法间接支配的方式[13]。笔者认为其原因有二，即《明治宪法》体制的问题与总体战构想的问题。

就前者而言，在保障权力分立制与政治多元主义的《明治宪法》体制下，任何机关都无法凌驾于其他机关，多元化的诸机关实施“联合政治”[14]才是该体制的要求。因此，除非修改宪法，否则军部利用“国防”与“总体战”等概念将其固有权限扩大至其他机关的领域，并将其他机关置于自身支配之下的行径不可能成功。就后者而言，陆军的总体战构想原本便将文武官民间的协调与联合视作最为合理也最有效率的方法。而统制派亦深知这一点，因此志在进行的是与皇道派不同的合法型国家改革。

因此，“二二六事件”令诸政治势力间以往的力量关系为之一变，导致了军部合法间接支配的形成。因此，政党政治再度恢复的可能性被完全剥夺，在这一意义上，“1925 年体制”在国内政治方面实现再平衡的可能性亦小得令人绝望。

“二二六事件”后，陆军举全组织之力开始向实现合法化的总体战体制（当时的用语为“国防国家”或“广义国防”）的道路迈进。而在永田铁山死后，掌握陆军主导权的是参谋本部作战课课长石原莞尔。恰巧在永田铁山被暗杀的当日入职参谋本部的石原莞尔愕然于对苏战备的极度迟缓状态，因此开始制订令扩军成为可能的具体计划。为此而展开活动的是于 1935 年秋成立的日满财政经济研究会。该研究会由曾在满铁经济调查会对苏联五年计划进行研究的宫崎正义等人组织，会上探讨了迅速发展日本和中国满洲两地产业、大力提高生产力，以及为此进行包括强力经济统制与行政机构改革等在内的政治经济体制改革等问题。石原莞尔的构想对广田内阁提出的“广义国防”相关政策与 1937 年度预算案的制定都产生了有形无形的影响。特别是石原构想的核心，即重要产业扩充计划与行政机构改革方案在 1936 年下半年不仅已被陆军接受，更被近卫文麿、池田成彬、结城丰太郎与鲇川义介等政界财界精英大致接受。

但是，自 1936 年秋季起，以石原莞尔为首的陆军中坚层已对以维持现状为前提的“革新”失去了热情，并对企图抑制军部的广田内阁失去希望，意欲创造与军部更加合作的强大内阁。此时被寄予希望的是成立于 1937 年 2 月的林铣十郎内阁。对于其组阁事宜，成员广布陆军内外的石原集团以实现石原构想为目的进行了积极干预。然而，石原莞尔具有派系色彩的专横言行引起了陆军次官梅津美治郎的不满，因此以梅津美治郎为中心的陆军上层成功粉碎了石原集团令板垣征四郎就任陆相的方案，处于全盛期的石原集团随之显露出衰落的征兆。

然而，虽然石原集团未能进入林铣十郎内阁，但石原构想本身尚存，且在藏相结城丰太郎、日银总裁池田成彬等政界财界精英的推动下，该构想的方向性在近卫文麿内阁（1937 年 7 月）与其后的内阁时期均得到了继承。也就是《重要产业五年计划》（「重要産業五か年計画」）与行政机构改革方案分别以《生产力扩充计划》（「生産力拡充計画」）与企画厅（其后为企画院）成立的形式被构想出来，从而得以具体化。

因此，虽然石原集团的影响力已然衰落，但石原构想中的大部分内容开始付诸实施。但是，日中战争的勃发（1937 年 7 月）阻止了其完全实现。石原莞尔预见到苏联将实施第三个五年计划，从而认为自 1937 年度起两度实施《重要产业五年计划》便能够构筑足以对抗苏、美的总体战体制。为此，日、中两国至少需要维持“十年之和平”。然而，随着参谋本部作战部部长石原莞尔（1937 年 1 月任部长代理，3 月任部长）等日中战争不扩大派的败北，该构想丧失了其前提。其后石原莞尔在失意中被调到关东军中任职，他自身在陆军中央的影响力亦完全消失。

四　“1940年体制”的构筑

日中战争的勃发与一年前发生的“二二六事件”，是思考昭和战前时期国家体制时需要注意的重要节点。理由有二：第一，其意味着“1925 年体制”的最终崩溃，内外体制回归稳健路线的可能性就此完全丧失；第二，石原集团的没落意味着陆军丧失了在其内部拥有综合政策体系，并能于陆军内外保证其实现的权力核心。也就是说，贯穿陆军内部的党派权力集团从此不复存在。出现这种变化的原因在于以下几点。

第一，这一变化是鉴于以往派系对立激烈，陆军内部排除党派性的倾向强化的一种体现[15]。

第二，这是因为陆军的合法间接支配形成后，陆军需要以全组织的形式介入政治，同时由于带有统制派色彩的总体战构想成为整个陆军的共识，陆军内部的政治分歧不复存在。从而陆军作为官僚机构的一面，即更为重视组织利害的一面更加显著；在陆军内部，军事官僚以各自职务相关利益为本位开展工作的倾向更加显著。因此，由陆军省与参谋本部产生对立可知，陆军内部的意志统一反而比以往更加难以实现，而石原构想这种成体系的构想的丧失，则令陆军变得易于对已发生的事实进行事后追认。

第三，军部在“二二六事件”后的掌权并不意味着一元化体制的出现。军部虽然成为最大的政治势力，却在日本国内失去了政策推进主体。例如广田内阁于 1936 年 8 月颁布的《国策基准》（「国策の基準」）未能对陆海军的各自主张进行调整，而是同时记载了陆军的北进论与海军的南进论。内阁会议或类似机构的决议欠缺一贯逻辑的情况在“二二六事件”发生前未曾有过[16]。但是在此之后，“国策”的不明确性，即二论并记与不做决定（将决定延后）成为日本的国家意志决定风格中的一大特征[17]。

这在一方面是《明治宪法》体制政治多元主义特征的体现，在另一方面亦是为“灵活”应对国际环境变动留有余地的举动。尤其就前者而言，随着“1925 年体制”的崩溃，尽管以往的政治统合主体失去了有效性，但已拥有决定性影响力的军部由于统帅权独立制而无法成为政治统合主体。军部的这种窘境亦体现了《明治宪法》体制的政治多元主义。令军部干预国政成为可能的统帅权独立制却在总体战时代反而成了军部的桎梏。

另外，陆海军围绕“国策”的对立之所以难以调解，自然是由于在军部的合法间接支配下无法形成位于军部之上并能调节陆海军对立的政治统合主体。在日中战争的勃发、大本营的设立（1937 年 11 月），以及《国家总动员法》的公布（1938 年 4 月）等背景下，军部的支配进一步强化，这种倾向日趋严重（众所周知，大本营政府联络会议与联络恳谈会的设立未能改变“国策”统合困难的状况）。

总之，“二二六事件”与日中战争的勃发令“1925 年体制”完全崩溃，军部随之实现了合法间接支配。但这种支配绝非“军部独裁”的政治体制，而是意味着欠缺有效的政治统合主体，而由多元化的诸机关构成的“联合政治”体制的形成。

然而，这种国家意志无法统一的状况绝对无法为军部和其他诸机关所接受，在日中战争勃发（战争本身在日本未能形成明确的国家意志的状况下扩大并延长），构筑总体战体制成为具有现实意义的“国策”后更是如此。因此，强化内阁的政治指导能力，创建能够支撑内阁的新的政治统合主体的课题变得比以往更加迫切。

上述的国策统合机关设立问题便是针对这一课题的一个尝试。但因此设立的企画院最终变为大藏省、商工省与陆军省的附属机关，这意味着陆军期待的创设国策统合机关，并以此作为政治统合主体的尝试以失败告终[18]。

因此，陆军便开始寄希望于近卫文麿首相（陆军以往便认为，对实现“革新”示以理解的近卫文麿能够组织强有力的内阁，因此对其指导能力抱以期待）领导的新党运动（1938 年）与近卫新体制运动（1940 年）。也就是说，陆军的目的在于实现以新的国民统合为支撑的一国一党政治，而其产物便是 1940 年 10 月成立的大政翼赞会。但是，大政翼赞会最终成为内务省实际掌控的非政治机关（次年 2 月被认定为公事结社①，并于 4 月进行改组后，其政治性被完全否认），而未能成为陆军所期待的政治统合主体。

就这样，大政翼赞会的成立本身意味着陆军的一国一党构想的失败，却在形式上集结了包括现存政党在内的政治诸势力（其后吸收了大日本产业报国会、大日本妇人

① 指以慈善事业等为目的、与政治无关的结社。——译者注

会、大日本青少年团、町内会及部落会等各种团体)。因此，大政翼赞会可谓满洲事变后国内体制重组尝试的一个终点。

另一方面，创造强大内阁以及支撑内阁的政治统合主体的课题同时也与如何解决日中战争问题密切相关。也就是说，军部认识到日中战争问题难以妥善解决的原因在于内阁缺失政治指导能力，符合准战时要求的总体战体制从而无法确立[19]。因此，第一次近卫内阁以后的“国策”中心在于早日解决日中战争问题，并确立令其成为可能的总体战体制。

对这一“国策”中心再度进行确认的是第二次近卫内阁（1940 年 7 月)。新内阁经内阁会议通过了其基本政策，即《基本国策纲要》（「基本国策要綱」，7 月 26 日)，该纲要鼓吹在国内确立“国防国家体制”（高度国防国家）的基础，对外构建“大东亚新秩序”。其中，意在以“日、满、支提携”为前提确立自给自足圈的“东亚新秩序”（1938 年 11 月，第二次近卫声明）向“大东亚秩序”（“大东亚共荣圈”）的变化极为重要。这是因为这一新提法意味着日本意欲确立包括法属印度支那、荷属东印度及马来群岛在内的自给自足圈。

进入 1940 年 9 月，日本已出兵进驻法属印度支那北部，并与德国、意大利签署了《德、意、日三国同盟条约》。至此，对于满洲事变后出现变动的东亚国际秩序，日本确立了其基本框架，即对外方面的“大东亚共荣圈”（“大东亚新秩序”）和与之呼应的三国同盟（“世界新秩序”）的体制构想。因此，这种对外体制与新形成的国内体制，即由军部的合法间接支配与大政翼赞会组成的体制一同构成了“1940 年体制”[20]，这便是第二次近卫内阁摸索出的替代“1925 年体制”的内外新体制。

结　语

综上所述，两次世界大战之间日本内外体制的变动可以被理解为由“1925 年体制”向“1940 年体制”的转变。而这种变动的导火索是日本陆军构筑总体战体制的冲动。下文将简要总结两个体制的特征。

就《国家总动员相关意见》中提及的陆军总体战构想而言，“1925 年体制”将重点置于自由主义经济、自由贸易（依存于英、美的体制）、“自下而上型国民统合”，以及以与政治统合主体，即政党联合为前提的“国策统合”等；“1940 年体制”则将重点置于统制经济、自给自足圈、“自上而下型国民统合”，以及以军部的合法间接支配为背景，欠缺有效的政治统合主体，由多元化的诸机关联合而成的“国策统合”等。

特别是就对外关系而言，“1925 年体制”预计实现的国际秩序是以华盛顿体系，即与英、美协调的普遍主义国际秩序为主系统，以日、中、苏于北满洲实现合作的地域主义国际秩序为子系统的体制；而“1940 年体制”则是“大东亚共荣圈”，即以摆脱对英、美依存为目标的地域主义国际秩序。

就这样，陆军自满洲事变以来一直追求替代“1925 年体制”的内外新体制，而“1940 年体制”的意义便在于它是这种尝试的终点。但是，这种变动并非直线性变化，而是各种错综复杂的事实堆积所致的结果。在这一过程中，“二二六事件”与日中战争产生了巨大影响，特别是后者带来的冲击具有决定性意义。这是因为日中战争勃发后构筑总体战的课题不再只是纸上的计划，而成为必须由多元化的诸机关共同参加并予以实现的“国策”。

讽刺的是，进入上述课题被所有政治主体视作“国策”的阶段后，日本国内反而失去了有效的、拥有政策构想综合体系的政策推进主体。最终，其政策推行方式变为根据日中战争的推移进行个别应对的方式。因此，“1940 年体制”本身并未充分反映陆军的意图，也并没有让陆军满意。在国内方面，政治指导能力的缺乏令“国策”的统合极为困难；在对外方面，日中战争问题的解决与自给自足圈的确立依然作为未决课题遗留下来。

特别是就前者而言，内大臣木户幸一于日中战争陷入胶着的1939年秋说道，“没有计划的政治家被有计划的军人牵着走是当然的事情”，表现了他期待拥有强大政治指导能力的政治家出现的愿望，但这样的政治领导者终究未能出现[21]。

但是，“1940年体制”下日本发生的悲剧在于包括政治家在内的所有政治势力均无法成为拥有综合政策体系的政治统合主体，因此均陷入了随波逐流和具有机会主义色彩的“官僚政治”。在这一意义上，“1940年体制”下的对美开战可谓既无有效领导又无有效顶层设计的“消极选择”[22]。本应举日本全力进行的日美战争却仅被优先重视对苏战争的陆军视为一场“局部战争”[23]（陆军于1943年下半年才开始全力投入对美战争[24]），这象征性地且集中地反映了当时日本的状况[25]。

注释

1. 但是，伊藤隆始终尝试使用“革新”概念对第一次世界大战后至1955年前后的日本国内政治动向进行说明。参阅伊藤隆『昭和初期政治史研究』，東京大学出版会，1969年；伊藤隆「昭和政治史研究への一視角」『思想』第624号，1976年6月，后收录于伊藤隆『昭和期の政治』，山川出版社，1983 年等。此外，以国际关系史视角进行分析的有益范例是入江昭（篠原初枝訳）『太平洋戦争の起源』，東京大学出版会，1991 年。

2. 参阅本书第一章。
3. 总体战的相关问题参阅本书第二章。
4. 有关“1925 年体制”参阅本书第七章。如前文所述，这一概念立足于对日本内外体制进行统一理解的视角，本章亦以这一视角为前提。此外，有关该时期围绕北满洲的日、中、苏关系，亦可参阅伊藤正徳「シベリア出兵後の東支鉄道問題（一九二四－一九二八）」『上智史学』第 36 号，1991 年 11 月。另外，入江昭『太平洋戦争の起源』中写道，“华盛顿体系由《国际联盟盟约》所规定，后经 1925 年《洛迦诺公约》及 1928 年《非战公约》再次确认，因而形成了第一次世界大战后国际秩序的一部分”（第 4 頁），笔者认为以华盛顿体系为核心的“1925 年体制”亦可于相同的国际背景下进行理解。
5. 参阅本书第三章。
6. 昭和恐慌同样是影响“1925 年体制”稳定性的重要原因。
7. 参阅本书第八章。
8. 关于“再均衡”的视角，参阅酒井哲哉「『大正デモクラシー体制』崩壊期の内政と外交（一）（二）」『国家学会雑誌』第 100 巻第 9・10 号，1987 年 9 月；第 101 巻第 3・4 号，1988 年 3 月，后收录于酒井哲哉『大正デモクラシー体制の崩壊内政と外交』，東京大学出版会，1992 年。
9. 参阅佐々木隆「荒木陸相と五相会議」『史学雑誌』第 88 編第 3 号，1979 年 3 月；酒井哲哉「陸軍『革新派』の展開」，近代日本研究会編『昭和期の軍部』，山川出版社，1979 年，第30～31 頁。
10. 参阅秦郁彦『軍ファシズム運動史（増補版）』，河出書房新社，1962 年；吉田裕「満州事変下における軍部」『日本史研究』第 238 号，1982 年 6 月。需要注意的是，《国防本意及其

强化之提倡》中并未直接提及议会与内阁制的相关内容。

11. 御厨貴「国策統合機関設置問題の史的展開」，近代日本研究会編『昭和期の軍部』。
12. 大岸赖好中尉起草的《皇政维新法案大纲》（「皇政維新法案大綱」）作为皇道派的总体战认识为人所知［收录于秦郁彦『軍ファシズム運動史（増補版）』第284～289 頁］。该意见书随后演变为《昭和皇政维新国家总动员法案大纲》（「昭和皇政維新国家総動員法案大綱」）。同时，1933 年 10 月 20 日召开的五相会议上陆相荒木贞夫提出的《帝国国策》（「帝国国策」）中亦写道，“鉴于确保东洋和平之传统国是，一面坚持辅育满洲国并令其发达之相关国策，一面将昭和十一年前后之国际危机防止于未然。且万一危机到来，须整备尽国家总动员之全力将其克服所必需之国家内外态势。以此作为帝国现下之国策根本方针”，反映了皇道派着手进行内外体制重组，以令构筑总体战成为可能的意图（佐々木隆「荒木陸相と五相会議」第 44 頁）。
13. “合法间接支配”这一概念参阅李炯喆『軍部の昭和史（上）（下）』，日本放送出版協会，1987 年。
14. 关于“联合政治”这一视角，参阅宮崎隆次「戦前日本の政治発展と連合政治」，篠原一編『連合政治 I』，岩波書店，1984 年。
15. 北岡伸一「陸軍派閥対立（一九三一－三五）の再検討」，近代日本研究会編『昭和期の軍部』，第 95 頁。与笔者不同，北冈伸一认为陆军的权力核心丧失于“二二六事件”后的“肃军”时期。
16. 酒井哲哉「『大正デモクラシー体制』崩壊期の内政と外交（二）」第 54 頁。
17. 参阅吉沢南『戦争拡大の構図』，青木書店，1986 年；森山優「『非決定』の構図」，軍事史学会編『第二次世界大戦（二）』，錦正社，1991 年。

18. 御厨貴「国策統合機関設置問題の史的展開」第161頁。
19. 波多野澄雄『「大東亜戦争」の時代』，朝日出版社，1988年，第164頁。
20. 关于“1940年体制”这一概念，参阅宮崎隆次「日本政治史におけるいくつかの概念」『千葉大学法学論集』第5巻第1号，1990年8月，第134～140頁。
21. 波多野澄雄『幕僚たちの真珠湾』，朝日新聞社，1991年，第208頁。
22. “消极选择”一词出自1991年日本政治学会上三谷太一郎的发言。
23. 出自瀬岛龙三（原）中佐的回忆［防衛庁防衛研修所戦史室『戦史叢書大本営陸軍部大東亜戦争開戦経緯（五）』，朝雲新聞社，1974年，第315～316頁］。
24. 有关20世纪20年代以及40年代日本陆军的对美认识，参阅本书第五章以及拙稿「戦前期日米関係の一断面—陸軍のアメリカ国民性認識をめぐって」『外交時報』第1264号，1990年1月。
25. 因此，陆军自满洲事变以来一直寻求替代“1925年体制”的内外新体制，而“1940年体制”的意义在于它是这种尝试的终点。但是，这一体制在现实中属于未完成的体制，且并未充分反映陆军的意图。如本章所述，在国内方面，政治指导能力的缺失令“国策”的统合极为困难；在对外方面，日中战争问题的解决与自给自足圈的确立依然作为未决课题遗留下来。下文将对以上内容做出若干补充。

    首先，就国内方面而言，大政翼赞会的成立令陆军创造政治统合主体的尝试最终失败后，陆军面临着二选一的状况：仍对首相近卫文麿本人的政治领导能力抱以希望，并继续支持内阁；或是陆军自身掌握政权。但是，“在对外危机加深的状况下，如果陆军掌握政权，并对开战与媾和负责，那么陆军这一组织将危在旦夕”（波多野澄雄『幕僚たちの真珠湾』第12

頁）。在这一意义上，陆军本应选择极力避免掌握政权。因此，对陆军而言，由现役军人组建的东条英机内阁的成立（1941 年 10 月）意味着最糟糕的剧本上演。

况且，作为陆军合法间接支配最终形态的东条内阁亦难于进行“国策”统合，因此陆军为回避政治责任以及防止其政治威信降低〔就日本政治总体而言，陆军亦必须避免“内乱”这一最能体现国内统合失败的事态发生［酒井哲哉「『大正デモクラシー体制』崩壊期の内政と外交（二）」第 60 頁］〕，必须利用对美开战的冲击守住其权力。

其次，就日中战争问题的解决与自给自足圈的确立问题而言，1940 年秋季对陆军而言可谓一个转折点。即日本在对重庆的和平工作（桐工作）失败后，承认了汪伪政权（1940 年 11 月），日中战争问题的自主解决（局部性解决）因此变得困难（日中战争的长期化、持久化）。因此，陆军内部形成了一种国际解决路线，即认为与轴心国阵营合作，实施武力南进方针，方能解决日中战争问题。

根据这一路线的推进者——参谋本部作战部部长田中新一对情势的判断，“单独解决支那问题的可能性已不存在。唯有将其视作欧亚综合国际政局之一环，事变才可得到解决。……局部解决之可能性已不存在”，因此“解决南方问题，摆脱对英美之依存，于东亚确立稳固之自给圈，形成应对长期战持久战之不败态势……实已成为解决支那问题之最佳残存手段”。在这里，武力南进方针被定位为同时解决日中战争问题与自给自足圈问题的政策。

然而，在 1940 年年底，以陆军省军务局局长武藤章为中心，陆军内部形成了以下观点，即日本的讲和条件若能被满足，则可以接受美国对日中战争的调停。在这一背景下，日美于第二年展开了交涉。

就这样，1940 年秋季以后，陆军内部同时存在“武力南进论”与“对美交涉论”。陆军认为，只要武力南进的范围控制在英国远东殖民地、荷属东印度和法属印度支那的范围内，日本便不会与美国发生冲突。这是一种含糊的“英美可分论”，这种观点令陆军认为“武力南进论”与“对美交涉论”两条路线能够并存。

但是，德苏战争的勃发（1941 年 6 月）令这两条路线失去了平衡。这是因为以下两点。第一，参谋本部与外务大臣松冈洋右趁德苏战争之机提出“对苏北进论”。为对此加以抑制，“武力南进论”（进驻法属印度支那南部）成了不得不被强调的路线（「情勢の推移に伴ふ帝国国策要綱」，7 月 2 日）。因此，武力进驻法属印度支那南部的问题由对外问题变为国内问题。第二，美国为同时阻止日本南进与对苏作战，转而实施对日强硬政策（美国于 6 月 21 日的日美交涉中提出对日提案），因此陆军幕僚认为，美国成了解决日中战争问题与确立自给自足圈的阻挠者。

在美国对日政策的改变中，美国对日本全面禁运石油（8 月 1 日）这一意想不到的事态成了参谋本部将关注点猛然从北方转到南方的决定性原因。就这样，“武力南进论”与“对美交涉论”成了难以并存的政策，并与陆军的“通往太平洋战争的道路”联系在了一起。（参阅波多野澄雄『幕僚たちの真珠湾』。因此，德苏战争的冲击在“通往太平洋战争的道路”上的重要性是今后应加以探讨的问题。）

然而就本章主旨而言，日美的最终对立比起二者围绕日中战争对立的一面，更加侧重于日本制造自给自足圈的行动（地域主义国际秩序的形成）与美国对自由贸易体制的坚持（普遍主义国际秩序）相互对立的一面。这是因为，作为日美战争的直接原因，日本南进政策的意图比起解决日中战争问题的一面，更侧重于确立自给自足圈的一面［例如，在陆海军于 1941 年 4 月 17 日达成共识的《对南方施策纲要》（「対南方施策要綱」）中，“武力南进论”在原则方面的优先次序由“抓住良机”型变为“自存自卫”型］。

此外，在直接负责对美战争的海军的动向方面，由于具有合理的组织原理，海军的政治性弱于陆军。而原本对陆军的北进论起抑制作用的南进论，在陆军转而关注南进论之时丧失了其抑制陆军的有效性。因此，在陆海军共同关注南进论的背景下，海军为显示自身存在意义，亦必须决定对美开战。另外，在日本“通往太平洋战争的道路”的最终阶段，日本国内政治的分岔口在于《对法属印度支那、泰国施策纲要》（「対仏印、泰施策要綱」）与《对南方施策纲要》中的“自存自卫论”的登场，以及《帝国国策施行要领》（「帝国国策遂行要領」）对外交交涉设定期限的规定。特别是“自存自卫论”的提出并非基于为应对世界情势变化而开战的被动立场，而是出于从日本自身的判断出发，为日本提供“自主”开战论据的意图。这里的叙述范围止于对上述因素重要性的指摘。

第十章 “1940年体制”与总体战研究所

引 言

1945年（昭和二十年）8月28日，首相东久迩宫稔彦在首相官邸会见内阁记者团时，针对战败的一部分原因做出了如下发言[1]：

> 政府、官吏、军人自身在不知不觉间将战争引向了战败的方向。这种不知不觉在于彼等自身认为是在为国家付出，而我国实则动脉硬化，行动僵硬，急发脑出血而猝死。

上述发言指出了太平洋战争期间日本政治构造中政治指导能力的缺失与官僚政治的弊端。但是，上述倾向绝不仅仅是战时特殊现象。例如，陆军省军务局于1940年6月起草的《综合国策十年计划》（『綜合国策十年計画』）鼓吹“确立强固之政治指导能力”[2]；第二次近卫文麿内阁的《基本国策纲要》（同年7月26日于内阁会议通过）亦规定“确立强力之新政治体制，以图国政之综合统一”[3]，将强化政治指导体制和打破各省间的割据主义定为应尽早实现的政治课题。

笔者亦在前一章中对两次世界大战之间的日本政治加以考察，认为太平洋战争前的日本政治中存在政治指导能力缺失与体制统合机能缺失的特征，形成了并非“军部独裁”而是由多元化的诸机关构成的联合政治体制。因此，笔者将包括这种政治构造在内的该时期内外体制称作“1940年体制”[4]。但是，当时的政治、军事首脑及官僚们对这种政治状况绝非满意的，因此以体制统合、国策统合、建立强大内阁为目标的行动从未断绝。自1940年开始的近卫新体制运动亦是这种行动的一部分。本章将以诞生于近卫新体制运动下的总体战研究所为关注焦点，通过阐明其设立原委与设立理由，为对日本20世纪30年代与40年代的“战争”与“政治”问题进行考察提供思路。

一　总体战研究所的设立原委

总体战研究所依据第648号敕令于1940年9月30日

成立，为内阁直属机关。《总体战研究所官制》第一条就其性质与目的规定，“总体战研究所由内阁总理大臣管理，掌管国家总体战相关基础调查研究及官吏、其他人员之国家总体战相关教育训练”[5]。

当时，企画厅这一总体战相关调查研究机关已经存在，其实际职能是开展调查研究以及为其他机关提供资料。而总体战研究所则被定位为对总体战相关“原理”进行研究的机关[6]。

那么，在日中战争呈现长期化态势，南进因而逐渐变为现实问题的当时，设立具有学究色彩的新机关的原因究竟何在？本章将从推进总体战研究所设立的陆军与 20 世纪 30 年代日本的政治史两方面出发探讨其主要原委。

1. 陆军内部的动向

文献表明，陆军内部设立总体战研究所的动向[7] 始于 1930 年起驻英工作两年的辰巳荣一少佐对英国国防大学的关注。英国国防大学集结官民中的有为青年，对其施以为期一年的总体战思想教育，以培养实施总体战时所需的人员；其着眼点在于广集各界人才，令其集中为同一目的发挥才能，并培养足以实现国家百年大计的人才。辰巳荣一少佐对其教育研究内容以及这一着眼点敬佩不已。

1936 年，作为大使馆武官再次赴英的辰巳荣一中佐对英国国防大学进一步展开调查，于当年年末送交了报告书，并于1937年向参谋本部提交了建议于日本开设国防大学的意见书。在他积极活动的背后，是他对20世纪30年代日本政治军事中存在的宗派主义弊端的危机感。设立国防大学的必要性获得了饭村穰中佐（他在驻土耳其武官的任期于1932年夏季结束后曾于归国途中逗留伦敦，后出任总体战研究所首任所长）、秩父宫雍仁亲王（1937年春季赴英参加英国国王乔治六世的加冕仪式，后出任大本营陆军参谋、战争指导班班员）及本间雅晴少将（秩父宫的随行武官，后出任参谋本部第二部部长）等人的赞同。

另一方面，驻法国两年并于1937年归国的西浦进大尉亦在任内得知法国国防大学设立的动向，认为日本亦需要同样的机关。他在归国后首次得知辰巳荣一中佐的报告书与意见书的存在，从而深化了这种想法。另外，1937年赴欧美进行航空考察并归国的高嶋辰彦少佐（与辰巳荣一是陆军大学校同期生，考察时与其在伦敦见面，后任大本营陆军参谋、战争指导班班长）亦围绕国防大学的设立对海军等各方面展开思想工作[8]。

就这样，自1936年年底起，陆军内部的一部分军官开始研究国防大学新设构想，据说参谋本部兵站班参谋今冈丰把国防大学创设预算案列入昭和十二年①度预算申请

① 即1937年。——译者注

中的举动便是基于这种动向[9]。

在此背景下，1937 年 7 月的卢沟桥事变①使得以往仅为纸上谈兵的总体战计划成为现实课题。陆军内部随即强烈意识到研究作为近代战争形态的总体战，培养施行总体战所需人员，并向国民启蒙与普及总体战思想的必要性[10]。

在以上状况下，1939 年 3 月成为陆军省军务局军事课高级课员的西浦进中佐起草了《关于新设国防大学的个人方案》（「国防大学新設私案」），并在军事课课长岩畔豪雄等人的支持下获得了陆军省内部的认可（畑俊六大将自 1939 年 8 月就任陆军大臣，武藤章少将自同年 9 月就任军务局局长），后获得海军方面、参谋本部（1939 年 12 月之前，辰巳荣一大佐任欧美课课长，与西浦进为陆军士官学校同期生的堀场一雄中佐任战争指导班班员并于其后担任总体战研究所研究员）及大藏省的同意，最终得到了以调查官秋永月三大佐（后担任总体战研究所兼职研究员）为中心的企画院的协助，以总体战研究所的正式名称成功设立了所谓的国防大学[11]。西浦进中佐本欲使用国防大学这一名称，但使用“大学”的名称或将导致其被文部省管辖，因此最终直接使用了其起草《设立纲要方案》（「設置要綱案」）时暂时采用的名称。

① 即“七七事变”。——译者注

总之，令陆军内部出现设立总体战研究所动向的“扳机”[12]是辰巳荣一大佐，而获得辰巳荣一、岩畔豪雄及堀场一雄等人的支持，并为其准备工作实际奔走的是西浦进中佐。他们为设立总体战研究所而奔走的理由主要有以下两点：（1）他们对20世纪30年代日本政治军事中宗派主义弊端抱有危机感；（2）在日中战争长期化与总体战化的背景下，他们认为有必要研究总体战，培养施行总体战所需的人员，并向国民启蒙与普及总体战思想。

也就是说，其目的是实现以下三点：（1）通过对总体战进行基础调查研究，确认总体战为何物，确定施行总体战时的原理与原则[13]；（2）集结各界优秀人才，对其施以总体战思想方面的教育训练，培育施行总体战所需的人员，同时通过这种人员团结与一体感克服宗派主义和政略战略不一致的弊端[14]；（3）通过对总体战思想进行启蒙与普及，形成施行总体战所需的国民基础。

因此，总体战研究所的设立基于相对长远的视野，其设立者并未意图令其研究成果在现实政治中立即得到反映[15]。西浦进认为，“我期待在此处创造出色的总体战理论。但即便得不出任何结论，我相信以国防问题为中心，陆海军及普通文官中少壮有为之士共同生活哪怕一年，一同进行讨论，其本身便具有巨大价值”[16]。在这一意义上，西浦进的观点直接体现了总体战研究所在该时期日本政治中的主要定位，并解释了推进者的主要设立意图。

2. 20世纪30年代日本政治的动向

满洲事变与“五一五事件”给日本以往的内外体制（“1925年体制”[17]）带来了巨大冲击。特别是在国内政治层面，政党政治的影响力开始衰退，政党以往的政治统合机能大为下降，导致了政治多元化的急速加剧与表面化。也就是说，在内阁具有明确主义与政见的政党内阁时期，各省与各机关大致处于政党的政治影响力之下，日本政治整体的统合与国策统合主要在政党与政党领导者的引领下进行。但是，自斋藤实内阁起，即进入“举国一致”内阁时期后，内阁成了各政治集团无序聚集的场所；同时，政党衰落导致官僚势力在政治领域抬头，各省随即出现割据对立的状态，最终令国策统合机能出现问题。

因此，斋藤内阁以后的日本政治虽标榜“举国一致”，却未能实现强有力的政治统合，反而丧失了“向心力”，成了“无轨道”之物[18]。而正因如此，这种状况反而为强力政治、强力内阁、强力政治领导的确立赋予了必要性，并令其成为必然。

为克服上述状况，设置所谓国策统合机关的构想应运而生，并具体催生了内阁调查局（1935年5月）→企画厅（1937年5月）→企画院（1937年10月）。然而由于各省意欲通过上述机关实现自身的政策等原因，上述机关实际上未能发挥理想中的国策统合机能。此外，保障各机关的相对独立性与国务大臣单独辅弼责任制的《大日本帝国宪法》成为强力内阁难以出现的制度背景。

因此，改善20世纪30年代的“失落的政治”[19]的尝试极难进行，而以强力政治为目标的制度改革与新机关的创设更与当初的意图背道而驰，反而成为令强力政治与国策统合更加难以实现的举措。1937年12月8日，在日中战争的勃发令内阁制度的改组强化势在必行的情势下，《朝日新闻》（『朝日新聞』）发表了题为《政治机能的发挥》（「政治機能の発揮」）的社论，并写道：“虽说各部局的领地意识与混杂私心的非合作态度阻碍了诸机关之间产生密切有机的联系；但参议、企画院等新设机构虽多，却陷入与预期相反的混乱之中，政治效能反而因此降低。”担忧可谓变成现实。

在这一状况的基础上，“‘强力内阁’一词的口号喊得越大，政治中心越发不明确的奇怪现象”[20]则由于政府的一般授权立法（由帝国议会授权），即《国家总动员法案》的通过（公布于1938年4月）而变得更加显著。这是因为，《国家总动员法》在政府各机关仍然各自固守自身组织权限的前提下公布，使得该法须按照各机关的管辖范围实施，令各机关的组织权限与宗派主义骤然变强。

综上所述，在斋藤内阁后，20世纪30年代的日本政治可被理解为政治“向心力”的丧失与尝试令其恢复的过程。尤其是在日中战争的胶着化与《国家总动员法》的实施令各机关的宗派主义变得更为严重后，令其恢复的尝试成为更为迫切的课题。特别是就呈现总体战态势的日中战争问题而言，其困难性在于以下两方面：在国内方面，内阁政治指导能力的低下导致准战时的总体战体制无法确立；在对外方面，重庆国民政府已认识到“鉴于日本国内分裂衰弱之诸相，（日本）过度轻视或误判了我国国力”[21]。

进入 1940 年后，在德国于欧洲战线快速取得胜利的刺激下，作为近卫新体制运动的一部分，改善“失落的政治”的尝试随即进入了新阶段。而总体战研究所的设立便是这一体制革新尝试的一环。

3. 第二次近卫内阁与总体战研究所的设立

笔者认为，与总体战研究所设立相关的官方行动，可以从上文提及的《综合国策十年计划》这一现存文书中得以确认。该文书于 1940 年 1 月由痛感长期基本政策必要性的陆军省军务局局长武藤章委托国策研究会的矢次一夫等人制定，并主要由陆军省军务局军事课课长岩畔豪雄、陆军省军务局军务课课长河村参郎、企画院调查官秋永月三、企画院原总裁青木一男、企画院原次长武部六藏等人起草（海军方面由兴亚院政务部第一课课长石川信吾参与立案。石川信吾亦于日后任总体战研究所兼任研究员)。

该文书“内政相关事项”中的“政治机构”一项写道，在“确立强力稳固之政治指导能力”的方针下，“强化总理大臣之权限，扩大企画院之组织权限的同时，尤其应整备负责总体战调查及计划之机构”，显示了一种与日后的总体战研究所联系起来的构想[22]。起草成员中的岩畔豪雄与秋水月三等人是军事课高级课员西浦进的总体战研究所设立构想的强力支持者，笔者认为这种动向在该文书的内容中亦得到了反映。

另一方面，大本营海军部起草的《世界情势推移下之时局处理纲要》(「世界情勢ノ推移ニ伴フ時局処理要綱」，由7月27日的大本营政府联络会议决定通过)是反映近卫内阁基本政策的重要文书之一。而陆军省于7月25日起草的《〈世界情势推移下之时局处理纲要〉中第四条关于国内指导之具体要点》(「『世界情勢ノ推移ニ伴フ時局処理要綱』中第四条国内指導ニ関スル具体的要目」)对其内政方面的内容做了详细说明。其中，在“强力政府之实行”这一项中提出“打破各省割据主义”，并主张为此“扩大并强化企画院，特别是整备具有监察机能，且负责总体战调查及计划之机构，令其具有统制省之实质”[23]，反映了与《综合国策十年计划》相同的构想。

然而，在26日以海军省调查课课长的名义起草的

《针对具体要点（陆军省案）的意见》［「具体的要目（陸軍省案）ニ対スル意見」］中，虽然写有“打破各省割据之弊，改革创建可集权处理国政之制度”的主张，但其内容仅停留于“扩大并强化企画院，令其成为综合发挥国家全力之企画机关”[24]。这或可说明，此时陆海军之间尚未达成关于设立总体战研究所的最终共识。

但总之，以《综合国策十年计划》为发端的另一份近卫内阁的重要文书《基本国策纲要》（「基本国策要綱」）于 7 月 26 日由内阁会议决定通过后，《基于〈基本国策纲要〉的具体问题处理纲要》（「基本国策要綱ニ基ク具体問題処理要綱」）亦于 8 月 1 日通过内阁会议决定，其中终于明确记载将“总体战研究所之设立”作为“新政治体制之确立”中“尤其需要急速立案之事宜”。

就这样，将企画院改为起案厅，令其成为主要负责陆海军及法制局间协调部门的具体动向就此展开，“企画厅于 8 月最后一日之前起草概要方案，并与相关部门进行协商”的方向就此决定[25]。于是，以调查官秋永月三为中心的企画院基于西浦进中佐起草的《总体战研究所（暂名）设立纲要》［「総力戦研究所（仮称）設立要綱」］[26]制定了官方草案。8 月 16 日的内阁会议正式决定设立总体战研究所[27]。此后，内阁书记官长富田健治于 8 月 29 日委托法制局长官村濑直养起草相关敕令草案[28]，《总体战研究所官制》最终于 9 月 30 日通过敕令公布，并于即日开始施行[29]。

综上所述，在以改革内外体制为目标的近卫内阁的推动下，总体战研究所得以设立。其目的在于“新政治体制之确立”，提出构想并推进其设立的中心势力主要是陆军与企画院。其设立与扩大并强化企画院的构想，即增强新体制（总体战体制）推进力的构想互相关联[30]。

二　总体战研究所的设立理由

本节将探讨总体战研究所的设立理由。

首先，内阁书记官长在对内阁会议设立总体战研究所的决定进行传达的 8 月 16 日的“依命通牒”中写道[31]：

> 近代战争乃全面贯穿武力战与思想、政略、经济等诸领域之国家总体战，第二次欧洲大战如实按此特质展开，支那事变之现阶段亦逐渐呈现此番态势。皇国遭遇有史以来之一大转机，为对百般庶政进行根本革新，排除万难确立国防国家体制，有必要进行总体战相关基本研究，同时对其实施之要员加以教育训练。此事将对政战两略之一致以及官吏再训练大有贡献。

也就是说，“第二次欧洲大战”与“支那事变之现阶段”呈现全面“国家总体战”的态势，因此必须确立“国防国家体制”，为此则需要进行“总体战相关基本研究”并对总体战“实施之要员加以教育训练”，特别是后者被认为对“政战两略之一致以及官吏再训练大有贡献”。

总之，内阁认为，为应对进入总体战阶段的日中战争，必须构筑总体战体制，并实现政略战略的一致，打破宗派主义的弊端。而总体战研究所的设立则是为协助上述措施实施的一种举措。

接下来，内阁起草的说明文书《关于总体战研究所之设立》(「総力戦研究所設置ニ関スル件」) 提出了以下三点“设置总体战研究所的必要理由”[32]。

1. 武力战外之思想战、政略战、经济战等相关基础调查研究不充分。特别是以往之研究动辄止步于消极防卫战，对积极攻势战的研究欠缺之处颇多。不仅如此，武力战、思想战、政略战、经济战等一元综合之所谓总体战的相关系统研究亦不充分。须打破此种现状。

2. 鉴于政战两略调整方面多有欠缺之现状，须贯穿军、官、民，对未来身处国家枢要地位之人加以教育训练，实现其思想统一，以资政战两略之一致及官吏之再训练。

3. 打破各省之割据主义及官民对立之观念，为实现贯穿军、官、民之举国一致新体制提供帮助。

也就是说，其设立理由有以下三点：第一，进行总体战相关基础调查研究具有必要性；第二，培育施行总体战所需人员，以人员团结与一体感克服宗派主义，改变政略战略不一致的状况；第三，通过向国民启蒙和普及总体战思想，打破宗派主义弊端，同时培养实施总体战的国民基础。此三点与陆军（尤其是辰巳荣一大佐与西浦进中佐等人）在设立总体战研究所方面的关心角度大体一致。

需要特别提及的是，西浦进中佐等人的主要设立意图在于以人员团结与一体感克服宗派主义，并改变政略战略不一致的状况。关于这一点，《总体战研究所教育准则》（「総力戦研究所教則」，1941 年 3 月 29 日）中亦写道，“于平时努力相互加深对其他职务领域之理解，以此形成打破各省割据、官民对立风潮之基础”，并“以所长为中心，研究员、研究生、事务员一同保持稳固之团结，互相扶持，互相帮助，真挚地切磋琢磨，同时实现相互敬爱、和气蔼蔼之风气，以令本研究所建设堪称模范之总体战体制，研究生通过每日之研究所生活自行体会习得总体战之本义”[33]，反映了这一点是总体战研究所的教育中最受重视的问题[34]。

然而，在《总体战研究所官制》公布后，其设立理由的最终版本是“鉴于近代战争乃全面贯穿武力战与思想、政略、经济等诸领域之国家总体战，有必要设置总体战研究所，以此作为进行总体战相关基本研究，并对处于要冲位置之官僚及其他人员加以教育训练之机关”[35]，因此其官制第一条中规定“掌管总体战相关基础调查研究，以及官吏及其他人员之国家总体战相关教育训练”。西浦进中佐等人的设立意图中，向国民启蒙与普及总体战思想的一面未能明确记载于其官制之中[36]。

综上所述，在作为总体战的日中战争日渐胶着，而总体战体制的构筑因此成为必要的时代状况下，总体战研究所设立的意图在于克服令总体战体制的构筑难以实现的“失落的政治”状况，即克服政治指导能力与体制统合机能缺失导致的宗派主义弊端与政略战略不一致的状况；其方式在于进行总体战相关基础调查研究以及教育训练，而后者尤其成为其着力点。因此，相互影响的对外状况与国内状况令总体战研究所的设立成为必然。其中对外状况在于，必须早日解决胶着化的日中战争问题；对内状况则在于，受政治指导能力缺失、宗派主义、总体战思想尚未普及等原因影响，解决日中战争问题所需的总体战体制难以构筑。

结　语　总体战研究所与总体战论

1940 年 10 月 1 日，负责所长事务的企画院总裁星野直树将陆军大佐渡边渡与海军大佐松田千秋等七人任命为研究员[37]，总体战研究所从此开始运转。研究员的空缺其后被陆续填补，针对研究生的教育亦定于 1941 年 4 月 1 日正式开始。然而，研究所的工作开始活跃的时期是陆军中将饭村穣（前关东军原参谋长）正式就任所长的 1941 年 1 月以后[38]。

研究所最初的工作是令“经历不同的各新任所员”实现“总体战相关基本概念的一致”[39]。这既是出于为接收研究生做准备的考虑，又是由于担任教官的所员们均尚未形成固定的总体战概念[40]。因此，研究所通过“综合审议各所员之研究结果”起草了《总体战纲要草案》[41]［实际起草的名称为《总体战纲要（概要方案第一卷）》］[42]，并对其中包括的内容，即《皇国总体战之本义》（「皇国総力戦ノ本義」）[43]、《皇国总体战纲领（概要方案）》［「皇国総力戦綱領（概案）」］[44]、《皇国总体战一般准则（概要方案）》［「皇国総力戦一般準則（概案）」］[45]、《皇国总体战指导机构相关研究（概要方案）》［「皇国総力戦指導機構ニ関スル研究（概案）」］[46]等基础框架进行了具体研究[47]，意欲通过上述工作令研究员们的总体战概念达成一致。同时，《第一期研究生教育纲领及教育准则》[48]（「第一期研究生教育綱領及教則」，1941 年 3 月 29 日）的制定令教育目的、内容与方法得以明确，基于上述研究成果的教育工作由此展开。

于是，一定的总体战概念在研究员与研究生之间形成共识。下文将对这种总体战概念的特征进行分析，并以此作为本章的结尾。

第一个特征在于，将“国体”视作总体战的“渊源”，将天皇亲裁与天皇归一原则视作“皇国原本”之“理想团体”形象。例如《第一期研究生教育纲领及教育准则》中规定，“本研究所之教育目的在于令研究生彻底理解皇国国体之本义”，并“讲授皇国总体战整体以国体为渊源之原因”[49]。《皇国总体战指导机构相关研究（概要方案）》亦对天皇亲裁进行了强调，其中称“天皇自身对总体战进行亲裁与领导之本义不可出错”[50]。这种所谓的国体意识是 20 世纪 20 年代具有目的合理性的总体战论[51]中不存在的内容，因此反映了如下两点：第一，从以往的机构改革经验出发，“尽可能避免宪法修改与各官厅制度之大变革”[52]的现实主义观点；第二，该时期的时代思潮。

但在另一方面，值得注意的是《皇国总体战指导机构相关研究（概要方案）》中对“皇国总体战指导机构之现状”的如下分析。该方案认为“国防形式变为涵盖武力、经济、思想、政略等之总体战国防。面对今日陆海军、政府、国民于一贯方针下浑然一体之要求，现行机构可谓日益成为相当大之障碍”，指出了“进行国防（总体战）指导之单一中枢机构”的缺失、宗派主义等官僚政治的弊端、“各部门同种业务机关之重复并立”带来的弊端、统帅权独立制度的弊端、“国家政治力不充分”等弊端，并总结道，“如前文所述，帝国现行制度于武力及政略指导机构方面存在缺陷”[53]。

因此，上述分析将“失落的政治”与宗派主义出现的根本原因最终归结于《大日本帝国宪法》的相关问题，因此显示了包括宪法修订在内的大规模制度变革的势在必行。但是，帝国宪法是“不朽的大典”①，而以往的制度改革尝试均未能成功。在这种状况下，进行大规模的制度改革并在制度方面构筑一元化的总体战体制是极为困难的。

因此，为构筑一元化体制，反而不得不对天皇亲裁与天皇归一，即天皇的统合机能进行强调，这形成了一种

① 即事实上不可进行修订。——译者注

“悖论”①。因此，现行制度中的问题并非源于以天皇大权为核心的帝国宪法的体系本身，而是不得不回归到实际负责运用该制度的各机关，特别是回归到其宗派主义弊端之上。关于这一点，《皇国总体战指导机构相关研究（概要方案）》指出：[54]

> 统帅军队须有统制各路指挥之单一司令部，此乃谈兵之人共认之自明公理。同样，理解国家总体战本质之人无不痛感统一指导机构之必要。而就帝国统帅机构一元化乃至战争指导之强化而言，国内一部分人已倡导多年，今日却依旧未见其具体动向，此虽一方面由于既往时世之要求不甚迫切，但另一方面则由于提案动机不纯。因此各部门或惧怕自身既有权限缩小，或以光荣传统为理由，或以宪法之独善性解释为盾，执着于旧体制。

于是，总体战研究所认识到，在强调天皇的统合机能会导致政治权力空洞化的帝国宪法体制下，在不修订宪法的范围内进行制度变革才是具有现实性的解决方案；不仅

① 《明治宪法》（以及其中规定的天皇统合机能）在根本上阻碍了制度一元化，推进制度一元化却需要依赖《明治宪法》下的天皇统合机能。——译者注

如此，总体战研究所的总体战概念更为强调人的要素，这既是考虑到强调天皇的统合机能反而会使制度改革愈加困难的现实，又参考了以往的制度改革经验。这便是这种总体战概念的第二个特征。

也就是说，这种总体战概念的第二个特征在于，其将有机的人际关系，即“人和”状态视作总体战的特质[55]。这是一种以“总体战最终依靠人战斗”的视角为基础[56]，在构筑总体战的着重点方面将“人”置于制度之上的观点。上述的《总体战研究所教育准则》中主张令总体战“研究所建设堪称模范之总体战体制，研究生通过每日之研究所生活自行体会习得总体战之本义”便是这一观点的反映。

上文提到，设立总体战研究所的主要理由在于培育实施总体战所需人员，以人员团结与一体感克服宗派主义与政略战略不一致的弊端。在这一意义上，第二条特征与该理由相符。

此外，必须注意的是，第二条特征亦与所谓国体意识具有“奇妙之亲近性”，这与第一条特征有密切关联。例如，如下内容是《总体战纲要（概要方案第一卷）》中最为关键的部分[57]。

成功进行总体战之原动力在于，皇国万民精神归于国体，举身体生命之总力服务于国家，万民化作一体向圣旨所指方向发挥神人合一之惊异力量。为此，皇国臣民须贯彻我国国体神圣崇高之本义，明君臣之义，体会历来之神圣诏谕，超越个体之生死，形成与皇国永远之生命融合之信念，以此发挥皇国臣民之本领。

这就是说，原本意义上的总体战体制，即从目的合理性出发，要求文武官民实现协助与团结的总体战体制，与一君万民的国体意识原本是两个不同的概念，却在上述内容中以“和”的观点为接触点，实现了融合与统一。换言之，一君万民的国体意识令文武官民的协助与团结成为可能。

总之，总体战研究所内部达成共识的总体战概念中并未贯彻目的合理性，这源于国体意识带来的影响。这一点正是太平洋战争前夕的总体战论的一大特征。也就是说，它的提倡者们意欲通过总体战论与国体论的融合与统一，令“失落的政治”得以改善，并构筑一元化总体战体制。这便是以第一次世界大战为契机而开始被讨论的总体战论的终点，即日本型总体战论。

但在另一方面，对国体意识的强调令“失落的政治”的改善与一元化总体战体制的构筑在制度上变得极为困难，其欠缺合理性的观点亦不符合总体战论强调国力之战必将到来的主张，例如当时甚至有观点认为总体战的“本质”在于“以寡敌众”[58]。考虑到这一点，总体战研究所的设立[59]可谓令总体战体制的构筑变得更加艰难。

综上所述，在丧失政治领导能力的“失落的政治”状况（“1940 年体制”）下，构筑一元化总体战体制的尝试无论在制度方面还是概念方面均极为困难。正是在这种状况下，日本“不知不觉间不知被何物一直向前推，糊里糊涂地举国”冲进了“总体战之太平洋战争”中[60]。

注释

1. 『朝日新聞』1945 年 8 月 30 日。
2. 稲葉正夫・小林龍夫・島田俊彦・角田順編『太平洋戦争への道』別巻資料編，朝日新聞社，1963 年，第 307 頁。
3. 同上，第 321 頁。
4. 参阅本书第九章。
5. 太田弘毅「総力戦研究所の設立について」『日本歴史』第 355 号，1977 年 12 月，第 42 頁。
6. 同上，第 48 頁。
7. 主要参阅芦沢紀之「実録・総力戦研究所」『歴史と人物』1972 年 10 月号；芦沢紀之『ある作戦参謀の悲劇』，芙蓉書房，1974 年，第 252 ~ 258 頁；森松俊夫『総力戦研究所』，白帝社，1983 年。

8. 森松俊夫『総力戦研究所』第 31～36 頁。据该书考察，高嶋辰彦归国后与堀场一雄、间野俊夫（1938 年翻译了鲁登道夫的《国家总体战》，该书由三笠书房出版。后出任总体战研究所研究员）、多田督知等人一同从事总体战研究。
9. 芹沢紀之『ある作戦参謀の悲劇』第 255 頁。
10. 同上，第 256～257 頁。上法快男編『名将・飯村穣の憂国定見現代の防衛と政略』，芙蓉書房，1973 年，第 62～63 頁。
11. 木戸日記研究会・日本近代史料研究会編『西浦進氏談話速記録（下）』，1968 年，第 279～284 頁；西浦進『昭和戦争史の証言』，原書房，1980 年，第141～143 頁；西浦進「総力戦研究所と防衛研修所」『防衛論集』第七巻第一号，1968 年 8 月，第 177～178 頁。
12. 芹沢紀之「実録・総力戦研究所」第 75 頁、上法快男『名将・飯村穣の憂国定見現代の防衛と政略』第 63 頁。
13. 1941 年 6 月成为总体战研究所研究员的陆军大佐堀场一雄在战后围绕其设立理由说道（新田満夫編『極東国際軍事裁判速記録』第二巻，雄松堂書店，1968 年，第 667 頁）：

> 我认识到，当时各国均认识到近代战之特性在于举国家全力之战争形态，因此各国均必须对其加以研究，且亦已着手。日本亦必须开展研究。

14. 陆军少佐多田督知在其著作《日本战争学》（『日本戦争学』）中，对总体战指导机构与人的关系论述如下（多田督知『日本戦争学』，高陽書院，1939 年，第 394～395 頁）：

> 未来必须设立之战争指导机构，其构成人员中不只有陆军，政治家、学者、实业家等亦于同一机构内有机、一体地整合，从而发挥各自之全智全能。此乃当然之理。（略）确立此机构之必要前提条件为设立国防大学，以此预先进行人员准

备，此亦见于德、英、苏诸国。令文武官民之中坚指导者知晓军事、战争、国防等正确实相与运用方式，以此令其充分理解各自之职责，形成与字面意义相同的有机不可分的活动能力，方能令其于此种机构中专心为达成战争目的而活动。

15. 但是，在研究所设立不久且尚未接收研究生的时期，难以判断其调查研究工作对现实政治是否存在影响。比如外务省一份题为《总体战研究所的现状》（「総力戦研究所ノ現況」）的文书中“外务省的课题（协助的程度）”一项写到“是否参与起草《昭和十六年年初总体战问题内外情势判断》，尤其是其中的‘国际情势’部分（想必将对政策产生相当影响）”（着重号为笔者所加。收录于外務省外交史料館所蔵「総力戦研究所関係一件」，請求番号 A 五・〇・〇・五。此外，有关这一史料另可参阅石川準吉『国家総動員史』補巻，国家総動員史刊行会，1987 年，第 2086 ~ 2087 頁）。
16. 西浦進『昭和戦争史の証言』，第 142 ~ 143 頁。但来自商工省的研究生野见山勉于战后回想道（猪瀬直樹『昭和十六年度夏の敗戦』，文藝春秋，1986 年，第66 ~ 67 頁）：

　　此处重视的是聚集所谓日后有为青年，对其加以训练以令其符合总体战要求。说得再露骨些，其直接目的在于向不甚理解战争的文民充分植入施行战争的相关理解，并对其加以训练，以对产业、经济、交通运输、教育、司法、行政等文民机能进行综合战争动员。

17. 参阅本书第七章与第九章。
18. 美濃部達吉「現代政局の展望（上）」『朝日新聞』1935 年 1 月 3 日。这一史料首次被提及是在赤木須留美『近衛新体制と大政翼賛会』（岩波書店，1984 年，第 1 頁）中。此外，笔者写作本节内容时亦重点参考了该书。

19. 参阅近衛文麿『失はれし政治』，朝日新聞社，1946 年。另外，本章中“失落的政治”一词更为严谨的说法是“失落的政治力”。
20. 丸山眞男『増補版現代政治の思想と行動』，未来社，1964 年，第 76 頁。
21. 波多野澄雄『「大東亜戦争」の時代』，朝日出版社，1988 年，第 164 頁。另外，陆军省于 7 月 25 日起草的《〈世界情势推移下之时局处理纲要〉中第四条关于国内指导之具体要点》中设有“国内舆论之统一”一项，其中写道“防止国内各般矛盾、分裂及诸缺点不足对外暴露”（今井清一・伊藤隆編『現代史資料 44 国家総動員 2』，みすず書房，1974 年，第 225 頁）。
22. 古川隆久『昭和戦中期の総合国策機関』，吉川弘文館，1992 年，第 146 ~ 147、151 頁。稲葉正夫・小林龍夫・島俊彦・角田順編『太平洋戦争への道』別巻資料編，第 307 ~ 308 頁。
23. 今井清一・伊藤隆編『現代史資料 44 国家総動員 2』第 224 頁。
24. 同上，第 226 頁。
25. 稲葉正夫・小林龍夫・島田俊彦・角田順編『太平洋戦争への道』別巻資料編，第 321 ~ 322 頁。
26. 木戸日記研究会・日本近代史料研究会編『西浦進氏談話速記録（下）』第 281 頁。
27. 1940 年 8 月 16 日内阁书记官长富田健治送交外务次官代理、外务省调查部部长松宫顺的“依命通牒”《关于总体战研究所之设立》（「総力戦研究所設置ニ関スル件」，收录于外務省外交史料館所蔵「総力戦研究所関係一件」）。
28. 太田弘毅「総力戦研究所の設立について」第 43 頁。
29. 其设立经过参阅芹沢紀之「実録・総力戦研究所」。
30. 参阅古川隆久『昭和戦中期の総合国策機関』第 194 ~ 195 頁。
31. 1940 年 8 月 16 日内阁书记官长富田健治送交外务次官代理兼外务省调查部部长松宫顺的“依命通牒”《关于总体战研究所之

设立》（收录于外務省外交史料館所藏「総力戦研究所関係一件」）。

32. 太田弘毅「総力戦研究所の設立について」第44~45頁。此外，矢部贞治在题为《新政治体制为何物》（「新しい政治体制とは」）的文书中，就“强化政治体制之方法”写道，“就新政治体制而言，……重要的是在内阁的统合体制下消除官厅之割据主义。就革新官吏制度而言，……最为重要的是对新时代国家行政之必要官吏进行再教育，树立其严肃的责任观念”（今井清一・伊藤隆編『現代史資料44 国家総動員2』第234頁）。
33. 太田弘毅「総力戦研究所の教育訓練」『政治経済史学』第142号，1978年3月，第18~19頁。此外，外務省外交史料館所藏「総力戦研究所関係一件」中收录了1941年5月1日经第二次修改的《第一期研究生教育纲领及教育准则》（「第一期研究生教育綱領及教則」），其内容亦与《总体战研究所教育准则》（「総力戦研究所教則」，1941年3月29日）一致。
34. 堀场一雄在谈及总体战研究所的教育目的时，将其与总体战桌面演习联系起来论述道（新田满夫編『極東国際軍事裁判速記録』第二卷，第666頁）：

> 学生在获得状况说明后开始完成作业。令每人针对其作业进行课堂展示，学生针对其展示内容互相交换意见。在这一过程中训练学生掌握协同观念以及综合知识。（桌面）演习的目的与重点便在此处。要说演习为何重要，此研究所的教育重点在于，国内的对立状态必须被改变，各省于职权方面的对立状态或民间团体的对立状态必须被消除，因此必须养成综合协同之习惯。而设置演习便是为了对其进行演练。

35. 太田弘毅「総力戦研究所の設立について」第42頁。
36. 但是，从《昭和十五年（1940年——译者注）度总体战研究所业务计划》(「昭和十五年度総力戦研究所業務計画」，1940年12月23日方案，收录于外務省外交史料館所蔵「総力戦研究所関係一件」)的内容可知，这一点在实际工作的推行中并非完全未被考虑。《昭和十五年度总体战研究所业务计划》中就“研究成果发表”的问题做出了如下规定：

本所决定将研究成果以适当方法向必要之方面公开，以努力统一帝国官民对于总体战之启蒙认识与思想。其主要措施如下：

（一）向内阁阁僚与统帅部幕僚长呈递意见或汇报研究成果，由所长或敕任所员进行，并以此为惯例。

（二）对上述以外之各政府官厅、民间有力团体进行演讲或说明，由所长以下各所员进行。

（三）面向国民大众开展启蒙工作，由本所向内阁情报局提供资料，由情报局进行。

此外，1941年10月1日由内阁书记官长送交总体战研究所所长的、有关事务处理与文书管理的“依命通牒”中写道，“国家总体战相关基本调查研究及教育训练之概况须每年定期向内阁总理大臣汇报”(太田弘毅「総力戦研究所の設立について」第47頁)。而在日常工作方面，研究所对1940年8月的总体战桌面演习等实行“半公开”的事例(外務省外交史料館所蔵「総力戦研究所関係一件」第668頁)表明，上述的第一条措施与第二条措施均在某种程度上得以施行，而第三条措施“面向国民大众开展启蒙工作”则详情不明。但是，研究员松田千秋于1941年6月3日在大政翼赞会中央训练部演讲的主旨，即《皇国总体战概论(方案)》［「皇国総力戦概説(案)」，收录于『皇国総力戦ノ本義』，防衛庁防衛研究所図書館所蔵］中的如下内容表明，研究所的工作并没有完全按照《昭和十五年度总体战研究所业务计划》展开。

仿陆海军之典范制定皇国总体战之教条，并以此统一皇国官民之总体战思想，此不失为一种方案。然而此种研究乃极为困难之重大事业，非一朝一夕所能成功。眼下以所长为首，研究员与研究生正一同默默集中精力于本所工作之精进。因此今日为止始终谢绝对外进行浅薄表面之演说。

37. 秦郁彦編『日本陸海軍総合事典』（東京大学出版会，1991年）第661~663頁以及森松俊夫『総力戦研究所』第224~235頁收录了所长、主事、研究员与研究生的名单。此外，设立之初被任命为所员的除渡边渡、松田千秋外，还有内务省书记官大岛弘夫、商工省书记官冈松成太郎、大藏省书记官前田克己、农林省书记官寺田省一及外务省书记官奥村胜藏五人。
38. 饭村穰在正式就任所长前便已开始在总体战研究所开展工作。防卫研究所图书馆藏有起草于1940年12月的《战争术相关讲话案》(「戦争術に関する講話案」，收录于『戦争術に関する講話案』)。
39. 「昭和十五年度総力戦研究所業務計画」。
40. 关于设立不久时研究员们的状态，木戸日記研究会・日本近代史料研究会編『西浦進氏談話速記録（下）』中记述了西浦进的如下回忆（第281頁。引文中括号内的内容为笔者所加）：

（来自各省的研究员们说）“我们完全不明白总体战到底是什么。”教官（研究员）也不知道应该教些什么。他们认为这简直莫名其妙。我说：“这个其实我们也不太明白，不过大家聚在一起热闹地说一说就很好，能创造一个大家可以互相自由讨论的环境就很好。”工作就此开始。

41. 「総力戦綱要草案」「昭和十五年度総力戦研究所業務計画」。
42. 「総力戦綱要（概案第一卷)」，由总体战研究所于1941年7

月 1 日起草（藏于防卫厅防卫研究所图书馆）。另外，松田千秋在《皇国总体战概论（方案）》中提到，“本研究所以总体战研究为主体……即以探求皇国总体战之本义与原则，把握其运用之真谛为第一要义”。《总体战纲要（概要方案第一卷）》中署名为所长饭村穰的“指示”中亦写道，“本纲要（概要方案）之目的在于探求皇国总体战之本义与原则，令总体战各部指导者领会总体战之运营要诀”，反映了该文书在研究所中具有核心地位，是研究所的中心文书。

43. 由总体战研究所于 1941 年 3 月 15 日起草（收录于『皇国総力戦ノ本義』）。

44. 由研究员松田千秋于 1941 年 4 月 25 日起草（收录于『皇国総力戦ノ本義』）。

45. 由研究员松田千秋于 1941 年 5 月 4 日起草（收录于『皇国総力戦ノ本義』）。

46. 起草于 1941 年 2 月 3 日，在纐纈厚「太平洋戦争直前期における戦争指導」（『政治経済史学』第 186 号，1981 年 11 月）中被全文介绍。

47. 首先，《昭和十五年度总体战研究所业务计划》规定“综合审议各研究员之研究结果，于昭和十六年三月前完成《总体战纲要草案》”。但《昭和十六年度总体战研究所业务计划概案》（「昭和十六年度総力戦研究所業務予定概案」）起草于 1941 年 3 月 20 日。太田弘毅「総力戦研究所の設立について」第 52 頁中的“昭和十六年度研究调查事项”一项则继续要求“完成总体战纲要（暂名）”，而《总体战纲要（概要方案第一卷）》的起草便在此基础上于 1941 年 7 月 1 日完成。其次，所谓《总体战纲要（暂名）》中的内容包括“一、皇国总体战之本义；二、皇国总体战纲领（总体战实施时之精神准则）；三、总体战战略原则；四、总体战中的武力战、外交战、思想战、经济战等各原则；五、总体战诸计划之要领及范例；六、皇国总体战指导机构及其他国家总体战机构之要领”等条目，但其中被

《总体战纲要（概要方案第一卷）》实际收录的只有第一、二、三条。再次，《总体战纲要（概要方案第一卷）》的目录显示，上述的第四、五条预计收录于其附卷内，但该附卷是否被完成则无从考证。最后，上述的《皇国总体战一般准则（概要方案）》中规定，“本准则乃结合皇国总体战之本义，皇国总体战纲领，总体战中之武力战、外交战、思想战、经济战等各要则而在编纂总体战纲要（概要方案）时所用之物”（该方案包括了“总体战战略原则”的内容，并以此作为其第二章），而《总体战纲要（概要方案第一卷）》却并未收录其中的“各原则”。

48. 太田弘毅「総力戦研究所の教育訓練」第 18 ~ 20 頁。
49. 同上，第 18、19 頁。
50. 纐纈厚「太平洋戦争直前期における戦争指導」第 24 頁。
51. 参阅本书第二章。
52. 纐纈厚「太平洋戦争直前期における戦争指導」第 24 頁。
53. 同上，第 20 ~ 21、24 頁。
54. 同上，第 30 頁。
55. 亦可参阅本章“注 14”。这一点或许受到了饭村穣的一贯主张的影响。其子饭村繁在《病床上的父亲》中写道，“人不和则无防御”的道理“已经听得耳朵长茧了”（飯田繁「病床の父」『総研一期生会報』第五号，1976 年 12 月，第 3 ~ 4 頁，防衛庁防衛研究所図書館所蔵）。
56. 岡新（总体战研究所主事）「当所ニ於ケル研究生の心構」，完成于 1941 年 7 月 1 日，收录于上述的『戦争術ニ関スル講話』。
57. 另可参阅松田千秋「皇国総力戦概説（案）」。
58. 岡新「皇国総力戦ノ特質ニ就キテ」，完成于 1941 年 4 月，收录于『戦争術ニ関スル講話』。
59. 在总共三期的研究生全部毕业后，总体战研究所于 1945 年 3 月 31 日被废止。关于研究所的废止，堀场一雄在数年之后回忆道，“研究所未能完成任何重要研究，其教育亦没有效果。特别是大东亚战争激化后，研究所陷入人才难选的情况，少有学生从事上述研究。在这种状态下，研究所的存在意义不被内外认可，从而遭到废止”。“当时战争持续激化，内外出现了指责总体战研究所从事与现实毫无关联的抽象论研究的批判声。研究所决定早日解散，令尽可能多的人回到其原有职务工作，因而提前被解散”（新田満夫編『極東国際軍事裁判速記録』第二卷，第 664、674 頁）。

此外，1943 年 4 月入所的第三期生在同年 12 月 15 日提前结业。关于研究所此后的活动，可参阅 1943 年 10 月总体战研究所所长村上启作提交至内阁总理大臣东条英机的汇报文件《基于停止总体战研究所工作的内阁会议决定的措施纲要及总体战研究所停止期间之事业、人员整理纲要》（「総力戦研究所停止ニ関スル閣議決定ニ基ク措置要綱竝停止期間中ニ於ケル総力戦研究所ノ事業及人員整備要綱ニ関スル件」，收录于外務省外交史料館所藏「総力戦研究所関係一件」）。

60. 丸山眞男『増補版現代政治の思想と行動』第 24 頁。此外，围绕远东国际军事法庭对东条英机的询问，1949 年 1 月 8 日的《每日新闻》（『毎日新聞』）写道，“作为战争的最高责任者，东条的说辞中多少存在一些‘理论’根本不足为奇。况且如若对其‘理论’进行深入推敲，则结论将变为：日本变成今天的样子并没有责任人，既非军人之责任又非政治家之责任。……也就是说，东条不过是完全按照《明治宪法》的条文进行辩解罢了。不过是将战争分解开来，辩解这部分属于外交，那部分属于统帅，这部分是文官的责任，那部分是军部的责任等宪法上的事实罢了。如此一来，战争便不再是最高‘政治’，而成了官僚的‘事务’。满洲事变以来的战争完全应归责于政治家的缺失，日本连一个政治家都没有”（着重号为笔者所加）。上述内容准确指出了昭和战前时期“失落的政治”状况，以及丧失了责任观念的政治主体的认知结构。

附　录

表 1－1　调查委员编制

	委员			委员助手
委员长 少将　1	干事（庶务）	少佐（大尉） 大（中）尉 共计	1 1 2	判任文官*　2
第1课课长 大（中）佐　1	第1班	中（少）佐 少佐（大尉）	1 2	判任文官　3
	第2班	中（少）佐 少佐（大尉）	1 1	
	第3班	二（三）等主计正 三等主计正	1 1	同　1
	第4班	二（三）等军医正 一（二）等军医 二（三）等兽医正 共计	1 1 1 10	同　2

续表

	委员			委员助手
第2课课长 大(中)佐　1	第5班	中(少)佐	1	判任文官　3
		少佐(大尉)	2	
	第6班	中(少)佐	1	
		少佐(大尉)	1	
		共计	5	
第3课课长 大(中)佐　1	第7班	中(少)佐	1	判任文官　3
		少佐(大尉)	2	
	第8班	中(少)佐	1	
		少佐(大尉)	2	
		共计	6	

注：＊日本战前的官僚等级，位于高等官（亲任官、敕任官、奏任官）之下。——译者注

表1-2　调查委员一览（表中出现的简称参见表后说明）

姓名	军阶及陆士期数	所属	在职时间（元号＝大正）	职务及业务	简历
菅野尚一	少将　2	教总	4.12.27～7.7.24	委员长	T7.12 军务局局长 T13.8 台湾军司令官 S2.12 预备役
二宫治重	步少佐　12	教总	4.12.27～11.2.8	第二课课长代理	T10.6 参本编制动员课课长 S3.12 参本2部部长 S5.12 参谋次长
山本芳辅	步少佐　12	教总	4.12.27～11.2.8	干事（庶务）	
渡久雄	步大尉　17	技本	4.12.27～5.2.8	第一课	S5.8 参本欧美课课长 S11.3 参本2部部长

续表

姓名	军阶及陆士期数	所属	在职时间（元号＝大正）	职务及业务	简历
井上圆治	二等军医正	军医	5.1.10～8.12.20	第一课	
佐野会辅	三等主计正	经理	5.1.10～8.10.24	第一课	S5.12 关东军经理*部长
梅崎延太郎	骑少佐　12	军马	5.1.21～5.11.15	第二课	S5.12 军马补充部本部长
筱塚义男	步大尉　17	技本	5.1.21～5.11.15	第一课	S3.8 参本庶务课课长 S6.8 步兵第1联队长 S9.6 资源局企画部部长
友森繁治郎	步少佐　11	技本	5.1.21～6.3.31	第二课课长代理	T13.8 待命·殁
村上良助	炮少佐　10	兵本	5.1.21～8.3.19	第三课	T12.8 军务局炮兵课课长 T15.3 技本总务部部长 S4.8 预备役
野村素一	步大尉　13	技本	5.1.25～6.8.6	庶务	
杉原美代太郎	工少佐　12	技本	5.1.25～5.11.15	第二课	T9.8 航空课课长 T13.12 工兵课课长 T15.10 防备课课长 S2.7 技本2部部长 S7.1 工兵监
松井命	工大尉　16	兵本	5.1.25～6.5.2	第三课	S4.6 兵器局器材课课长 S7.1 技本2部部长

续表

姓名	军阶及陆士期数	所属	在职时间(元号=大正)	职务及业务	简历
佐佐木富弥	二等兽医正	兽医	5. 1. 27 ~ 7. 2. 27	第一课	
岸本绫夫	炮少佐 11	兵本	5. 2. 22 ~ 8. 1. 15	第三课	T9. 2 炮兵课课长 S3. 8 兵器局局长 S6. 8 造兵厂长官 S9. 8 技本部部长
津田时若	炮中佐 4	技本	5. 2. 22 ~ 8. 7. 25	第三课课长	T8. 11 预备役
金子直	炮少佐 10	技本	5. 2. 22 ~ 8. 4. 15	第二课	T10. 7 参本要塞课课长 T15. 3 重炮兵校长 S3. 8 预备役
安藤利吉	步大尉 16	技本	5. 2. 22 ~ 8. 1. 10	第二课	S6. 3 军务局兵务课课长 S7. 5 驻英武官
服部英男	辎少佐 11	兵本	5. 3. 14 ~ 8. 7. 25	第二课	T15. 3 辎重兵监 S4. 3 预备役
竹内赳夫	工大佐 1	兵本	5. 4. 1 ~ 5. 5. 6	第二课课长	T5. 1 青岛军政长官 T6. 10 待命 T6. 12 殁
藤冈万岁	步大尉 16	技本	5. 7. 10 ~ 6. 9. 4	第一课	S2. 7 陆大教官 S3. 8 参本演习课课长 S4. 8 殁
河村恭辅	炮大尉 15	兵本	5. 8. 18 ~ 7. 8. 3	第一课	T15. 3 参本防卫课课长 S6. 8 津轻要塞司令官

续表

姓名	军阶及陆士期数	所属	在职时间（元号=大正）	职务及业务	简历
百武晴吉	步中尉　21	教总	5.10.12～6.8.21	第一课	S6.8 哈尔滨特务机关长 S8.2 参本通信课课长
饭田祥二郎	步中尉　20	兵本	5.10.12～8.9.9	第一课	S5.3 第4师团参谋
栗原幸卫	骑中佐　10	军马	5.11.15～9.1.7	第二课	T9.1 殁
竹岛藤次郎	工少佐　14	技本	5.11.15～7.8.3	第二课	T15.3 兵器局器材课课长 S4.6 殁
吉井幸太	炮中佐　9	技本	6.3.31～8.2.20	第二课	T13.12 预备役
铃木元老	工大尉　16	兵本	6.5.2～7.1.15	第三课	S4.8 陆地测量部3课课长 S11.4 东京湾要塞司令官
渡边良三	炮少佐　12	技本	6.5.7～7.10.3	第一课	S6.8 预备役
村上启作	步中尉　22	技本	6.8.6～8.5.20	第一课	S6.8 军事课高级课员
丰岛房太郎	步中尉　22	兵本	6.8.6～10.4.20	第一课	S6.8 朝鲜军参谋
永田铁山	步大尉　16	教总	6.11.3～9.10.5	第一课	T15.10 整备局动员课课长 S5.8 军事课课长 S7.4 参本2部部长 S9.3 军务局局长

续表

姓名	军阶及陆士期数	所属	在职时间（元号＝大正）	职务及业务	简历
桑原四郎	工大尉 19	兵本	7.1.15～9.9.13	第三课	S6.3 军务局防备课课长 S13.7 工兵监
田崎武八郎	一等兽医	兽医	7.2.27～11.3.31	第二课	S5.3 关东军兽医部部长
安井藤治	步大尉 18	教总	7.3.23～7.7.29	第二课	S4.8 动员课课长 S6.8 近卫步兵第2联队队长
村冈长太郎	少将 5	教总	7.7.24～10.1.6	委员长	T10.1 步兵学校校长 S2.8 关东军司令官 S4.7 预备役
樋渡盛广	步大佐 9	教总	7.7.24～8.7.25	第一课	
常冈宽治	步大尉 18	教总	7.7.29～9.4.1	第二课	S6.8 步兵第47联队队长
杉山元	步中佐 12	技本	7.10.3～7.12.1	第一课	T11.4 军务局航空课课长 T12.8 军事课课长 S5.8 陆军次官
香椎浩平	步中佐 12	技本	7.12.17～8.10.6	第一课	S5.12 支那驻屯军司令官
秦真次	步中佐 12	兵本	7.12.17～11.2.8	新闻检阅	S2.10 奉天特务机关长 S6.8 东京湾要塞司令官
富家政市	工中佐 10	技本	7.12.17～11.2.8	第二课	T13.2 对马要塞司令官

续表

姓名	军阶及陆士期数	所属	在职时间(元号=大正)	职务及业务	简历
松田芳次郎	炮少佐	技本	8.1.31~8.12.10	第二课	T8.12 殁
野田豁	炮中佐 11	技本	8.2.20~10.5.26	第三课课长	
小衫武司	步少佐 13	技本	8.2.20~10.2.21	第一课	S5.4 台湾军参谋长
大町岩雄	炮大尉 15	兵本	8.3.19~10.3.1	第三课	T10.3 殁
泽木元雄	步大尉 16	兵本	8.4.15~11.2.8	第一课	S5.3 步兵第 46 联队队长 S7.8 预备役
吉田源治郎	骑中佐 11	骑兵监	8.4.18~11.3.31	第二课课长	S2.9 预备役
谷藤长英	步大尉 16	技本	8.5.30~11.2.8	第一课	S4.8 第 6 师团参谋长
西田恒夫	步中佐 11	技本	8.7.5~11.3.31	第二课	T11.4 参本外国战史课课长 S5.8 预备役
水町竹三	步中佐 10	教总	8.7.25~11.1.10	第一课课长	T15.3 独立守备队司令官 S4.8 预备役
小川乙吉	炮少佐 11	技本	3.7.25~11.2.28	第三课	
冈村宁次	步少佐 16	兵本	8.7.25~10.7.20	新闻班	S4.8 人事局补任课课长 S7.8 关东军参谋副长

续表

姓名	军阶及陆士期数	所属	在职时间（元号＝大正）	职务及业务	简历
林大八	步大尉　16	兵本	8. 7. 25 ~ 9. 5. 26	新闻班	T13. 5 吉林督军顾问 S6. 8 步兵第 7 联队队长 S7. 3 战死
佐佐木吉良	辎大尉　17	兵本	8. 7. 25 ~ 11. 3. 31	第二课	S6. 8 辎重兵监部员 S7. 8 第 6 师团参谋长 S10. 8 辎重兵监
山口直人	步大尉　18	技本	8. 9. 1 ~ 10. 7. 20	新闻班	
中村精一	二等主计正	经理	8. 10. 24 ~ 9. 8. 10	第一课	S3. 12 经理局长 S4. 8 主计总监 S6. 8 预备役
伊藤贤三	三等军医正	军医	8. 12. 20 ~ 11. 3. 31	第一课	T12. 8 医务局卫生课课长 S6. 8 关东军军医部部长 S8. 3 军医总监
林铣十郎	步大佐　15	技本	9. 1. 30 ~ 10. 7. 20	第二课课长	S5. 12 朝鲜军司令官 S7. 5 教育总监 S9. 1 陆相 S12. 2 首相
山冈重厚	步少佐　15	兵本	9. 1. 30 ~ 11. 2. 8	第一课	S4. 8 教总 2 课课长 S6. 8 步兵第 1 旅团长 S7. 2 军务局局长

续表

姓名	军阶及陆士期数	所属	在职时间（元号＝大正）	职务及业务	简历
浦澄江	炮大尉　16	技本	9.1.30～11.2.8	第二课	S6.8 台湾军参谋
香月清司	步少佐　14	技本	9.2.16～10.7.20	第一课	S2.7 兵务课课长 S5.12 陆大干事
今村胜次	步大尉　21	教总	9.4.23～11.3.31	第二课	S8.1 军事调查部调查班长
黑木亲庆	步少佐　16	兵本	9.5.26～9.7.16	第一课	T7.6 参本付仰付（谢苗诺夫陪同人员） T9.7 预备役 T9.9 退役
加藤铃三	二等主计正	经理	9.8.10～11.2.8	第一课	S2.12 第 1 师团经理部长 S4.12 预备役
水野泰治	工少佐　16	教总	9.10.5～10.4.1	第三课	S6.3 陆地测量部地形课课长
仙波安艺	步中佐　13	兵本	9.9.27～11.3.31	新闻班	S6.8 第 14 师团司令部任职
天谷直次郎	步大尉　21	兵本	9.10.22～11.3.31	新闻班	S7.5 独立守备队第 2 大队队长
佐藤安之助	少将　6	教总	10.1.6～11.3.31	委员长	T2.2 关东都督府司令部任职 T5.7 瑞士公使馆武官 T11.4 退役
山口为一	工大尉　22	教总	10.4.20～11.3.31	第三课	

续表

姓名	军阶及陆士期数	所属	在职时间（元号＝大正）	职务及业务	简历
小野弘毅	步少佐　16	技本	10.6.3～11.3.31	新闻班	S6.8 近卫步兵第4联队队长 T7.12 预备役
柴田久之辅	步大尉　18	兵本	10.7.20～11.3.31		
田北功	步大尉　19	技本	10.8.18～11.3.31	新闻班	
西原贯一	步少佐　17	兵本	10.9.7～11.3.31		T9.7 陆相秘书官（～T13.8）
山本茂	步大尉　20	技本	10.10.14～11.2.8	第一课	
兼任委员					
白井民次郎	一等主计	陆军省	5.1.17～6.8.6		
竹村光义	步中尉　18	士官学	5.4.1～6.1.15		
德尾俊彦	步中尉　20	士官学	5.5.12～6.4.24		
山本茂	步中尉　20	士官学	5.5.12～7.4.30		T10.10 临时军事调查委员
高屋三郎	一等主计	经理部	5.8.18～6.8.6		
高屋三郎	三等主计正	经理	7.12.17		
坂本弥一	步中尉　20	士官学	6.5.8～8.2.20		
小泉六一	步大佐　7	步1联	7.1.16～7.3.13		T8.4 步兵课课长 T9.8 作战资材整备会议干事长 T14.5 支那驻屯军司令官

续表

姓名	军阶及陆士期数	所属	在职时间（元号=大正）	职务及业务	简历
岸本绫夫	炮中佐　11	陆军省	8.1.15～11.3.31		参见专任委员部分
饭塚唯助	二等主计正	陆军省	8.1.24～8.4.1		T10.7 经理局主计课课长 S3.12 主计总监、预备役
山川良三	辎中佐　11	陆军省	8.1.24～9.2.12		T14.5 预备役
小林刚	二等主计正	陆军省	8.1.24～9.9.15		T8.4 经理局衣粮课课长 T12.5 粮秣本厂厂长 T13.2 殁
胜野正鱼	炮中佐　11	陆军省	8.1.24～9.2.12		S6.8 预备役
合田平	一等军医正	陆军省	8.1.24～11.3.31		T9.10 医务局卫生课课长 S3.3 军医学校校长 S3.12 医务局局长 S4.8 军医总监
堀吉彦	步中佐　10	陆军省	8.1.24～10.4.20		S3.3 预备役
安藤纪三郎	步中佐　11	陆军省	8.1.24～10.7.20		T12.8 人事局恩赏课课长 S4.1 第1师团司令部任职
铃村吉一	炮中佐　11	陆军省	8.1.24～9.9.13		T11.2 兵器局工政课课长 S5.8 兵器本厂厂长 S7.4 预备役

续表

姓名	军阶及陆士期数	所属	在职时间（元号＝大正）	职务及业务	简历
杉原美代太郎	工中佐　12	陆军省	8. 1. 24 ~ 9. 2. 12		参见专任委员部分
古川三郎	步少佐　13	陆军省	8. 1. 24 ~ 11. 3. 31		T14. 5 人事局补任课课长 S5. 8 第 3 师团司令部任职
大塚猪一郎	二等兽医正	陆军省	8. 1. 24 ~ 11. 3. 31		
梅户绰	工少佐　13	陆军省	8. 1. 24 ~ 9. 8. 10		S4. 8 通信学校校长 S7. 8 预备役
中尾良雄	步少佐　14	陆军省	8. 1. 24 ~ 11. 3. 31		T12. 8 步兵课课长 T15. 10 征募课课长 S6. 8 预备役
儿玉友雄	步少佐　14	陆军省	8. 1. 24 ~ 11. 3. 31		S5. 12 朝鲜军参谋长
斋藤龙雄	三等军医正	陆军省	8. 1. 24 ~ 11. 3. 31		
林金象	骑少佐　15	陆军省	8. 1. 24 ~ 11. 3. 31		S6. 8 预备役
谷口元治郎	炮大尉　16	陆军省	8. 1. 24 ~ 8. 8. 5		S3. 8 参本防卫课课长 S6. 8 野炮第 10 联队联队长
伴锦次	步大尉　17	幼年学	8. 3. 3 ~ 8. 9. 1		
小坂平	骑大佐　10	骑兵	8. 4. 18 ~ 10. 6. 28		T10. 6 近卫骑兵联队联队长 S3. 8 预备役

续表

姓名	军阶及陆士期数	所属	在职时间（元号 = 大正）	职务及业务	简历
吉田源治郎	骑中佐　11	骑兵监	8. 4. 18 ~ 9. 4. 1		参见专任委员部分
八角高次	辎中佐　11	辎重监	8. 4. 18 ~ 9. 8. 10		S3. 3 预备役
荒蒔义胜	炮中佐　11	炮兵监	8. 4. 18 ~ 11. 3. 31		S5. 6 所泽飞行学校校长
山田政一	步少佐　13	步兵学	8. 4. 18 ~ 10. 3. 26		S4. 8 预备役
村冈安	步少佐　14	教总	8. 4. 18 ~ 9. 4. 1		S5. 8 技本总务部部长
中岛三郎	炮少佐　13	重炮射	8. 4. 18 ~ 10. 7. 20		
铃木泰辅	工少佐　14	工兵监	8. 4. 18 ~ 9. 8. 10		
松田国三	步大尉　16	教总	8. 4. 18		S4. 12 近卫步兵第 3 联队联队长
太田义三	步大尉　16	教总	8. 4. 18		S5. 3 步兵第 38 联队联队长 S6. 10 熊本教导学校校长
松村修己	炮大尉　16	野炮射	8. 4. 18 ~ 11. 3. 31		S6. 8 野战炮兵学校研究主事
太田胜海	炮大尉　20	炮兵监	8. 4. 18 ~ 8. 9. 1		S6. 8 兵器本厂任职 S6. 12 日内瓦裁军会议随员
中村诚一	工大尉　22	电信联	8. 5. 30 ~ 11. 3. 31		

续表

姓名	军阶及陆士期数	所属	在职时间(元号＝大正)	职务及业务	简历
平贺享(亨)二	步大尉　21	士官学	8.10.28～11.3.31		
加藤一平	步大尉　17	军副官	9.2.2～9.8.19		
佐藤锐次郎	工中佐　11	炮工学	9.2.12～11.3.31		
尾藤加势士	炮大尉	炮工学	9.2.12～10.4.20		
中村次喜藏	步中尉　24	军副官	9.8.19～9.12.28		
小衫武司	步中佐　13	参本	10.2.21～11.2.8		参见专任委员部分
水野泰治	工少佐　16	陆军省	10.4.1		参见专任委员部分
香月清司	步中佐　14	大学校	10.7.20		参见专任委员部分

注：＊“经理”指会计。——译者注

说明：

（1）表中简称如下：

教总＝教育总监部

参本＝参谋本部

技本＝技术本部（1919 年之前名为技术审查部）

士官学＝陆军士官学校

兵本＝兵器本厂

军医＝军医学校

经理＝经理学校

兽医＝兽医学校

军马＝军马补充部本部

大学校＝陆军大学校

经理部＝东京经理部

步 1 联＝步兵第 1 联队

幼年学＝中央幼年学校

步兵学＝步兵学校

骑兵＝骑兵学校

骑兵监＝骑兵监部

辎重监＝辎重兵监部

炮兵监＝炮兵监部

重炮射＝重炮兵射击学校

工兵监＝工兵监部

炮兵监＝炮兵射击学校

野炮射＝野战炮兵射击学校

电信联＝电信联队

炮工学＝炮工学校

军副官＝军事参议官副官

步 = 步兵
炮 = 炮兵
骑 = 骑兵
工 = 工兵
辎 = 辎重兵
T = 大正
S = 昭和

（2）关于陆军士官学校的所属期数和简历，本书参考了日本近代史料研究会编『日本陸海軍の制度・組織・人事』（東京大学出版会，1971 年）、山崎正男編『陸軍士官学校』（秋元書房，1969 年）、外山操編『陸海軍将官人事総覧・陸軍編』（芙蓉書房，1981 年）等书。简历主要记载“九一八事变”前后的事迹。

表 1－3　调查委员在陆军士官学校中所属的期数

所属期数	专任委员	兼任委员	总计
1	1	0	1
2	1	0	1
3	0	0	0
4	1	0	1
5	1	0	1
6	1	0	1
7	0	1	1
8	1	0	1
9	2	0	2
10	5	2	7
11	7	7	14
12	8	0	8
13	3	4	7
14	2	4	6
15	3	1	4
16	13	4	17
17	4	2	6
18	4	1	5
19	2	0	2
20	2	3	5
21	3	1	4
22	3	1	4
23	0	0	0
24	0	1	1

说明：专任委员和兼任委员中各有一人情况不明。

表 1-4　调查委员海外出差一览

姓名	授命年月日	期限	地名	调查研究目的(概要)
友森繁治郎	大正 5.8.1 大正 6.2.12 (英国从军武官)	半年	欧洲 (英国)	一战中各国军队的军制及战术战况考察、战略战术研究 ①英军的素质及战法运用特色 ②野战军队要员的补充及教育方法 ③英国诸制度对作战的影响
井上圆治	大正 5.8.1	半年	欧洲	一战中各国军队的军队卫生
佐佐木富弥	大正 6.5.2	半年	欧洲	英、法、俄、意四国军队的军马补充、卫生及兽医工作状况
金子直	大正 6.5.2	半年	欧洲	英、法、俄、意四国军队的战术，特别是炮兵的运用方法、后方工作中军用汽车的运用方法
栗原幸卫	大正 6.9.12	半年	欧洲	赴法国 军需用品调度与财政运用的关系、交战各国军队的骑兵战时教育及军马的补充
服部英男	大正 6.9.12	半年	欧洲	赴法国 ①战争设施相关各行政机关的组织形态和工作 ②英军兵站总监与作战军队兵站统辖机关的关系、上述各机关的编制和权限 ③在同盟国领土内作战的军队对于作战地区资源的利用程度、交战各国军队的行李、辎重和兵站
吉井幸太	大正 7.8.3	半年	欧洲	赴法国 西线上各国军队炮兵和新武器相关的制度、运用、制式及教育

续表

姓名	授命年月日	期限	地名	调查研究目的(概要)
上村良助	大正8.2.5	1年	欧洲	德国陆军的复员及战后的军事设施
佐野会辅	大正8.6.25	1年	欧洲	战时德国先进的替代铁片的制罐材料及野战给养器材的制式及制造工艺
小衫武司	大正9.2.18	8个月	欧美	欧美各国(以法国为主)的动员编成情况及相关各制度
大町岩雄	大正9.2.18	8个月	欧美	欧美各国(以法国为主)的工业动员与复员、武器领域未来的趋势
永田铁山	大正9.6.18	1年	欧洲	赴奥匈帝国 奥德两国的国家总动员
西田恒夫	大正9.9.24	8个月	欧洲	法、意、英、德、奥各国(特别是法国)未来的战术采用趋势
高屋三郎	大正9.9.24	8个月	欧洲	英、法两国陆军的薪酬相关各制度的修订事项及预修订事项
冈村宁次	大正10.5.16	半年	欧洲	①军部和社会大众相互接触的相关内容,特别是陆军的宣传工作的概要 ②有关欧美列强限制军备问题的大众舆论 ③军事调查机关的概况 ④欧美各国的远东政策,特别是对中国的政策
富家政市	大正10.11.9	4个月	美国	北美西海岸地区军事常规考察
山本芳辅	大正10.11.9	4个月	美国	美国军事常规情况考察,以及渡美日本人注意事项的收集
谷藤长英	大正10.11.9	4个月	美国	北美西海岸地区及墨西哥军事常规考察
田崎武八郎	大正10.11.9	半年	欧美	欧美各国军犬及军马饲料的代替品

表 1－5　演讲实施情况一览（不包括陆军省内部演讲）

年月日	地点	听众	演讲者	演讲主题
1916 年				
1 月 17 日	教育总监部		二宫治重少佐	
3 月 4 日	习志野偕行社		同上	
3 月 10 日	丰岛师范学校		友森繁治郎少佐	
同上	学习院女学部		二宫治重少佐	
3 月 14 日	贵族院		同上	
3 月 18 日	佐仓步兵第 57 联队		同上	
同上	海军水交社		友森繁治郎少佐	
3 月 25 日	富士见轩	东洋经济协会	梅崎延太郎少佐	
4 月 16 日	四谷第二小学	四谷在乡军人会	二宫治重少佐	
4 月 20 日	同志会本部	同志会茶话会	同上	
4 月 22 日	水交社		梅崎延太郎少佐	
4 月 24 日	递信大臣官邸	递信省高等官	同上	关于欧战
4 月 29 日	芝教育会		金子直少佐	
5 月 5 日	官邸	朝香宫、东久迩宫	二宫治重少佐	军事讲话
5 月 15 日	高等工业学校		松井命大尉	军事讲话

续表

年月日	地点	听众	演讲者	演讲主题
5 月 20 日	习志野偕行社		梅崎延太郎少佐	同上
5 月 25 日	本所桐生高等小学	东京市教育会	金子直中佐	欧洲战乱
6 月 2 日	食堂	北斗会	梅崎延太郎少佐	
6 月 18 日	商业会议所	国防义会	松井命大尉	
6 月 22 日	有乐町 1－1 生命保险公司协会	保险协会	梅崎延太郎少佐	欧战
6 月 23 日	宇都宫	卫戍地将校	二宫治重少佐 筱塚义男大尉	
同上	食堂	北斗会	佐野会辅主计正	
6 月 24 日	骑兵学校		梅崎延太郎少佐	
6 月 30 日	食堂	北斗会	上村良助少佐	
7 月 15 日	府立第 1 高等女学校		友森繁治郎少佐	
7 月 19 日	浅草佛教青年会		同上	
8 月 3 日	政友会本部		梅崎延太郎少佐	
9 月 16 日	东京商业会议所	国防义会	上村良助少佐	欧战与工业
9 月 30 日	东邦协会		藤冈万藏大尉	

续表

年月日	地点	听众	演讲者	演讲主题
10月13日	野战炮兵射击学校		金子直中佐	
10月14日	步兵学校		藤冈万藏大尉	
10月18日	小田原		同上	
11月6日	闲院宫邸		梅崎延太郎少佐	
12月1日	第三会议室	北斗会	金子直中佐	欧战中的炮兵
12月5日	同上	同上	河村恭辅大尉	各交战国兵员补充之概要
12月8日	同上	同上	上村良助少佐	诸交战国的原料问题
12月12日	同上	同上		欧战中的汽车
12月19日	同上	同上	松井命大尉	欧战下飞机产业近来的趋势
12月21日	陆军士官学校	将校团	金子直中佐	欧战西线炮兵运用之趋势
12月22日	第三会议室	北斗会	岸本绫夫少佐	欧战中的新武器
12月23日	重炮兵射击学校	将校及学生	金子直中佐	欧战西线炮兵运用之趋势
12月26日	第三会议室	北斗会	佐野会辅主计正	欧洲交战国的防寒被服
1917年				
1月10日	炮工学校		金子直中佐	欧战西线炮兵运用之趋势
1月13日	步兵学校		服部英男中佐	欧战中的行李辎重情况与日本之行李辎重现状

续表

年月日	地点	听众	演讲者	演讲主题
同上	商业会议所	国防义会	安藤利吉大尉	欧战近期战况
1月20日	官邸	贵族院各派交涉委员	藤冈万藏大尉	1915年3月以后之欧洲战事
1月23日	第一会议室	驻中国武官	安藤利吉大尉	欧洲战事经过之概要
1月27日	盛冈偕行社		栗原幸卫中佐	①欧战经过之概要　②凡尔登战役
1月28日	同上		同上	①索姆河战役、罗马尼亚、加利西亚东部的行动经过　②欧战中各国骑兵完成之任务与其战例的列举　③欧战中阵地编成之要领　④交战国内部之状况
1月29日	盛冈物产馆	当地有志者	同上	①欧战总体经过　②各交战国一致之状况　③各交战国马匹生产之状况
2月2日	东乡男爵邸		二宫治重少佐	关于欧战
2月8日	鸿之台偕行社	野炮兵第2旅团将校	金子直中佐	欧战西线炮兵运用之趋势
2月17日	兽医学校		栗原幸卫中佐	欧战经过之概要
同上	重炮兵射击学校		上村良助少佐	欧战中的新武器
2月23日	步兵学校	职员及学生	安藤利吉大尉	欧战中的阵地战
2月24日	步兵第61联队将校集合所	包含在乡将校	上村良助少佐	欧战中的新武器

续表

年月日	地点	听众	演讲者	演讲主题
同上	深山重炮兵第 3 联队		同上	同上
2 月 25 日	旭川小学	少年团、有志居民、教员	安藤利吉大尉	欧洲战争之概况（以少年之活动为主）
同上	旭川偕行社	将校	同上	欧战中的阵地战
2 月 26 日	大阪偕行社	将校及在乡将校	上村良助少佐	欧战中的新武器
2 月 27 日	室兰公会堂	在乡军人及教员	安藤利吉大尉	欧洲战争之概况
3 月 1 日	步兵第 34 联队集会所	将校、在乡将校、部分地方官吏、教员	河村恭辅大尉	欧洲诸交战国的兵员补充、军队教育及编制的改变
同上	步兵第 25 联队集会所	将校	安藤利吉大尉	欧战中的阵地战
同上	浅草柳北小学	市教育会	金子直中佐	欧战中国民之活动
3 月 2 日	步兵第 67 联队集会所	将校及在乡将校	河村恭辅大尉	索姆河战役之经过及步兵、炮兵协同作战
同上	名古屋偕行社	将校、在乡将校、地方官吏、教员	二宫治重少佐	欧洲战乱
同上	函馆公会堂	在乡军人、教员、中学生及当地有志人士	安藤利吉大尉	欧洲战乱之概况

续表

年月日	地点	听众	演讲者	演讲主题
3月3日	函馆重炮兵大队		同上	欧战中的阵地战
3月4日	丰桥偕行社	第15师管区郡市长、兵事、县厅官吏及将校	二宫治重少佐	欧洲战乱
3月5日	仙台偕行社	将校(包括在乡将校)	安藤利吉大尉	欧战下的阵地战
3月10日	府立第3高等女学校		上村良助少佐	欧洲战争
同上	学习院女学部		藤冈万藏大尉	奉天会战与马恩河战役中妇女界之活动
同上	丰岛师范学校		安藤利吉大尉	奉天会战与欧洲战争之概况
3月16日	九段偕行社		同上	欧洲阵地战下的步兵战
3月19日	高田偕行社		佐野会辅主计正	欧战中的会计事务
3月24日	神田锦华小学	市教育会	河村恭辅大尉	欧洲战乱
4月11日	军马补充部	各支部长	栗原幸卫中佐	①欧洲战争经过之概要　②交战国内部之概要
同上	同上	同上	佐佐木富弥兽医正	欧洲战争与军马之关系及开战后德国的马政情况
5月15日	政友会本部		藤冈万藏大尉	去年年末以来西线作战经过之概要及交战国内之状态

续表

年月日	地点	听众	演讲者	演讲主题
5 月 21 日	宪政会本部		同上	同上
同上	将校妇人会本部		饭田祥二郎中尉	战时下欧洲各国之妇女
5 月 25 日	日比谷松本楼	国土会	安藤利吉大尉	欧洲战争之近况及阵地战
5 月 28 日	后乐园	地方长官	二宫治重少佐	欧洲大战
5 月 29 日	宫崎及山鹿		藤冈万藏大尉	军事演讲
6 月 22 日	兵器本厂	兵器支厂长	安藤利吉大尉	近期战况、阵地战中攻防之概要
同上	同上	同上	吉井幸太中佐	欧洲交战国炮兵之编制及运用法之变迁
7 月 24 日	陆军兽医学校		栗原幸卫中佐	近期战况及新武器
同上	冈山偕行社	将校、在乡将校、当地学校校长	二宫治重少佐	欧洲战争
8 月 7 日	津教育会	青年团	河村恭辅大尉	欧洲战乱
8 月 8 日	步兵第 51 联队集会所		同上	同上
9 月 29 日	九段偕行社	重炮兵射击学校校长、旅团长、重炮兵各队队长	上村良助中佐	欧战中的重炮兵
同上	同上	麻布、本乡联队区在乡将校	藤冈万藏大尉	欧洲战争

续表

年月日	地点	听众	演讲者	演讲主题
10月17日	浅草柳北小学		饭田祥二郎中尉	欧战与各国妇女之活动
10月19日	日本贸易协会		渡边良三少佐	欧洲战争开始以来之状况
10月29日	后乐园	在乡将官	同上	本年上半年西线之概况
11月4日	日本体育会		藤冈万藏大尉	欧洲战争最近之作战经过概要及国家总动员
同上	横滨青年会		渡边良三少佐	欧洲战争之近况及诸交战国内部工作之概况
11月22日	宪政会本部		安藤利吉大尉	近期欧战之战况
12月6日	学习院		河村恭辅大尉	欧战现状及上流社会活动现状
12月14日	教育总监部		永田铁山大尉	外部所见之德国现状及瑞典现状
12月25日	九段偕行社		渡边良三少佐	1917年上半年西线作战之梗概
同上	山县元帅邸		永田铁山大尉	有关德国战时设施之感想
1918年				
1月24日	仙台偕行社	卫戍地将校	竹岛少佐	欧战中阵地之攻击
1月25日	仙台县会议事室	当地教育人士	同上	欧战近况
2月2日	山口县丰浦中学	在乡将校、当地有志者、学生	丰岛房太郎中尉	欧洲战争

续表

年月日	地点	听众	演讲者	演讲主题
2月13日	旭川偕行社		藤冈万藏大尉	西线中战法之变迁及法国国家总动员
同上	九段偕行社	在乡将校	菅野尚一委员长	诸交战国国民之状态(美国)
2月28日	高田偕行社	将校(含在乡将校)及当地有志者	永田铁山大尉	对德国部分战时设施的见解及瑞典之状况
3月1日	高田师范学校		同上	对开战时德国国内状况的见解及诸国国内情事
同上	高田偕行社	将校妇人会及高等女学校高年级学生	同上	欧洲诸交战国妇女活动之概况及近期战斗之概况
3月2日	松本联队集会所		同上	开战时德国之状况及外部所见德国战时诸设施
3月8日	横滨第一中学		同上	欧洲战乱之现状(尤其是俄意两国之现状)及我国国民对此之觉悟
3月10日	东京女子高等师范学校	职员及学生	渡边良三少佐	各交战国妇女之活动
同上	牛渊公园	东京青少年联合大会	永田铁山大尉	欧洲战乱之现状与小国国民之觉悟
3月13日	步兵第65联队		井上圆治军医正	诸交战国之陆军卫生

续表

年月日	地点	听众	演讲者	演讲主题
3月16日	丸之内中央亭	女子大学教员	饭田祥二郎中尉	各交战国妇女之活动
3月17日	弘前偕行社	弘前军医团	井上圆治军医正	诸交战国之陆军卫生
3月21日	九段偕行社	在乡将校团总会	安藤利吉大尉	欧洲战争之近况及阵地战之概要
4月3日	米泽兴让馆	以学生为主	饭田祥二郎中尉	西线之近况
同上	丸之内中央亭	理想团社交俱乐部	安井藤治大尉	俄国近期之状况
4月4日	东京宾馆	茜会（茂木会社相关人士）	岸本绫夫中佐	欧战
4月8日	宪兵司令部	宪兵将校	安井藤治大尉	俄国革命之概况及俄国近况
4月10日	偕行社本部	在乡将官	永田铁山大尉	德奥两国国民之状态
4月15日	政友会本部		同上	西线及西伯利亚之近况
4月16日	骑兵学校	将校	栗原幸卫中佐	欧美旅行杂感，以骑兵相关问题为主
4月18日	军马补充部本部		同上	骑兵及马匹之管理
同上	同上		安藤利吉大尉	战争近况
4月20日	交通兵团司令部		竹岛藤次郎少佐	欧战概况
4月23日	女子大学		服部英男中佐	欧洲战争
4月28日	福冈市	九州冲绳各县联合共进会	上村良助中佐	诸交战国之新武器及工业动员

续表

年月日	地点	听众	演讲者	演讲主题
同上	同上	同上	永田铁山大尉	世界战争之概观
5月8日	兽医学校		栗原幸卫中佐	欧美旅行杂感
5月17日	野战炮兵射击学校		金子直中佐	埃纳河战役中的炮兵战法
5月18日	帝室林野管理局		安井藤治大尉	欧洲大战之概况
5月19日	九段偕行社	牛込区在乡将校	丰岛房太郎中尉	欧战近况
5月21日	后乐园	地方长官	渡边良三少佐	欧战及远东之近况
5月25日	大日本私立卫生会		井上圆治军医正	战时之国民营养
6月5日	护国寺	丰山派传道讲习会	安井藤治大尉	欧洲战争之经过
同上	同上	同上	永田铁山大尉	对欧洲战争的感想
6月7日	内务省卫生局	各县卫生技师	井上圆治军医正	战时之国民营养
6月18日	日本贸易协会		渡边良三少佐	欧战之近况
6月21日	浅草本愿寺	佛教联合会布教师	河村恭辅大尉	帝国陆军之概要及欧洲战争之经过
同上	同上	同上	竹岛藤次郎少佐	诸交战国国内之状况
6月29日	帝国大学法医学教室	东京少青年团相关人士	永田铁山大尉	瑞典之国民教育及各国青少年之体育
同上	牛込爱日小学	牛込在乡军人分会	村上启作中尉	欧战概况
7月13日	陆军大学		金子直中佐	阵地战中炮兵之运用法

续表

年月日	地点	听众	演讲者	演讲主题
8月5日	京都延历寺	国产奖励会	渡边良三中佐	欧战之近况及其教训
8月8日	步兵第34联队		安井藤治大尉	欧战中阵地之攻防
8月9日	步兵第67联队		同上	同上
8月29日	丰桥偕行社	将校	同上	同上
9月16日	近卫步兵第3联队		同上	同上
9月17日	商业会议所	贸易协会	渡边良三中佐	欧战之近况
9月23日	国防义会		桑原四郎大尉	当今陆战中飞机之威力
9月26日	东京银行俱乐部	银行俱乐部成员	永田铁山大尉	欧亚近期战况
9月28日	九段偕行社	本乡在乡将校团	常冈宽治大尉	欧战及远东之近期战况
10月1日	骑兵第25联队下士集会所	第15师团管内官吏、公吏	安井藤治大尉	阵地战及战况
10月2日	丰桥炮兵联队下士集合所	召集步兵团队长及陪同将校	同上	欧洲战争阵地战之最近趋势
10月4日	同上	召集师团长及炮工兵队长、陪同将校	同上	同上
10月15日	日本桥俱乐部		服部英男中佐	欧洲战争之情况

续表

年月日	地点	听众	演讲者	演讲主题
10月16日	板桥町小学	周边小学教员	安井藤治大尉	欧战近期战况
10月17日	横滨弁天小学	横滨东部在乡军人会	常冈宽治大尉	欧战及远东之最近战况
同上	山形市高等小学	山形县青年大会	永田铁山大尉	战后日本青年之觉悟
10月19日	千住町千寻小学	千住町教育工作者、当地有志者	栗原幸卫中佐	欧洲战乱
11月8日	国防义会		村冈长太郎委员长	欧战带来的国防方面的教训
11月10日	高崎市公会堂	中学校、女学校学生及职员	服部英男中佐	欧战概况
同上	川越中学	学生及教员	桑原四郎大尉	同上
同上	浦和师范学校	师范学校、中学校职员及学生	同上	西伯利亚战役及欧战中各交战国国民之行动
11月11日	前桥高等女学校	师范学校、女学校职员及学生	服部英男中佐	远东战况及欧洲交战国之情况
同上	群马县师范学校	师、中、农林学校学生、职员、青年会	同上	欧洲战争
同上	浦和女子师范学校	女子师范及高等女学校职员及学生	桑原四郎大尉	欧战之概要及各交战国妇女之活动

续表

年月日	地点	听众	演讲者	演讲主题
11月12日	桐生高等女学校	中学、女学校学生	服部英男中佐	远东情势及欧洲诸交战国军队之情况
11月18日	红十字医院	职员	井上圆治军医正	战时之国民营养
11月27日	中央幼年学校	同上	安井藤治大尉	欧战中的阵地攻防
1919年				
2月1日	近卫工兵大队		桑原四郎大尉	飞机与伪装
2月15日	北多摩郡东村山村小学	教育会	村上启作中尉	阐述欧洲战争之经过概要，提及德国投降原因
2月17日	京桥警察署		丰岛房太郎中尉	欧洲战争之经过概要及德国投降原因
2月20日	田无町	郡教育会	桑原四郎大尉	西伯利亚之情况
3月2日	千叶县八田公会堂	在乡军人、青年会、学校职员、町村长	永田铁山大尉	欧洲战争之教训
3月10日	大矶町	中郡在乡军人联合分会	服部英男中佐	日俄战争与欧洲战争
同上	小石川盲学校		香椎浩平中佐	日俄战争与欧洲战争之比较
同上	府立第三中学	教员、学生	永田铁山大尉	国民于国防方面之责任
4月4日	东京深川公园	樱菊会主办者、参加者	野田豁中佐	世界大战之陆战经过
4月6日	三岛町成真寺	各宗同盟通支会总会	桑原四郎大尉	欧战战场之情势及诸交战国之国民性及其体现

续表

年月日	地点	听众	演讲者	演讲主题
5 月 15 日	兽医学校		桑园中佐	欧战中的飞机及伪装
5 月 24 日	九段偕行社		秦真次中佐	荷兰与欧洲战争
6 月 6 日	芝爱宕町真言宗宗务所		同上	军人对于讲经活动之希望
6 月 22 日	筑地本愿寺	各派联合布教师	村冈长太郎委员长	战争与国民精神
6 月 24 日	本乡 3 丁目燕乐轩	津和津藩有志者	松田芳次郎少佐	军事相关欧美情事
7 月 24 日	下谷区役所	下谷在乡军人会总会	野田豁中佐	增强军事能力的新武器之构造及使用方法
8 月 1 日	东京女子高等师范学校	中学校地理、历史教员	永田铁山少佐	世界战争中所得国防方面的教训
8 月 2 日	松岛阳德院	国产奖励会	大町岩雄少佐	欧战中国防与产业之关系
8 月 15 日	后乐园	青年团负责人	村冈长一郎委员长	欧洲战争与青年教育
9 月 23 日	京桥区西绀屋町	东京地学协会会员	大町岩雄少佐	产业与战争能力之关系
1920 年				
2 月 14 日	印刷局	青年会会员	大町岩雄少佐	国防之倾向
3 月 3 日	九段偕行社	将官谈话会	同上	帝国国防要素之根本缺陷
3 月 9 日	千叶横柴町	在乡军人会及青年会	西田恒夫中佐	欧战所得教训
3 月 10 日	府立农林学校		山冈重厚少佐	国家总动员与奉天会战
同上	府立第五中学		永田铁山少佐	帝国未来之国防方略

续表

年月日	地点	听众	演讲者	演讲主题
同上	东京盲人学校		谷藤长英大尉	欧战之后国民复员之感想
4月29日	步兵第58联队	在乡军人高田支部第2次大会	香月清司少佐	关于法国在乡军人
8月5日	草津温泉	樱菊会夏季讲习会	富家政市中佐	欧洲大战中各国国民之行动及未来我国国民之觉悟
10月18日	后乐园	全国青年团负责人	水町竹三大佐	战后之青年社会教育
10月24日	西乡侯爵府	涩谷樱星会	冈村宁次少佐	欧洲战争与心理战
11月14日	京都在乡军人会		同上	世界心理战与吾人之觉悟
1921年				
2月14日	九段偕行社		香月清司中佐	战后之步兵战法及其编制变革之趋势
3月26日	小田原郡役所	青年团	秦真次中佐	思想战争与国民之觉悟
4月1日	步兵学校	青年团团员、在乡军人会会员	同上	同上
4月9日	水户公会堂	青年团负责人及代表	同上	同上
5月7日	小田原中学	中学教员及学生	同上	同上
5月22日	名古屋国技馆	全国学生角力大会	同上	同上
6月26日	幸俱乐部	俱乐部会员	仙波安艺中佐	意大利之国情

续表

年月日	地点	听众	演讲者	演讲主题
9 月 22 日	教育总监部	教育总监部部员、士官学校职员	西田恒夫大佐	战后欧洲列国战术之趋势
10 月 7 日	野战炮兵射击学校、步兵学校		同上	同上
11 月 3 日	户山学校		同上	欧战中欧洲列国战术之趋势
11 月 28 日	步兵第 9 联队集会所		同上	同上
11 月 29 日	步兵第 53 联队		同上	同上
11 月 30 日	京都偕行社		同上	同上
12 月 1 日	敦贺步兵第 19 联队		同上	同上
12 月 9 日	函馆重炮兵大队		同上	同上
12 月 10 日	旭川偕行社		同上	同上
12 月 11 日	札幌步兵第 25 联队		同上	同上
1922 年				
1 月 30 日	福山步兵第 41 联队		同上	同上
1 月 31 日	冈山偕行社		同上	同上
2 月 2 日	松江步兵第 63 联队		同上	同上
2 月 3 日	浜田步兵第 21 联队		同上	同上

表 1-6 贵族院议员一览

姓名	爵位	在任时间	备注
村田经芳	男爵,敕选	M23.9 ~ T10.2	公正会,M23 预备役,少将
石黑忠直	子爵,敕选	M35.1 ~ T9.2	M34 预备役,军医总监,枢密院顾问官
樋口成康	子爵	M37.7 ~ S7.7	研究会,M37 预备役,大尉
中村雄次郎	男爵,敕选	M37.8 ~ T6.8 T8.4 ~ T9.7	茶话会,中将,关东都督,满铁总裁,制铁业调查会委员,宫内大臣
外松孙太郎	男爵,敕选	M42.12 ~ T15.7	公正会,陆军主计总监,M42 后备役
小野田元熈	敕选	M43.7 ~ T8.6	内务省警保局局长,历任茨城、山梨等五县知事
原口兼济	男爵	M43.8 ~ T7.7	M40 预备役,中将
伊濑知好成	男爵,敕选	M43.12 ~ T11.10	公正会,M40 预备役,中将
大秦供康	男爵	M44.3 ~ T14.1	研究会,M41 预备役,少佐
黑濑义门	男爵	M44.7 ~ T6.4	M40 预备役,中将
真锅斌	男爵	M44.7 ~ T7.7	中将
胜田四方藏	男爵	M44.7 ~ T7.7	M40 预备役,中将
阪井重济	男爵	M44.7 ~ T11.3	公正会,M42 退役,中将
藤井包总	男爵	M44.7 ~ T14.7	M39 预备役,中将
山内长人	男爵	M44.7 ~ S4.2	公正会,M42 预备役,中将,军需评议会评议员
冲原光孚	男爵	M44.9 ~ T14.7	M39 预备役,中将
村木雅美	男爵,敕选	T1.12 ~ T11.12	茶话会,T1 预备役,中将,军需评议会评议员
名和长宪	男爵	T6.6 ~ T14.7	公正会,T3 预备役,少将
宇佐川一正	男爵	T6.6 ~ S2.11	公正会,中将,东洋拓殖株式会社总裁
西村精一	男爵	T7.7 ~ T13.3	T2 预备役,中将

续表

姓名	爵位	在任时间	备注
山中信义	男爵	T7.7～T14.7	公正会,T2预备役,中将
山根武亮	男爵	T7.7～S3.4	公正会,中将
永山武敏	男爵	T8.5～T14.7	公正会,T6预备役,大佐
柳生俊久	子爵	T8.5～S7.7	研究会,T4预备役,大佐

说明：本表依据衆議院・参議院編『議会制度七十年史　貴族院・参議院議員名鑑』（1960年）制作而成。其中缩写为：M＝明治（明治元年为1868年）、T＝大正（大正元年为1912年）、S＝昭和（昭和元年为1926年）。

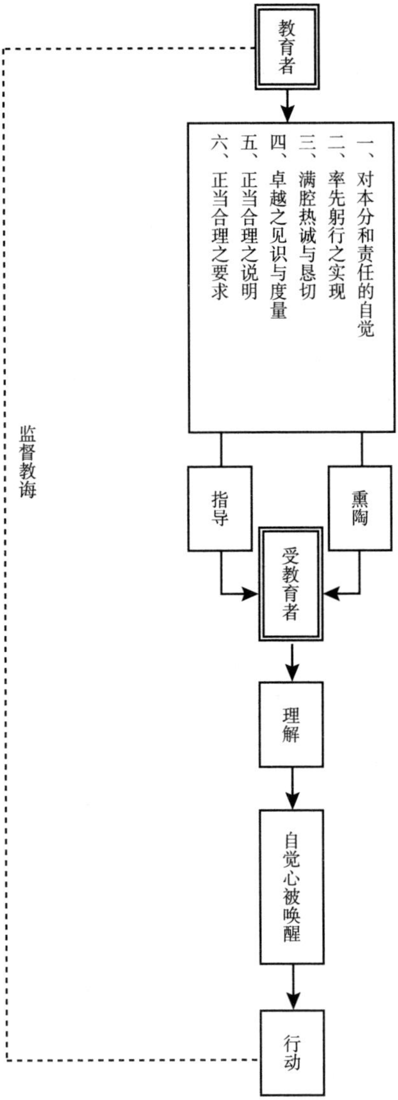

图 3－1（A） 受教育者与教育者之关系

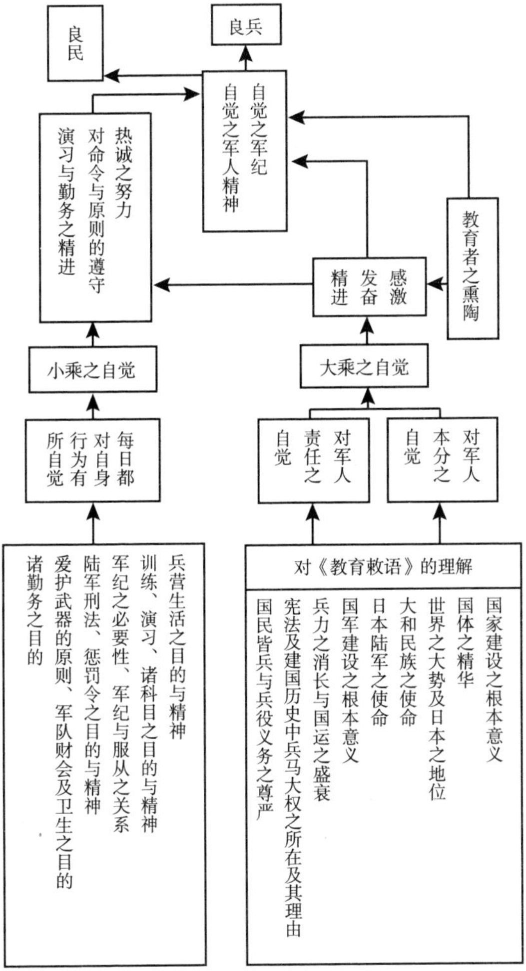

图 3-1（B）　应引起受教育者自觉的事项及其形式

资料来源：田坂八十八「下士兵卒ノ自覚心ヲ喚起セシムル具体的方案」『記事』第 579 号。

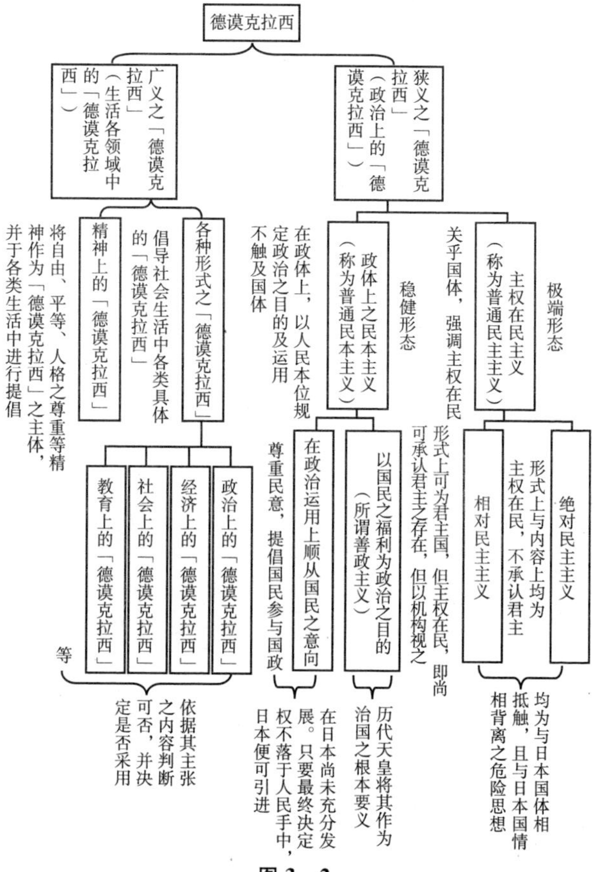

图 3－2

说明：

（1）除本表内容外，尚有国际“德谟克拉西”之说。虽然或可将其纳入狭义“德谟克拉西”中，但本表将其省略。

（2）括弧处表示“德谟克拉西”论之区分，直线处表示“德谟克拉西”内容之区分。

资料来源：臨時軍事調査委員「現代思潮一部（「デモクラシー」の研究）」『記事』第539号附録。

后　记

我以陆军为中心从事日本政治外交史研究至今，本书可谓阶段性的成果。现在回想起来，选择研究陆军并非出于任何特别的理由。但我自学生时代起始终对战前的日本为何会引发太平洋战争抱有一种极其朴素的疑问。因此，在国际关系论演习的指导老师马场伸也先生（时任津田塾大学教授）的建议下，我完成了题为《1930 年〈伦敦海军条约〉与枢密院的作用》（「一九三〇年ロンドン海軍条約と枢密院の役割」）的本科毕业论文。尔后，笔者又在马场先生的建议下完成了题为《军队指挥者的思想——田中义一的“良兵即良民”主义》（「軍指揮者の思想—田中義一の『良兵即良民』主義」）的硕士论文。就这样，以上经历成为笔者在研究中的出发点，尤其是因为笔者在硕士论文中关注了田中义一的“良兵即良民”主义与总体战思想间的关联性。

我的另一位恩师是藤村道生先生。先生曾说，许多研究者最终无非是沿着本科毕业论文与硕士论文的主题打转而已。在这一意义上，笔者正可谓典型。

尽管如此，本书仍然遗留下了许多问题。我在本书中论及若干问题，特别是成功提出了以下论点，即面对总体战与“大正民主”带来的冲击，陆军对二者的应对措施具有相同的方向性（关注面的扩展与军民一致等），这成为陆军摆脱军事躯壳并进入军事以外领域的重要原因（当然，这一点并非直接与陆军干政有所关联）。但是，关于20世纪20年代后陆军军人对这一点以及统帅权的认识，本书中的相关分析依然不算充分。我愿将其作为日后的课题，并另行撰文进行探究。

本书之所以能够成书，其直接契机来源于我于1997年向庆应义塾大学大学院[①]法学研究科提交的博士论文。本书以笔者的博士论文为基础，而博士论文本身亦以笔者以往发表的论文为基础。下列便是构成本书各章内容的原始论文。

序章：部分为新作，其余出自「『一九四〇年体制』とリーダーシップ」（『外交時報』第1325号，

① 即研究生院（硕士、博士）。——译者注

1996 年 2 月）的一部分，以及「『大正デモクラシー期』陸軍研究のための一作業」（『現代史研究』第 32 号，1985 年 8 月）的一部分。此外，「『一九四〇年体制』とリーダーシップ」的德语版题为“Das System von 1940 und das Problem der politischen Führung in Japan,” *Zeitschrift für Geshichtswissenschaft*, Berlin, 1999, pp. 130 – 152.

第一章：「臨時軍事調査委員会について」『紀尾井史学』第 2 号，1982 年 12 月

第二章：「日本陸軍の統力戰構想」『上智史学』第 27 号，1982 年 11 月

第三章：「軍部の『大正デモクラシー』認識の一断面」，近代外交史研究会編『変動期の日本外交と軍事』，原書房，1987 年 11 月

第四章：新作［但已于第 21 届军事史学会大会（1987 年 5 月）与第 88 届史学会大会（1990 年 11 月）两度进行口头报告］

第五章：「日本陸軍の対米認識」『国際政治』第 91 号，1989 年 5 月

第六章：「第一次世界大戦の衝撃と日本陸軍」，滝田毅編『転換期のヨーロッパと日本』，南窓社，1997 年 3 月

第七章:「田中外交と陸軍」『軍事史学』第21卷第3号，1985年12月

第八章:「満蒙侵略と国家改造」『紀尾井史学』第5号，1985年12月

第九章:「戦前日本の『太平洋戦争への道』」，中井晶夫・三輪公忠・蠟山道雄編『独ソ・日米開戦と五十年後』，南窓社，1993年2月。本文源自笔者在日美开战五十周年时的日、美、德、苏四国国际研讨会上报告的原稿。本文英文版题为"A Prelude to Disaster," *Beginnings of the Soviet-German and the U.S. - Japanese Wars and 50 Years After*, Sophia University, Tokyo, 1993, pp. 19 - 36.

第十章:「『一九四〇年体制』と総力戦研究所」，三輪公忠・戸部良一編『日本の岐路と松岡外交』，南窓社，1993年12月

由此看来，自己的研究进展之迟缓令我深感汗颜。但是，我能够走到今日，是众多师友倾情帮助的结果。

我原本的兴趣是德国近现代史，因此在本科第三、四年级时选择了西洋近现代史演习这一课程，而恩师中井晶夫先生在笔者突然变心后仍持续以宽大之心教导我，且直至博士前期课程第一年结束为止一直担任我的指导教授，

其后亦始终关怀着我。在此衷心致谢。我的日本陆军研究中的主角永田铁山中将与中井先生的父亲中山蕃中将同为陆军士官学校第16期生，又同为长野县人。我完成硕士论文后方才知晓此事，现在仍然记得当时听到这一不可思议的事实时自己的感慨。

藤村道生先生自1977年在上智大学就职以来，便始终担任我的指导教授。我自此才有幸获得文学部史学科出身的日本近代史专家为我启蒙，并从此得到了先生严厉却大为有益的教导。先生使我懂得，丰富的想象力、扎实的实证以及理论构成对历史研究至关重要。假定本书成功进行了具有说服力的实证研究，则其完全得益于先生的教诲。令人惋惜的是，先生于今年[①]4月与世长辞。作为先生在上智大学的不肖的大弟子，我已于悼文中表达了对先生的无尽追思（参阅『東アジア近代史』第2号、『上智史学』第44号）。在本书中，日本陆军的灵活性得以被阐明，这一着眼点便发端于藤村先生与我围绕本书的核心史料《国家总动员相关意见》展开的讨论。谨以此事表达笔者对先生的感激之情。

另一方面，国际关系论是笔者进入大学以来的另一关注领域，笔者为此选修的国际关系论的科目数量并不

① 1999年。——译者注

少于史学科的科目数量。笔者与马场伸也先生的相逢便是源于此时。先生允许我参加外国语学部国际关系辅修四年级的国际关系论演习后，我与先生得以相识，且此后于公于私均始终得到先生的大力关照。能够在先生门下接受政策决定论等社会科学方法论的训练，又能够就近接触先生强调少数派视角的学风，我感到十分幸运。先生自津田塾大学转至大阪大学法学部后，我接受先生指导的机会虽然少了，但先生为参加学会而亲临东京之时曾多次留宿我家中，这使我不胜欣喜。尤其难以忘怀的是，我就本书第三章相关内容在日本国际政治学会春季大会（1985 年）进行报告之际，先生特意留宿家中，鼓励初次参加大型学会报告的我，并以温暖目光为我的报告助阵。此外，我还记得在津田塾大学的研究室接受先生严厉而温暖的指导，我与先生间的美好回忆不胜枚举。但令人惋惜的是，五十二岁的先生在担任日本和平学会会长之时不幸英年早逝。十年后的今天，对于终于开始写作本书“后记”的我，先生会以怎样的目光看待呢？也许先生会发问“你研究的意义究竟在哪里?”想到这里，笔者便不禁冷汗连连，但是作为马场先生唯一指导过的上智大学本科生，我不仅感到自身的独特，更暗暗以此为傲。

关于社会科学方法论，我在大学院的国际关系论演习上有幸接受了宇野重昭先生（时任成蹊大学教授）逻辑明晰的指导，谨在此致谢。先生使我懂得，对自己的方法论要有自觉，对分析视角与论证范围的限定性要有自觉。同时，在国际关系论领域，我也要向三轮公忠先生表示衷心感谢。先生不仅第一时间对我主张的“1925 年体制”表示赞同，更邀请我参加上智大学国际关系研究所的研究会。在我从中得到的收获中，有许多已在本书中开花结果。

虽没有所谓的同门师兄，但对我来说波多野澄雄（现任筑波大学教授）相当于师兄。这虽然是我单方面的想法，但他任职于防卫研修所以来对我的厚爱令我感激不尽。在防卫研修所阅览史料时，我常突然造访其研究室。每当此时，他都热情接待，并陪我聊各种话题。时至今日，这仍然是我的一大快事。本书所收录的部分论文，也是由于他才得以诞生的。此外，强烈建议我将以往的研究整理成为博士论文的人也是波多野澄雄。值此成书之际，谨对其深情厚谊再次致谢。

爽快接收了我的博士论文的人是池井优先生（庆应义塾大学教授）。我曾与先生在编纂《滨口雄幸日记・随感录》（『濱口雄幸日記・随感録』，みすず書房，1991 年）时有过宝贵的共事机会，尔后先生爽快地答应了出身于其他大学的我的无理请求，担任了博士论文的主审。

藤村先生退休后，一直无法提交的博士论文能够重见天日完全是拜池井先生所赐。谨衷心表示感谢。此外，我也要对作为副审参加论文审查的寺崎修先生（庆应义塾大学教授）与笠原英彦先生（庆应义塾大学教授）表示衷心感谢。

对于平时懒于走动的我而言，经由波多野澄雄介绍后得以参加的近代外交史研究会成为我研究活动唯一且珍贵的平台。包括研究会后的聚餐在内，以外务省外交史料馆与防卫研究所战史部的成员为主体的该研究会给我留下了许多美好回忆。请恕我不具体列举各位的姓名，谨对各位给予的关怀致以谢意。

另一方面，我任职于宫内厅书陵部编修课时曾参加《昭和天皇实录》的编修工作，这对我而言是宝贵的经历。我在任期间受教颇多，在人才济济的同事之中尤其受佐藤元英、堀口修、小林和幸及西川诚等人关照，在此谨致以谢意。

以上所列举的人名表明，我始终受到众多师友的倾力支持。同时，与我交往最为密切的自然是藤村研究室的伙伴们，恕笔者不列举全部姓名。其中，在藤村先生退休前的日子里，我与小林道彦、樱井良树二人一同参加演习，得到了许多启发。此外，时任英人虽与我专业不同，却在升入大学院后的日子里给予我不变的支持与友谊。在此，谨对诸位的长年厚谊衷心表示感谢。

最后，笔者要对出版本书的みすず书房致以谢意。特别是与笔者相识于《滨口雄幸日记·随感录》编纂工作的责任编辑横大路俊久，始终以令人敬佩的坚韧与忍耐等候作者完稿。最后，包括为本书出版提供资助的“平成十一年度科学研究费补助金研究成果公开促进费”在内，笔者向与本书出版相关的所有朋友致以谢意。

黑泽文贵

1999年12月8日于东京本乡家中

译后记

我国史学界历来重视日本军国主义相关问题，而日本陆军便是其中的焦点之一。特别是自改革开放以来，在大量相关优秀专著、论文问世的同时，许多日方学者的研究成果亦被引进国内。就日本陆军研究而言，近十年可谓日方学者相关研究引进的高峰期。有赖于我国史学界对这一问题的重视，以及各类译著丛书带来的机遇，江口圭一、纐缬厚、山田朗、北冈伸一、户部良一、加藤阳子等知名学者的相关论著被陆续引进国内。而本书的引进亦可被理解为这一大背景下的产物。《两次世界大战之间的日本陆军》的引进出版完全仰赖社会科学文献出版社的厚爱与大力支持，我作为译者亦感到十分荣幸。在这里，我将借译后记的机会，对本书进行简要评述。

1. 从“1925 年体制”到“1940 年体制”

本书于 2000 年在日本出版，汇聚了作者黑泽文贵教授自20世纪80年代以来发表的相关论文十余篇（详见本书后记），是由十篇专论（十章）构成的研究专著。黑泽教授充分吸收日本国内各研究流派的成果，以两次世界大战之间（特别是“九一八事变”前）的日本陆军为研究对象，在对一战后日本的内政、外交进行统一理解的宏观视角下，一面利用丰富的史料对陆军的时代认识与内在动机进行翔实的实证研究，一面将其置于宏观的时代背景下进行理解，力图以此阐述三点问题：①“大正民主时期”[①] 的陆军在对内方面有何时代特征？②“九一八事变”后陆军为何严重干政？③如何对“大正民主时期”与“昭和法西斯主义时期”进行统一理解？其中，当时的日本学界对第一个问题的关注尤为薄弱，而本书则利用大半篇幅对这一问题进行了全面、翔实的考察与论述，从而在学术界引起了强烈反响，并获得了2000年度的“吉田茂奖”[②]。

包括上述三个问题在内，这类宏观课题需要大量着眼于宏观视角的实证研究专著加以考证和论述。自1990年

① 不同学者对“大正民主时期”的时间界定各有不同，这里指1918年至1931年。该用语与下文的“昭和法西斯主义时期”（指1931年至1945年）相同，在现今的日本学界已不常被作为分析概念使用。

② “吉田茂奖”由吉田茂国际基金设立于1971年，是日本近现代政治外交史领域的重要奖项，包括细谷千博、今井清一、三宅正树、藤村道生、北冈伸一、五百旗头真、户部良一、酒井哲哉在内的众多著名学者都曾获得该奖。由于吉田茂国际基金于2011年3月解散，该奖项也随之撤销。

以来，与日本陆军相关的通史类著作和实证研究专著大量问世，本书的问世亦是这一研究动向中的一部分。

围绕“大正民主时期”陆军在对内方面的时代特征，作者认为有别于陆军在明治时期（1868～1912年）与“昭和法西斯主义时期”呈现的“天皇的军队”特质以及敌视政党内阁的总体倾向，陆军在这一时期受到一战（总体战的战争新形态）与国内“大正民主”浪潮的双重冲击，从而萌生了进行自我改革与国家重组的强烈意识，因此在对日本内外情势的认识上具有灵活性与现实主义色彩，并有意识地尝试建立一种与政党及政党内阁相互依存的关系，甚至呈现出若干关于“国家的军队”“国民的军队”方面的自我认识。需要强调的是，与前人对上述特征的理解不同，作者认为这不仅是权宜之计，更深刻影响了陆军的自我认识与内在特质。本书利用六篇专论，分别从陆军的一战研究、总体战构想、“大正民主”认识、教育制度改革论、对美认识及军队近代化论的角度全面细致地对这一问题进行了考察与论述。也因此，围绕陆军干政问题，作者对其原因的分析着眼于“九一八事变”前后的时代连续性与非连续性问题。日本陆军构筑总体战体制的冲动（以及对国家事务关注面的扩大）、面对“大正民主”时展现的灵活性，以及其维持内外秩序的使命意识这三点要素既是陆军能够配合“大正民主时期”的

“1925 年体制”的原因，又是陆军在昭和初期日本内外局势变动后发生质变的原因，是理解陆军呈现的连续性与非连续性的关键。虽然“九一八事变”后，陆军的“天皇的军队”本质再次显现，但作者对“大正民主时期”陆军对内特征的总结是对历史进程多变性与复杂性的一种重要补充，其格外关注总体战的视角更对研究视角的宽广化与多元化做出了贡献。

本书不仅关注日本陆军问题，更关注一战对日本造成的整体冲击。本书将这一冲击作为“第二次开国”加以理解的视角是以往的研究所不具有的。这是一种将一战的冲击与日本内外体制在其后的变动与重组相互关联，而非仅与陆军关联的视角，是一种对一战带给日本的巨大影响及日本大正时代的独特性进行再次评价，并予以重视的视角。在这种宏观视角下，作者对日本内外体制变动的过程予以关注，认为日本政府在一战后构筑内政外交体制的最终目的在于在国内形成一种能在战时进行国家总动员的总体战体制。具体而言，在一战后民主、反战、裁军的国际大环境下，日本政府欲建立的内外体制由两部分构成：①政党政治，以及《普通选举法》《治安维持法》构建的体制（国内）；②华盛顿体制（日、英、美合作）与“日、中、苏合作”结合下的东亚安定体制（国际）。这被作者称为“1925 年体制”。随着国际形势与日本国内形势在20世纪30年代发生剧烈变化，这种尝试最终转为对外确立“大东亚共荣圈”（“大东亚新秩序”）与三国同盟（“世界新秩序”）体制，对内确立军部合法间接支配与大政翼赞会相结合的体制，作者借用“1940年体制”[①]一词概括这种情况。作者据此主张，两次大战之间（“大正民主时期”至“昭和法西斯主义时期”）日本的内外状况可被理解为由“1925年体制”向“1940年体制”转化的过程[②]。这是一种将日本国内政治史与外交史相结合的视角，其优点在于能够具体涵盖这一时期日本主要的内外政策变化过程并做出恰当说明；缺点则在于过度强调“体制”层面的宏观问题，且以当时的日本政府（以及为政者）为第一人称，因此倾向于对相关的历史事实做宏观、合理的解释，但对于微观层面的各类细致问题以及无法以合理性视角解读的历史事实则难以做出说明。此外，这一视角强调从“体制”到“体制”的演变，却有忽视

① “1940年体制”原为经济学者野口悠纪雄提出的一个经济学概念，意指日本的战时经济体制。作者所使用的“1940年体制”则与此意义大为不同，指日本自1940年至战败时采用的政治外交体制。

② 需要注意的是，这两种内外体制构想均建立在日本对包括中国在内的亚洲各国的侵略之上。“1940年体制”中的“大东亚共荣圈”（“大东亚新秩序”）自不待言，“1925年体制”中的华盛顿体系是一种继续对中国进行利益分配的不平等体系，而“日、中、苏合作”亦是建立在日苏两国以往的对华不平等条约与侵略扩张的基础上，日本政府与国民政府、张作霖两者的关系亦是其集中体现。

平时与战时区别的倾向。1931 年后的日本已有明显的战时特征。因此，如何在这一视角下对日本对外侵略战争的相关问题（战争加害与被害、殖民地与占领地统治问题等）做出说明是需要思考的问题。

2. 日方陆军研究的方式方法及史料选择

本书不仅可以让我国读者了解日方相关研究趋势，丰富我国相关研究的素材，还在以下几个方面具有益处。

首先，在充分了解与批判本书立场的基础上，通过本书可以了解日方研究在研究范式与方法论方面的特征与动向。本书未将马克思主义历史学作为主要的研究范式[①]，而是主要采用了现代化（近代化）论。在日本学界的日本陆军研究中，现代化论常以实证为具体方法，并与以下两种方法论相结合，即政策决定论（强调对政策与政治主体的分析）与军政关系论（强调对军事与政治间关系的分析）[②]。而本书对研究史的概括则是从方法论着手，把马克思主义历史学方法论、政策决定论与军政关系论做并列处理，在话语使用方面三者并用，在论述方面则主要受后两者影响。这反映了马克思主义历史学与其他范式、

---

① 马克思主义历史观对本书仍产生了很大影响。作者仍使用“大正民主时期”“昭和法西斯主义时期”“法西斯主义”等话语，本书第三章的内容中亦有明显的阶级矛盾视角。

② 此外，军事学、教育学等领域的日本陆军研究亦十分重要。

方法论在20世纪80年代后（本书各篇专论相继发表于80年代后）的日本史学界中的存在方式与变化状况。这种状况亦与现代化论及各种研究方法被引入中国史学界的事实处于同一宏观背景中。

其次，引进本书有利于我国学术界对日方学者的实证方法加深了解。本书使用的实证方法与日本史学界一般意义上的实证方法既一脉相承，又有明显的自身特点。在实证对象方面，与政策、政治主体（及其中的派系）或具体事件与政治进程方面的具体实证不同，本书意在宏观地考察日本陆军在“大正民主时期”的内在特征，这需要全面考察日本陆军在这一时期的思想认识状况，因此本书将实证对象具体分为陆军的一战研究、总体战构想、“大正民主”认识、教育制度改革论、对美认识及军队近代化论六个方面。因此在史料选择方面，本书所选用的多是集中、系统地反映日本陆军在上述各方面的观点与言论的史料，这亦使本书的实证手法具有一定的特殊性。与反映具体事实线索的史料不同，反映观点与言论的各种史料虽全部处于同一特定主题下，各自间的逻辑关联性却不是自然显现的，而需要人为发现与整理。整理这些观点与具体言论，分清彼此的关系与各自倾向，进而归类并厘清各类别的特点与整体倾向，落实到陆军在这一时期对各种课题的行为抉择上，并最终从中提炼陆军总体的内在特征——

这是本书前六篇专论的统一手法，也是本书在实证方面的显著特点。

最后，本书使用的史料种类丰富而有特点，这有利于我们进一步了解日方相关史料的现存状况，拓宽在史料方面的选择方向与范围。包括《偕行社记事》与临时军事调查委员相关史料在内，本书选用的史料涵盖面广（至少涵盖上述六方面），并共同指向日本陆军在这个时代的思想认识问题，因此史料特征明显，易于调查、整理与使用。

本书在翻译中为保证原始史料真实性，并令广大读者了解日本战前对中国所使用的不当措辞，对本书所用史料中“满洲”“支那”“日支关系”“参谋本部支那课”“日支交涉”“支那事变”等措辞未加处理。此外，为方便广大读者阅读，译者对个别研究概念及历史事件适当添加了注释。因译者翻译、研究水平有限，译文中难免存在不足、失当甚至谬误之处，恳请各位学界专家、同学及大众读者朋友批评指正。本书一切观点与出版社及译者无关。

本书的翻译得到了原作者黑泽文贵教授与本书编辑沈艺老师的大力支持与指导，在此向二位老师致以深深谢忱。另外，吴少华老师（西安外国语大学教授）、奚伶老师（苏州科技大学讲师）、黄霄龙老师（日本东京大学经济学研究科特任研究员）与贺申杰博士（日本东京大学在读博士）亦对本书翻译提出了宝贵建议，在此一并致以感谢。

译者　刘天羽

2019 年 7 月 15 日于日本神户

图书在版编目(CIP)数据

两次世界大战之间的日本陆军 / （日）黑泽文贵著；刘天羽译. --北京：社会科学文献出版社，2020.1
ISBN 978-7-5201-4896-2

Ⅰ.①两… Ⅱ.①黑… ②刘… Ⅲ.①陆军-军队史-日本 Ⅳ.①E313.51

中国版本图书馆CIP数据核字（2019）第095331号

两次世界大战之间的日本陆军

著　　者 / ［日］黑泽文贵
译　　者 / 刘天羽

出 版 人 / 谢寿光
组稿编辑 / 沈　艺　董风云
责任编辑 / 沈　艺
文稿编辑 / 成　琳

出　　版 / 社会科学文献出版社·甲骨文工作室（分社）（010）59366527
地址：北京市北三环中路甲29号院华龙大厦　邮编：100029
网址：www.ssap.com.cn
发　　行 / 市场营销中心（010）59367081　59367083
印　　装 / 北京盛通印刷股份有限公司

规　　格 / 开　本：889mm×1194mm　1/32
印　张：15.75　字　数：284千字
版　　次 / 2020年1月第1版　2020年1月第1次印刷
书　　号 / ISBN 978-7-5201-4896-2
著作权合同登记号 / 图字01-2019-2688号
定　　价 / 86.00元